Cornelia Mack
Meinen Platz im Leben finden

CORNELIA MACK

Meinen Platz im Leben finden

SCM Hänssler

SCM

Stiftung Christliche Medien

Weitere Informationen zur Autorin finden Sie hier: **www.cornelia-mack.de**

© der deutschen Ausgabe 2011
SCM Hänssler im SCM-Verlag GmbH & Co. KG · 71088 Holzgerlingen
Internet: www.scm-haenssler.de; E-Mail: info@scm-haenssler.de

Die Bibelverse sind, wenn nicht anders angegeben, folgender Ausgabe entnommen:
Lutherbibel, revidierter Text 1984, durchgesehene Ausgabe in neuer Rechtschreibung
2006, © 1999 Deutsche Bibelgesellschaft, Stuttgart

Umschlaggestaltung: Dietmar Reichert, Dormagen
Titelbild: dreamstime.com; photocase.com
Satz: Satz & Medien Wieser, Stolberg
Illustrationen: Saskia Klingelhöfer
Druck und Bindung: CPI – Ebner & Spiegel, Ulm
Printed in Germany
ISBN 978-3-7751-5209-9
Bestell-Nr. 395.209

Inhalt

Vorwort

»Meinen Platz im Leben finden«. Warum schreibe ich darüber ein Buch? Oft begegnen mir Menschen in der Seelsorge oder in Gesprächen nach meinen Vorträgen, die dieses Thema zur Sprache bringen. Auch mich persönlich beschäftigt die Frage nach dem Platz im Leben immer wieder.

Es gab Phasen in meinem Leben, da wusste ich ganz genau, wo mein Platz ist, dann wiederum ereigneten sich Dinge, die diese Selbstsicherheit ins Wanken brachten.

Bei der Beschäftigung mit den Fragen nach dem Platz im Leben blieb ich nicht ohne Antworten. Mein Sozialpädagogik-Studium war mir ein Wegweiser, doch die hilfreichsten Antworten entdeckte ich im christlichen Glauben. Im Alter von 16 Jahren erlebte ich eine bewusste Hinwendung zu Christus.

Mein Mann ist Theologe und Pfarrer. Die Gespräche mit ihm und die intensive Beschäftigung mit der Bibel gaben mir die entscheidenden Antworten im Blick auf die eigene Identität.

Meine tiefe Überzeugung ist: Eine persönliche Beziehung zu Gott ist das sicherste Fundament für unser Selbst. Wenn wir darauf stehen, kann zwar vieles noch ins Wanken geraten, aber der letzte Grund, das Gehaltensein in Gott, bleibt. Selbst dann, wenn wir in Zweifel und Glaubenskrisen geraten.

Ich bin Mutter von vier inzwischen erwachsenen Kindern und auch Großmutter von bisher zwei Enkelkindern. Mir wurde im Prozess des Ehefrau- und Mutterwerdens klar, dass sich eine Antwort auf die Frage nach dem Platz im Leben schon durch die Beziehungen finden lässt, in denen wir stehen. Unsere Nächsten sind ein wesentlicher Teil unseres Lebens. Unser Platz ist (auch) an deren Seite.

Andererseits aber stellen sie uns auch infrage. Wir spiegeln uns in den anderen, wir freuen, ärgern oder stören uns an diesen und umgekehrt. So sind wir immer wieder gefragt, den eigenen Platz zu überprüfen und neu zu finden.

Einen wesentlichen Beitrag, um unseren Platz im Leben zu finden, leisten auch die Aufgaben, die wir haben – ganz egal, ob dies nun berufliche oder ehrenamtliche Arbeit ist. Die Sehnsucht danach, mit seinem Leben einen wichtigen Beitrag für die Gesellschaft zu leisten und darin seinen Platz zu finden, trägt jeder in sich. Für mich war das insofern besonders spannend, da ich einen Hochschulabschluss habe, mich zugleich aber auch ganz in Familie und Pfarramt einbringen wollte. So habe ich mich entschieden, meinen »Beruf« im Ehrenamt auszuüben. Erst als unser jüngstes Kind in den Kindergarten kam, fing ich an, Vorträge zu halten und Bücher zu schreiben.

Dieses Buch ist aus vielen persönlichen Erlebnissen und Fragestellungen entstanden, auch durch unterschiedlichste Begegnungen mit Menschen. Ich hoffe, dass die Antworten, die mir selbst wichtig geworden sind, auch meinen Lesern so zur Hilfe werden können, dass sie am Ende sagen können: »Ich weiß jetzt besser, wie ich meinen Platz finden kann.« Oder: »Jetzt verstehe ich, warum ich zurzeit im Blick auf meinen Platz im Leben so verunsichert bin.«

Der Entstehungsprozess dieses Buches war so spannend wie bei keinem meiner vorherigen Bücher. Ich hatte zum ersten Mal beim Schreiben außer meinem Mann, Ulrich Mack, noch weitere Mitleser und Mitdiskutierer: aus unserer Kirchengemeinde Angela König, Marion Hase, Ellen Winkler-Oberman, Heike Buisson und Yvonne Backe; darüber hinaus unsere Töchter und deren Partner: Doro Wiebe und Ekki Wetzel, Katharina und Johannes Drechsler, Johanna und Jan-Michael Lohrer. Ihnen allen danke ich herzlich.

Ich merkte in diesem Prozess, dass die Themen dieses Buches genau die Fragestellungen treffen, die viele heute beschäftigen. Schon in den Reaktionen meiner Mitleser wurde mir klar, wie aktuell dieses Thema ist und dass wir dringend Antworten brauchen auf die Frage: *Wie finde ich meinen Platz im Leben?*

Einleitung: Wer bin ich?

Manchmal denke ich an jene Frau, die in einer Gesprächsrunde neben mir saß. Auf einmal brach es aus ihr heraus: »Ich weiß zurzeit überhaupt nicht so genau, wo mein Platz ist. Ich habe eine innere Unruhe in mir und ich kann nicht so genau definieren, woher das eigentlich kommt.«

Aus eigener Erfahrung weiß ich, dass es zu manchen Zeiten ganz einfach ist, zu sagen: »Hier ist mein Platz. Ich freue mich am Leben, an meinen Aufgaben, ich bin glücklich in meinen Beziehungen.« Zu anderen Zeiten lautet die Antwort vielleicht: »Ich weiß nicht, wo ich hingehöre. Wer bin ich überhaupt?« Manchmal sagen Menschen: »Ich kenne mich ganz genau.« In anderen Phasen tauchen bedrängende Fragen auf: »Was passt zu mir? Was gefällt mir? Was schmeckt mir? Was steht mir? Ich weiß es gerade überhaupt nicht.«

Manchmal ist der Platz sicher, zu anderen Zeiten geht das Gefühl verloren, einen Platz im Leben zu haben. Meist dann, wenn Rituale, Gewohnheiten, Aufgaben oder Besitz wegfallen oder wenn Menschen aus dem Erlebnisumfeld verschwinden, die bisher Sicherheit, Trost, Nähe und Geborgenheit vermittelt haben. Besonders gravierend ist die Verlusterfahrung, wenn Traumata in unser Leben einbrechen: Unfälle, Krankheit, Tod oder andere schwere Erlebnisse.

Nach solchen Erfahrungen braucht es oft eine längere Zeit, bis sich wieder die Sicherheit einstellt, einen Platz im Leben zu haben.

Menschen haben aber die Sehnsucht nach vertrauten Orten und sicheren Plätzen:

- Freunde und eine Familie, die Geborgenheit geben;
- Orte, die ein Zuhause ermöglichen;
- das Gefühl der Zugehörigkeit zu einem Land;
- eine vertraute Kultur;
- Aufgaben, die das Leben ausfüllen und eine Arbeit, die Anerkennung und Wertschätzung vermittelt;

- Dinge, Besitz und finanzielle Sicherheit;
- das Gefühl, gern im eigenen Körper zu Hause zu sein.

Laut dem Gestalttherapeuten Fritz Perls[1] gründet unsere Identität auf fünf Säulen: Körper und Leiblichkeit, Arbeit und Leistung, das soziale Netz (Freunde, Familie, Heimat), materielle Sicherheit, Werte und Normen.

Wenn eine oder mehrere dieser Säulen ins Wanken geraten, werden Menschen in ihrer Identität verunsichert, sie können sogar in eine Identitätskrise kommen. In solchen Zeiten brennt die Frage nach dem Platz im Leben förmlich unter den Nägeln.

Es könnte der Eindruck entstehen, dass die Frage nach dem Platz im Leben erst in unserer sich rasant verändernden Welt aktuell geworden ist. Doch mir fällt immer wieder auf, dass die Fragen der heutigen Zeit bereits in der Bibel zu finden sind.

Aus meiner persönlichen Lebensgeschichte heraus ist es mir wichtig, dieses Thema immer auch im biblischen Kontext zu beleuchten. Eine Aussage von Jesus ist im Blick auf die Fragestellung besonders hilfreich und wird sich durch das ganze Buch ziehen. Sie gibt Antwort auf die Frage »Wie finde ich meinen Platz im Leben?«

Das Lukasevangelium berichtet: Ein Mann kommt zu Jesus und fragt ihn: »Was muss ich tun, dass ich das ewige Leben ererbe?« Wir würden heute die Frage anders stellen, vielleicht so: »Was ist das Wichtigste im Leben?« Oder: »Wie bekomme ich ein Leben mit Qualität, mit den richtigen Werten, ein Leben, das Sinn macht und Bestand hat? Wie werde ich glücklich?« Oder eben: »Wie finde ich meinen Platz im Leben?«

Jesus antwortet darauf: »Du sollst den Herrn, deinen Gott, lieben von ganzem Herzen, von ganzer Seele, von allen Kräften und von ganzem Gemüt, und deinen Nächsten wie dich selbst« (Lukas 10,27).

Diese Antwort klingt einfach und macht doch auch die Komplexität deutlich: Es geht um drei Beziehungsebenen.

Um die Beziehung zu mir selbst, die Beziehung zu Gott und zu meinen Mitmenschen. Wenn ich danach frage, wie ich meinen Platz im Leben finde, muss ich diese drei Ebenen betrachten. Man kann die Antwort von Jesus auch in einer Grafik darstellen, in einem Dreieck: Gott-Ich-Du.

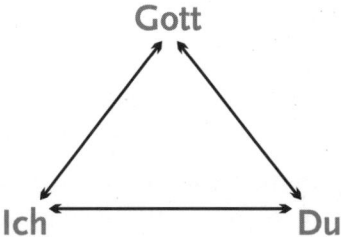

Antworten auf die Frage nach meiner Identität, nach meinem Platz im Leben finde ich nur, wenn diese drei Beziehungen in meinem Inneren in ein Gleichgewicht kommen.

- *Ich:* In den vielen Schichten meiner Persönlichkeit lerne ich mich mit meinen Gaben und Grenzen kennen. Ich erkenne, was meinem Leben Stabilität gibt, auf welche Säulen ich bauen muss, um mich sicher zu fühlen.

- *Gott:* Ich lerne mich vor Gott kennen, wie er sich uns in der Bibel vorstellt. Meinen Platz im Leben finde ich im Wissen darum, dass Gott mich geschaffen hat, dass er mein Leben gewollt hat und mich durch meine Tage und Jahre führt.

- *Du:* Ich erkenne mich in anderen, in dem, wie ich auf sie wirke und was ich bei ihnen im Guten wie im Schlechten bewirke – und umgekehrt darin, was andere für mich sind.

So ist auch dieses Buch in jene drei großen Themenbereiche aufgeteilt: Ich – Gott – Du.

Meistens wird in christlichen Kreisen die Beziehung zu Gott und die Beziehung zum Nächsten mehr betont als die Beziehung zu sich selbst. Dies führt aber gelegentlich auch zu einer verkrampften Sicht auf sich selbst oder sogar zu einem schlechten Gewissen, so wie es mir neulich in einem Gespräch mit einer Frau ging. Als ich ihr von meinem Buchthema erzählte, sagte sie: »Darf ich mich überhaupt mit mir selbst beschäftigen? Ist das nicht egoistisch oder unchristlich?«

Nein, ist es nicht. Denn nur wenn ich mir meiner Selbst sicher werde, und eine gute Beziehung zu mir selbst entwickle, kann ich mit anderen Menschen in gleicher Weise *gut* umgehen.

Wenn ich in einer lebendigen Beziehung zu Gott stehe, weist diese immer über mich hinaus und verhindert, dass ich im Kreisen um mich selbst stecken bleibe.

Eine gesunde und unverkrampfte Gottesbeziehung eröffnet mir einen neuen Blick auf meine Mitmenschen und verhindert, dass ich in egoistischer Selbstbespiegelung hängen bleibe.

Meinen Platz im Leben finde ich,
wenn ich in einem ausgewogenen Verhältnis
zwischen Gott, mir und meinem Nächsten lebe.

Meinen Platz im Leben finden
in der Beziehung zu mir selbst

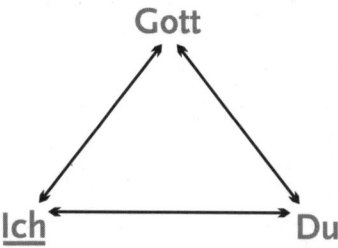

Das eigene Ich entdecken

Die Frage nach dem Ich oder dem Selbst zieht sich seit Jahren in vielen Varianten durch die pädagogische, philosophische, soziologische und psychologische Literatur. Was ist der Grund dafür? Wir Menschen kommen im Blick auf unser Selbst immer wieder neu ins Fragen.

Bereits Sokrates, ein griechischer Philosoph im fünften Jahrhundert vor Christus, beschäftigte sich mit dieser Fragestellung. Den Appell »Erkenne dich selbst« hielt er für eine der schwierigsten Forderungen überhaupt.

Und wie geht es uns heute mit dieser Frage? Bin ich mir vertraut oder empfinde ich mich wie ein unbekanntes Gegenüber, wenn ich mich im Spiegel betrachte? Was sehe ich da? Mich und meine Welt, die ich mitbringe und die mich prägt. Aber wer bin ich, wenn ich nach der Welt hinter dieser Welt suche? Wer kennt sich wirklich? Bin ich zufrieden mit mir? Mit dem Ich im Spiegel? Sage ich Ja dazu? Oder will ich jemand anderes sein, anders aussehen, mich anders verhalten, anders in dieser Welt leben?

Nicht immer haben wir das Erlebnis der Durchgängigkeit und der Stimmigkeit, nicht immer das Gefühl, ein und der- oder dieselbe zu sein. Stimmungen wechseln, Einstellungen können sich ändern, körperliche Reaktionen oder Veränderungen können uns beeinträchtigen. Ebenso können uns Bemerkungen oder Einschätzungen anderer über uns verunsichern. Oder vielleicht verändert sich gerade unser Umfeld.

Sigmund Freud hat darauf hingewiesen, dass im Blick auf unser Selbst immer wieder Unterschiedliches nebeneinander steht: das private und öffentliche Ich, das Gefühl von Abhängigkeit und Unabhängigkeit, Selbstbezogenheit und hingebungsvolle Nächstenliebe, Aktivität und Passivität, Mut und Feigheit, Gehorsam und Rebellion, Geiz und Großzügigkeit.

Manchmal ist es schwierig, diese vielen »Selbste« zusammen zu sehen. Dann fühlen wir uns zerrissen und gespalten – das Selbst besteht aus Gegensätzen. Wir sehnen uns aber nach einer Balance, damit wir uns heil und ganz fühlen können. Wir suchen nach einer Mitte, von der aus wir die Gegensätze in Einklang bringen können.

Deswegen ist die Frage nach dem »Ich« oder dem »Selbst« wohl immer neu aktuell: manchmal persönlich bedrängend oder verunsichernd, manchmal wie eine spannende Reise in ein bisher unbekanntes Land – und je nach Lebensalter immer wieder anders.

Ein Kind sagt mit circa zwei Jahren zum ersten Mal »ich«. Bevor es »ich« sagt, kann es zwischen sich und der Umgebung nicht trennen. Sobald es »ich« sagt, ändert sich das. Es versteht sich dann als von der übrigen Welt abgesondert, im Gegenüber, selbstständig im Sinne von: Ich habe einen eigenen Stand. »Ich bin ein Selbst.« Dieses Empfinden gehört etwa vom zweiten Lebensjahr ab zum Leben eines Menschen dazu. Ich bin, und ich bin anders als andere Menschen, anders als die Welt außerhalb von mir. Ich rede, schweige, handle: »Ich bin ich.«

Ein Kinderbuch, das wir mit Begeisterung mit unseren Kindern gelesen haben, war »Das kleine Ich bin Ich«[2]. Ein kleines buntes

Wesen geht in der Welt spazieren und entdeckt andere Tiere. Es versucht, Ähnlichkeiten mit diesen zu erkennen, stellt aber nach jeder Begegnung fest, dass die anderen Tiere anders sind als es selbst. Es wird immer ratloser, verunsicherter und trauriger, bis es endlich zu der Erkenntnis kommt: »Ich bin Ich.« Ich muss nicht sein wie andere, sondern ich darf ich selbst sein mit meiner Eigenart und meiner Besonderheit. Ich bin tatsächlich ganz anders als alle anderen Wesen und das ist gut so. Was zuerst zur Verunsicherung des kleinen »Ich bin Ichs« geführt hat, bringt es am Ende zum Jubeln. Die Entdeckung, anders zu sein, macht es glücklich.

Diese Erfahrung des kleinen »Ich bin Ich« wünsche ich jedem Menschen. Die Entdeckung: Ich bin ein Original, etwas ganz Einmaliges und Besonderes. Romano Guardini[3] stellte fest: Bei jeder Aussage, die ich mache, bei jedem Akt, den ich vollziehe, gehe ich immer zuerst von mir aus. Ich bin der lebendige Gegenpol zur Welt. Es gibt diese Welt für mich nur als jene, in der ich bin, die mir begegnet, in der ich handle. Für jeden ist die Welt »seine« Welt.

Die Entdeckung unserer Originalität kann uns helfen, die Besonderheit unseres Lebens zu gestalten und darin ganz »selbst« zu werden.

Worauf gründet sich ein sicheres Selbst? Was gehört dazu?
- gute Einstellung zum Körper
- versöhnte Haltung zur Herkunft
- Sicherheit im Blick auf die eigene Persönlichkeit
- Wissen um Gaben und Fähigkeiten und sich daraus ergebender Aufgaben
- gelassener Umgang mit Besitz
- haltgebende Werte
- gute Gottesbeziehung
- souveräner Umgang mit Beziehungen

Die ersten sechs genannten Bereiche sind Thema des jetzigen, die anderen der nachfolgenden Kapitel.

Wer sich selbst mehr und mehr kennenlernt, kommt zu einer immer realistischeren Selbsteinschätzung: Ich bin ein Wesen mit Stärken und Schwächen, mit Fähigkeiten und Unzulänglichkeiten, mit Vorzügen und Fehlern, mit körperlichen Vorteilen und Begrenzungen, mit Gesundem und mit Störungen im psychischen Gefüge, mit Begabungen und Belastungen von Seiten der Eltern oder der Vorfahren, mit gelingenden und schwierigen Beziehungen, hinein verwoben in eine soziale, kulturelle und historische Situation. Wer sich in dieser Weise relativiert, also in Beziehung setzt, kann gelassener mit sich selbst umgehen.

So ist auch dieses Kapitel zu verstehen. Es soll dazu befähigen, erlöster und befreiter mit sich selbst umzugehen und darin Gott und den Mitmenschen zu dienen.

Meinen Platz im Leben finde ich,
wenn ich mich an meiner
Besonderheit freuen kann.

Außenwirkung und Selbstwahrnehmung

Wer bin ich? Nicht immer ist diese Frage leicht zu beantworten. Das merken wir in der Begegnung mit anderen Menschen. Manchmal lösen wir mit unserem Verhalten oder bestimmten Bemerkungen bei anderen etwas aus, das wir so nicht beabsichtigt haben. Oder wir werden von anderen ganz anders beurteilt, als wir uns selbst einschätzen.

Ganz klassisch beschreibt Dietrich Bonhoeffer das in seinem Gedicht: »Wer bin ich?«, entstanden im Gestapo-Gefängnis in Tegel 1944, in einer Situation, in der ihm bisher Vertrautes genommen wurde: Heimat, Familie, Schreibtisch, Bücher. Als Gefangener war er aus dem gewohnten Umfeld herausgerissen. Vor ihm lag Ungewissheit, die Androhung des Todes.

Seine Wärter beurteilen ihn als gelassen, ruhig und sicher beim Verlassen seiner Zelle. Sie vergleichen ihn mit einem Gutsherr, der aus seinem Schloss tritt. Sie erleben ihn heiter und freundlich im Gespräch mit seinen Bewachern, als hätte er zu gebieten.

Bonhoeffers Innenwelt wird aber ganz anders beschrieben, in krassem Gegensatz zu deren Schilderung: Voller Unruhe und Sehnsucht, wie ein Vogel im Käfig, ringend nach Lebensatem, hungernd nach Farben, nach Blumen und Vogelstimmen … dürstend nach guten Worten, nach menschlicher Nähe, zitternd vor Zorn über die Willkür und kleinlichste Kränkung … umgetrieben vom Warten auf große Dinge, in Angst um seine Freunde, mit denen er nicht kommunizieren kann. Er fühlt sich »müde und unfähig zum Beten und zum Danken, nur matt und bereit von allem Abschied zu nehmen«.

So fragt er sich: »Bin ich das wirklich, was andere von mir sagen? Oder bin ich nur das, was ich selbst von mir weiß?« – »Wer bin ich? Der oder jener? Bin ich denn heute dieser und morgen ein andrer? Bin ich beides zugleich? Vor Menschen ein Heuchler und vor mir selbst ein verächtlich wehleidiger Schwächling?«

Auch ohne solch krasse Erlebnisse wie Gefängnisaufenthalt und Todesdrohung kann uns die Frage nach dem »Wer bin ich?« umtreiben. Wir können bereits durch die Unterschiede von Selbstwahrnehmung und Fremdwahrnehmung verunsichert sein.

Renate arbeitet in vorgesetzter Position, erlebt sich dort als sicher, zufrieden und voller Energie. Andere geben ihr die Rückmeldung, sie sei unausgeglichen, umgetrieben, überaktiv. Das verunsichert sie.

Oliver ist unsicher im Blick auf seinen Platz im Leben, möchte so vieles ändern, aber hat Angst vor Entscheidungen. Andere sagen, er sei ihnen Stütze und Halt, gebe ihnen Wegweisung und Orientierung.

Katrin, Tom und Christine bringen sich als ehrenamtliche Mitarbeiter in einer Kirchengemeinde ein und freuen sich an ihren Aufgaben. Andere beurteilen deren Aktivität aber mit Kritik und meinen, sie wollten nur ihr Image aufbessern und sich in den Vordergrund spielen.

Solche Unterschiede zwischen Selbstwahrnehmung und Außenwirkung können verunsichern. Beurteilungen durch andere führen auf jeden Fall zum Nachdenken. Vielleicht verändern sie mich oder sie machen gewiss, beim bisherigen Verhalten zu bleiben – trotz Widerstand oder Kritik. Auf jeden Fall verhelfen sie dazu, sich seiner selbst sicherer zu werden und so seinen Platz im Leben zu finden.

Darum ist es gut, immer wieder zu prüfen, wo Lob oder Kritik stimmig sind. Wertschätzende Begleitung und liebevolles Hinweisen auf Schwächen in der eigenen Lebensgestaltung sind ein großer Schatz im Leben.

Wer Mitmenschen hat, die das eigene Verhalten ehrlich und hilfreich beurteilen und begleiten, kann dafür dankbar sein und die

Erfahrung machen, dass dadurch die Persönlichkeit entwickelt wird und sich das Leben in neuer Weise entfaltet.

Das Erleben von Lob und Kritik birgt aber auch die Gefahr, sich zu sehr vom Denken und Urteilen anderer abhängig zu machen. So leben zum Beispiel *Erstgeborene* häufig nach dem Lebensmuster, alle an sie herangetragenen Erwartungen erfüllen zu wollen oder müssen (siehe auch S. 104). *Nähe-Typen* wollen es gerne immer allen recht machen und vergessen darüber ihre eigenen Bedürfnisse. So stehen sie in der Gefahr, ihr ganzes Leben in der Reaktion auf die Wünsche anderer zu gestalten (mehr dazu auf S. 85).

Wie andere uns beurteilen, kann also immer beides sein: Chance und Gefahr. Es kann in der Entdeckung unseres Selbst eine Hilfe sein, sich einzelne Personen auszusuchen, die wir immer wieder um ehrliche Rückmeldungen bitten. Dies sollten Personen sein, denen wir vertrauen und von denen wir wissen, dass sie uns nicht zerstören wollen. So können diese uns zu einer guten Entfaltung unseres Selbst verhelfen.

Trotz allem aber bleiben Fragen offen. Dietrich Bonhoeffer beendet sein oben erwähntes Gedicht: »Einsames Fragen treibt mit mir Spott. Wer ich auch bin. Du kennst mich, Dein bin ich, o Gott.«

Bonhoeffer macht deutlich: Ich kann mir nie alle mich selbst betreffenden Fragen beantworten. Nur Gott kennt mich durch und durch. Er sieht meine Motive, sieht mir ins Herz. Darum bietet mir die Beziehung zu ihm einen sicheren Verankerungspunkt für meine Identität.

Ich darf wissen: Von ihm bin ich gewollt, gehalten, geliebt. Sein Urteil über mich ist wichtiger als das Urteil von Menschen. Sein Ja zu mir schützt mich vor ständigem Wühlen in den offenen Fragen und Ungereimtheiten der eigenen Seele.

Wer sich ständig mit dem eigenen Ich beschäftigt, steht in der Gefahr der Selbstumkreisung, der ständigen Nabelschau. Selbstbeschäftigung kann zur Selbstverliebtheit führen, wie es die griechische Sage von dem jungen Mann Narziss erzählt. Der in der Psychologie gebräuchliche Begriff *Narzissmus* leitet sich davon her, er beschreibt eine starke Selbstbezogenheit und damit auch Eitelkeit.

Der Jüngling Narziss war seinem eigenen Spiegelbild verfallen, war in sich selbst verliebt. Jedes Mal, wenn er sich im Wasser sah, entbrannte er in Sehnsucht nach sich selbst. Sobald er sich seinem Spiegelbild nähern wollte und dabei die Wasseroberfläche berührte, wurde dieses jedoch unscharf und undeutlich. Er konnte sich also weder so nahe sein, wie er wollte, noch konnte er sich von seinem Spiegelbild lösen, es zog ihn immer wieder vor den Spiegel des Wassers. Seine Geschichte endete tödlich: Bei dem Versuch, seine Sehnsucht zu stillen, ertrank er und verwandelte sich in eine Blume: die Narzisse.

Diese Sage verdeutlicht die Gefahr der ständigen Beschäftigung mit sich selbst. Wer dauernd mit den ungeklärten Fragen des Lebens beschäftigt ist, kann sich darin verlieren. Der Blick auf die Nächsten geht verloren, sie werden mit ihren Bedürfnissen oder Nöten nicht mehr wahrgenommen. Die andauernde Selbstspiegelung bringt keine hilfreichen Antworten.

Dietrich Bonhoeffers »Dein bin ich, o Gott« macht deutlich: Egal wie es mir geht, ich darf mich Gott zuwenden. Letzte Antworten sind nicht in meinem Spiegelbild, sondern im Gegenüber zu Gott zu finden.

Auch Grenzerfahrungen und Scheitern, Unfähigkeiten und Schuldigwerden ändern nichts daran, dass Gott mir seine Liebe zusprechen will. Sein Ja gilt auch dann, wenn mein Selbstwertgefühl verunsichert ist. Darauf darf ich mich verlassen. Das gibt eine andere Sicherheit, weil sie sich auf eine Kraft außerhalb meines Selbst bezieht, weil sie sich auf Gottes Zusagen gründet, auf seinem Ja zu mir.

Meinen Platz im Leben finde ich
in der Verankerung meines Selbst in Gott.

Die vielen Stimmen in mir

Wer bin ich? Aus einem weiteren Grund ist diese Frage nicht immer einfach zu beantworten. Denn in uns finden wir häufig ein Stimmengewirr – in Form von Forderungen, Erwartungen, Beurteilungen und Botschaften.

Martin sieht von Weitem, wie ein Junge bedrängt und getreten wird. Vor Kurzem war er selbst Opfer eines Überfalls. Angst kommt hoch. Die Stimme des Vorsichtigen in ihm warnt ihn vor der Gefahr: »Renne um dein Leben, sonst ist es um dich geschehen.« Eine zweite Stimme sagt: »Hier braucht jemand Hilfe, sei kein Feigling.« Welcher Stimme soll Martin folgen? Der vorsichtigen oder der verantwortungsvollen?

Christina hat einen anstrengenden Arbeitstag hinter sich und würde sich gerne ausruhen, doch sie sieht den Wäscheberg. Sie hört zwei innere Stimmen. Die eine sagt zu ihr: »Du hast das Recht, dich auszuruhen. Du hast schon genug gearbeitet.« Die andere sagt: »Bei so viel Arbeit kannst du es dir nicht leisten, dich hängen zu lassen. Sei doch nicht so faul.« – Welcher Botschaft soll Christina Gehör schenken?

Hans-Peter, ein Unternehmer, gerät in der Wirtschaftskrise in finanzielle Schieflage. Der Finanzmann in ihm sagt: »Melde Konkurs an.« Der für seine Mitarbeitenden sorgende Chef sagt: »Ich habe soziale Verantwortung, ich werde alles tun, um diese Zeit zu überbrücken, notfalls stecke ich Eigenkapital hinein.« Und vermutlich hat er noch viele weitere Stimmen in sich, zum Beispiel eine des Überforderten, der sagt: »Ich will mit all dem nichts mehr zu tun haben.« Oder die seiner Frau: »Mach mal Urlaub und nimm dir Zeit für mich. Außerdem

*solltest du dich auch mal um die Kinder und das Haus küm-
mern.«*

Viele widerstreitende Stimmen in uns – kennen wir das? Bismarck
soll gesagt haben: »Faust beklagte, dass er zwei Seelen in seiner
Brust habe. Ich habe eine ganze sich zankende Menge. Da geht es
zu wie in einer Republik.«[4]

Solche Beobachtungen sind nicht neu. Viele Psychologen und
Pädagogen beschäftigen sich mit dieser Thematik der Vielstimmig-
keit in der Seele. Sigmund Freuds Dreiteilung des Menschen in *Es*,
Ich und *Über-Ich* ist bereits Allgemeingut geworden. Vereinfacht
gesagt teilte Freud dem Menschen drei innere Instanzen zu. Das *Es*
oder *Unbewusste* mit seiner Lust, seinen Bedürfnissen und damit
verbundenen Impulsen, Reizen und Forderungen. Das *Über-Ich* als
die moralische Instanz oder auch das Gewissen, in dem Normen
und Wertvorstellungen der kulturellen Umgebung und vor allem
die der Eltern ihren Niederschlag finden; das Wissen darüber, was
gut und schlecht, falsch und richtig ist. Diese Instanz der Moral
führt bei Übertretung bestimmter Gesetze oder Normen zu einem
schlechten Gewissen. Und schließlich das *Ich,* das zwischen *Es* und
Über-Ich steht und prüft, welchen Impulsen aus dem *Es* oder welchen Bewertungen oder Urteilen aus dem *Über-Ich* stattgegeben
werden soll und welchen nicht. Das *Ich* entscheidet, wo *Triebe kontrolliert* werden müssen, wo Verzicht angesagt ist. Das *Ich* muss sehen lernen, wo ein Bedürfnis aufgeschoben oder ihm nachgegeben
werden soll, wo Beurteilungen des *Über-Ich* richtig oder falsch sind.

Die Transaktionsanalyse ist eine Weiterentwicklung des Denk-
ansatzes von Sigmund Freud. Sie geht von der Annahme aus, dass
jeder Mensch aus drei verschiedenen Ich-Zuständen heraus reagieren kann, aus dem *Kind-Ich*, aus dem *Erwachsenen-Ich* und aus
dem *Eltern-Ich.*

Reaktionen aus dem *Eltern-Ich* orientieren sich an den negativen oder positiven Botschaften und Beurteilungen von gegenwärtigen oder früheren Autoritätspersonen, häufig den Eltern.

Handelt ein Mensch aus dem *Erwachsenen-Ich* heraus, dann fühlt, denkt oder handelt er so, wie er es in der Gegenwart selbst für richtig hält.

Reagiert er mit dem *Kind-Ich*, dann sind in seinen Entscheidungen und Handlungen die Gefühle und Erfahrungen der Kindheit leitend. Sowohl Impulse wie Lust und Spaß, aber auch Rückzug, Schmollen oder Wut sind eher dem *Kind-Ich* zuzuordnen.

Das Auseinandersortieren und das Fragen nach der Herkunft unterschiedlicher Botschaften in uns kann eine große Hilfe sein, um zu erkennen, welchen Stimmen wir recht geben oder mehr Gehör geben sollten und welchen auf keinen Fall.

In C. G. Jungs Persönlichkeitslehre spielt der Begriff des Schattens eine große Rolle. Nach seiner Definition sind das die Teile der Persönlichkeit, die zwar zum Menschen dazugehören, aber im Leben nie so richtig dabeisein dürfen.

Sie werden zur Seite gedrängt oder unterdrückt. Warum? Dafür kann es unterschiedliche Gründe geben:

- Sie sind – aufgrund strenger Elternbotschaften – moralisch minderwertig, deswegen bekommen sie kein Gehör: *Melanie wurde in einem streng religiösen Klima erzogen, durfte sich nicht schminken, auch Tanzunterricht war verpönt. Als Erwachsene verurteilt Melanie darum alle geschminkten Frauen und rümpft die Nase über Tanzdarbietungen im Fernsehen.*

- Sie waren in unserer Lebensgeschichte ohne Chance und halten sich deswegen sozusagen *schüchtern* im Hintergrund: *Michael hätte gerne Klavierunterricht genommen, aber die finanziellen Mittel waren in der Familie nicht verfügbar. Jedes Mal, wenn er als erwachsener Mann Klaviermusik hört, rührt ihn das zu Tränen.*

- Sie gehören zu einem unverarbeiteten Teil unseres Lebens: *Petra sieht, dass ihr Kind lustlos im Essen stochert. In ihr kochen Gefühle von Wut und Hass hoch und sie brüllt ihr Kind an. Nur mühsam kann sie sich zurückhalten, das Kind auch noch zu schlagen.* Das Verhalten des Kindes greift die Mutter in einer tiefen Schicht an, sie wird an Situationen aus der eigenen Kindheit erinnert. Sie wird emotional dorthin zurückversetzt. Die Gefühle von damals kommen hoch, sodass sie auf das eigene Kind in der gleichen Art reagiert, wie sie damals behandelt wurde. Sie bestraft sich im eigenen Kind.

Solche verdrängten Anteile, Schatten oder Stimmen in unserer Persönlichkeit sind nicht weg, sondern sie führen ein Eigenleben im Untergrund. Sie zeigen sich in unterschiedlichen, teils sehr emotionalen Reaktionen im Alltag. Sie können aber auch in Traumbildern sichtbar werden. Oder sie finden ihren Niederschlag in Beeinträchtigungen wie Depressionen, Neurosen oder anderen psychischen Störungen.

Es kann sein, dass nicht wahrgenommene und verdrängte Anteile des eigenen Selbst urplötzlich die Oberhand gewinnen und Angst machen. Gerade dann, wenn Hass oder Wut hochkochen oder das Gefühl vorherrscht, die Kontrolle zu verlieren und Dinge zu tun, die später zutiefst bereut werden. Das verunsichert und führt zu der Einsicht: »Ich weiß nicht, wer ich wirklich bin. Ich verstehe selbst nicht, warum ich so reagiert habe.«

Darum müssen diese Reaktionen und vor allem die dahinter liegenden Gefühle betrachtet, muss die Stimme im Hintergrund gehört werden.

Nach biblischem Verständnis bedeutet Glaube, unser Selbst der Führung des Heiligen Geistes zu überlassen. Der Geist Gottes kann uns Mut geben, dieses Stimmengewirr anzuschauen und die Weisheit schenken, zu verstehen, warum manche Stimmen sich mit einer solchen Vehemenz immer wieder zu Wort melden oder umgekehrt, warum manches oft im Hintergrund ist.

Friedemann Schulz von Thun, Psychologe und Kommunikationswissenschaftler, spricht in diesem Zusammenhang von einem »Inneren Team«[5], dessen einzelne Mitglieder teilweise in heftigem Widerspruch zueinander stehen. Er geht davon aus, dass wir nicht nur drei *Ich-Zustände* haben, sondern dass sich oft viel mehr in uns zu Wort meldet. Deshalb braucht das »Innere Team« einen Chef[6], beziehungsweise ein Oberhaupt[7], das mit der ganzen zankenden Menge fertig werden kann. Er geht davon aus, dass es in jedem Menschen eine Instanz gibt, die das letzte Wort hat oder die letzten Entscheidungen trifft.

Wenn diese letzte Instanz in uns unter Christus steht, können wir mit einer viel größeren Gelassenheit an die Betrachtung des »Inneren Teams« gehen. Mit Christus in uns müssen wir uns nicht vor dem ängstigen, was sich da möglicherweise an Schatten oder Untergrundbotschaften meldet. Denn die letzte Macht hat Christus. Er will die finsteren Mächte binden. Deswegen können wir den Mut zur Echtheit haben und auch die verdrängten, ungeliebten oder versteckten Anteile in die Gegenwart der Liebe Gottes stellen. Manchen Stimmen können wir auch einen Platzverweis aussprechen.

Da taucht zum Beispiel immer wieder die Stimme der Minderwertigkeit auf und redet mir ein: »Ich bin dumm, ich kann nichts, aus mir wird nie etwas.« Jetzt kann es hilfreich sein, zu fragen: »Woher kommt diese Botschaft?« Vermutlich wird die Antwort lauten: Eltern, Geschwister oder Verwandte, eventuell auch Lehrer haben mir diese Botschaft immer wieder übermittelt und ich habe sie schlussendlich geglaubt. Das negative *Eltern-Ich* (vergleiche Transaktionsanalyse) gibt dann den Ton an. Wenn diese Botschaft oder diese Stimme ständig recht bekommt, dann prägt das mein Denken und auch mein Verhalten. Ich traue mir mit der Zeit tatsächlich immer weniger zu. Jeder Fehler, den ich mache, bestätigt diese innere Stimme. »Ich wusste es doch.«

Ich kann aber auch weiter fragen: »Hat diese Stimme recht?« Oder auch: »Was gibt es noch an anderen Stimmen in mir?« Möglicherweise entdecke ich dann auch die Botschaft der Ermutigung: »Neulich ist mir etwas gut gelungen. Aber ich habe es nicht wahrhaben wollen.« Oder auch »Du hast Gaben, die entfaltet werden sollen.«

Das *Erwachsenen-Ich* (vergleiche Transaktionsanalyse) oder der *Innere Chef* kann jetzt fragen: »Welche Botschaft soll hier mehr und welche weniger gehört werden?«

Mit Christus in uns werden wir dann möglicherweise noch ganz andere Stimmen hören können, weit mehr ermutigende: »Du bist wertvoll und du hast eine Berufung, die du leben sollst. Fehler sind kein Weltuntergang, sondern eine Chance zu lernen. Du wirst auch schuldig werden, aber du darfst aus der Vergebung leben.« Stimmen, die im Widerspruch stehen zu der wertschätzenden und liebevollen Botschaft, die Gott in unser Leben legt, dürfen wir auch verbannen.

Manche Botschaften können so erdrückend sein, dass wir die Lebensfreude verlieren, wenn wir ihnen das Recht einräumen, ständig gehört zu werden.

Christus will nicht, dass wir von solchen negativen Botschaften und Stimmen beherrscht werden. Glauben bedeutet, aus den alten Botschaften auszusteigen und unsere innere Wirklichkeit, unser Selbst mit neuen Inhalten zu konfrontieren und diese gelten zu lassen. Wenn diese Wahrheit für uns werden, verändert sich auch unser Handeln.

Das bedeutet nicht, die bisherigen Botschaften einfach zu verdrängen, sondern sie anzuschauen, ans Licht zu bringen – und dann diesen Botschaften den richtigen Platz zuzuweisen: »Du hast recht.« Oder: »Du hast nicht recht.«

Je mehr wir die Botschaften, die Gott uns Menschen zuspricht, kennenlernen, je mehr wir uns in der Bibel, wo diese Aussagen zu finden sind, auskennen, und je intensiver sich das Leben mit Christus in uns gestaltet, desto besser gelingt es, den Stimmen den richtigen Stellenwert einzuräumen. Mit der Zeit wird in uns auf diese Weise immer mehr Sicherheit und auch Gelassenheit einkehren.

Meinen Platz im Leben finde ich,
wenn die inneren Stimmen
den richtigen Stellenwert bekommen.

Die Veränderung des Ichs im Lauf des Lebens

Nochmals die Frage: Wer bin ich? Das Empfinden für das Selbst verändert sich auch im Lauf des Lebens.

So wie wir uns vom Kind zum Jugendlichen weiterentwickeln, erwachsen und älter werden und schließlich alt sind, so entwickelt sich unser Bewusstsein über uns ständig weiter. In den Erfahrungen mit unserem Ich lernen wir uns immer besser kennen: unsere Gaben und Grenzen, unseren Körper, unsere Wirkung auf andere.

Ein solcher Prozess wird in der Psychologie auch Selbstwerdungsprozess beziehungsweise Individuationsprozess genannt.

Dieser Denkansatz geht zurück auf den Psychoanalytiker C.G. Jung. Das Wort Individuation leitet sich von dem lateinischen *individuus* her und bedeutet »das Unteilbare«. Bezogen auf den Menschen heißt Individuation: ein ganzes Selbst, ein Individuum werden. Damit dies geschieht, muss man sich kennen, die eigene Besonderheit entdecken, die eigenen Fähigkeiten, Anlagen und Möglichkeiten entfalten. Für Jung war Individuation Voraussetzung für ein geglücktes Menschsein. Dazu gehört dann auch, dass Menschen eigene, zu ihnen gehörende Antworten auf Herausforderungen ihrer Welt geben und sich in Verantwortung nehmen lassen.

Es gab und gibt in der Entwicklungspsychologie immer wieder verschiedene Einteilungen im Blick auf die Entwicklung des Selbst. Erik Erikson beschreibt die Entwicklung des Selbst in acht Stufen (Stufenmodell der psychosozialen Entwicklung), Charlotte Bühler benutzt dafür zehn Phasen.[8]

Der Einfachheit halber möchte ich den Lebensbogen mit den Veränderungen des Ichs in Anlehnung an die Jahreszeiten in vier Phasen verdeutlichen:

• Der Frühling der Kindheit und Jugend
• Der Sommer des Erwachsenenalters
• Der Herbst des Älterwerdens
• Der Winter des Altseins

Wie verändert sich das »Ich« in diesen einzelnen Phasen – und wie finden wir darin unseren Platz?

Der Frühling der Kindheit und Jugend

Im Frühling lässt sich eine aufbrechende Kraft beobachten, die Besonderheit einer jeden einzelnen Pflanze wird erkennbar. Ähnlich gestaltet sich dies beim Menschen. In der Kindheit bricht das Leben auf. Die Eigenart eines Menschen, seine Begabungen und Fähigkeiten, seine genetische Ausstattung mit allen Chancen und Begrenzungen wird sichtbar.

Das Hauptthema der Kindheit ist das Vertrauen. Es ist unumstritten, dass in den ersten Lebensjahren die Weichen dafür gestellt werden, ob wir der Welt und den Menschen um uns herum tendenziell vertrauen oder eher nicht. Erik Erikson[9] hat den Begriff des Urvertrauens geprägt.

Urvertrauen entwickelt sich durch die verlässlich durchgehaltene, liebende und sorgende Zuwendung durch konstante Bezugspersonen, im Idealfall der Eltern. Dies verschafft die innere emotionale Sicherheit, die später auch dazu befähigt, Vertrauen zu anderen Menschen und zu Gott zu entwickeln. Wenn ein Kind permanent misshandelt, verachtet, ausgelacht oder anderweitig gedemütigt wird, wird es dazu weit weniger in der Lage sein.

Der Erwerb eines soliden Urvertrauens im ersten Lebensjahr ist die Voraussetzung für eine Wertschätzung sich selbst und anderen gegenüber. Urvertrauen bedeutet, den eigenen Körperimpulsen vertrauen zu dürfen, ein sicheres Gefühl für Bedürfnisse wie Hunger, Durst, Ruhe und Wärme zu entwickeln: »Wenn ich Hunger habe und etwas zu essen bekomme, werde ich wieder satt.« Wenn ein Kind aber die Erfahrung macht, dass niemand seinen Hunger beachtet, dann lernt es, dies als negatives Gefühl zu interpretieren und wird versuchen, diesen Impuls in Zukunft zu unterdrücken oder weniger zu äußern. Dies kann später durchaus zu Ess-Störungen führen.

Wenn Eltern die Gefühle eines Säuglings korrekt interpretieren und entsprechend darauf reagieren, lernt das Kind, seinen Gefühlen, Bedürfnissen und Impulsen zu vertrauen und später auch die Botschaften anderer Menschen zu verstehen, die diese durch Mimik, Gestik und Körpersprache aussenden. Dies ist der Boden, auf dem sich Einfühlungsvermögen und die Fähigkeit zum Trösten, Unterstützen und Helfen entwickeln.

Mit dem Urvertrauen entwickelt sich eine tiefe Lebensgewissheit: »Ich gehöre in ein Netzwerk von sicheren Beziehungen. Ich bin geliebt, geborgen, wertgeschätzt. Ich weiß um meine Bedürfnisse. Ich habe einen sicheren Platz im Leben.«

Wenn ein Kind ein solches Urvertrauen nicht entwickeln kann, äußert sich dies in Minderwertigkeitsgefühlen und Unsicherheit, Schwierigkeiten mit Nähe und Distanz, Misstrauen sich selbst, anderen und Gott gegenüber. Die Grunderfahrung lautet dann: »Ich traue niemandem. Ich kenne meine Gefühle und Bedürfnisse nicht. Die Welt ist gefährlich. Ich habe keinen sicheren Platz.«

Urvertrauen verhilft auch zu dem Gefühl der Selbstwirksamkeit. Mit *Selbstwirksamkeit* wird in der Psychologie die Fähigkeit bezeichnet, Handlungen ausführen zu können, die zu einem erwarteten oder gewünschten Ergebnis führen: Ein bestimmtes Verhalten löst bestimmte Reaktionen aus. Wenn ich beispielsweise mit meiner Körperkraft einem Ball einen Stoß versetze, gerät dieser in Bewegung. Oder: Wenn ich etwas entdecke und anderen mitteile, erfolgt ein Informationsaustausch. Durch die Art und Weise, wie sie auf mich reagieren und mir vermitteln, dass ich etwas richtig erkannt oder gemacht habe, gewinne ich Vertrauen in meine körperlichen, intellektuellen oder emotionalen Fähigkeiten und ich weiß: Ich kann etwas bewirken und meine Welt um mich her durch mein Handeln beeinflussen.

Im Erwerben von Urvertrauen geht es um die drei Beziehungsebenen: Ich – Du – Gott.

- Vertrauen in sich selbst führt zu einem sicheren Selbstwertgefühl und einem guten Körpergefühl.
- Vertrauen in andere eröffnet die Bereitschaft, Beziehungen einzugehen: in Partnerschaft und Gemeinschaften leben zu wollen und zu können.
- Vertrauen in das Ganze, in die Welt, Vertrauen in Gott ist die Voraussetzung für Glauben und für das Gefühl, einen sicheren Platz im Leben zu haben.

Gerade in der Pubertät und im frühen Erwachsenenalter wird dieses Thema nochmals besonders wichtig. In der Ablösung vom Elternhaus, in der Entfaltung der Sexualität, in der Entwicklung der eigenen Individualität in Kraft, Aussehen und Können brauchen Jugendliche Bereiche, in denen sie Selbstvertrauen und Selbstwirksamkeit entwickeln können. Sie brauchen soziale Beziehungen, die ihnen Verlässlichkeit vermitteln und Zukunftsperspektiven eröffnen. So können sie Vertrauen in das Leben bekommen, mit Zuversicht in die Zukunft blicken und die Gewissheit entwickeln: »Es hat einen Sinn, dass ich auf dieser Welt bin. Ich kann Einfluss nehmen und etwas bewirken.«

Viele erinnern sich daran, dass die Pubertät auch eine sehr schwierige Zeit war. Sich zum Mann beziehungsweise zur Frau zu entwickeln, kann mit komplizierten Erlebnissen einhergehen und eine tiefe Verunsicherung auslösen. Gerade in der Pubertät, in der sich der Körper deutlich verändert, kann zeitweise das Gefühl vorherrschen, nicht gerne im eigenen Körper zu Hause zu sein.

Mit dem Auszug aus dem Elternhaus gerät in der Regel eine Lebenssäule ins Wanken. Die bisherige Heimat sowie die Beziehungen zu Eltern und Geschwistern verlieren ihre Halt gebende Funktion. Sich selbst neu Heimat geben und für sich sorgen, fällt oft nicht leicht. Sich selbst im Blick auf Essen, Geld und Lebensrhythmus eine Struktur geben, muss oft mühsam eingeübt werden.

Unsere Erfahrungen der Kindheit und Jugend prägen uns. Wir können sie nicht ausklammern oder zur Seite schieben, denn sie begleiten uns unser Leben lang.

Darum ist es gut, dass die Bibel uns immer wieder darauf verweist, mit unseren Erfahrungen der Vergangenheit, mit unserem inneren Kind vor Gott kommen zu dürfen.

Eine interessante Szene wird dazu im Neuen Testament erzählt. Da kommen einige Mütter zu Jesus. Sie wollen, dass er ihre Kinder segnet. Die Jünger aber ärgern sich darüber. Kinder stören, sind laut, manchmal auch schmutzig und unberechenbar. Deswegen werden sie von den Jüngern abgewiesen.

Jesus ärgert sich darüber sehr. Er wird unwillig und sagt: »Lasst die Kinder zu mir kommen und wehret ihnen nicht; denn solchen gehört das Reich Gottes. Wahrlich, ich sage euch: Wer das Reich Gottes nicht empfängt wie ein Kind, der wird nicht hineinkommen. Und er herzte sie und legte die Hände auf sie und segnete sie« (Markus 10,14-16).

Ich finde diese Szene sehr bewegend. Jesus macht darin deutlich, dass wir von den Kindern lernen können. Wir dürfen als Erwachsene den Mut haben, zu dieser Unmittelbarkeit zurückzukehren, zu dieser Bereitschaft, sich etwas schenken zu lassen, zu der Fähigkeit, seiner Freude spontan Ausdruck verleihen zu können, zu dem dankbaren Bezogensein auf ein Gegenüber. So wie die Kinder von Jesus nicht nur gesegnet, sondern auch geherzt und umarmt wurden, so dürfen wir auch als Erwachsene den Mut haben, uns dieser Wirklichkeit zu stellen, die über unser Erwachsenendenken hinausreicht. Jesus lädt dazu ein, sich zu öffnen, sich fallen zu lassen, aufgefangen zu werden und zu vertrauen.

Diese Geschichte enthält einen weiteren Aspekt: Sie ermutigt uns als Erwachsene, mit unseren Kindheitserfahrungen vor Gott zu kommen. Wir stehen in dieser Beziehung schnell in der Gefahr, wie die Jünger zu reagieren. Kindliche Gefühle und traurige Erfahrungen von früher wehren wir ab. Wir meinen, dass diese bei Jesus nichts zu suchen haben.

Jesus aber sagt: Komm mit deinem inneren Kind, mit den schlimmen Gefühlen und Erinnerungen. Du darfst dich genau damit umarmen und segnen, ja herzen lassen. So kann es heil werden. Denn von Christus geht Heil aus, und darum auch Heilung für unsere Lebenswunden. Auf dieser Basis können dann auch die schweren Erfahrungen in der Zukunft Früchte tragen. Sie können uns belastbar machen, uns einen sicheren Platz im Leben schenken.

Der Sommer des Erwachsenenalters

Es gehört zum gesunden Menschsein dazu, etwas bewirken und gestalten zu wollen. Im Sommer des Lebens wird dies in besonderer Weise sichtbar. Wir entfalten unsere Individualität und Originalität, entdecken unsere Gaben, Vorlieben und Stärken. Wir entwickeln Lebensentwürfe, die zu diesen passen. Wir sind bereit, Verantwortung in der Gesellschaft und – falls wir selbst Kinder haben – auch für die nachfolgende Generation zu übernehmen. Wir werden schöpferisch tätig.

Der Sommer des Lebens kann eine wunderschöne Zeit der Entfaltung, der Freude und des Glücks sein. Eine stabile Zeit in der Ehe, in den äußeren Verhältnissen, eine Zeit des Erfolgs im Beruf und der Entdeckung der eigenen Möglichkeiten. Somit kann es eine Zeit mit hoher Selbstwirksamkeit sein: Ziele können erdacht und angesteuert werden und die Umsetzung gelingt. Wer das erfährt, kann von Herzen dankbar und zufrieden sein.

Dankbarkeit eröffnet vielfältige Wege für das Lebensglück: Denn wer Dankbarkeit zeigen kann, entwickelt einen Bezug über sich selbst hinaus, blickt optimistischer in die Zukunft, lebt in stabileren Beziehungen und hat ein stärkeres Immunsystem.

Es wird immer wieder behauptet, dass Leute, die dankbar sein können, bessere Lebensumstände haben. Doch das stimmt so nicht. Auch dankbare Menschen erleben immer wieder schwierige Zeiten, Hindernisse oder Unglücksfälle.

Es ist eher umgekehrt: Die Fokussierung auf die Dankpunkte verbessert das Lebensgefühl und die sozialen Beziehungen.[10] Dankbarkeit verhindert das Abrutschen in negative Gefühle wie Bitterkeit und Wut, Selbstmitleid und Anklage, Neid und Minderwertigkeitsgefühle. Dankbaren Menschen gelingt auch die Umsetzung ihrer Lebensziele besser und relativiert die zu starke Bezogenheit auf Materielles.

Wer nicht dankt, konzentriert sich meistens auf das Nichterreichte oder Nichtvorhandene. Und umgekehrt: Je dankbarer wir sind, desto mehr Anlass zur Dankbarkeit haben wir. Dankbaren Menschen gelingt es besser, ein negatives Ereignis positiv umzudeuten. Sie können auch im Desaster noch etwas Gutes entdecken. In einer Studie berichteten Menschen, die Opfer eines Hurrikans geworden waren, über Gefühle der Dankbarkeit. Sie richteten ihren Blick nicht als Erstes auf die Verluste, sondern auf das, was ihnen noch geblieben war: das Leben, Angehörige, Unterstützung und Freunde.[11]

Auch in der Bibel wird immer wieder darauf verwiesen, dass wir den Blick auf die Dankbarkeitsanlässe nicht vergessen sollen. »Lobe den Herrn meine Seele und vergiss nicht, was er dir Gutes getan hat« (Psalm 103,2).

Dankbarkeit ist ja bei Weitem nicht nur ein innerpsychischer Vorgang oder ein Gefühl, sondern Ausdruck einer Beziehung. Wenn ich Gott danke, dann hat der Dank eine Adresse außerhalb meiner selbst.

Aber es gibt auch Zeiten, in denen das Danken schwierig ist.

Wir erfahren in der *Lebensmitte* auch unsere Begrenzungen und unsere schwachen Seiten. Wir merken, was wir nicht können und was nicht zu uns passt. In dieser Zeit der Belastung besteht die Gefahr, sich in der Fülle der Anforderungen zu verlieren und sich zu überfordern. Dann entsteht ein Gefühl von innerer Zerrissenheit, von Ausgesaugtwerden oder auch von Leere und Verzweiflung.

Es kann in der Lebensmitte Phasen der schweren Verunsicherung geben, Zeiten, in denen wir unser Selbstvertrauen und unseren Platz im Leben verlieren:

Lebensträume haben sich nicht erfüllt, vielleicht bleibt beruflicher Erfolg aus oder wir haben nie den passenden Partner gefunden. Finanzielle Schwierigkeiten können Angst machen. Kinder machen große Probleme und bringen den Selbstwert ins Wanken. Vielleicht ist Kinderlosigkeit eine schmerzende Wunde. Heimweh oder Sehnsucht nach früheren schöneren Zeiten können ständige Begleiter sein.

Eventuell ist eine Beziehung gescheitert oder die Ehe gestaltet sich schwierig. Leiden am Verhalten des Partners kann das Leben mühsam machen, aber auch Ärger über die eigenen Schwächen und Fehler. Gesundheitliche Begrenzungen können das Leben erschweren.

Wer im Lebenssommer Bilanz zieht, muss lernen zu unterscheiden: zwischen den Dingen, die akzeptiert werden müssen, weil sie sich nicht ändern lassen, und denen, die zu einer Weichenstellung herausfordern, damit neue Wege gegangen werden können.

Der Theologe Friedrich Christoph Oetinger (1702–1782) formulierte es in einem Gebet:

> *Gott, gib mir die Gelassenheit,*
> *Dinge hinzunehmen, die ich nicht ändern kann,*
> *den Mut, Dinge zu ändern, die ich ändern kann,*
> *und die Weisheit, das eine vom anderen zu unterscheiden.*

Für diese Unterscheidung gibt es hilfreiche Kriterien:

lernen müssen wir die Dinge, die unausweichlich sind.
- unsere bisherige Lebensgeschichte und bis dahin getroffene Entscheidungen
- körperliche Konstitution und genetische Ausstattung
- Verlust von Gesundheit
- Tod eines Menschen
- Charaktereigenschaften von Familienangehörigen oder anderen nahe stehenden Menschen

Gewisse persönliche Eigenschaften bleiben lang andauernd oder lebenslänglich erhalten und sind deswegen nicht veränderbar. Dazu gehören Intelligenz, Temperament, die Grundausrichtung zwischen Nähe und Distanz,[12] und ebenso die zwischen Dauer und Wechsel (mehr dazu auf S. 84f). Zu den unveränderbaren Eigenschaften gehören auch die Verhaltensmuster, die sich aufgrund der Geschwisterposition entwickelt haben (siehe S. 103ff), dann auch die genetischen Vorgaben, die durch Kultur und Muttersprache übernommenen Denk- und Verstehensmuster sowie die körperliche Konstitution.

Wenn wir beim Ehepartner oder anderen uns nahe stehenden Menschen ständig gegen die unveränderbaren Anteile in dessen Persönlichkeit ankämpfen, werden wir schnell müde und abgekämpft. Denn wir verschwenden unsere Energie an einer sinnlosen Stelle.

Jürg Willi, Paartherapeut, macht darauf aufmerksam, dass gerade in dem Unerfüllten einer Beziehung mehr Potenzial liegt als in dem Erfüllten. »Gesund sind paradoxerweise oft nicht die Paarbeziehungen, die alle Sehnsüchte erfüllen, sondern jene, die der Erfüllung einen Widerstand entgegensetzen.«[13] Denn genau durch diesen Widerstand entsteht die Chance zur Entwicklung und Veränderung der Beziehungsgestaltung.

Ähnlich verhält es sich im Blick auf Kinder. Sie bringen von Geburt an ihre Intelligenz, ihr Temperament und ihren eher nach außen oder nach innen gerichteten Gestaltungswillen mit. Daran können wir kaum etwas ändern. Dies fordert uns heraus und bringt uns manchmal fast an unsere Grenzen von Kraft und Liebesfähigkeit. Manchmal sind wir hilflos und reagieren zu hart. Oder wir werden aggressiv. In unseren Reaktionen werden wir darum manchmal auch an ihnen schuldig.

Wenn unsere Kinder erwachsen geworden sind, sind sie selbst für ihr Leben und ihre Entwicklung verantwortlich. Für Fehler dürfen wir Vergebung empfangen und können uns bei unseren Kindern entschuldigen. Aber wir müssen deren Entscheidungen und Lebensentwürfe auch dann akzeptieren, wenn wir nicht damit einverstanden sind. Oft müssen wir als Eltern schweigen und aushalten lernen, uns zurücknehmen. Doch wir dürfen unsere Kinder Gott im Gebet überlassen.

Annehmen müssen wir auch unveränderbare Lebensentwicklungen. Ein Sprichwort lautet: »Wir bereuen nicht die Dinge, die wir tun, sondern die, die wir *nicht* getan haben.« Laut einer sozialpsychologischen Untersuchung scheint das zu stimmen: Kurzfristig, also im Rückblick auf die vergangene Woche, werden besonders ausgeführte Handlungen bereut. Aber langfristig, also in der Rückschau auf vergangene Monate oder Jahre, plagen uns vor allem Zweifel im Blick auf unterlassene Handlungen oder Fehlentscheidungen.

Wenn Menschen in eine Zeitmaschine steigen könnten, würden sie vor allem bei der Ausbildung und beim beruflichen Werdegang einen anderen Weg einschlagen.[14]

Unzufriedenheit mit getroffenen Entscheidungen oder mit Entwicklungen im Leben kann belastend und quälend sein. Wie gehen wir damit um? Eins ist klar: Wir können das Rad der Geschichte nicht zurückdrehen. Darum müssen wir einen Weg in die Zukunft finden.

Dazu gehört das ehrliche Eingeständnis, dass das Leben keine ständige Erfolgslinie ist, sondern dass Fehler und Umwege dazugehören. Gerade durch Versagen und Scheitern lernen wir. »Aus Fehlern wird man klug.« In jedem Tiefpunkt steckt auch eine Chance zur Veränderung. »Vielleicht will, was ich nicht ändern kann, mich ändern«, formuliert Kyrilla Spieker treffend.

Verändern

Eine Bilanz kann auch grundlegende Veränderungen nach sich ziehen. Aus Scheitern und Versagen kann Gewinn werden. Der Nutzen des Scheiterns kann darin liegen, dass das Richtige deutlicher wird. Aber dies geschieht nur dann, wenn die Verantwortung für das Scheitern nicht zuerst bei anderen, sondern auch der eigene Anteil daran gesucht wird. Liegt es an Verhaltensmustern und Konfliktlösungsstrategien, an mangelnder Selbsterkenntnis oder an starren Lebensritualen?

So kann Scheitern Mut machen, Altes zu verlassen und Neues zu wagen.

Biblische Beispiele dafür gibt es zur Genüge: Elia war am Tiefpunkt angelangt, war an seinem Übereifer und der Angst vor einer Frau gescheitert. Der Tiefpunkt war der Wendepunkt. Denn es war der Gottesbegegnungspunkt.[15]

Ähnlich war es bei Petrus. All sein Enthusiasmus und seine Selbstüberschätzung fanden ein jähes Ende mit seiner Verleugnung von Christus. Er weinte bitterlich, war am Ende seiner Selbstachtung, erlebte eine tiefe Identitätskrise. Als er von Jesus nach der Auferstehung gefragt wird: »Hast du mich lieb?«[16], macht Petrus seine Sicherheit nicht mehr an seinem Selbst, sondern an Christus fest. »Ja, Herr, du weißt, dass ich dich lieb habe.« Ich bin mit meiner Selbsteinschätzung gescheitert, aber du, Christus, kennst mich durch und durch.

An diesen Beispielen wird deutlich: Auch nach Scheitern oder Brüchen gibt es eine Zukunft. Das ist das große Angebot Gottes. Wir können neu beginnen und Vergebung empfangen, wo wir schuldig geworden sind. Versagen und Scheitern sind kein endgültiges Urteil über unserem Leben, sondern eröffnen Wege zur Umkehr und zur Veränderung.

Der Herbst des Älterwerdens

In der Natur ist der Herbst die Zeit des Umbruchs. Zeit der Ernte, der bunten Farben, der intensiven Gerüche, der gereiften Früchte. Er ist auch die Zeit des Abschieds. Die Sonne scheint nicht mehr so kräftig, Blätter verfärben sich und fallen vom Baum. Die Abende werden kühler, Nebel kommen auf, Felder und Gärten werden abgeräumt.

Im Herbst des Lebens gestaltet sich das ähnlich.

Wir fahren die Ernte ein. Wir blicken auf Jahrzehnte zurück, auf glücklich Erreichtes. Im Lauf der Jahre haben wir Lebensweisheit gesammelt, darin auch die Erfahrung, wie man mit Konflikten am besten umgeht. Die Einstellung und die innere Haltung dazu ändern sich.

Eine solche Ernte des Lebens kommt uns in dieser Lebensphase zugute. Wir überblicken das Leben besser. Wir wissen, dass Probleme sich lösen lassen, dass die Schwere des Schmerzes über erfahrenem Leid wieder aufhört, dass Chaos und Konflikte nie das Letzte sind.

In unserer deutschen und manchen anderen Sprachen gibt es die Zeitform *Futur II* (zweite Zukunft): Ich schaue in die Zukunft und aus dieser in meine Gegenwart zurück. Futur II ist zum Beispiel folgende Formulierung: »Ich werde dankbar gewesen sein.« Dieses Denkmuster kommt im Herbst des Lebens zum Tragen. Wenn wir in einer schwierigen Lebensphase stehen, können wir wissen: Es wird in der Zukunft eine Zeit geben, in der ich auf meine heutige Gegenwart zurückblicken und genau für die jetzt so schweren Erfahrungen dankbar sein werde.

Ähnlich wird es in Psalm 42,6 formuliert: »Harre auf Gott, denn ich werde ihm noch danken«.

So wie die Bäume die Blätter fallen lassen, müssen wir auch im Herbst manches loslassen: Besitz, Kindererziehung, Beruf, Verantwortung und Aufgaben, körperliche Kraft, Gesundheit und Fitness. Auf diese Prozesse muss man sich oft ganz bewusst einlassen.

In den Herbst des Lebens fällt auch der Ruhestand. Dies kann sich schwierig gestalten, denn ein wesentlicher Bestandteil des Alltags, der Struktur, Inhalt und Wert vermittelt hat, muss verabschiedet werden. Deswegen kann diese Lebensphase zu Beginn von dem Gefühl der Inhaltslosigkeit, der fehlenden Struktur oder der Wertlosigkeit geprägt sein. Es braucht Geduld, bis wieder neu der Platz im Leben gefunden ist und auch eine intensive Auseinandersetzung mit der Frage: »Wer bin ich ohne das Bisherige?« Und auch: »Was soll in Zukunft mein Leben ausfüllen?«

Zum Herbst des Lebens gehören die Wechseljahre. Klimakterium bedeutet wörtlich übersetzt »Stufenleiter, kritischer Zeitpunkt im Leben«. Wenn wir davon ausgehen, dass eine wichtige Stütze der Identität die beruflichen Aufgaben und der Bezug zu unserem Körper sind, wird klar, warum Älterwerden, Ruhestand und insbesondere die Wechseljahre eine Identitätskrise auslösen können. Auf den Körper und seine Leistungsfähigkeit ist nicht mehr in gleicher Weise wie früher Verlass: Sehstärke und Muskelspannung werden schwächer; das Aussehen verändert sich und entspricht nicht mehr den gängigen Schönheitsidealen. Alltagsabläufe kosten mehr Kraft und Zeit als vorher. So erleben viele Frauen und Männer das Nachlassen der körperlichen und psychischen Kräfte als etwas Bedrohliches und Angstmachendes.

Im Älterwerden sind wir herausgefordert, eine neue Einstellung, ja eine neue Beziehung zu unserem Körper, eine neue Deutung unseres Aussehens zu entwickeln. Nach welchen Kriterien beurteile ich, ob etwas gut oder schlecht ist? Das *innere Sehen* und Erleben wird mit dem Älterwerden wichtiger als das Festhalten an äußeren Merkmalen. Wenn wir lernen, das Unausweichliche zu akzeptieren, wird ein Weg frei, anders damit umzugehen und uns neu daran zu freuen. Denn wer den *Sommer* unbedingt verlängern will, kann die Freude des Herbstes nicht sehen und genießen.

Das Festhalten am Bisherigen birgt jedoch die Gefahr der Verbitterung in sich. Es ist ein Lebensgesetz, dass Menschen umso mehr zurückschauen, je älter sie werden. Denn mit zunehmendem Alter liegt mehr hinter als vor ihnen. Dadurch entwickeln viele einen Hang zum Konservativismus, zur Bewahrung des Bisherigen. Sie kämpfen vehement gegen alles Neue oder verweigern sich Veränderungen. »Das haben wir schon immer so gemacht.« Oder: »Es war doch gut so bisher, warum sollen wir das jetzt anders machen?« Verständlich ist es, da die Vergangenheit als Teil des eigenen Lebens in der Rückschau positiv integriert werden soll. Aber eine solche Haltung erschwert das Miteinander der Generationen. Im ständigen Bewahren liegt eine Gefahr: die Verweigerung des Loslassens.

Vielmehr haben Menschen in der zweiten Lebenshälfte die Chance, die nächste Generation zu stützen, ihr zu helfen – nicht nur mit Rat, sondern auch mit finanziellen Mitteln.

Erik Erikson nennt dies das Spannungsfeld zwischen »Stagnation« und »Generativität« – die Spannung zwischen dem Festhängen am Bisherigen und der Bereitschaft, für die nachkommenden Generationen solche Bedingungen zu schaffen, dass diese sich gut entfalten können.

Menschen haben im Älterwerden die tiefste Sehnsucht danach, das Leben in seiner Gesamtheit als stimmig zu erfahren und in Zufriedenheit zu bejahen. Dies gelingt dann, wenn das Leben in seiner Einmaligkeit, Endgültigkeit, Endlichkeit akzeptiert wird. Gelassene Perspektiven im Blick auf die Zukunft sind dazu gleichermaßen hilfreich wie positive Blicke zurück. Wie in der Natur können wir im Herbst und im Winter Aussichten gewinnen, die man im Sommer und Frühling nicht auf diese Weise hat, weil sie hinter dem Laubwerk eines Baumes verborgen sind. Wenn die Blätter fehlen, sehen wir weiter, erkennen den Horizont deutlicher.

Der Winter des Altseins

In der Natur findet im Winter kein Wachstum nach außen, sondern eine Konzentration nach innen statt. Pflanzen ziehen sich auf die Wurzelkraft zurück. Der Winter ist eine Brachzeit, der Garten ist abgeräumt, die Luft ist klar und kalt, die Farben sind besonders intensiv und hinterlassen kontrastreiche Eindrücke.

Im Winter des Lebens machen wir ähnliche Erfahrungen. Der Aktionsradius nach außen kann durch Krankheiten oder Schmerzen eingeschränkt sein. Alltagsbewältigung wird mühsamer oder unmöglich. Wir werden abhängig von der Hilfe anderer, die Befriedigung elementarer Bedürfnisse wie Essen, Trinken, Schlafen und Verdauung rückt wieder mehr in den Vordergrund. Das Erlebnis von Selbstwirksamkeit lässt nach.

Das Zeitempfinden verändert sich. Das Leben ist im Blick auf das Zeiterlebnis wie das Gehen neben einem Fluss.

Wenn wir jung sind, laufen wir schneller als der Fluss, in der Lebensmitte haben wir das gleiche Tempo, im Alter fließt der Fluss schneller dahin als wir gehen können.

Die Einstellung zum Besitz verändert sich. Fotoalben und Bücher, Geschenke von früher gewinnen eine immer größere Bedeutung und sind mit Erinnerungen behaftet. Die jüngere Generation kann dies oft nicht nachvollziehen.

Das Beziehungsnetz verändert sich. Äußere Einflussmöglichkeiten werden geringer. Abhängigkeiten entstehen, Beziehungen gestalten sich einseitiger. Oft muss Hilfe in Anspruch genommen werden. Doch diese Einseitigkeit bezieht sich nur auf die äußeren

Faktoren. Was alte Menschen an Weisheit und Würde an die jüngere Generation weitergeben, gerade auch darin, wie sie mit dem beschwerlicheren Leben, mit Krankheit und Schmerzen umgehen, ist von unschätzbarem Wert.

Zeiten an Kranken- und Sterbebetten können für die Zurückbleibenden die kostbarsten Eindrücke für die Gestaltung des eigenen Lebens beinhalten, gerade auch dann, wenn diese sich in einer ganz anderen Lebensphase befinden. Im Sterben wird sichtbar, was schon immer im Leben drin war. Paul Schüz sagt: »Leben lernen heißt sterben lernen.« Wer mit Tod und Abschied leben kann, hat mehr Inhalt im Leben. Nicht nur das Sterben, der Lebenswinter überhaupt, ist ein »wesentlich Werden«. Was einen Menschen im Tiefsten ausmacht, wird nun immer deutlicher.

Ich erinnere mich gut an die Begleitung einer alten Familienfreundin. In ihr lebte eine Fülle von Liedern, Gebeten und auswendig gelernten Bibeltexten. Gegen Ende erkannte sie mich nicht mehr, aber sobald man einen Bibelvers oder ein Lied zitierte, war sie hellwach und konnte die Texte auswendig aufsagen. Die Inhalte gaben ihr Halt, auch in den Schmerzen, und die Freude an Christus strahlte aus ihr heraus. Das hat mich tief beeindruckt. Seitdem lerne ich wieder verstärkt Bibelverse und Lieder auswendig.

Wer Menschen im Sterben begleitet, wird selbst im Blick auf die eigenen Lebensziele hinterfragt: Was ist das Wesentliche des Lebens? Und was soll in meinem Leben vorrangig sein?

So ist das Alter immer beides: Vielfalt und Beschränktheit – oder anders gesagt: Vielfalt in der Beschränkung.

Eine Brachzeit in der Natur ist eine Zeit der Ruhe, des Nach-innen-gekehrt-Seins. So birgt der Lebenswinter die Chance, in einer grundsätzlicheren Weise unser Leben zu betrachten und auch mit Gott ins Reine zu kommen, uns mit erlebtem Leid auszusöhnen. Möglicherweise erhalten wir in dieser Lebensphase Antworten auf Fragen, von denen wir im Sommer dachten, dass sie nicht zu beantworten seien. Manches Verdrängte oder Nichtgelebte kommt im

Alter hoch, nicht nur vergessene Erinnerungen, auch Schuld und Trauer über Verpasstes. Der Winter ist eine Chance, in der Selbsterkenntnis zu reifen, einen kritischen Blick auf manches Erlebte zu entwickeln, das eigene Leben aus der Distanz anzuschauen, dankbar zu werden und um Vergebung zu bitten.

Mit dem Sterben von Weggefährten rückt die Frage nach dem eigenen Tod und Sterben ins Bewusstsein.

Todesangst ist Angst vor dem Sterben, vor dem Verlassen der Welt und Angst um die zurückbleibenden geliebten Mitmenschen. Letztendlich schwingt bei der Angst vor dem Tod auch die Sorge mit, dass man in Vergessenheit geraten könnte. Oder es wird uns bewusst, dass wir im Leben auf die falschen Werte gesetzt oder für unwichtige Ziele gekämpft haben.

Der amerikanische Psychoanalytiker und Bestsellerautor Irvin D. Yalom[17] machte in seiner Praxis immer wieder die Erfahrung, wie sehr das Wissen um den nahen Tod viele seiner Patienten zu einer vollkommenen Neuorientierung inspirierte und so zu einer Bereicherung der verbleibenden Zeit wurde. Auf einmal waren sie in der Lage, Entscheidungen zu treffen, zu denen sie vorher nicht den Mut hatten. Der nahende Tod machte ihnen auch die Kostbarkeit jedes Momentes und die Schönheit des Miteinanders bewusst.

Psalm 90,12 formuliert es so: »Herr, lehre uns bedenken, dass wir sterben müssen, auf dass wir klug werden.«

Die Ambivalenz des Todes wird in der Bibel nicht verschwiegen. Dort ist der Tod zuerst einmal »ein Feind« des Menschen, aber er hat keine letzte Macht. Er wird durch den Sieg der Auferstehung vernichtet. In 1. Korinther 15,26 steht: »Der letzte Feind, der vernichtet wird, ist der Tod.«

Das bedeutet nicht, dass Christen keine Angst vor dem Sterben haben. Aber sie können mit der Gewissheit leben, dass der Tod überwunden ist und vor allem, dass er nicht das Letzte ist, sondern das Tor zur Ewigkeit.

Tröstlich ist die Aussage Gottes in Jesaja 46,4: »Auch bis in euer

Alter bin ich derselbe, und ich will euch tragen, bis ihr grau werdet. Ich habe es getan; ich will heben und tragen und erretten.«

Dabei ist das Wörtchen *bis* im Kontext unseres Themas vielleicht das Wichtigste oder Interessanteste in diesem Vers. Denn *bis* macht eine Begleitung deutlich. Es ist nichts Punktuelles, nichts Momentanes, sondern etwas Konstantes, Immerwährendes bis zum Schluss.

Jesus verspricht: »Und siehe, ich bin bei euch alle Tage, *bis* an der Welt Ende« (Matthäus 28,20), das bedeutet sowohl *bis* an das Ende unserer persönlichen Welt, von Geburt *bis* Tod als auch *bis* ans Ende dieser sichtbaren Welt.

Wenn wir nochmals fragen, wie sich das Ich oder das Selbst im Lauf eines Lebens verändert, so können wir zusammenfassend sagen:

- In der Kindheit geht es um die Grundfrage des Vertrauens.
- Im mittleren Alter geht es um die Entfaltung des Ichs.
- Im Älterwerden geht es um das Lernen von Gelassenheit.
- Im Alter geht es um das Loslassen.

Meinen Platz finde ich,
wenn aus schönen und schweren Zeiten
Gottesbegegnungen werden.

Die Grundbedürfnisse des Menschen

Wenn wir nach dem Ich fragen, müssen wir auch den Bereich der menschlichen Grundbedürfnisse genauer ansehen.

Abraham Maslow (1908–1970), humanistischer Psychologe, ging davon aus, dass der Mensch in seinem Verhalten von aufeinander aufbauenden Bedürfnissen geleitet wird. Zur Verdeutlichung stellte er diese in Pyramidenform mit fünf Ebenen dar. An der Basis stehen bei ihm die körperlichen Existenzbedürfnisse, als weiteres gehören soziale Beziehungen und schlussendlich an der Spitze der Pyramide die Möglichkeit zur geistigen Entfaltung und zur Selbstverwirklichung dazu.[18]

Ich möchte die menschlichen Bedürfnisse unter drei Kategorien zusammenfassen: Leib, Seele und Geist.[19] Diese sind nicht wirklich voneinander zu trennen. Trotzdem möchte ich sie gesondert anschauen, weil dadurch deutlich wird, worauf unsere Identität aufbaut und was zu einem gelingenden Menschsein dazugehört.

Bedürfnisse

- **Verstand, Intelligenz (Kreativität, Entfaltung, Beziehung zu Gott)** — **III Geist**

- **Beziehung (Zugehörigkeit zur Familie, Gruppe, darin Wertschätzung, Zufriedenheit, Angenommensein)** — **II Seele**

- **Dasein und Existenz (Gesundheit, Schlaf, Nahrung, Bewegung, Sexualität, Kleidung, Freiheit)** — **I Leib**

Leib

Zu den körperlichen Bedürfnissen gehören Schlaf und Nahrung, frische Luft und Bewegung, Kleidung und Wärme, Sexualität, Schutz und Gesundheit. Die Stillung dieser Bedürfnisse ist wichtige Grundlage für eine sichere Identität.

Ein Säugling braucht für die Entwicklung eines gesunden Selbst die Beachtung und Stillung seiner Bedürfnisse nach Nahrung, Schlaf und Geborgenheit. Auch ein schützender Umgang mit seiner Sexualität gehört dazu. Geschieht dies nicht, lernt er daraus, dass er seinen eigenen Gefühlen nicht trauen darf und wird als Erwachsener oft im Blick auf die eigenen Bedürfnisse unsicher sein. Als Folge davon kann er entweder zur Missachtung des eigenen Körpers und asketischem Lebensmuster neigen oder ständig über das Ziel hinausschießen und Tendenzen zur Sucht oder ausbeutendem Verhalten in sich tragen.

Paulus schreibt: »Oder wisst ihr nicht, dass euer Leib ein Tempel des Heiligen Geistes ist … darum preist Gott mit eurem Leibe« (1. Korinther 6,19). Unser Körper ist also die Wohnung des Heiligen Geistes. Wir haben darum eine Verantwortung für unseren Körper und sollen ihn im Blick auf Essen, Schlafgewohnheiten, Bewegung, Gesundheit und Sexualität nicht ausbeuten.

Das bedeutet auch, die Grenzen des Körpers nicht zu überschreiten, was die eigenen Kräfte angeht. Bei ständiger Überforderung sollte man sich fragen, wo und warum die Ansprüche zu hoch sind und wo Arbeit reduziert werden kann.

Die Grenzen achten im Blick auf das Essverhalten heißt: Weder ständig zu viel oder zu wenig essen, sondern ausgewogen mit Dankbarkeit genießen und gleichzeitig die Fähigkeit zum Verzicht und zur Genügsamkeit entwickeln können. »Genussfähigkeit ist ein wesentliches Kennzeichen eines gesunden Menschen. Genießen kann ich aber nur, wenn ich auch verzichte, wenn ich mich nicht einfach dem Essendrang überlasse, sondern wenn ich dem Trieb bewusst mein Maß, meinen Verstand und meinen Willen entgegensetze.«[20]

Grenzen beachten bedeutet, den Körper nicht mit Substanzen, die süchtig machen, zu missbrauchen: Nikotin oder Alkohol, Tabletten oder andere chemische Substanzen. Damit schaden wir unserer Gesundheit und beuten das kostbare Geschenk Gottes an uns unrechtmäßig aus.

Grenzen beachten im Bereich der Sexualität: Niemand hat das Recht, etwas zu fordern, was die Würde verletzt. Gerade die Sexualität gehört zum innersten Kern unseres Selbst und muss darum in besonderer Weise geschützt werden.

Jesus wusste um die Grundbedürfnisse der Menschen. Deswegen machte er Menschen gesund (Johannes 5) und stillte ihren Hunger (Johannes 6). Er schützte vor Gefahren und Angriffen (Lukas 8,24). Er schenkte Vergebung und stellte die Würde wieder her (Johannes 8). Er beendete die Zerrissenheit in der Seele, indem er Dämonen austrieb (Lukas 8,26ff / Markus 1,34).

Jesus schuf seinen Zuhörern auch gute äußere Rahmenbedingungen. Bei der Speisung der 5 000 steht ausdrücklich, dass Jesus das Volk an einer Stelle mit viel Gras lagern ließ (Johannes 6,10). Er achtete darauf, dass die Zuhörer nicht auf spitzen Steinen oder auf staubigem Boden saßen, die beim Zuhören gestört hätten. Das viele Gras war im wahrsten Sinn des Wortes eine gute Grundlage fürs Zuhören. So konnten die Leute es sich bequem machen, sich niederlassen und zum Hören bereit werden.

Jesus kümmerte sich auch darum, dass seine Jünger genügend Schlaf bekamen und sich körperlich erholen konnten. »Und er sprach zu ihnen: Geht ihr allein an eine einsame Stätte und ruht ein wenig« (Markus 6,31).

Seele

Zu den seelischen Bedürfnissen gehören Zufriedenheit, Geborgenheit, Freude, Wertschätzung, Humor, gegenseitiger Respekt, Anerkennung, private und berufliche Erfolge und Selbstachtung.

Die Stillung dieser Bedürfnisse hängt natürlich eng mit den Beziehungen, in denen wir leben, zusammen.

Freundschaften wirken sich positiv auf unser Wohlbefinden, unsere Gesundheit und unser Denken aus. Menschen, die gute Freunde haben, sind seltener krank und haben ein stabileres Immunsystem. Auch riskantes und selbstzerstörerisches Verhalten wird eher verhindert, wenn Menschen in einem regen Austausch mit Freunden stehen. »Die Gegenwart eines Vertrauten puffert uns sozusagen von den Neigungen ab, in Zeiten emotionalen inneren Aufruhrs die schnelle Erleichterung in eher ungesunden Gegenmitteln zu suchen«,[21] wie zum Beispiel Rauchen, Drogen, Alkohol, zurückgezogener Lebensstil mit hohem Fernsehkonsum oder PC-Verhalten mit Suchtpotenzial.

In Gemeinschaft – sei es Ehe beziehungsweise Partnerschaft oder eine Gruppe von Freunden, eine Gemeinde oder ein Verein – fühlen wir uns lebendig. Dort werden unsere Bedürfnisse nach Nähe und Wertschätzung aufgenommen und zum Teil auch beantwortet. Dort können wir Fähigkeiten und Kompetenz einbringen. So entdecken wir den Platz im Leben, den nur wir ausfüllen können.

Ausbeutung seelischer Bedürfnisse geschieht dann, wenn wir uns nicht abgrenzen und es zulassen, dass wir in unseren Beziehungen verletzt oder ausgebeutet werden.

Barbara, Mutter von drei erwachsenen Kindern, erzählt: »Immer wieder gerate ich in eine Falle, wenn meine Kinder am Wochenende zu Besuch kommen. Dann erwarten die das volle Rundum-Programm mit Waschen, Essen, Bügeln und Nähen und ich lasse das immer wieder mit mir machen. Hinterher ärgere ich mich, denn ich fühle mich ausgenutzt.«

Hilfreicher für Mutter und Kinder wäre es, eindeutige Grenzen zu ziehen und den Kindern Verantwortung zu übertragen. Barbara muss sich auch fragen, warum sie das tut. Hat sie Angst, die Liebe oder die Wertschätzung ihrer Kinder zu verlieren?

Seelische Bedürfnisse werden auch dort missachtet, wo Abhängigkeiten zu anderen Menschen in Form von Beziehungssucht entstehen. Wenn Menschen eine zu enge Beziehung zu einem Berater oder Seelsorger knüpfen, dann machen sie diesen zu ihrem *Ersatzgott*. Möglicherweise gefällt sich dieser darin und rutscht damit in ein Helfer-Syndrom hinein, macht sich selbst wiederum in seinem Wert von dem Wohlergehen des Klienten abhängig.

Gelegentlich entstehen in christlichen Gemeinschaften solche falschen Abhängigkeitsverhältnisse, in denen sich Gemeindeglieder in Abhängigkeit zum geistlichen Leiter begeben und dieser das ausnutzt und sein eigenes Ich damit überhöht.

Beziehungen geraten auch in eine Schieflage, wenn Mitmenschen mit Erwartungen überfrachtet werden. Das Gleiche gilt umgekehrt. Wer sich zum Erfüllungsgehilfen anderer macht, schadet seiner Seele. »Ich tue immer das, was andere von mir erwarten, damit ich geliebt werde.« Hinter solchem Verhalten steckt die Sehnsucht nach Anerkennung und Angenommensein.

Doch Menschen können oft nicht in dem Maß innere Leere ausfüllen, wie wir es nötig hätten. Die tiefsten Sehnsüchte können letztlich nur in der Gottesbegegnung gestillt werden. »Aber sei nur stille zu Gott, meine Seele; denn er ist meine Hoffnung« (Psalm 62,6).

Geist

Zu den geistigen Bedürfnissen gehören die Sehnsucht, sein Wissen und seine geistige Kapazität zu entwickeln, Talente und Fähigkeiten zu entfalten, die Individualität und tragfähige Werte zu entdecken.

Wir haben Verstand und die Fähigkeit zu logischem Denken. Wir können prüfen, was richtig und falsch ist. Wir können Maßstäbe anlegen, die zu guten Entscheidungen führen.

Unser Denken soll immer wieder mit neuen Informationen gefüttert werden. Die Entwicklungen in unserer Welt brauchen unser waches Interesse. Wir dürfen neugierig sein auf das, was jeder neue Tag mit sich bringt und was wir aus Begegnungen und Enttäuschungen lernen können.

Wir dürfen mit unserem Geist vor Gott zur Ruhe kommen, in seiner Gegenwart auftanken, still und zufrieden werden.

Die geistigen Bedürfnisse sollen beantwortet werden, unser Geist von guten Gedanken und Bildern erfüllt sein.

Grenzüberschreitungen geschehen, wenn wir unsere Gedanken mit falschen Bildern und Themen belasten, wenn wir uns von überzogenen Vorstellungen leiten lassen, wenn wir unseren Geist überfüttern und überfordern.

Was aber leider noch häufiger vorkommt, ist die Unterforderung unseres geistigen Vermögens. Wer sich ständig verdummenden Fernsehsendungen oder oberflächlicher Lektüre aussetzt, wird im Denken und Wahrnehmen stumpf.

Was wir in uns an Gedanken, Bildern und Vorstellungen einlassen, prägt uns. Wer sich alt fühlt, altert schneller. Wer sich ständig mit seinen Wehwehchen beschäftigt, wird häufiger krank. Wer sich wertvoll fühlt, geht auch mit anderen wertschätzender um. Wer etwas Teures kauft, schätzt es wertvoller ein als dasselbe Produkt mit niedrigerer Preisauszeichnung.

Ungestillte Bedürfnisse

Es ist schön und tut uns gut, wenn Bedürfnisse gestillt werden können. Trotzdem machen wir immer wieder die Erfahrung, dass wir auch mit ungestillten Bedürfnissen im Bereich Körper, Seele und Geist leben müssen und können.

Trotz Hunger oder Durst kann man arbeiten.

Auch in Krankheitszeiten kann man sich um soziale Beziehungen kümmern.

Trotz Schmerzen kann man denken und Entscheidungen treffen, jedoch nicht so konzentriert und zielführend wie ohne.

Es ist ein Zeichen von Frustrationstoleranz und damit von Persönlichkeitsstärke, wenn wir auch dann handlungsfähig sein können, wenn nicht alle unsere Bedürfnisse gestillt sind. Gerade das Wartenkönnen, das Aushaltenkönnen eines ungestillten Bedürfnisses macht etwas von der inneren Stärke eines Menschen deutlich.

Ende der 1960er-Jahre lautete ein Motto: »Unterdrücke deine Bedürfnisse nicht, sondern lebe sie aus.« Eine Folge dieses Denkens war der *Laisser-faire*-Stil – das Gewähren-, Treibenlassen. Der dahinterliegende Gedanke war: Kinder muss man machen lassen. Sie haben Bedürfnisse. Diese müssen geäußert und möglichst sofort beantwortet und befriedigt werden. Die Folge waren häufig kleine Tyrannen. Denn ein gestilltes Bedürfnis zieht ja immer sofort ein nächstes nach sich. Wer seine Bedürfnisse nicht steuern kann, wird maßlos. Persönlichkeitsstärke in der Erziehung entwickelt sich am Widerstand der Eltern und an der Unterordnung der Bedürfnisse unter ein höheres Ziel. Das geht nicht sofort, sondern braucht Übung und ist ein Lernprozess. Rituale helfen dabei – nicht nur Kindern im Erziehungsprozess, sondern auch Erwachsenen. Sie geben dem Leben Struktur, helfen das Warten zu erleichtern, schaffen Vorfreude.

Auch als Erwachsene können wir uns ein Stück weit selbst erziehen und uns Rituale schaffen, die uns reifen und wachsen lassen.

Eine Untersuchung machte dies deutlich: Viele Bundesbürger profitieren von der Vorfreude auf den Urlaub fast genauso stark wie vom Genuss des Urlaubs selbst. Ein altes Sprichwort heißt: »Erst die Arbeit, dann das Vergnügen.« So falsch ist das nicht, denn wer sich alle Bedürfnisse sofort befriedigt, kann schnell in eine Sucht geraten. Übermäßiges Genussstreben führt langfristig zu Gier und Abhängigkeit und bringt mehr Frust als Lust. Erst im Warten und Aushalten entwickelt sich Vorfreude, gestalten sich Inhalte. Sich selbst und Kindern Möglichkeiten zur Vorfreude zu schaffen, macht das Leben reich.

Unterdrückte Bedürfnisse

Bedürfnisse dürfen allerdings nicht grundsätzlich und gezielt unterdrückt oder missachtet werden, sonst wird ein Mensch in seiner Identität verunsichert und angegriffen.

Dies wird deutlich, wenn wir einen Blick auf Extremerfahrungen werfen, die Menschen in *totalen Institutionen* machen. Totale Institutionen sind Einrichtungen, die das Alltagsleben eines Menschen komplett umfassen und bestimmen. Dazu gehören Gefängnisse, Konzentrations- und Arbeitslager, manche psychiatrische Einrichtungen sowie Sekten.

Bis in die intimsten Bereiche wie Essen, Sexualität, Verdauung und Schlaf werden Menschen in solchen Einrichtungen beobachtet und gelenkt. Es wird über sie verfügt. Alle Abläufe, bis hin zu Entscheidungen, Motivationen und Denkmustern werden in solchen Einrichtungen kontrolliert. Selbstbestimmung über die Erfüllung elementarer Bedürfnisse wird genommen. Damit werden die Menschen in ihrer Würde angegriffen und zutiefst beschämt.

Ziel ist Dekonstruktion – also Zerstörung oder Abbau – des Selbst, um Menschen in den Griff zu bekommen und über sie verfügen und sie lenken zu können.

Erving Goffman[22] macht in seinen Untersuchungen über Insassen von Gefängnissen, psychiatrischen Anstalten und anderen geschlossenen Systemen deutlich: Wer seiner Grundbedürfnisse (Freiheit, Würde, Verfügung über den eigenen Körper im Blick auf Schlaf, Nahrung, Verdauung und Sexualität) beraubt wird, erlebt einen Angriff auf seinen Personkern. Dies kann eine Identitätskrise, im schlimmsten Fall eine Persönlichkeitsstörung oder den Tod zur Folge haben.

Im Blick auf psychiatrische Einrichtungen hat sich seit der Veröffentlichung von Goffmans Buch viel geändert. Viel wurde reformiert und grundlegend verändert. Doch die Problematik von *totalen Institutionen* besteht weiterhin. Die geschlossene Struktur bringt eine Eigendynamik hervor, die zu Verhaltensmustern führen kann, die so ursprünglich nie beabsichtigt waren.

Dies machte das Stanford-Gefängnis-Experiment deutlich, das 1971 von Philipp Zimbardo initiiert und später auch verfilmt wurde. In diesem Experiment versuchte man, die Bedingungen einer *totalen Institution* zu simulieren. 24 Studenten wurden per Zufallsprinzip in zwei Gruppen eingeteilt: in Wärter und Gefangene. Das Experiment geriet sehr schnell außer Kontrolle. Nach drei Tagen zeigte ein Gefangener extreme Stressreaktionen und musste entlassen werden. Einige der Wärter entwickelten sadistische Verhaltensweisen, speziell bei Nacht, wenn sie vermuteten, dass die Kameras nicht in Betrieb waren. Teilweise mussten die Experimentatoren einschreiten, um Misshandlungen vonseiten der Wärter zu verhindern. Die Versuchsleiter stellten fest, dass sie selbst ihre Objektivität verloren, ins Experiment hineingezogen wurden und gegen den Aufstand der Gefangenen agierten. Das Experiment musste viel früher als geplant abgebrochen werden.

Die Problematik der sich in *totalen Institutionen* entwickelnden Verhaltensmuster finden wir in unserer Gesellschaft immer wieder vor. In ganz oder auch nur teilweise geschlossenen Institutionen (zum Beispiel in Internaten, Kinderheimen, Sekten oder Gefängnissen) können sich solche negativen Verhaltensmuster leichter entwickeln als außerhalb. Beispiele dafür sind sexueller Missbrauch von Kindern oder Jugendlichen oder auch Ausbeutung in Abhängigkeitsverhältnissen.

Auch wenn wir aus eigenem Erleben keine solchen Extremerfahrungen kennen, machen diese Beispiele deutlich: Wenn menschliche Bedürfnisse gezielt unterdrückt werden, ist dies ein Angriff auf die Menschenwürde.

Sucht

Wenn Bedürfnisse – egal in welchem Bereich – nicht angemessen beantwortet werden, geraten Menschen möglicherweise auch in Mechanismen von Ersatzbefriedigungen. Daraus kann im Bereich von Essen, Trinken, Glücksspiel, Sex, Kaufen oder anderem ebenfalls Suchtverhalten entstehen. Die Anfänge von Sucht entspringen zunächst einem normalen Bedürfnis. Wenn ein Mensch aber nach der Stillung dieses Bedürfnisses nicht das Gefühl von Zufriedenheit oder Sattheit erlebt, entsteht ein Drang nach ständiger Wiederholung, der dann nicht mehr beherrscht werden kann. In einem solchen Fall ist es wichtig, nach therapeutischer Hilfe zu suchen. Sucht bringt kurzfristig Entspannung, aber das eigentliche Bedürfnis dahinter wird nicht gestillt. Im Gegenteil: Die Unzufriedenheit und die Scham danach erhöhen die Selbstentwertung. Selbstmitleid, Entmutigtsein, Selbstzweifel und Schuldgefühle treiben so immer weiter in die Sucht. Sucht ist ein Zeichen dafür, dass Menschen mit sich selbst nicht richtig umgehen. Sie signalisiert, dass an falscher Stelle versucht wird, satt zu werden. Ein Süchtiger fühlt sich wie in einem Kreisverkehr, an dem er ständig die Ausfahrt nimmt, die er eigentlich vermeiden will.

Bettina, die unter einer Kaufsucht leidet, formuliert es so: »Ich fühle mich wie das Loch in der Mitte eines Schmalzkringels, ich bekomme nie genug. Egal wie viel ich kaufe, es stellt sich keine Zufriedenheit ein.«

Die Befriedigung eines Bedürfnisses macht die Seele nicht satt. Dazu gehört mehr: die Erfahrung von Sinn, die Begegnung mit Gott, seine wertschätzende Würde. Wenn Menschen, die in einer Sucht gefangen sind, solche Erfahrungen machen, kann Veränderung geschehen. Die tiefste Sehnsucht ist das Sattwerden der Seele in Gott. Wenn das nicht geschieht, kann ein Mensch noch so viel essen oder trinken oder Sex haben – er wird doch nicht satt.

Mit der Frau am Jakobsbrunnen (Johannes 4,1ff) haben wir ein anschauliches Beispiel in der Bibel für die Thematik Sucht und Bedürfnisbefriedigung. Es wird von einer Frau erzählt, die um die Mittagszeit zum Brunnen ging – gerade dann, als die Hitze am größten war. Deswegen holten die Dorfbewohner frühmorgens und abends Wasser. In der damaligen Zeit war der Brunnen das Kommunikationszentrum: wie für uns heute Zeitung, Fernseher und Internet. Alle Neuigkeiten wurden dort ausgetauscht.

Davon war die Frau ausgeschlossen. Die Frau, von der erzählt wird, war sozial isoliert und litt wohl auch unter einer Suchtproblematik. Der Bibeltext lässt vermuten, dass sie süchtig nach Männern war. Dies hatte die soziale Ächtung zur Folge.

Sucht hat immer Beziehungsstörungen und Einsamkeit zur Folge. Beides bedingt sich gegenseitig. Jesus begegnet nun dieser Frau. Er geht mit ihr wie ein guter Therapeut um. Zunächst sucht er das Gespräch mit ihr und bittet sie um Wasser. Dies verwundert die Frau, denn es war nicht üblich, dass jüdische Männer in der Öffentlichkeit mit Frauen sprachen. Nach einigen einleitenden Sätzen konfrontiert Jesus die Frau mit ihrer Problematik, spricht sie auf ihre ungestillten Sehnsüchte an, auf das *Loch in der Seele*, in das man noch so viel Wasser, Alkohol oder andere Suchtmittel schütten kann, doch der Durst wird davon nicht gelöscht. Er sagt: »Wer aber von dem Wasser trinken wird, das ich ihm gebe, den wird in Ewigkeit nicht dürsten, sondern das Wasser, das ich ihm geben werde, das wird in ihm eine Quelle des Wassers werden, das in das ewige Leben quillt« (Johannes 4,14). Durch die Begegnung mit Jesus wird also nicht nur ein Loch zugeschüttet, sondern es entsteht sozusagen das Gegenteil davon: eine Quelle, die nach außen quillt. Leben, das nicht vom Mangel geprägt ist, sondern Überfluss hat.

In einem nächsten Schritt konfrontiert Jesus sie mit ihrer Lebenssituation: »Fünf Männer hast du gehabt, und der, den du jetzt hast, ist nicht dein Mann …« (Johannes 4,18).

Die Frau lässt die Konfrontation zu. Sie stellt sich der Wahrheit. Und sie lässt – nach einem intensiven Austausch mit Jesus – den Wasserkrug, das äußere Zeichen der Durststillung, stehen, geht in das Dorf, erzählt den Menschen von ihrer Begegnung mit ihm und beendet damit ihre Isolation und ihr Ausgeschlossensein: »… der mir alles gesagt hat, was ich getan habe« (Johannes 4,29). Sie stellt sich ihrer Problematik, wird in der Tiefe ihrer Seele dadurch, dass sie sich von Jesus ansehen und durchschauen lässt, heil und satt. Sie wird ein offener Mensch und damit wieder sozial integriert.

Diese Geschichte macht deutlich, dass Gott alle Bereiche – Geist, Seele und Leib – berühren und Verletztes in uns heilen will, Beziehungen verändern kann.

Wenn wir Gottes Gegenwart in unseren Bedürfnissen zulassen, kann unser ganzes Sein sich zu Gott hin entfalten. Dann können wir uns von dem verabschieden, was uns an Körper, Seele und Geist nicht guttut.

Da Gott uns ganzheitlich geschaffen hat, sollen und dürfen wir auch ganzheitlich vor ihm sein und leben. Glaube findet weder nur im Denken statt, und ebenso wenig nur auf der seelischen oder emotionalen Ebene. Beides ist eine Engführung. Alle drei Bereiche – Geist, Seele und Leib – sollen von Gottes Geist durchdrungen werden.

Darum heißt es in 1. Thessalonicher 5,23: »Er aber, der Gott des Friedens, heilige euch durch und durch und bewahre euren Geist samt Seele und Leib unversehrt, untadelig für die Ankunft unseres Herrn Jesus Christus.«

Meinen Platz im Leben finde ich,
wenn ich Geist, Seele und Leib
von Gottes Geist durchdringen lasse.

Mein Körper

Unser Ich stellt sich äußerlich durch unseren Körper dar. Die Körpererfahrung und die Selbsterfahrung sind untrennbar miteinander verbunden. So sagen wir ja beispielsweise, wenn uns ein Körperteil wehtut, nicht »Mein Knie hat Schmerzen.«, sondern: »Ich habe Schmerzen im Knie.« Das Empfinden von »Ich bin« ist nicht von unseren Körperempfindungen zu trennen. Mein Leib ist das Gefäß, das ich bin, in dem ich lebe, alles was *in mir drin* ist: meine Gesundheit und mein Kranksein, meine Leistungsfähigkeit, mein Aussehen, meine Beweglichkeit, mein Wohlbefinden, meine Sexualität, meine Belastungsfähigkeit, meine Psyche, meine Gefühle, meine Lüste, meine Sehnsüchte und Träume, zusammengefasst also die Art und Weise, wie ich mich mag und *in meiner Haut* wohl oder eben unwohl fühle.

Zur Selbstwahrnehmung gehört auch, wie wir von anderen in unserer Leiblichkeit wahrgenommen werden, ob sie uns anziehend oder abstoßend, schön oder hässlich finden, als gesund und vital oder als krank und gebrechlich erleben. Teilweise können die Botschaften von anderen auch sehr demütigend sein und uns in unserem Identitätsgefühl schwer beeinträchtigen.

Der Umgang mit dem Körper, mit der Leiblichkeit ist eine wichtige Säule der Identität. Je nachdem, wie wir uns und unseren Körper erleben und erfahren, baut sich darauf die Selbsterfahrung und Selbsteinschätzung auf, ein positives oder negatives Selbstgefühl.

Ein guter Körperbezug und positive Körpererfahrungen vermitteln eine sichere Identität. So entsteht ein Bild vom Körper, von seiner Kraft, von seinen Empfindungen, von seinen Möglichkeiten zu handeln.

Alle Erfahrungen, die wir mit unserem Körper machen, haben auch etwas mit unserer Gottesbeziehung und mit unserer Beziehung zu unseren Mitmenschen zu tun. Unser Körper ist nicht unser Eigentum oder Besitz, sondern Geschenk an uns.

Jeder Mensch darf wissen: Mein Körper ist von Gott geschaffen und gut gemacht. Ich darf deshalb mit meinem Körper so umgehen, dass damit Gott geehrt wird und ich mich darin freuen kann.

Dies bedeutet auch, auf manche Gefahren zu achten. Eine Gefahr ist die Nutzung des Körpers als Fläche der Selbstdarstellung. Er wird damit beherrscht und verändert. Tätowierungen und Piercings werden von vielen noch als Körperverschönerung oder Schmuck verstanden. Schönheitsoperationen ohne medizinische Notwendigkeit sind dagegen ein Ausdruck der Verneinung des Körpers, einer Unzufriedenheit mit sich selbst.

Unzufriedenheit mit dem Körper wird auch im Umgang mit dem Essen sichtbar. Mit Diäten und Essenslisten soll er verändert und optimiert werden.

Im Umgang mit der Sexualität wird deutlich, ob wir uns mit unserem Körper ganzheitlich verbunden wissen und ob Sexualität ein Zeichen der ganzheitlichen Begegnung von Mann und Frau ist. Ist dies nicht der Fall, wird Sexualität zum Sport und Hobby degradiert, sie dient nur der persönlichen Lustbefriedigung und dem emotionalen Kick.

Eine zweite Gefahr besteht darin, den Körper als störend und lästig zu empfinden und ihn darum zu vernachlässigen. Körperpflege und Aussehen werden unwichtig. Es kann sein, dass der Körper gedemütigt oder beschädigt wird. Ritzen oder andere Selbstverletzungen sind ebenso Ausdruck dieser negativen Körpereinstellung wie der Verzicht aufs Waschen, Zähneputzen oder Haarpflege.

Im Bereich des Essens können Ess-Störungen entstehen.

Anne, eine Frau mit einer Ess-Brechsucht meint dazu: »Ich werde nicht satt in meinem Körper. Ich esse entweder zu viel oder zu wenig. Ich verachte oder missachte die Bedürfnisse meines Körpers.«

Zu viele Menschen in Deutschland sind heute übergewichtig, ihr Körper wird mit zu viel Fett und ungesundem Essen überstrapaziert. Der dahinterliegende Grund ist, sich nicht steuern, mit den eigenen Körperimpulsen nicht richtig umgehen zu können. Solche Menschen erkennen nicht, wann und wie sie satt werden. Häufig wurden ihnen als Kinder keine Grenzen gesetzt, sondern alle Bedürfnisse sofort erfüllt. So fehlen ihnen Frustrationstoleranz und die Fähigkeit zur Selbststeuerung. Das Umgekehrte gibt es aber auch: Die Bedürfnisse wurden permanent unterdrückt und werden nun im Erwachsenenalter deshalb nicht mehr erkannt. Die unterdrückten Bedürfnisse äußern sich in der Angst, zu kurz zu kommen. Es wird nicht erkannt, wann es genug ist. Darum kann man nicht maßhalten.

Ähnlich stellt sich das im Bereich der Sexualität dar. Wer keine Grenzen setzen kann, lässt sich ausbeuten oder ausnutzen oder weiß nicht, was guter und würdevoller Umgang mit Sexualität ist. Grenzüberschreitungen werden zugelassen. Der Umgang mit dem Körper ist ein Spiegel des Selbstgefühls: wertlos, nutzlos, lästig, gedemütigt.

Mit beiden Fehlhaltungen, »schleichen wir uns aus der Beziehung zwischen Schöpfer und Geschöpf davon.«[23]

Sieht sich ein Mensch in seiner Leiblichkeit als von Gott geschaffen und gewollt, dann bekommt er einen anderen Blick auf seinen Körper. Der Körper ist dann kein lästiges Anhängsel, auch keine Bühne der Selbstdarstellung, sondern er gehört untrennbar mit all seinen Sinnen und Empfindungen dazu.

Kristin, die aus der Magersucht herausfand, formulierte es einmal so: »Ich bin Leib. Im Bereich des Essens kann ich jetzt endlich dankbar empfangen, ich kann sogar gelassen auch mal etwas essen, das ungesund ist, und mich befreit an Geschmack, Aussehen und Vielfalt freuen.«

Marie, die jahrelang unter Fettleibigkeit litt, sagt: »Es war ein schwerer und mühsamer Weg, aus der Maßlosigkeit herauszufinden. Aber jetzt habe ich gelernt, mich selbst zu strukturieren und mir Regeln zu setzen. Jetzt geht es mir besser. Jetzt muss ich nicht mehr fressen, sondern kann genießen.«

Wer seinen Körper als Geschenk Gottes annehmen kann, entdeckt in der Sexualität ein kostbares Geschenk Gottes. Wer sich dankbar daran freuen kann und sich nicht mehr ausbeuten oder ausnutzen lassen, aber sich auch nicht asketisch abgrenzen muss, entdeckt in neuer Weise seine Würde als Mann oder Frau. Das gegenseitige Nehmen und Geben zwischen Mann und Frau erreicht in der sexuellen Begegnung seine tiefste Dimension und gehört somit zu den größten und schönsten Geheimnissen der Schöpfung Gottes. So kann die Sexualität zum Ort der Gotteserfahrung werden: sich fallen lassen dürfen, sich angstfrei und schamfrei freuen, den Reichtum an Gefühlen genießen, einander dankbar empfangen.

Positives Körpergefühl entwickeln

Eine gute Selbstbeziehung gründet auf der Erfahrung, gerne im eigenen Körper zu Hause zu sein.

Wie wir stehen, gehen und uns bewegen, wirkt sich auf unsere Selbsteinschätzung und unseren Umgang mit unseren Mitmenschen aus. Die Körpersprache verrät die Selbsteinstellung. Gutes Selbstbewusstsein, Selbstsicherheit, positive Ausstrahlung, klare Stimme und deutliche Sprache sind Zeichen einer sicheren Identität.

Mit Gestik, Mimik, Blicken, Körperhaltung, kurz gesagt: Mit Körpersprache beeinflussen wir unsere Mitmenschen oft mehr als mit den Inhalten der Worte.[24]

Wir können noch so felsenfest eine Meinung vertreten – wenn der Körper das Gegenteil verrät, sind wir nicht glaubwürdig. Wenn also jemand mit wutverzerrtem Gesicht oder zorniger Körperhaltung sagt: »Wie schön, dass Sie da sind« werden wir ihm nicht glauben. Umgekehrt nehmen wir es nicht ernst, wenn jemand mit lächelndem Gesicht und weit geöffneten Armen sagt: »Du bist blöd.«

Manche Menschen haben kein positives Körpergefühl. Dies kann sich in schlechter Körperhaltung, nicht vorhandener Körperspannung oder in Verspanntheit und einer flachen Atmung äußern. Häufig haben solche Menschen auch keinen Zugang zu ihren Gefühlen und können Körpersignale oft nur schlecht deuten.

Um dies zu verändern, gibt es viele Möglichkeiten: Sport wie Fitnesskurse oder Selbstverteidigungskurse. Stimmbildung kann eine Hilfe sein. Bei Physiotherapeuten oder auch Gymnastik- oder Sportlehrern und bei Musikpädagogen kann man sich Rat holen. Rhythmusgestaltende Kurse, Ballett- oder Tanzunterricht können eine wichtige Hilfe sein, ebenso das Erlernen der richtigen Atemtechnik, des richtigen Stehens und Gehens. Wer die eigenen Sinne (Riechen, Sehen, Schmecken, Hören, Tasten) wieder bewusst wahrnimmt, kann neu über seinen Körper mit seinen vielfältigen Funktionen staunen lernen.

> *Ein aufgrund seiner Herzkrankheit tief verzweifelter Mann wollte sich umbringen, schreckte aber wegen seiner Familie davor zurück. Er kam auf die Idee, so viel Sport zu treiben, bis sein krankes Herz versagen würde. Zu seiner Überraschung überlebte er diese Suizidversuche nicht nur – es ging ihm zunehmend besser.*[25]

Der veränderte Umgang dieses Mannes mit seinem Körper veränderte seine Selbstwahrnehmung und verhalf ihm zu positiverer Grundstimmung.

Es ist längst bekannt, dass Sport nicht nur gegen Depressionen hilft, sondern auch gegen Ängste, bei Schmerzzuständen und anderen schwerwiegenden psychischen Beeinträchtigungen (wie Schizophrenie oder Halluzinationen).[26]

Nicht nur Sport, überhaupt alles, was wir mit dem Körper tun, wirkt sich auch auf Seele und Geist aus.

Um den Körper besser kennenzulernen, ist vor allem die Beachtung der Körpermitte wichtig. Im Beckenraum liegt der Körperschwerpunkt. Von dieser Körpermitte aus zu agieren, verhilft zu innerer Sicherheit und harmonischer Ausstrahlung.

Wie findet man zur Körpermitte? Physiotherapeuten empfehlen folgende Übung: Aufrecht und locker stehen, Knie nicht ganz durchdrücken, tief ein- und ausatmen. Becken nach vorne kippen, den Bauchnabel gedanklich wie mit einem Druckknopf an der Wirbelsäule festmachen. Die Schultern locker hängen lassen. Die Gesäßmuskeln anspannen, tief ein- und ausatmen.

Wer diese Übung ein paar Mal gemacht hat, kann so zu der mittigen und damit entspannten und sicheren Körperhaltung zurückfinden, auf Dauer entwickelt sich auf diese Weise ein besseres Körpergefühl.

Auch nach biblischem Verständnis ist die Mitte des Körpers im Bauchraum. Der Bauch oder der Schoß hat in der hebräischen Sprache dieselbe Wortwurzel wie »Erbarmen«. Gottes Barmherzigkeit wird mit dem Bild des Mutterschoßes beschrieben. Wo in den Psalmen von Gottes Barmherzigkeit die Rede ist, wird dies meistens mit Herz übersetzt, im hebräischen Urtext heißt dies *rachamim* (= Erbarmen), das von *rachem* (= Schoß, Gebärmutter) hergeleitet wird. In Lukas 16,22 wird der *arme Lazarus* nach seinem Tod von den Engeln in »Abrahams Schoß« – ein Bild für das Erbarmen Gottes – getragen.

Die Körpermitte ist der Ausgangspunkt der Emotionalität, der Gefühle. Ein schlechtes Gefühl schlägt sich ja häufig auch als Verkrampfung in der Bauchgegend nieder. Viele Magen- und Darmerkrankungen oder Nierenbeschwerden können auf Dauerstress zurückgeführt werden.

Wenn das Gefühl für die Körpermitte verloren geht, zeigt sich das entweder in Unterspannung oder in Überspanntheit.

Bei einer Unterspannung hängen die Schultern, ist der Brustraum eingedrückt, der Bauch ohne Spannung, fällt nach vorne, die Atmung ist gequetscht. Wer so steht, wirkt nicht wirklich von sich überzeugt und darum auch nicht überzeugend.

Eine zweite Fehlhaltung zeigt sich in der Überspannung. Das Kinn wird nach vorne geschoben, das Becken fällt zurück, der Halsraum ist verspannt, die Stimme gepresst, die Bewegungen fahrig – der Mensch wirkt wie auf der Flucht.

Bei beiden Fehlhaltungen verliert der Körper seine Ausrichtung auf das Zentrum. Das Gefühl für die körperliche Mitte ist für unser Selbstgefühl von entscheidender Bedeutung, denn Körper, Seele und Geist wirken ineinander. Wer körperlich in seiner Mitte ist, fühlt sich auch seelisch ausgeglichener und im Denken konzentrierter.

Auch die Konzentration im Gebet ist leichter, wenn wir *mittig* sind. Zur Ruhe kommen, in die Betrachtung von Bibeltexten finden und ins Gespräch mit Gott kommen, wird auch als *Kontemplation* bezeichnet. Das Wort leitet sich von dem Wort *Tempel* her: Mit meinem Körper Raum für den Geist Gottes bieten, mein Leib als Tempel der Gegenwart Gottes. Von dieser Mitte her zu leben, führt zur Konzentration. Das heißt wörtlich: um eine Mitte her versammelt sein. So von Gott her konzentriert sein, verhilft uns zu einem sichereren Stand im Leben.

Atem

Eine Haltung der Mittigkeit verhilft auch zu einer besseren Atmung und Sprachfähigkeit. Der Atem ist Zeichen des Lebens.

Gott »… blies ihm den Odem des Lebens in seine Nase. Und so ward der Mensch ein lebendiges Wesen« (1. Mose 2,7). Ohne Atem kein Leben, ohne Atmung keine Lebensenergie, keine Stimme und kein Sprechen.

Die Atmung hängt mit der Körperhaltung zusammen. Ohne Zentrierung, ohne das Gefühl für die Körpermitte, ist richtiges Atmen unmöglich. Viele Menschen sind in ihrem Alltag verspannt und atmen dann auch falsch. Die Atmung verkürzt sich und geschieht nur noch im oberen Brustbereich. Für gutes Sprechen und psychisches Wohlbefinden brauchen wir die Bauchatmung oder die Vollatmung.

Normalerweise verläuft unsere Atmung unbewusst. Wir atmen auch im Schlaf, müssen die Atmung also nicht willentlich steuern. Die Tiefatmung oder Bauchatmung ist die, die wir im Schlaf automatisch praktizieren: tief einatmen, Pause, ausatmen.

Wenn wir in einer ruhigen Position im Stehen oder Liegen die Hand auf den Bauch legen, merken wir am Heben und Senken der Bauchdecke, ob der Atem dort ankommt oder nicht.

Die sorgfältige Beachtung des Atems hat in Klöstern eine jahrhundertealte und tiefe Bedeutung. Durch die Bauchatmung kommt auch die Seele zur Ruhe, die Sinneswahrnehmung verfeinert sich. Im Einatmen empfangen wir, nehmen wir auf, im Ausatmen geben wir her und lassen los. Wir kommen in Berührung mit unseren Gefühlen, wir üben das Gegenwärtigsein.

Die Beachtung des Atems kann dazu helfen, in die Stille des Gebetes zu finden. Dies hat sich vor allem in der Tradition des sogenannten *Herzensgebet* ausgedrückt.

Beim Einatmen kann Folgendes gebetet werden:

Herr Jesus Christus,
oder: Vater im Himmel,
oder: Geist des lebendigen Gottes.

Beim Ausatmen:

Erbarme dich meiner.
Ich danke dir.
Ich lobe dich.
Ich preise dich.
Ich gebe mich dir hin.

Dieses Herzensgebet kann zur einer der wichtigsten Oasen im Alltag werden.

Wer sich darin übt, hat es überall verfügbar und kann so in jeder Situation des Lebens zur Ruhe vor Gott finden.

Stimme

»Die Stimme ist der Spiegel der Seele«, sagte Aristoteles. Die Stimme haben wir als *Urinstrument* von Geburt an mitbekommen. Sie ist etwas sehr Individuelles und Ausdruck der Persönlichkeit. Eine zu uns passende Stimme vervollständigt das eigene Profil und unterstreicht unsere Einzigartigkeit.

Die Stimme macht unsere Stimmung hörbar. Bei vertrauten Personen erkennen wir selbst am Telefon meist, wie sie sich fühlen: ob sie glücklich, traurig, ratlos oder wütend sind.

Unsere Stimme kann uns ganz plötzlich verlassen oder ihren Ausdruck und ihre Kraft verlieren. So drückt es auch die Redensart aus: »Mir hat es die Sprache verschlagen.« Das erleben wir vor allem in Situationen, in denen wir unsicher oder verängstigt sind, in Prüfungssituationen oder bei peinlichen Erlebnissen. Eine gepresste Stimme zeugt von einer inneren Angst. Wenn wir verspannt sind und nicht richtig durchatmen, dann fehlt der Stimme die Kraft.

Stimme, Stimmung und ob mein Leben stimmig ist – diese Erfahrungen sind eng miteinander verwoben.

Wenn eine Frau im Alltag mit normaler Stimme spricht, sobald sie sich aber etwas von ihrem Mann wünscht – Zuneigung, Zärtlichkeit oder finanzielle Unterstützung – in die piepsige Stimmlage eines Kindes verfällt, dann vermittelt sie: Ich nehme mich selbst nicht richtig ernst. Ich kann mein Anliegen nicht so vertreten, wie das eigentlich angemessen wäre.

Wir machen wir uns oft ein falsches Bild vom anderen, wenn wir nur brieflich oder im Internet mit jemandem verkehren, und die dazugehörige Stimme überhaupt nicht kennen.

Dass die Stimme in einem engen Zusammenhang mit der Person steht, wusste schon Sokrates: »Sprich, damit ich dich sehe.« Eine Herleitung des Ursprungs des Wortes Person bedeutet »durch den Ton« – *per sona*. Im Theater der Antike, als es noch keine Tontechnik heutiger Art gab, wurde der Ton durch Mundstücke in den Masken verstärkt. Weil dadurch auch die Stimme deutlicher wurde, nannte man eine Maske *Persona*.

Kommunikationswissenschaftler weisen immer wieder darauf hin, dass für eine gelingende Kommunikation der Inhalt allein bei Weitem nicht ausschlaggebend ist, sondern die Art und Weise, wie wir etwas sagen oder nicht sagen. Nach der Mehrabian-Studie bestimmen Stimme und Tonfall zu 38 Prozent, wie ein Zuhörer uns beurteilt, ob unsere Botschaft ankommt oder nicht.

»Die Stimme entsteht zwar im Bereich des Kehlkopfes, ihr voller Klang aber kann sich erst entfalten, wenn der ganze Körper mit einbezogen ist. Schon Kleinigkeiten wie eine dauerhaft verspannte Schulter, eine Verkrümmung der Wirbelsäule (Skoliose), aber auch ein bevorstehender Prüfungstermin können den Wohlklang zum

Missklang werden lassen. Die Stimme – oder die fehlende Stimmkraft – resultiert aus körperlichen und seelischen Einflussfaktoren.«[27] Dabei spielt auch der Stand der Füße auf dem Boden eine wichtige Rolle. Sicheres Stehen gibt uns Erdung, die Basis, von der aus wir handeln können. Wer also immer nur auf einem Fuß steht oder die Füße überkreuzt, macht seine Unsicherheit deutlich. Ein fester *Stand* hat Einfluss auf den *Standpunkt* nach außen und unsere Selbstsicherheit und damit auf eine sichere Stimme.

Zum richtigen Sprechen gehören aber auch Lautstärke, Geschwindigkeit, Artikulation und Stimmlage dazu.

Die richtige *Lautstärke* findet man durch die Bauchatmung. Je tiefer wir atmen, desto besser finden wir die angemessene Lautstärke.

Die *Sprechgeschwindigkeit* hängt immer auch mit dem Temperament zusammen. Wer voller Energie und Tatkraft ist, spricht auch schneller. Wer etwas vorantreiben will, macht dies auch sprachlich deutlich. Und umgekehrt: Wer bedächtig und besonnen ist, spricht auch langsamer. Trotz Veranlagung ist es manchmal notwendig und gut, das Tempo zu steigern oder zu verlangsamen.

Die *Artikulation* und damit die Deutlichkeit der ausgesprochenen Worte verbessert sich erheblich, wenn man ab und zu mal einen Korken zwischen die Zähne nimmt und dann laut spricht. Oder den Unterkiefer schaukeln lässt, mit der Zunge und den Lippen *Gymnastik* macht.

Die richtige *Stimmlage* zu finden ist ganz einfach. Stellen Sie sich vor, dass Sie etwas Gutes zu Essen vorgesetzt bekommen und mit einem wohligen »Mmmh« reagieren. Die Tonlage, die Sie dabei produzieren, ist Ihre zu Ihnen gehörige Stimmlage. Es ist der Bereich des Stimmumfangs, bei dem man mit dem geringsten Kraftaufwand für die Kehlkopfmuskulatur, dem geringsten Atemdruck und dem geringsten Energieaufwand der Sprechmuskulatur sprechen kann. Wer in dieser Stimmlage spricht, wird sein Sprechen und seine Stimme mehr und mehr als *stimmig* erleben.

Wenn wir zu unserer eigenen Stimme finden, werden wir als Person erkennbar. Permanente Heiserkeit, ein Kloßgefühl im Hals oder das Bedürfnis, sich ständig zu räuspern, kann eine krankhafte Ursache haben. Vielleicht ist es aber auch ein Zeichen dafür, dass ein Mensch sich auf normalem Weg nicht hörbar machen kann.

Wenn wir uns mit unserer Stimme wohlfühlen, dann kommunizieren wir mit anderen auch wohlwollender. Und andere hören uns dann auch gerne zu.

Das Singen gehört vielleicht mit zu den besten Stimm-Trainingsmethoden, die es überhaupt gibt. Wir müssen automatisch tief einatmen und den Ton lauter als normal bilden. Wir drücken aus, was in unserer Seele ist, richten uns aus und laden damit auch neue Inhalte in unsere Lebensmitte ein.

Das Singen in einem Chor kann therapeutische Wirkung haben. Eine Studie aus Kanada förderte interessante Ergebnisse zutage: Ziel der Studie war, festzustellen, ob die Teilnahme an einem Amateurchor eine Wirkung auf Wohnsitzlose haben würde. Viele der Teilnehmer hatten zuvor massive emotionale Probleme, litten unter Alkoholismus und Drogenabhängigkeit, aber auch Depressionen oder schizophrenen Erkrankungen. Somit hatten sie auch wenig stabile soziale Kontakte. Nach einer gewissen Zeit der Mitgliedschaft im Chor reduzierten sich die Probleme der Wohnsitzlosen in allen Bereichen. Die Teilnehmer konnten stabile Beziehungen aufbauen, Alkohol- und Drogenkonsum gingen zurück, viele fanden wieder einen Wohnsitz oder Job, ihr Selbstwertgefühl kehrte zurück.[28]

Das Singen ergreift den ganzen Körper. Die Töne versetzen unseren Körper in Schwingung. Wir schwingen mit der Melodie mit, aber auch mit den Mitsingenden. Wir geraten mit ihnen in einen Gleichklang.

In diesem Zusammenhang ist interessant, dass das Singen von Anfang an zu besonderen Festen und zu Gottesdiensten gehört. In der Bibel gehören Singen und Loben Gottes zusammen, sie eröffnen einen Horizont über uns selbst hinaus.

Aussehen bejahen

Viele Frauen haben Probleme mit ihrem Aussehen. Sie stellen sich vor den Spiegel und fangen an, sich zu kritisieren oder abzuwerten. Dies ist nicht nur in der Pubertät zu beobachten. Auch erwachsene Frauen haben ständig etwas an sich auszusetzen: Die Nase ist nicht gerade, die Falten sind zu tief, die Wangen zu dick. Noch schlimmer ist die Kritik beim Anblick in einem Ganzkörperspiegel. Der dahinterliegende Trugschluss lautet: »Wäre ich schöner oder schlanker, dann wäre ich glücklich.«

An welchen Schönheitsidealen orientieren wir uns dabei eigentlich? Von welchen Vorstellungen sind wir dabei geprägt? Ist uns bewusst, dass der Eindruck von *schön* und *attraktiv* ganz stark vom Zeitgeist geprägt und kulturellen Vorstellungen unterworfen ist?

Eine der ältesten erhaltenen Skulpturen (ca. 20000 v.Chr. im Hypogäum auf Malta) stellt eine Frau mit üppigem Bauch, stark betonten Hüften, mächtigen Oberschenkeln und dicken Gesäßbacken dar. Dieses Aussehen galt als gesund und Zeichen von Fruchtbarkeit.

Im alten Ägypten galten glatte, anmutige Formen als erstrebenswert. Dicksein war verpönt. Die Angehörigen der Oberschicht gingen fast nackt durch die Straßen und zeigten ihren wohlgeformten Körper.

Noch im 19. Jahrhundert war es ein Makel, braun zu sein. Gebräunte Haut war ein Zeichen von Armut: Braun waren die, die auf den Feldern arbeiten mussten, also nicht die Möglichkeit hatten, sich in den Schatten zu setzen und sich bedienen zu lassen.

Indische Punjabs machen sich ein Kompliment, wenn sie sich mit den Worten begrüßen: »Du siehst heute frisch und fett aus.«

In den 50er-Jahren war in unserem westlichen Kulturkreis das weibliche Schönheitsideal von den weiblichen Rundungen von Marilyn Monroe geprägt.

In den 1960ern und 1970ern tauchte das Ideal der intellektuellen Frau mit extrem schmalen Hüften, fast knabenhaftem Gesäß und breiten Schultern auf. Sie war Ausdruck der Emanzipationswelle mit der dahinterstehenden Ideologie: Nur Männliches ist wertvoll.

Der vorherrschende Geschmack ändert sich ständig. Was schön ist, wird von der Modebranche vorgegeben und wir richten uns brav danach aus. Immer gibt es Bereiche unseres Körpers, die den vorherrschenden Idealen angepasst werden müssen. Wirkliche Zufriedenheit kehrt dadurch nur selten ein.

Wenn eine offensichtlich schöne Frau von ihrem Mann oder der Freundin für ihr Aussehen gelobt wird, hört man oft folgende Reaktion: »Nein – ich bin nicht schön. Das stimmt doch nicht.« Oder: »Meinst du wirklich? Aber eigentlich sollte ich noch mindestens zwei oder drei Kilo abnehmen.« Oder wir hören sogar: »Ich finde mich schrecklich.«

Norbert fragt am Rande eines Männervespers verzweifelt: »Wieso kann meine Frau kein Lob annehmen? Warum nörgelt sie ständig an sich herum?«

Warum müssen Frauen sich so oft schlechtmachen? Warum können sie sich nicht einfach vor den Spiegel stellen und Gott gegenüber zum Ausdruck bringen: »Danke, du hast mich wunderbar gemacht.« Gott hat sich etwas dabei gedacht, als er Mann und Frau in ihrer Unterschiedlichkeit erschaffen hat. Frauen müssen weder wie Männer noch wie Barbiepuppen aussehen, um schön zu sein.

Zum weiblichen Körper gehört nun einmal einfach mehr Fett (Cellulitis oder Orangenhaut sind sichtbare Zeichen dafür). Doch die größeren Fettmengen bei Frauen haben eine wichtige Funktion, denn sie sind ein Östrogenspeicher.[29] Sie wegzutrainieren ist zwar möglich, kostet aber ungeheuer viel Energie und Zeit, die an anderen Stellen sinnvoller gebraucht wird. Es tut der Seele letztendlich nicht gut, wenn der Körper ein zu geringes Fettreservoir hat. Viel zu schnell reagieren wir dann gereizt oder nervös.

Das andere gilt natürlich auch: Wir sollen verantwortungsvoll mit unserem Körper umgehen und ihn nicht mit ungesundem, fettigem und übermäßigem Essen belasten.

Wenn wir uns ständig um unseren Körper drehen und Kritik an unserem Aussehen haben, kommt das einer Beleidigung Gottes gleich. Denn er hat uns unseren Körper mit seinen vielfältigen wunderbaren Funktionen und Mechanismen gegeben. Ein Wunderwerk zum Staunen bis hin zur äußeren Gestalt, in der wir uns vorfinden.

Manchmal braucht es eine ganz bewusste Entscheidung, sich von der ständigen Körperkritik zu lösen, diesen Stimmen in uns kein Recht zu geben, um zu einer größeren Gelassenheit und Zufriedenheit mit unserem Körper zu finden. Ein Schlüssel dafür ist die Dankbarkeit Gott gegenüber.

Der Psalmbeter in Psalm 139,14 drückt es so aus: »Ich danke dir dafür, dass ich wunderbar gemacht bin; wunderbar sind deine Werke; das erkennt meine Seele.«

Mein Mann gab seinen Konfirmanden nach der ersten Konfirmandenstunde folgende Hausaufgabe mit: »Stellt euch jeden Morgen vor den Spiegel, seht euch an und sagt: Ich bin ein von Gott geliebter Mensch.«

Wenn Gott uns liebt und uns einzigartig gemacht hat, haben wir kein Recht, uns ständig schlechtzumachen und niedrig zu bewerten.

Wir sollen Gottes Aussage mehr Wert zumessen als unseren eigenen Beurteilungen. In 1. Mose 1,31 heißt es: »Und Gott sah an alles, was er gemacht hatte, und siehe, es war sehr gut.« – *Note 1*. Dafür dürfen wir danken.

Der Dankbarkeit für unsere Schönheit können wir dann auch äußerlich mit Kleidung, Frisur und Schmuck Ausdruck verleihen. Dazu kann eine Farb- und Stilberatung hilfreich sein, denn sie verhilft zu einem positiven Körperbezug. Wer immer die falschen Farben trägt, wirkt blass und krank und fühlt sich dann oft auch so. Dies betrifft auch den eigenen Stil. Wer ein sportlicher Typ ist und sich dann immer elegant klassisch kleidet, kommt in seiner Persönlichkeit nicht zur Entfaltung. Wenn eine romantische, zarte Frau sich burschikos oder dramatisch kleidet, verschwindet die Persönlichkeit hinter der Kleidung. Um sich darin besser kennenzulernen, muss man nicht unbedingt einen kostenpflichtigen Kurs belegen. Es gibt dazu auch hilfreiche Literatur und vor allem Freunde oder Familienangehörige, die einem mit liebevoller Korrektur und Rückmeldungen helfen können, sich passend zu kleiden und dementsprechend einzukaufen.

Biorhythmus

Solange wir leben, wird unser Körper von Rhythmen bestimmt. Nervenimpulse schwingen im Millisekundentakt, Herzschlag, Atmung und Blutdruck im Sekundentakt, Schlaf- und Wachrhythmen im 24-Stundenbereich. Der Zyklus der Frau verläuft im monatlichen Rhythmus.

Auch in der Leistungsfähigkeit haben Menschen Rhythmen. Manche sind frühmorgens am fittesten, andere laufen erst gegen Abend zur Höchstleistung auf. Wer weiß, wann er am leistungsfähigsten ist, kann sich seine Tätigkeiten – wenn möglich – entsprechend einteilen. Wenn hohe Konzentration, geistige Fitness oder körperlich anstrengende Tätigkeiten gefordert sind, sollte man diese nicht angehen, wenn man am Tiefpunkt seiner Leistungsfähigkeit ist, also nicht gegen die natürlichen Gegebenheiten arbeiten, sondern mit ihnen.

Darum sollte man sich die Zeiten der Erholung auch dann gönnen, wenn sie nötig sind. Ein Burnout entsteht, wenn ein Mensch sich auch in Ruhephasen nicht mehr erholen kann, sondern innerlich immer auf Leistung programmiert ist.

Den eigenen Rhythmus beachten hilft auch in der Gestaltung der Gebetszeiten. Als ich eine Jugendliche war, gab es die These: »Wenn du den Tag nicht mit einer Stillen Zeit beginnst, dann gelingt dir der ganze Tag nicht, dann kann Gott nicht segnen.«

So klein dürfen wir nicht von Gott denken. In der Bibel werden Gottesbegegnungen zu jeder Tages- und Nachtzeit berichtet. Es stimmt zwar, dass Jesus früh am Morgen noch vor Tagesbeginn aufstand um zu beten (Markus 1,35). Es wird aber ebenso berichtet, dass Jesus die ganze Nacht über im Gebet blieb (Lukas 6,12) oder dass er nachts mit Menschen gesprochen und an ihnen gewirkt hat. So gibt es den Bericht von Nikodemus, der bei Nacht zu Jesus kam (Johannes 3,2). In Matthäus 14,25 gibt es den dramatischen Bericht, als die Jünger nachts mit ihrem Boot über den See Genezareth übersetzten. In der vierten Nachtwache – also nachts um 3.00 Uhr – kam ihnen Jesus auf dem See entgegen. Paulus (Apostelgeschichte 16,9) hatte in der Nacht eine Erscheinung, in der er von Gott eine besondere Berufung zur Mission erhielt.

Zu allen Zeiten will Gott gegenwärtig sein und uns leiten, begegnen und führen. Sich selbst in den eigenen Rhythmen kennenzulernen und zu akzeptieren, hilft dabei, gerne im eigenen Körper zu Hause zu sein.

Krankheit

Kein Körper ist perfekt. Wir Menschen haben Defizite, nicht nur in der Psyche, sondern auch im körperlichen Bereich. Auch wenn wir sorgsam mit unserem Körper umgehen, können wir krank werden.

In solchen Zeiten kann es besonders schwer sein, gern im eigenen Körper zu Hause zu sein. Zu Zeiten von starken Schmerzen hätten wir ein schmerzendes Körperteil manchmal am liebsten los. Wenn Menschen eine Krebsdiagnose bekommen oder ein Körperteil verlieren, blind werden oder ähnliche schwere Einschnitte im Leben erleiden, ist ein positives Körpergefühl zuerst einmal nicht mehr vorhanden. Solche Zeiten kann man wahrlich als Identitätskrise bezeichnen.

In diesen Zeiten stehen Menschen häufig in der Gefahr, sich selbst die Schuld an ihrer Krankheit zuzuschreiben. Noch schlimmer ist es, wenn andere Menschen die Krankheit mit Fehlverhalten in Verbindung bringen und dies als Vorwurf so aussprechen. Es gibt auch die fromme Variante solcher Denkmuster: »Hättest du genug gebetet oder intensiver geglaubt, wäre dir das nicht passiert.«

Ich hatte eine Freundin, die an Krebs erkrankt war. Immer wieder besuchte ich sie. Wenige Tage vor ihrem Tod machte ich nochmals einen Besuch bei ihr. Sie erzählte mir, dass kurz zuvor ihr Vater bei ihr gewesen sei und sinngemäß formuliert hätte: »Du hast dich nur auf die falschen Kräfte und Mächte eingelassen, darum bist du krank geworden. Hättest du dich mehr auf die positiven Engel-Energien und Heilkräfte der Natur konzentriert und danach gelebt, wärst du jetzt nicht an diesem Punkt.«

Diese Aussagen stürzten meine Freundin in eine tiefe Verzweiflung. Dadurch, dass ihr Vater ihr diese Vorwürfe machte, war sie sehr aufgewühlt. Wir sprachen dann lange über Brieftexte von Paulus aus dem Römerbrief, in dem von den Mächten und Gewalten die Rede ist.

»Denn ich bin gewiss, dass weder Tod noch Leben, weder Engel noch Mächte noch Gewalten, weder Gegenwärtiges noch Zukünftiges, weder Hohes noch Tiefes noch eine andere Kreatur uns scheiden kann von der Liebe Gottes, die in Christus Jesus ist, unserm Herrn« (Römer 8,38-39). – Diese Verse machen deutlich: Keine Macht der Welt – egal ob emotionale Macht der Verzweiflung, ob Macht der Schmerzen oder esoterische Mächte – hat das Recht und die Kraft, uns von Gottes Liebe zu trennen. Gottes Liebe ist mächtiger. Schwere Krankheitszeiten können gerade durch die Erfahrung der Nähe und des Trostes Gottes zu Segenszeiten werden. Die Sehnsucht nach der Ewigkeit kann einen Horizont darüber hinaus öffnen. In der Bibel ist uns versprochen, dass es in der Ewigkeit keine Krankheit und keine Schmerzen mehr geben wird.[30] Aber noch sind wir nicht dort. Krankheiten sind Ausdruck unserer Endlichkeit und unserer Unvollkommenheit, sind Ausdruck der gefallenen Welt. Aber sie sind keine direkte Folge von schuldhaftem (sündhaften) Verhalten.

Auch Jesus verwehrt sich vehement gegen solches Denken: Es gibt keinen direkten Zusammenhang zwischen konkreter Sünde und Krankheit, sondern nur einen allgemeinen, keinen ursächlichen, sondern nur einen ursprünglichen Zusammenhang.

In einer biblischen Geschichte geht es um diese Thematik. Jesus begegnet einem Blindgeborenen. Seine Jünger fangen sofort an, Ursachenforschung zu betreiben: »Meister, wer hat gesündigt, dieser oder seine Eltern, dass er blind geboren ist? Jesus antwortete: Es hat weder dieser gesündigt noch seine Eltern, sondern es sollen die Werke Gottes offenbar werden an ihm« (Johannes 9,1ff). Jesus heilt ihn – und die Menschen im Umfeld des Blinden geraten in helle Aufregung, weil Jesus dies an einem Sabbat getan hat. Nach jüdischem Verständnis darf man am Sabbat keine körperliche Arbeit verrichten und auch keine weiten Wege gehen. Darum machen die beobachtenden Pharisäer, die das Gesetz genau nehmen wollen, Jesus Vorwürfe und können sich nicht an der Heilung des Blinden freuen.

Am Schluss der Geschichte dreht Jesus den Spieß um und wirft den Pharisäern Blindheit vor, weil sie das Geschehen unter dem Vorzeichen der Gesetzlichkeit, Rechthaberei und Missgunst deuten.

Ein Zusammenhang zwischen Schuld und Krankheit wird von Jesus also verneint.

Es gibt jedoch einen Zusammenhang zwischen seelischem Leid und Krankheit. Manche Menschen sind deswegen krank, weil sich ihre Seele nur auf diesem Weg melden kann. Manche Frau, die in ihrem Leben schwerste körperliche und sexuelle Misshandlung erlebt hat, wird chronisch krank, vielleicht sogar krebskrank. Gelegentlich besteht gerade zwischen dem Durchlittenen und der Krankheit ein innerer Zusammenhang.

In unserer Sprache haben wir einen Weg gefunden, die Zusammenhänge zwischen Seele und Leib auszudrücken: Mir läuft eine Laus über die Leber. Mir bricht das Herz. Das geht mir an die Nieren.

Aber bei Weitem nicht alle Krankheiten haben psychische Ursachen. Doch manche Krankheiten kommen auch ganz gelegen: »Die Infektion meldete sich wie bestellt.« – Oder: »Der Unfall nahm mir die Entscheidung ab.« Solche Formulierungen sind immer wieder zu hören.

Silvana erzählte mir: »Nachdem ich mich von meinem Mann getrennt hatte, bekam er einen Schlaganfall. Die Trennung war ein harter Schlag für ihn. Dieser Zusammenhang ist mir bewusst und ich fühle mich jetzt so schuldig.«

Thomas erinnert sich: »Ich hatte Angst vor meiner neuen Ar-
beitsstelle. Auf dem Weg dorthin gab es eine einzige gefrorene
Pfütze. Auf dieser bin ich ausgerutscht und habe mir das Bein
gebrochen.«

Problematisch wird es, wenn mit Krankheit Macht ausgeübt und
manipuliert wird, wenn sie Mittel zum Zweck wird: »Endlich bekomme ich Zuwendung und Beachtung in Form von Mitleid oder
Fürsorge.« Dass Kranke sich auf diese Weise Vorteile verschaffen, ist
diesen meistens nicht bewusst. Es wäre falsch, ihnen das zum Vorwurf zu machen. Es ist vielmehr eine langsame Entwicklung. Der
Kranke gewöhnt sich an den Zustand, er arrangiert sich mit der
Situation. Schlussendlich gewinnt er der Krankheit etwas Positives
ab. Es können ja auch gewisse Annehmlichkeiten damit verbunden
sein – bis dahin, dass der Kranke alle Macht auf seiner Seite hat,
über andere verfügt und sie dominiert.

Natürlich ist das bei Weitem nicht bei allen Kranken so, aber
wenn Krankheit auf diese Weise zu einem Teil der Identität wird,
muss dieser Kreis durchbrochen werden. Genau so macht es Jesus
bei dem seit 38 Jahren Kranken am Teich Bethesda in Jerusalem. Er
fragt ihn zuerst nach seiner tiefsten Sehnsucht. »Willst du gesund
werden?« (Johannes 5,6). Man könnte meinen, dass die Frage über-
flüssig ist. Doch Jesus wusste genau, warum er so mit ihm umging.
Der Mann hatte sich nach 38 Jahren an sein Leben am Teich gewöhnt. Er kannte die Abläufe und die Mitkranken, er hatte sich in
dieser Situation eingerichtet. Ohne willentliche Bereitschaft, sich
davon zu verabschieden, hätte der Mann zwar gesund werden,
aber er hätte seine Grundhaltung nicht verändern können. Er wäre
vielleicht in dem vertrauten Umfeld geblieben und hätte vermutlich
weiter auf seinem Bett gewohnt. Unter Bett müssen wir uns in diesem Fall eine Unterlage vorstellen, die sich wie eine leichte Gym-
nastikmatte zusammenrollen ließ. Deswegen sagt Jesus am Ende
der Heilungsgeschichte ausdrücklich zu dem Kranken: »Steh auf,

nimm dein Bett und geh hin!« Also: Rolle dein bisheriges Leben zusammen und fang neu an. Ganzheitliche Heilung bedeutet: Verändere auch deine Einstellung zu deinem Leben und zu dir selbst. Sieh dich nicht mehr als Kranken, der von anderen versorgt wird und nicht für sich selbst zuständig ist, sondern sei von jetzt an selbst für deine Lebensgestaltung verantwortlich.

Das Thema Gesundheit und Krankheit ist sehr vielschichtig. Für manche Menschen ist Krankheit oder Behinderung ein Teil ihrer Identität. Sie kamen bereits mit einem Herzfehler, einer Sehstörung, einer Atemwegserkrankung, einem Downsyndrom auf die Welt. Sie kennen sich nur krank oder behindert. Die Krankheit gehört zu ihrem Leben und sie machen die Erfahrung, dass Gott auf keinen perfekten Körper angewiesen ist, um zu wirken. Das Wort »… denn meine Kraft ist in den Schwachen mächtig« (2. Korinther 12,9) wird für sie in vielfältiger Weise Wirklichkeit.

Auch die Art des Umgangs mit ihrer Krankheit kann beeindruckend sein.

Rose, die schwer an Lymphdrüsenkrebs erkrankt war, sagte einmal in einem Gespräch: »Ich will nicht, dass die Krankheit mich beherrscht, sondern dass Christus weiterhin mein Herr ist.«

Auch ein krankes oder behindertes Leben kann ein tief gesegnetes Leben sein.

Behinderte können mit ihrer Fröhlichkeit und Gelassenheit *Gesunde* aus ihrer Lethargie oder Schwermütigkeit herausholen, weil sie eine ganz andere Einstellung zum Leben haben.

Immer wieder kommt es vor, dass *Gesunde* tief gesegnet vom Sterbebett eines Todkranken gegangen sind und ihre Lebenswerte überdacht und ihren Alltag daraufhin verändert haben. Chronisch Kranke können darin, wie sie ihr Leben mit der Krankheit meistern, einen tiefen Eindruck hinterlassen. Eine Krankheit zwingt zum Sortieren zwischen wichtig und unwichtig und verhilft so dazu, dass das Leben konzentrierter und wesentlicher wird. Dies kann die Oberflächlichkeit, die gelegentlich in einem *gesunden Leben* zu finden ist, hinterfragen und zu einer hilfreichen Herausforderung werden.

Für einen sicheren Platz im Leben ist entscheidend, dass wir das, was wir nicht ändern können, annehmen und akzeptieren. Genauso wichtig ist aber auch, dass wir mit der Macht Gottes rechnen, die heilen und Neues schaffen kann.

Wir dürfen wissen: Gott will und kann uns mit unserem Körper gebrauchen – egal, ob der nun gesund oder krank ist.

> *Meinen Platz finde ich,*
> *wenn ich meinen Körper annehmen kann.*

Meine Persönlichkeit

Wie finde ich meinen Platz im Leben? Unter anderem auch dann, wenn ich meine Persönlichkeit besser kennenlerne. Dazu braucht es nicht gleich eine Psychoanalyse oder Therapie. Aber es gibt hilfreiche Wegweiser, gute Literatur, manchmal auch Seminare oder Wochenendkurse, die uns ein Stück weiterhelfen können.

Zum Beispiel die *Lehre der vier Temperamente*[31] mit der Einteilung in cholerisch, melancholisch, phlegmatisch und sanguinisch.

Ich selbst habe sehr vom *Enneagramm*[32] profitiert, die Lehre von neun Persönlichkeitstypen mit ihren Trost- und Stresspunkten und dem damit jeweils verbundenen Entwicklungspotenzial. Ich kenne aber auch andere, die mit dem *Enneagramm* absolut nichts anfangen können.

Aufschlussreich finde ich auch den *DISG-Test*[33] mit seiner Einteilung in dominant, initiativ, stetig und gewissenhaft.

Auf dem Weg, sich selbst kennenzulernen, kann auch die Beschäftigung mit der bereits erwähnten *Transaktionsanalyse*[34] (Eltern-Ich, Erwachsenen-Ich und Kind-Ich) eine wichtige Wegmarkierung sein.

Auf ein Persönlichkeitskonzept möchte ich hier näher eingehen, weil es relativ schnell erklärbar und sehr gut verständlich ist:

Das Riemann–Thomann–Kreuz

Die Typisierung geht ursprünglich auf Fritz Riemanns tiefenpsychologische Studie »Grundformen der Angst« zurück und wurde von Christoph Thomann modifiziert. Fritz Riemann beschrieb vier Grundformen von Angst, die in jedem Menschen vorkommen. Dabei stellte er immer zwei gegensätzliche Ängste einander gegenüber: Angst vor Einsamkeit und Angst vor Nähe, Angst vor Veränderung und Angst vor Beständigkeit. Diese Ängste basieren auf vier verschiedenen Persönlichkeitstypen: *schizoid* (sich abspaltend) und *depressiv*, *zwanghaft* und *hysterisch*. Diese Beschreibung war für die damalige Zeit insofern typisch, weil sie vor allem einen Blick auf das Negative und Krankhafte warf. Doch wer ordnet sich schon gern solchen Beschreibungen zu? Bei dieser Bezeichnung geht allzu schnell der Blick für den dahinterliegenden positiven und hilfreichen Ansatz verloren, der zu einem besseren Verständnis für die unterschiedlichen Herangehensweisen an das Leben verhelfen kann. Dazu hat Thomann einen guten Beitrag geleistet. Sein Ansatz basiert auf Riemann, aber seine Beschreibungen klingen freundlicher oder normaler. Er spricht von den Gegensätzen Nähe und Distanz, Wechsel und Dauer. Er macht deutlich, dass sich jeder normale Mensch zwischen vier Grundausrichtungen bewegt: dem Bedürfnis nach *Nähe* (zwischenmenschliche Kontakte, Harmonie, Geborgenheit), nach *Distanz* (Unabhängigkeit, Ruhe, Eigenständigkeit), nach *Dauer* (Ordnung, Regelmäßigkeit, Kontrolle) und nach *Wechsel* (Abwechslung, Spontaneität, Kreativität).

Der Nähe-Typ oder »Verehrer des Du«

Nähe-Typen sind ausgesprochene Teamplayer. Wichtig sind ihnen Begegnung mit anderen Menschen, Bindung, Zuneigung, Vertrauen, Sympathie, Mitmenschlichkeit, Geborgenheit, Zärtlichkeit und Harmonie. Sie brauchen Wärme und Bestätigung, können sich leicht einfühlen und mit anderen identifizieren; sie sind kontaktfähig, ausgleichend, akzeptierend und verständnisvoll. Sie fühlen sich wohl, wenn sie in einem größeren Ganzen aufgehen können. Sie sind selbstlos bis zur Selbstaufgabe und vergessen dabei häufig sich und ihre eigenen Bedürfnisse. Der eigene Wert ist stark abhängig von dem, was sie *für andere* sind. Sie interpretieren das Dreifachgebot der Liebe »Liebe deinen Nächsten wie dich selbst« oft mit »Liebe deinen Nächsten mehr als dich selbst«. Abgrenzung macht darum

Angst und eben auch das Alleinsein, die Eigenverantwortung und die Entfaltung der eigenen Originalität. Sie unterdrücken Aggressionen, denn Äußerungen von negativen Gefühlen wirken abgrenzend und könnten den Beziehungen schaden, sie machen Schuldgefühle. Lieber geben sie eigene Wünsche auf und verzichten auf die Äußerung oder Stillung eigener Bedürfnisse, nur um nicht einsam und mit sich selbst allein sein zu müssen.

Die Gefahr des Nähe-Typs ist der *Frieden um jeden Preis*. So kann schnell eine Abhängigkeit von anderen und eine Opfermentalität entstehen: *Hier bin ich, was kann ich für euch tun?* Die Grundmotivation für Hilfsbereitschaft ist häufig die Sehnsucht nach Liebe und Anerkennung. So werden sie schnell zu *Ja-Sagern* und sind darum leicht zu manipulieren, werden oft ausgenutzt. Die vorherrschende Grundangst ist die *Angst vor Einsamkeit*. Sie wollen auf keinen Fall den Kontakt zu anderen verlieren, denn das käme einem Wertverlust gleich.

Der Distanz-Typ oder »Verehrer des Ichs«

Sie sind die typischen Einzelkämpfer – das exakte Gegenstück zum Nähe-Typ. Sie sind gerne allein und kommen auch gut alleine zurecht. Sie treffen ihre Entscheidungen souverän und nüchtern abwägend, sie sind selbstständig und unabhängig. Sie haben den Mut, Dinge klar zu benennen, ohne beschönigende Verbrämungen. Sie sind im mitmenschlichen Kontakt oft *unbequem*, weil sie Unechtes und Fassadenhaftes nicht gelten lassen wollen und sich weder von anderen Menschen, noch von Traditionen oder Dogmen einengen oder beeinflussen lassen wollen. Sie vertreten ihre Überzeugungen klar und kompromisslos. Darum sind sie oft Pioniere oder Initiatoren einer neuen Bewegung. Sie brauchen ihre Freiheit und Eigenständigkeit, leben gerne ihre Unverwechselbarkeit. Dadurch wirken sie gelegentlich fern, kühl und distanziert, vielleicht sogar arrogant.

Alles Emotionale und Gefühlvolle verunsichert sie und macht ihnen Angst. Sie stehen in der Gefahr, das Gebot zur Liebe auf die entgegengesetzte Art falsch zu interpretieren: »Liebe dich selbst mehr als deinen Nächsten.«

Die Grundangst hinter diesem Verhalten ist die *Angst vor Hingabe*, also die Angst davor, sich in anderen zu verlieren und die eigenen Besonderheiten im Kontakt mit anderen Menschen nicht leben zu können. Dabei schwingt immer auch die Befürchtung mit, von anderen Menschen verletzt zu werden oder sogar auf fremde Hilfe angewiesen zu sein. Aggressionen zu kontrollieren und Liebesfähigkeit zu entwickeln, fällt ihnen schwer. Mit Aggressionen grenzen sie sich ab. Gefühle wie Angst, Ohnmacht und Unsicherheit werden dadurch abgewehrt oder gar nicht erst zugelassen. Daher können diese Menschen verletzend und brüskierend sein, ohne es selbst zu merken.

Die Gefahr dieser Persönlichkeitsausprägung ist die Vereinsamung oder Isolierung. Erst wenn ihnen in einer Beziehung zu anderen ein hohes Maß an Freiheit und Rückzugsmöglichkeiten garantiert wird, lassen sie sich auf Gefühle und Nähe ein.

Der Dauer-Typ oder »Verehrer der Ordnung«

Sie lieben die Ordnung, sind zuverlässig, pünktlich, meistens auch sparsam. Sie haben einen starken Willen, ein hohes Pflichtgefühl und eine ausgesprochene Verantwortungsbereitschaft. Sie können gut organisieren und analysieren. Sie sind behutsam, treu und ordentlich, mit Durchhaltevermögen und Verbindlichkeit ausgerüstet. Was ihnen anvertraut wird, ist bei ihnen in guten Händen. Sie freuen sich an Ordnung und Schönheit und können damit einen guten Beitrag in Gruppen und Gemeinschaften leisten.

Sie sind ausgesprochene Sammler, legen Archive an und finden meistens auch die so sortierten oder geordneten Gegenstände wieder. Die Kehrseite ist der Hang zur Übervorsichtigkeit und zur Kontrolle, zum Festhängen an Grundsätzen und Regeln. Mit Pedanterie, Gesetzlichkeit und Perfektionismus machen sie sich und anderen das Leben oft schwer. Sie können sich auch in Zwanghaftigkeit, Sturheit und Unflexibilität festfahren. Sie stehen immer in der Gefahr, auch andere in ihre Systeme hineinzwingen zu wollen und diese mit den eigenen Vorstellungen und Erwartungen zu bedrängen. Häufig führt diese Haltung auch zur Nörgelei und Kritik, aber auch zu Distanzlosigkeit oder trotzigen Reaktionen. Sie können schlecht nachgeben oder Kompromisse schließen, weil sie ganz genau wissen, was richtig ist, wie etwas sein muss und was *man* sagt oder tut.

Hinter der Grundausrichtung steckt die *Angst vor Veränderung und Wagnis*, die Angst vor den eigenen unvernünftigen, chaotischen Impulsen. Mit der Frage »Was passiert, wenn …?« können sie sich ausgiebig beschäftigen. Dies macht sie zu Zauderern und Zweiflern, sie tun sich schwer mit Entscheidungen. Alles sollte beim Alten belassen werden, denn Veränderungen stören und beunruhigen, sie könnten Unsicherheit und Chaos mit sich bringen.

Der Wechsel-Typ oder »Verehrer des Lebens«

Sie sind das Gegenteil des Dauer-Typs. Sie lieben Veränderung und Freiheit, sind Improvisationstalente. Sie bejahen alles Neue, sind risikofreudig und neugierig. Die Zukunft mit allen ihren Möglichkeiten sehen sie als ihre große Chance. Vergangenheit interessiert nicht so sehr. Sie leben aus dem Augenblick heraus. Kreativität, Charme, Einfallsreichtum, Brillanz, Spontaneität und Unterhaltsamkeit zeichnet sie aus und macht sie oft zum *Publikumsliebling*. Dabei stimmt beides: Sie lieben ihr Publikum und werden vom Publikum geliebt. Alles, was mit Leidenschaften, Reizen, Rausch und Phantasie zu tun hat, zieht sie magisch an. Sie suchen den Genuss, haben Temperament, lassen sich auf Risiken ein, sprühen vor Ideen und lieben Dramatik. Negative Auswüchse zeigen sich in Unzuverlässigkeit und Unverbindlichkeit. Sie können chaotisch, leichtsinnig und unsystematisch sein. Sie haben einen Hang zur Theatralik und zum Übertreiben. Sie stehen in der Gefahr, mehr in einer Traumwelt zu leben als in der Wirklichkeit. Häufig steht das Wunsch-Ich in krassem Gegensatz zur Realität. Die Gefahr dieses Typus ist die übertriebene Selbstdarstellung und damit auch die Abhängigkeit vom Publikum. Wechsel-Typen haben oft eine geringe Frustrationstoleranz. Jeder Impuls und jeder Wunsch sollte möglichst sofort befriedigt werden. Warten ist unerträglich.

Hinter den Freiheitstendenzen steckt die *Angst vor Festlegung und Beständigkeit*, vor Starrheit, Endgültigkeit, Ordnungen und Gesetzmäßigkeiten.

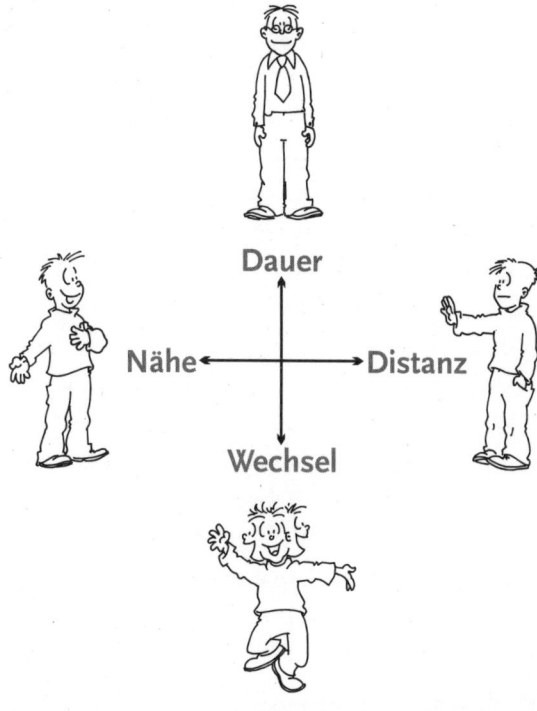

Die vier Grundausrichtungen können in einem Koordinaten-kreuz dargestellt werden. Es gibt dabei eine senkrechte und eine waagerechte Achse. Die Senkrechte mit den beiden Extremen *Dauer* und *Wechsel*, die Waagerechte mit den Extremen von *Distanz* und *Nähe*.

Alle Ausrichtungen kommen in uns vor. Es gibt in diesem Modell kein *gut* oder *schlecht*, sondern prinzipiell ein *gleichwertig*.

So gehört es zu unserem Menschsein, dass wir auf unsere Mitmenschen angewiesen sind und ein gewisses Maß an Nähe und Vertrauen brauchen. Aber auch der gegensätzliche Impuls ist wichtig: unabhängig von anderen *individuell* werden, die eigene Originalität entdecken und entwickeln. Genauso verhält es sich bei den Tendenzen Dauer und Wechsel. Wir sollen uns in unserer Welt gleichsam häuslich niederlassen, verantwortlich und verlässlich leben, als ob dieses Leben das einzige sei. Andererseits sollen wir immer bereit sein, Abschied zu nehmen, Neues zu wagen und von vorne zu beginnen und auf die Vollendung in der Ewigkeit ausgerichtet sein.

Jeder Mensch trägt eine Kombination aus allen Tendenzen in sich, aber er hat Schwerpunktorientierungen. So kann es eine Zusammensetzung zum Beispiel aus 70 Prozent Nähe und 30 Prozent Distanz geben, und beim anderen Gegensatzpaar jeweils 50 Prozent Dauer und Wechsel.

Auf diese Weise entsteht ein sogenanntes *Heimatgebiet*, in dem wir uns wohl und sicher fühlen. Das Spannende ist nun, wie wir uns auf unsere Mitmenschen einstellen. Es kann sein, dass oft nur ein oder zwei Tendenzen im Kontakt mit anderen in uns dominant werden. Je nachdem, wie der andere sich verhält, reagieren wir dann mit der gegensätzlichen Tendenz. Wenn wir also zum Beispiel mit einem ausgesprochenen Wechsel-Typ zusammentreffen, kann es sein, dass wir in unserem Verhalten mehr in Richtung Ordnung und Beständigkeit rücken, um einen Ausgleich zu schaffen. Oder: Wir begegnen einem stark ausgeprägten Nähe-Typ und gehen

dann – obwohl wir vielleicht auch selbst viele Nähe-Anteile haben –
doch lieber etwas mehr als gewöhnlich auf Distanz.

Die Grundausrichtung kann sich im Lauf des Lebens verändern.
Positive Veränderung geschieht in der Entwicklung zur gegenüber-
liegenden Richtung und wird als Befreiung erlebt.[35] Wachstum im
Glauben bedeutet dann immer auch, von *Festlegungen* befreit zu
werden. Wer also ein starker Dauer-Typ ist, tut gut daran, sich in
Richtung *Wechsel* zu verändern beziehungsweise *befreien* zu lassen
und umgekehrt. Dem Wechseltyp tut es gut, wenn er mehr Konstanz und Treue entwickeln kann. Dasselbe gilt für die Nähe-Dis-
tanz-Ausrichtungen.

Nähe-Typen müssen lernen, es mit sich allein aushalten zu können, sich abzugrenzen und mehr *bei sich* zu sein. Distanz-Typen tut
es gut, wenn sie die Bereicherung von Gemeinschaft entdecken und
dadurch in ihrem Gefühl der Unerreichbarkeit oder sogar *Grandio-
sität* korrigiert werden.

Gegensätze ziehen sich an. Das gilt auch bei dieser Typisierung.
Menschen können voneinander lernen und sich einander ergänzen.
In Gemeinschaften, in der Ehe oder in der Familie können sie einander helfen, sich entsprechend zu entfalten und zu entwickeln.
Meistens treffen in Beziehungen oder Freundschaften Menschen
aufeinander, die einander zur Ergänzung und Herausforderung
werden können. Gleichzeitig birgt diese Unterschiedlichkeit aber
immer auch Konfliktpotenzial in sich. Wo wir lernen, dies positiv
zu nutzen, profitieren wir in guter Weise von der Andersartigkeit
der Menschen, mit denen wir in Familie, Gemeinde oder im Beruf
zusammenleben.

> *Meinen Platz im Leben finde ich,*
> *wenn ich mich besser kennenlerne.*

Meine Herkunft

Meine Herkunft spielt im Blick auf meinen Platz im Leben eine wichtige Rolle. Sie ist Teil meines Ichs, meiner Identität, sie hat mich geprägt und geformt.

- Die Muttersprache mit ihrer Grammatik und ihrer Sprachmelodie prägt das Denken.
- Wir sind Teil einer Kultur und eines Volkes mit einer Geschichte.
- Es gibt eine Familiengeschichte. Das Verhalten meiner Ahnen prägt zum Teil bis in die Gegenwart hinein.
- Die Atmosphäre in der Familie, der Umgang mit Konflikten, die Bewertung von Besitz, die Grundeinstellungen zueinander legen Wertgrundlagen.
- Die Position in der Geschwisterreihe hat bis ins Erwachsenenalter Auswirkungen auf das Verhalten.

Die eigene Kultur verstehen

Wer seinen Platz im Leben finden will, muss sowohl seine persönliche Lebensgeschichte annehmen als auch einen positiven Zugang zur Geschichte und den Wurzeln des eigenen Volkes und der eigenen Kultur finden. Denn dort ist ja zunächst mal der Platz, in den wir hineingeboren sind.

Wem es schwer fällt, dies zu bejahen, weil er Verletzungen und Verwundungen in diesem Bereich hat, muss sich möglicherweise intensiver damit auseinandersetzen, um zu einer Aussöhnung zu finden.

Schon allein unsere Muttersprache prägt uns in viel tieferer Weise, als wir das oft wahrnehmen. Die Muttersprache ist die, die uns unsere Mutter beibringt. Auch wenn die Mutter aus einer anderen Kultur oder aus einem anderen Land kommt, prägt uns ihre Sprache als erstes. Satzgeschwindigkeit und Satzmelodie, Grammatik und die dieser zugrundeliegende Logik legen schon ganz frühe Spuren in unsere Denkmuster. Auch die Art und Weise miteinander zu sprechen, prägt unsere Kultur.

Deutsche haben in anderen Ländern oft den Ruf der Perfektionisten oder Pedanten, der Pünktlichen und Gründlichen. Andere Beschreibungen des Charakters einer Nation gibt es für jedes Land. Die Art und Mentalität unseres Volkes gehört mit zu unserer Identität. In der Kommunikationswissenschaft spricht man davon, dass nicht nur Gene, sondern auch *Meme* von Generation zu Generation weitergegeben werden. Meme sind kulturelle Grundbausteine, die zur Bildung von Meinungen, Urteilen oder Vorurteilen, zu Ressentiments gegen Völkergruppen beitragen. Im Internet geschieht dieser Meme-Austausch inzwischen rasend schnell. Beispiele dafür sind Blogs, Tags oder auch Aufrufe zu Demonstrationen und Flashmobs via Facebook, Twitter oder andere Internetforen.

Auch Geschichtslinien prägen uns. Für die Deutschen sind es die Zeiten der Weltkriege, die im Volk eine schwere Identitätskrise verursacht haben. Scham und Schuld haben jahrzehntelang verhindert, positiv zur deutschen Identität zu stehen. Erst seit wenigen Jahren kann man in unseren Geschäften wieder Deutschlandflaggen kaufen und hat keine Scheu mehr, sich als *deutsch* zu bekennen. Verwunderlich ist das nicht, denn es dauert in aller Regel zwei Generationen lang, bis eine solche Beschämung wie die, die dem deutschen Volk durch die nationalsozialistische Herrschaft auferlegt wurde, verarbeitet wird. Der verlorene Krieg und vor allem der Völkermord an den Juden ist eine schwere Schuld, die zwei Generationen lang durchgängig präsent war.

Ich bin von *Kriegskindern* erzogen worden. Wie oft habe ich meinen Vater sagen hören: »Ich schäme mich, Deutscher zu sein.« Solche Sätze prägen. Es fällt mir bis heute schwer, mich von diesem Urteil zu lösen.

Auf Verunsicherungen des Nationalbewusstseins müssen wir eine persönliche Antwort finden. Wir brauchen auch bei durch

Schuld überschatteter Vergangenheit eine positive Rückbindung an unsere Wurzeln.

Wenn wir weiter zurückdenken, findet sich auch vieles, worauf wir stolz sein können. Deutschland ist das Land der Reformation und der Erfindung des Buchdrucks – zumindest in Europa. Deutschland hat große Persönlichkeiten hervorgebracht wie die Komponisten Bach und Beethoven, die Literaten Goethe und Schiller. Wir gehören zu dem Land, das es Personen wie Planck, Einstein, Daimler und Benz ermöglichte, große Fortschritte in der Wissenschaft zu vollbringen bis hin zu den Denkern und Revolutionären wie Nietzsche, Hegel, Marx und vielen anderen mehr. Und auch die Gegenwart und die Zukunft hält viel positiv Identitätsstiftendes bereit.

Egal zu welcher Nation wir gehören – wir werden dadurch geprägt.

Auch wenn wir auswandern und woanders unsere Existenz aufbauen, nehmen wir unsere Geschichte mit.

Die Vielschichtigkeit unserer Gesellschaft

Wenn wir nach unseren Prägungen und Zugehörigkeiten fragen, dann ist es wichtig, auch auf die sich ständig verändernde Gesellschaft, in der wir leben, einen Blick zu werfen.

Wenn wir uns anschauen, wie sich die Werteorientierung im Laufe der vergangenen 50 Jahre verändert hat, macht dies etwas von der Verunsicherung im Blick auf das Ich, die viele Menschen heute erleben, deutlich.

Der Wertewandel steht in engem Zusammenhang mit unserer geschichtlichen Entwicklung. Nach dem Zweiten Weltkrieg prägten Krisen, Mangel und Hunger, aber auch Scham und Schuld das Lebensgefühl der Deutschen. Die Werte, die damals vorherrschten, waren Sparsamkeit, Disziplin, Gehorsam, Ordnung, Leistung und Pünktlichkeit. Verzichten können war zwingend erforderlich. Genuss konnte man sich nicht erlauben, dafür waren weder Zeit noch Geld übrig.

Diese Werteorientierung wird in der Soziologie als *prämodern* bezeichnet.

Das Lebensgefühl änderte sich in der ersten Hälfte der 60er-Jahre des letzten Jahrhunderts. Die Städte waren wieder aufgebaut, das Ergebnis des *Wirtschaftswunders* wurde sichtbar. Wirtschaftliche Not war zu Ende, Verzicht war nicht mehr notwendig, im Gegenteil: Um den Aufschwung zu fördern, sollte jetzt die Wirtschaft weiter angekurbelt werden. Werbung forderte zum Konsumieren und Genießen auf. Die 68er-Jahre brachten dann den Aufstand der Kinder der Nachkriegsgeneration gegen die bisher gültigen Wertvorstellungen von Disziplin, Gehorsam, Treue, Unterordnung, Fleiß, Bescheidenheit und Enthaltsamkeit.

Es war auch ein Aufstand gegen die diesen Werten zugrunde liegende Haltung der Unterwürfigkeit gegenüber Autoritäten. Die Rückerinnerung an die nationalsozialistische Vergangenheit und das schreckliche Ergebnis des unterwürfigen Gehorsams unter einen Diktator führte zur generellen Ablehnung von Autoritäten und Ordnungen jeder Art.

Alles wurde infrage gestellt und diskutiert.

Parolen wie »Unter den Talaren – der Muff von tausend Jahren«, oder »Familie ist ein repressives Unterdrückungssystem, das nur kranke Persönlichkeiten hervorbringt«, oder »Wer zweimal mit derselben pennt, gehört schon zum Establishment« waren die gängigen Schlagworte der 68er-Jahre. Das Pendel schlug zur Gegenseite aus: Die *Kommune 1* und viele ihr Nachfolgende propagierten freie Sexualität, Abschaffung des Abtreibungsparagrafen § 218 StGB (»Mein Bauch gehört mir«), Orientierung an Spaß, Lust und Genuss, Leben im Moment ohne Verpflichtung, ohne Zwang zum Gehorsam. In der Pädagogik wurde auf die Privatschule von Summerhill verwiesen. In dieser propagierte A. S. Neill den antiautoritären Erziehungsstil als Beispiel für repressionsfreie Erziehung.

Das Ergebnis der Infragestellung der bisherigen Werte, Normen und Strukturen war: »Wir müssen über alles diskutieren.«

Diese Werteorientierung wird als *Moderne* bezeichnet.

Jede extreme gesellschaftliche Strömung fordert wieder eine Gegenbewegung heraus. So entwickelte sich auch nach den wilden 68ern wieder eine neue, teils gegensätzliche Werteströmung. In den 70er-Jahren war die Frage nach dem *Sinn im Leben* ein vorrangiges Thema. Die Friedensbewegung kam auf, die Atomkraftgegner formierten sich. Die Partei der Grünen entstand, in den 80ern und 90ern kam dann die *Wohlfühl-* und *Wellness*-Welle dazu. Die Sehnsucht nach *intensiver Erfahrung* des Lebens schlug sich in der aufbrandenden *New-Age-* und *Esoterik*-Welle nieder. Hier-und-Jetzt-Lebenshaltungen breiteten sich aus.

Die Freizeitindustrie reagierte auf die Erlebnisorientierung der sogenannten *Postmodernen*. Sie bot eine Fülle von Möglichkeiten an, diesen Bedürfnissen gerecht zu werden. Fülle macht aber auch Stress, die Multioptionierung verunsichert. Das Gefühl von *zu viel* ist bei vielen Menschen ein ständiger, auch verunsichernder Lebensbegleiter geworden. Deswegen erleben wir heute einen gegenläufigen Trend in der Sehnsucht nach Rückzug, nach haltgebenden Werten und Privatem.

Diese zugrunde liegende Werteorientierung wird als *postmodern* bezeichnet.

Weil Menschen verschiedener Generationen und Milieus zusammenleben, finden wir in jeder Gesellschaft einen Wertemix zwischen Prämoderne, Moderne und Postmoderne.

Prämoderne fühlen sich also an traditionelle Werte wie Pflicht, Ordnung und Treue gebunden. Sie sagen: Es gibt allgemein gültige Wahrheiten und ich weiß immer, was richtig und falsch ist. Das wahre Leben ist Opfer und Hingabe. Normen und Gesetze gelten absolut und sind nicht hinterfragbar.

Moderne orientieren sich dagegen stärker an Werten wie Unverbindlichkeit und Selbsterfahrung. Wahrheit – so würden sie formulieren – ist wichtig, aber wir müssen immer wieder darum ringen, sie zu finden. Das wahre Leben ist Engagement und Selbstverwirklichung. Normen sind wichtig, aber sie sind immer vorläufig und müssen ständig hinterfragt und diskutiert werden.

Die *Postmodernen* schließlich erleben sich als Experimentierer in einer Gesellschaft der Widersprüche und Paradoxien. Sie denken: Es gibt nicht nur eine Wahrheit, sondern viele. Ein Ringen um die Wahrheit ist weder notwendig noch sinnvoll. Das Leben besteht aus Ablenkung. Gemeinschaft findet man immer wieder punktuell und aus dem Moment heraus in Projekten und Events. Normen gibt es nicht mehr. Sie sind nur Angebote, Momente des Selbst-Designs, die auf Zeit gewählt werden. »Jeder muss doch selbst wissen, was er richtig findet« – ein typischer Ausspruch der Postmoderne.

In diesem Wertemix leben wir und müssen einen Weg oder einen Platz finden. Zwischen Prä- und Postmoderne siedeln sich die Lebenswelten unserer Gesellschaft, auch Milieus genannt, an. In diesen herrschen unterschiedliche Verhaltensmuster, Interessen und Lebensgestaltungsformen vor. Die Einstellung gegenüber Arbeit und Familie, Freizeitverhalten und Umgang mit Geld, bevorzugten Konsumartikeln und Medien sowie den ästhetischen Präferenzen (Geschmack und Stil) weichen teilweise stark voneinander ab und können je nach Milieu sogar in krassem Widerspruch zueinander stehen.

Die neue Sinus-Milieustudie[36] von 2009 nennt mindestens zehn verschiedene Milieus in unserer Gesellschaft. Sie nennt die *Traditionalisten*, die *Konservativen* und die *DDR-Nostalgischen* (die hauptsächlich in der Gruppe der Prämodernen zu finden sind), die *Bürgerliche Mitte*, die *Konsum-Materialisten*, die *Etablierten* und die *Post-Materiellen* (die schwerpunktmäßig der Gruppe der Moderne zuzuordnen sind) und schließlich die *modernen Performer*, die *Experimentalisten* und die *Hedonisten* (die zwischen Moderne und Postmoderne zu finden sind).

Interessant ist dabei, dass es in anderen Ländern Ausdifferenzierungen von Milieus gibt, die sich teilweise sehr ähnlich wie in Deutschland darstellen.

Zwischen den einzelnen Milieus gibt es fließende Übergänge und Überschneidungen. So gehören die meisten Menschen einem, zwei oder drei verschiedenen Milieus an. Da unsere offene Gesellschaft vielfältige Möglichkeiten zur Begegnung bietet, kommt es immer häufiger vor, dass wir auch mit solchen Menschen zusammentreffen, die aus einem ganz anderen Milieu stammen – in der Arbeitswelt, beim Einkaufen oder in manchen Freizeiteinrichtungen. Wenn Menschen in ein ihnen unvertrautes Milieu geraten, kann es sein, dass sie sich vorkommen wie auf einem anderen Stern, sich unwohl fühlen oder verunsichert sind.

Verschiedene gesellschaftliche Milieus oder Nischen fordern teilweise sehr unterschiedliche Verhaltens- und Reaktionsmuster von ein und derselben Person.

Richard Sennett[37], amerikanischer Soziologe, beobachtet, dass viele Menschen heute durch die Welt der vielfältigen Optionen *touren*, dass sie zwischen den Milieus wandern. Sowohl berufliche als auch private Laufbahnen mit gleichbleibenden und einigermaßen konstanten sozialen Zusammenhängen sind selten geworden. Ständig sind die Menschen der Postmoderne gefordert, sich in ihrer Reaktion auf die verschiedenen Milieus neu zu definieren.

Die Frage nach dem *Platz im Leben* drängt sich bei unseren Wanderungen durch die Milieus und verschiedenen gesellschaftlichen Nischen auf.

Man spricht bei solchen Beobachtungen auch von *Patchwork-Identitäten*. Menschen leben also mit einem Selbstgefühl, das sich aus einem Flickenteppich der unterschiedlichsten Erfahrungen, Werte, Begegnungsmöglichkeiten und Milieus zusammensetzt.

Das Bild des Patchwork ist bei der Orientierung in unserer heutigen Gesellschaft ein hilfreicher Wegweiser. Wer sich mit Patchwork auskennt, weiß, dass ein Patchwork nicht einfach ein wild zusammengesetzter Flickenteppich ist, sondern, dass dahinter auch

Plan und Gestaltungswille stehen. Die Auswahl der Stoffe, Muster, Farben und Fäden ist ein schöpferischer kreativer Prozess.

Eine Patchwork-Identität ist also ein Ausdruck für die Fähigkeit zur Vielseitigkeit und Flexibilität von uns Menschen. Je fester die Verankerung des Selbst ist, desto stärker ist die Möglichkeit zur Vielschichtigkeit.

Eine feste Verankerung des Selbst, das Gefühl eines inneren Zusammenhalts, auch *Kohärenz* genannt, ist eine unabdingbare Voraussetzung für psychische und körperliche Gesundheit.[38] Menschen brauchen – ganz egal zu welcher gesellschaftlichen Wertorientierung sie gehören – auch in aller Veränderung Konstanten, wie zum Beispiel haltgebende Werte, aber auch ein Netz von Beziehungen, wiederkehrende Erfahrungen und Rituale.

Wenn ich mich in der Beziehung zu Gott weiß, der zu allen Zeiten derselbe ist und sich nicht verändert, dann gibt mir das Sicherheit und Konstanz.

Wenn ich meine Identität auf ihn gründe und meinen Wert an ihm festmache, hilft mir das im Patchwork des Lebens. Seine Werte und Gebote sind ein Leitfaden durch alle Milieus und Geschichtsepochen hindurch.

Zusammenfassend kann man sagen: Wir bewegen uns immer in verschiedenen Situationen und Subkulturen mit unterschiedlichen Verhaltensanforderungen. Wir sind gefordert, immer wieder neu zu prüfen, wie wir auf die jeweiligen Herausforderungen und Erwartungen reagieren. Das macht das Leben spannend und interessant.

Genauso gibt es immer wieder Situationen, in denen wir gegen den Strom des jeweiligen Milieus schwimmen müssen – nämlich dann, wenn die Verhaltenserwartungen gegen unsere inneren Überzeugungen stehen.

Auch im Patchwork unserer Gesellschaft gibt es einen Platz für mich. Ihn zu finden, ist heute durch die Vielschichtigkeit spannender und möglicherweise schwieriger geworden. Je besser ich mich selbst mit meinen Gaben und Stärken, Schwerpunktinteressen und

Grenzen kenne, desto besser kann ich den zu mir passenden Platz auch erkennen und gestalten.

Gott begleitet mich auf dieser Suche nach meinem Platz. Er weiß bereits, wo dieser sein wird.

Kenntnis der Familiengeschichte

Wer bin ich? Diese Frage beantwortet sich auch vor dem Hintergrund: Wo komme ich her? Wo sind meine Wurzeln? Was habe ich für eine Familiengeschichte?

Dieser Zusammenhang wird auch in der Bibel betont: In 5. Mose 32,7 heißt es: »Gedenke der vorigen Zeiten und hab acht auf die Jahre von Geschlecht zu Geschlecht. Frage deinen Vater, der wird dir's verkünden, deine Ältesten, die werden dir's sagen.«

Die Elterngeneration soll erzählen, Kinder sollen danach fragen. Sie haben ein Recht darauf zu wissen, was in vorigen Generationen geschehen ist. Eltern und Großeltern sollen erzählen, wie es früher war, mit Kindern Fotoalben ansehen, auch zu Gräbern gehen. Kinder sollen wissen, wer ihre Vorfahren waren, welche Berufe sie ausgeübt haben, welche gesellschaftliche Bedeutung sie hatten und welche nicht. Es ist für die Identitätsfindung von elementarer Bedeutung, auch über Familienerfolge wie Auszeichnungen und Ehrungen, Fähigkeiten und besondere Begabungen Bescheid zu wissen, genauso aber auch über Familiengeheimnisse: wie zum Beispiel Halbgeschwister, psychische oder körperliche Krankheiten von Vorfahren, Behinderungen, mysteriöse Todesfälle, schwere Unglücke, bis hin zu tabuisierten Themen wie Homosexualität, Selbstmorde, Inzest, Ehebruch, Verbrechen oder Gefängnisaufenthalte der Vorfahren.

Möglicherweise gibt es durch kulturell gemischte Ehen von Eltern oder Großeltern auch Zugänge zu verschiedenen Nationalitäten und Kulturen, was für das eigene Selbstbild eine Verunsicherung, ebenso aber auch eine große Bereicherung sein kann.

Wenn die Linien in die Vergangenheit durch Adoption, Pflegeaufenthalte, durch Zeugung aus Fremdsamen oder durch Leihmutterschaft unterbrochen wurden, ist es wichtig, soweit als möglich die Herkunft zu kennen, zu klären und wo irgend möglich Kontakt zu den bis dahin unbekannten Verwandten aufzunehmen.

Auch wenn solche Begegnungen meist nicht so erfreulich verlaufen, wie man sich das wünscht, ist es dennoch nötig, den Versuch zu wagen und sich Wissen über seine Wurzeln anzueignen.

Eine Hilfe dazu kann die Beschäftigung mit Tagebüchern oder Briefen der Vorfahren sein, das Anschauen von Fotoalben, der Kontakt zu Orten der Vergangenheit, Gespräche mit Menschen, die die Vorfahren gekannt haben – frühere Nachbarn, Lehrer, Freunde, Bekannte.

Wo dies nicht geht, kann man nur darum ringen und beten, dass Gott andere Zugänge zur Klärung und Versöhnung mit dem unbekannten Teil der eigenen Herkunft schenkt. Psalm 139,13 drückt es so aus: »Du ... hast mich gebildet im Mutterleibe.« Also auch dann, wenn wir unsere Vergangenheit nicht klären können, hat Gott unser Leben gewollt. Er kann uns innere Aussöhnung mit unserer Herkunft schenken.

Lebenswunden können es verhindern, dass wir unseren Platz im Leben finden. Verletzungen können blockieren, weil sie oft wie Schatten auf der Seele liegen, weil sie lähmen, blockieren oder wütend machen können.

Eins ist sicher: Gott möchte nicht, dass wir unsere Verletzungen ein Leben lang wie einen Klumpfuß hinter uns herziehen und dadurch nicht zur Entfaltung unseres Lebens kommen. Er möchte heilen, befreien und versöhnen.[39]

Und er kann und will aus den Verletzungen etwas wachsen lassen. So wie durch Stürme beschädigte Bäume im Sommer oder

Herbst oft besonders viele Früchte tragen, so kann auch eine Verletzung in der Kindheit im erwachsenen Leben reiche Frucht tragen.

Viele Menschen leben in schwierigen Beziehungskonstellationen, weil diese nicht aufgearbeitet sind. Um Verarbeitungs- und Entwicklungsprozesse in Gang zu bringen, kann unter anderem das *Familienstellen* hilfreich sein. Meistens wird dies in mehrtägigen Kursen angeboten. Daran können Personen teilnehmen, die ein Problem beleuchten möchten, das sie mit ihrer Familie oder in anderen Beziehungen haben. Dabei werden Konfliktträchtiges und Dinge, die nicht aufgearbeitet sind, dargestellt. Personen aus dem Kurs stellen sich als Stellvertreter zur Verfügung und übernehmen die Rolle derer, mit denen der Aufstellende ein Problem hat und etwas klären möchte. Meistens wird schon in der Aufstellung sichtbar, wo zu viel Nähe oder Distanz ist, wo Unbearbeitetes zwischen einzelnen Personen steht, wo die Blockaden oder Schwierigkeiten der Vergangenheit liegen, wo es besondere Verwicklungen und Unversöhnlichkeiten gibt. Die Positionen der Stellvertreter werden im Verlauf der Aufstellung so lange geändert, bis sich eine Lösung abzeichnet. Die dabei gewonnenen Einsichten ermöglichen im weiteren Leben neue Haltungen zu den entsprechenden Personen. Sie verhelfen dazu, sich mit dem Aufgedeckten vor Gott zu stellen und ihn um Heilung zu bitten.

Mit *Familienstellen* wurde allerdings auch schon viel Missbrauch getrieben. Darum sollte man sich – bevor man an einer Aufstellung teilnimmt – genau darüber informieren, auf welcher Basis der Aufstellungsleiter arbeitet. Es ist gut, dass es inzwischen viele christliche Therapeuten und Berater gibt, die auf klarer biblischer Basis und unter Gebet solche Aufstellungen vornehmen.[40] Das Buch von Erwin Scharrer »Heilung für die Seele – Familienstellen auf biblischer Basis«[41] leistet einen wichtigen Beitrag zur Klärung dieser Thematik.

Wer Heilung von Gott erfahren hat, egal auf welchem Weg, wird die Erfahrung machen, dass die so geheilten Stellen besonders tragfähig für das Leben werden können.

Geschwisterposition und ihre Auswirkung

Je nach Position in der Geschwisterreihe verhalten sich Menschen unterschiedlich, lernen von klein auf verschiedene Bewältigungsstrategien, gehen anders mit Konflikten und Herausforderungen um.[42] Sich selbst und die Familienangehörigen in ihrer jeweiligen Position zu sehen und besser zu verstehen, kann sehr erhellend und wegweisend sein.

Im Folgenden möchte ich ein paar Schlaglichter auf die jeweiligen Geschwisterpositionen werfen. Dabei ist mir bewusst, dass diese Thematik in der Verkürzung auch in Richtung Stigmatisierung oder Festlegung missverstanden werden kann.[43]

Klar ist, dass bei Verhaltensmustern und Lebenseinstellungen mehr mitspielt als nur die Geschwisterposition: Verteilung der Geschlechter in der Familie; Grundtemperamente; schwere Lebenseinschnitte wie Krankheit, Behinderung oder Tod; Abstände in der Geburtenfolge; Umgang der Eltern mit den Kindern. Liegen zum Beispiel mehr als fünf Jahre zwischen den einzelnen Geschwistern, sollte das danach Geborene wieder wie ein erstes oder Einzelkind gesehen werden. Wer in Patchworkfamilien aufgewachsen ist, kann mit der nachfolgenden Beschreibung meistens nicht viel anfangen, weil sich die Geschwisterposition mit der Verflechtung von zwei Familien meist verschiebt.

Trotz der Gefahr von Missverständnissen möchte ich die jeweilige Geschwisterposition in ihrer Besonderheit beschreiben, denn auch das Wissen um die spezifischen Muster kann eine Hilfe sein, sich selbst oder andere besser zu verstehen und damit seinen Platz im Leben leichter zu finden.

103

Das erste Kind ist das erste. Mit diesem banalen Satz will ich die Grundthematik des ersten Kindes verdeutlichen. Es geht voran, es war zuerst da und es will und muss vorne sein. Es wurde und wird viel von ihm erwartet. Damit liegen meistens ein gewisser Druck und ein Hang zur Perfektion auf ihm.

Hohe Erwartungen ziehen Schuldgefühle und Minderwertigkeitskomplexe nach sich. In aller Regel sind Erstgeborene leistungsorientiert und diszipliniert. Sie setzen sich ein und übernehmen Verantwortung. Sie sind Wegbereiter und haben den Überblick. So haben sie es von klein auf gelernt. Also sind sie auch als Erwachsene häufig Initiatoren von Projekten und Leiter von Gruppen. Sie sehen, was verbessert werden kann. Erstgeborene finden sich häufig in Berufen, in denen Verantwortung übernommen werden muss oder etwas zur Verbesserung der Welt beigetragen werden kann. So finden sich unter den Ärzten auffallend viele Erstgeborene.

Erstgeborene stellen viele Fragen. Sie sind gewissenhaft und zuverlässig, neigen aber auch zur Pedanterie und zur Besserwisserei. Mit ihrem Perfektionismus machen sie es aber sich selbst und anderen oft auch schwer. Sie gelten nach wissenschaftlichen Forschungen[44] eher als konservativ, als die Bewahrer des Bisherigen. Deswegen finden wir auch unter Juristen häufig erstgeborene Kinder.

Ihren Platz im Leben sehen Erstgeborene sozusagen *vorne*, an erster Stelle.

Einzelkinder

Einzelkinder ähneln in vielem den ersten Kindern. Sie leiden oft unter dem Gefühl, »nicht gut genug« zu sein, stehen immer unter Rechtfertigungs- und Beweiszwang. Weil sie in der Kindheit meistens nur Erwachsene um sich hatten, waren sie schon als Kinder *kleine Erwachsene*. Wenn keine Freunde oder Verwandte in unmittelbarer Nähe lebten, waren Vater und Mutter die einzigen Bezugspersonen. Damit beschränkte sich das emotionale Gefüge von Anfang an auf zwei Bezugspersonen.

Einzelkinder kommen gut mit Menschen zurecht, die entweder wesentlich älter oder wesentlich jünger als sie selbst sind. Denn das sind die vertrauten Kindheitsmuster. Als Erwachsene sind sie oft allein, meistens können sie dem auch etwas Gutes abgewinnen. Die Schlüsselfrage jedes Einzelkindes lautet allerdings: »Warum bin ich eigentlich allein?« Dafür kann es unterschiedliche Gründe geben: Entweder konnten oder wollten die Eltern kein zweites Kind haben. Je nachdem wie die Antwort lautet, wird die emotionale Situation für das Kind und den späteren Erwachsenen sehr unterschiedlich sein.

Wenn sie kein anderes Kind haben konnten, aber gerne gehabt hätten, wird das erste mit besonderer Zuwendung überschüttet. Es fühlte sich schon als Kind *als Mittelpunkt des Universums*. Dieses Gefühl kennen die ersten Kinder auch – bis zur Geburt des zweiten. Alle Liebe galt allein ihnen.

Wenn die Eltern kein weiteres Kind wollten, dann liegt der Grund entweder darin, dass schon das erste Kind ungewollt oder ungeplant war. Oder die Eltern wollten weitere Kinder, merkten dann aber nach der Geburt des ersten Kindes, wie anstrengend es ist, Kinder großzuziehen. Dadurch bekam dieses Kind immer latent zu spüren: »Mehr Arbeit mit Kindern wollen wir nicht.« Oder: »Du bist lästig …«

Ihren Platz im Leben finden Einzelkinder *allein*.

Zweite Kinder sind freiheitsliebende Kämpfer. Es gibt immer schon ein Geschwisterkind, das ihnen voraus ist. Dieses ist ihr Tempomacher und Vorangeher.

Zweite versuchen, den oder die Ältere einzuholen oder sogar zu übertreffen. Darum sind sie auch in der Gefahr, sich bis zur Erschöpfung zu verausgaben.

Sie leben häufig mit dem Lebensmuster des *Rebellen*. Sie ordnen sich nicht gerne Geboten oder Gesetzen unter. Hinweisen wie Verkehrsschildern, Ampeln, aber auch Autoritätspersonen wird ohne schlechtes Gewissen widersprochen.

Eine typische Geschichte dazu wird in Lukas 15,11ff erzählt. Die berühmte Erzählung über den *verlorenen Sohn*, der dann wieder zurückkehrt, ist eine sehr gute Beschreibung einer solchen Geschwisterkonstellation. Der zweite Sohn begehrt auf, verlässt die Familientradition, sucht in der Freiheit sein Glück und bricht alle Regeln. Der erste bleibt brav zu Hause und setzt die Tradition fort. Als der zweite dann zurückkommt und vom Vater wieder aufgenommen wird, hat er ein Problem damit: »Er hat das ganze Erbe verschleudert und jetzt darf er wieder heimkommen. Das geht doch nicht!«

Meistens entwickeln sich erste und zweite Kinder völlig gegensätzlich. Wo einer stark ist, wird es für den anderen schwer, genauso stark zu sein. Deswegen entdeckt das zweite Kind eine andere Nische, in der es sich entfalten kann. Wenn das Zweite den Wettkampf aufgibt und sich in die Position des Zweiten begibt, entwickelt es sich entweder zu einem unbeschwerten und ruhigen oder zu einem entmutigten Menschen.

Zweitgeborene entwickeln verschiedene Methoden der Anpassung: Sie können sehr listig und trickreich sein, erreichen auf Umwegen genau das, was sie wollen. Dies sieht man zum Beispiel bei Jakob, der seinen Bruder Esau um den Segen des Erstgeburtsrechts betrügt – in der berühmten Geschichte mit dem Linsengericht (1. Mose 27).

Zweitgeborene sind meistens gute Vermittler. Vor allem bei größeren Geschwistergruppen übernehmen sie häufig die Rolle des Mediators. Das zahlt sich im Erwachsenenleben aus. Sie sind Menschen, die unvereinbare Positionen sehr gut zusammenführen können und einen angenehmen indirekten Führungsstil praktizieren.

Zweitgeborene gehen gelassener und mit weniger Ängsten ins Leben. Das liegt auch daran, dass die Eltern im Umgang mit dem zweiten Kind mehr Sicherheit ausstrahlen.

Rein rechnerisch haben die Eltern auch weniger Zeit für das Zweite. Darum ist dieses Kind sich häufiger selbst überlassen und kann darum selbst das Tempo seiner Entwicklung bestimmen.

Das zweite Kind findet seinen Platz *in Konkurrenz.*

Das dritte Kind

Dritte Kinder brauchen oft lange, bis sie ihren Platz im Leben gefunden haben. Wenn ein drittes Kind zur Welt kommt, sind schon zwei andere Geschwister da. Der *Platz* bei Vater und Mutter ist besetzt oder belegt. So fragt sich das Dritte intuitiv: »Wo ist hier mein Platz?« Die ersten beiden Kinder haben oft schon eine feste Spielbeziehung zueinander, das dritte kann dort nur schwer eindringen. Deswegen hat ein Drittes oft das Gefühl, nicht dazuzugehören. Auch wenn es mitspielen darf, ist es immer das Kleine. So wird es oft in eine Situation gedrängt, mit allem alleine fertigwerden zu müssen, allein zurechtkommen zu müssen.

Darum suchen sich dritte Kinder häufig außerhalb der Familie ihren Platz. Sie sind oft schon in sehr frühem Alter *unterwegs* in anderen Beziehungen. Sie verschwinden manchmal unbemerkt oder weichen innerlich in eine Traumwelt aus. So entwickeln sie sich gelegentlich zum Außenseiter.

Beim dritten Kind sind die Eltern noch gelassener als beim zweiten, das Erziehen läuft nebenher. Die Eltern machen sich weniger, oft auch zu wenig Gedanken um die Dritten. Gerade darin liegt auch eine Gefahr. Das dritte Kind kann auch *übersehen* werden. Es kann sein, dass Eltern es nicht oder erst spät merken, wenn das Dritte Schwierigkeiten hat.

Entweder zieht sich das dritte Kind in sich selbst zurück und errichtet sich eine eigene starke Fantasie-Innenwelt. Mit Tagträumen kann es hervorragend aus dem Alltag aussteigen.

Dritte haben meistens eine stark ausgeprägte Sensibilität. Sie erspüren die Nöte anderer intuitiv. Sie werden manchmal sehr engagierte *Kümmerer*. Deswegen findet man Dritte häufig in sozialen und diakonischen Berufen. Sie haben meistens auch eine sehr direkte Art und Weise, Probleme anzugehen und zu thematisieren.

Dritte Kinder sind in der Regel nicht so gewissenhaft wie erste oder auch zweite. So sind sie auch nicht immer so zuverlässig, manchmal nachlässig oder schlampig, bis hin zu kreativ chaotisch. Sie nehmen das Leben oft von der lockeren Seite.

Die Dritten schlagen oft einen ganz anderen Weg ein als die beiden ersten Geschwister. Oft gehen sie einen Sonderweg, nehmen eine andere schulische oder berufliche Entwicklung als in der Familie üblich.

Häufig werden Dritte zu Künstlern, Musikern, Schauspielern, Malern, Clowns oder Performern.

Dritte Kinder finden ihren Platz im Leben *woanders*.

Das jüngste Kind

Jüngste Kinder in größeren Geschwistergruppen müssen sich ihren Platz oft heftig erkämpfen. Wenn sie auf die Welt kommen, finden sie schon eine ganze Menge anderer Menschen vor, die mit in ihr Lebensgefüge gehören.

Manchmal müssen sie sich deswegen energisch nach vorne drängeln, um überhaupt gehört und gesehen zu werden. Ihre Versuche, die anderen Kinder zu übertrumpfen, sind oft erstaunlich erfolgreich.

Mit einer Reihe von Tricks, wie zum Beispiel Tratschen und Verbreiten von Familiengeheimnissen, versuchen sie sich einen Platz zu erkämpfen. Sie schmeicheln sich durch Petzen bei den Eltern ein und versuchen so, Aufmerksamkeit zu bekommen. Von Joseph, der lange als elftes und jüngstes Kind lebte, wird in der Bibel berichtet, dass er sich genau auf diese Weise bei seinem Vater einschmeichelte: indem er ihm zutrug, was über ihn geredet wurde (1. Mose 37,2). Durch dieses Verhalten zog er den Zorn seiner Brüder auf sich.

Dieses Muster der *Nachrichtenübermittlung* schlägt sich im Erwachsenenalter häufig dahin gehend nieder, dass jüngste Kinder in die beobachtende oder schreibende Branche gehen. Häufig werden sie Reporter, Fotografen, Journalisten, Schriftsteller oder Kameramänner, schreiben Familienchroniken und Autobiografien.

Jüngste können sehr fröhlich, ausgelassen und entschlossen sein. Da sie überall bereits gebahnte Wege vorfinden, entziehen sie sich auch häufig der Verantwortung und lassen andere für sie arbeiten. Sie dürfen länger Kind bleiben. Auch sprachlich behalten sie ihre Kindersprache oft länger bei als es nötig wäre.

Jüngste werden oft verwöhnt, sowohl von Eltern als auch von Geschwistern. Deswegen behalten sie als Erwachsene oft kindliche Reaktionen bei, mit denen sie versuchen, ihre Welt zu beherrschen: schweigen, schmollen, schlechte Laune und Wutanfälle. Deswegen haben Jüngste beim Erwachsenwerden oft ein Problem damit, selbst Verantwortung für ihr Leben zu übernehmen. Wenn sie erwachsen sind, regelt sich eben nicht mehr alles von allein, sondern sie müssen sich selbst darum kümmern.

Jüngste Kinder können aber auch stark unterdrückt werden und entwickeln dann oft als Erwachsene einen zurückgezogenen Lebensstil. Die Verletzungen der Kindheit können sie ein Leben lang belasten.

Meistens aber haben jüngste Kinder auch als Erwachsene sehr viele Freunde. Dies entwickelt sich aus der Erfahrung heraus, schon immer viel Menschen um sich herum gehabt zu haben. Sie haben früh gelernt, mit unterschiedlichsten Menschen umzugehen und Beziehungen zu gestalten.

Jüngste Kinder finden ihren Platz *mittendrin*.

Schlussbemerkung

In großen Familien gilt die Regel, dass sich nach dem dritten Kind die Reihe wiederholt. Ein viertes hat ähnliche Muster wie ein erstes, ein fünftes wie ein zweites und ein sechstes wie ein drittes und so weiter. Je größer allerdings der Altersunterschied in der Geschwisterreihe zwischen den einzelnen Kindern ist, desto weniger gelten diese Einteilungen. Bei Zwillingen setzt der zuerst geborene Zwilling die Reihe fort.

Wenn Jüngste zugleich auch Zweite oder Dritte sind, vermischen sich die Verhaltensmuster miteinander.

Um den eigenen Platz im Leben zu finden und um mit anderen Menschen besser zurechtzukommen, kann es sehr hilfreich sein, die eigenen Lebenseinstellungen, Entscheidungsfindungsprozesse und Angewohnheiten unter dem Aspekt der Geschwisterposition zu beleuchten. Manches erklärt sich dadurch. Wir sind dann vielleicht seltener in Gefahr, das Verhalten unserer Mitmenschen zu kritisieren oder auch zu missdeuten und verstehen auch uns selbst möglicherweise besser.

Alle Einsichten diesbezüglich sind aber immer unter Vorbehalt zu sehen, weil sie nur *einen* Aspekt unseres Gewordenseins abbilden.

Sie dürfen auch nicht als Festschreibung verstanden werden, denn Menschen können sich verändern und entwickeln.

Meinen Platz im Leben finde ich,
wenn ich mich mit meiner
Vergangenheit aussöhnen kann.

Mein Umgang mit Besitz und Geld

Eine wichtige Stütze der Identität sind materielle Sicherheiten, Einkommen, Geld, Lebensbedarf, Besitz, Wohnung oder Haus.

Mit manchen Gegenständen ist eine *Erinnerung* verbunden: Wir haben sie gekauft, selbst hergestellt, geerbt oder geschenkt bekommen. Zum Beispiel kann ein Bild materiell wertlos sein, aber weil es ein Kind für uns gemalt hat, ist es für uns kostbar. Andere Dinge drücken unsere Verbundenheit mit einer Gruppe oder Gemeinschaft aus. Dann ist Besitz ein Symbol für Zugehörigkeit: Ein Kreuz oder ein Bibelspruch an der Wand machen die Verbindung zum Glauben sichtbar. Ein Erbstück oder Fotos machen die Zugehörigkeit zu einer Familie sichtbar.

Es gibt auch Besitz, der mit unserer *Lebensleistung* verbunden ist: ein Haus, das wir gebaut haben; eine Firma, die wir gegründet haben; ein Buch, das wir geschrieben haben; eine Kunstsammlung, die wir zusammengestellt haben; ein Möbelstück, das wir geschreinert haben. Das sind Dinge, an denen wir uns freuen und für die wir dankbar sein können. Sie können aber auch die Gefahr in sich bergen, dass wir sie in falscher Weise benützen, um unser Image aufzubessern oder uns über andere zu erheben.

Besitz kann auch ein *Statussymbol* sein. Geld, Aktien oder Kleidung können dazu dienen, bewundert oder beneidet zu werden. Die Werbung einer Bank lockte mit dem Slogan: »Mein Haus, mein Auto, mein Boot!« Sobald ich meinen Wert von diesen Dingen abhängig mache, gerate ich in die Gefahr, meine Identität auf falsche Sicherheiten zu gründen. Wenn ich Besitz dazu benütze, um andere Menschen damit zu beschämen oder neidisch zu machen, entwürdige ich mich selbst. Dann bin ich in Stolz gefangen.

Besitz kann jedoch auch Ausdruck von *Geiz* sein. Die Comicfigur Dagobert Duck ist ein Musterbeispiel für einen Menschen, der sein Glück im Besitzen und Haben sucht und doch nie genug hat. Vor dieser Gefahr warnt die Bibel ausdrücklich.

Wie eng unser Selbstwertgefühl mit Besitz verwoben ist, wird dann sichtbar, wenn wir bei dessen Verlust in eine Identitätskrise geraten: durch Einbruch oder Diebstahl, durch Katastrophen oder Kriegswirren.

Ich erinnere mich noch an einen Ausspruch einer Freundin, in deren Haus es gebrannt hatte: »All die Gegenstände, an denen Erinnerungen hingen, waren vernichtet. Fotoalben mit den Bildern unserer Kinder waren zerstört. Ich fühlte mich fast wie halbiert.«

Immer wieder kommt es vor, dass Geschäftsleute durch finanzielle Probleme ihre Firma aufgeben müssen und in eine tiefe Krise geraten. Manche haben sich aufgrund dessen das Leben genommen. Ein wichtiger Teil ihrer selbst war ihnen genommen worden, eine wichtige Stütze ihrer Identität fehlte. Sie wussten nicht mehr, wer sie waren, wo ihr Platz im Leben war.

Bei Einbruch oder Diebstahl verletzt nicht nur der Verlust von Gegenständen, sondern auch die damit verbundene Grenzverletzung. Jemand betritt unrechtmäßig Räume, die mir gehören, die Teil meines Lebens und Ausdruck meiner selbst sind.

Bei einer Scheidung, bei einem Umzug in ein Seniorenheim, bei einer Auswanderung oder bei finanziellen Schwierigkeiten ist der Umgang mit dem Besitz des Menschen immer ein heikles Thema. In solchen Einschnitten muss man sich oft gegen den eigenen Willen von lieb gewordenen Dingen trennen.

Der unfreiwillige Verlust von Dingen, an denen unser Herz hängt, zieht meist einen längeren Verarbeitungsprozess nach sich – ähnlich wie beim Tod eines geliebten Menschen: Verleugnung, Zorn, Trauer, dann irgendwann Akzeptanz oder die negative Variante: das dauerhafte Verweigern dieser neuen Lebenssituation mit Resignation und Verbitterung.[45]

Doch ebenso kann fehlende materielle Sicherheit belasten. Der

Verlust des Berufes und dadurch des Einkommens beschädigt die Identität. Nicht mehr selbst für sich sorgen zu können, auf Hilfe angewiesen zu sein, sich finanziell einschränken zu müssen, den Lebensstandard nicht halten zu können, empfinden Menschen als würdelos.

Manche Frauen sind finanziell vom Ehepartner abhängig und fühlen sich dann gedemütigt, wenn sie nicht selbst frei über Ausgaben für Haushalt, Kleidung, Kosmetik und Freizeitbeschäftigungen entscheiden dürfen.

Der Umgang mit Geld ist auch Spiegel unseres Lebensstils: Wer mehr ausgibt als er einnimmt, geht auch mit anderen Ressourcen des Lebens verschwenderisch um: mit Zeit, Arbeitskraft und Gesundheit. Und umgekehrt: Wer mit Geld geizt, ist oft auch in anderen Bereichen knauserig.

Die Bibel wirft einen sehr nüchternen Blick auf Besitz und Geld. In den Zehn Geboten (2. Mose 20,1-17) wird deutlich, dass Eigentum schützenswert ist. Darum heißt es dort: »Du sollst nicht stehlen.« Und auch: »Du sollst nicht begehren …«, also Hab und Gut des Nächsten nicht für dich haben wollen.

Durch die biblischen Aussagen wird einerseits deutlich, dass Besitz zu den Rahmenbedingungen des Lebens gehört, aber andererseits nicht Lebensinhalt werden soll.

Wir sollen weise damit umgehen. Jesus sagt: »Macht euch Freunde mit dem ungerechten Mammon …« (Lukas 16,9). Also: Setzt euer Geld für eine gute Sache ein. Gewinnt damit Freunde für das Reich Gottes. Er sagt aber auch: »Geben ist seliger als Nehmen« (Apostelgeschichte 20,35). Wer lernt mit anderen zu teilen und gerne gibt, erlebt das Leben in einer viel tieferen Dimension und ist weniger in der Gefahr, sein Herz an Besitz und Reichtum zu hängen.

Deswegen sagt Jesus sehr deutlich: »Ihr könnt nicht Gott dienen und dem Mammon« (Lukas 16,13). Ob ich mein Vertrauen in Geld oder Gott setze, ist ein himmelweiter Unterschied.

Wohin es führt, wenn das Herz am Geld hängt, sieht man an Judas, dem Schatzmeister der Jünger Jesu. Er thematisierte das Geld immer wieder. Er regte sich über eine Frau auf, die fast ein Jahresgehalt ausgab, um Jesus die Füße mit Öl zu salben und damit ihre Liebe und Hingabe sichtbar zu machen. Er nahm unrechtmäßig Geld an sich (Johannes 12,6) und er war bereit, Jesus für Geld zu verraten. Als er dann sah, dass dies zum Tod von Jesus führen würde, wollte er den Handel rückgängig machen. Weil dies nicht gelang, nahm er sich aus Verzweiflung das Leben. Er hatte auf falsche Ziele gesetzt.

Nicht das Geld wird in der Bibel schlechtgemacht, sondern der falsche Umgang damit, die Geldgier. Paulus sagt in 1. Timotheus 6,10: »... Geldgier ist eine Wurzel alles Übels.«

Es wäre falsch, das Geld nur als Götzen zu brandmarken, das würde den Gesamtaussagen der Bibel nicht gerecht. Auch Jesus und seine Jünger hatten Geld. In der Jüngerkasse waren bei der Speisung der 5 000 zweihundert Silbergroschen (Johannes 6,7). Damit hätte die Jüngergruppe ihren Bedarf an Essen für circa zehn Tage oder für 200 Personen an einem Tag decken können. Das bedeutet, dass Jesus sich mit seinen Jüngern nicht außerhalb der gesellschaftlichen Rahmenbedingungen bewegt hat, anderen nicht ständig auf der Tasche gelegen hat.

Abraham kaufte sich ein Stück Land, um Sara zu begraben. Er erwarb die Höhle Machpela. Der Besitzer wollte Abraham die Höhle und den angrenzenden Acker zunächst schenken, doch Abraham ging nicht darauf ein. Er wollte klare Verhältnisse und erwarb das Grundstück für die beträchtliche Summe von 400 Lot Silber.

Ein Spruch fasst es vielleicht gut zusammen: »Geld ist ein guter Diener, aber ein schlechter Herr« (Klaus Dieter Trayser). Damit wird deutlich: Wir sollen transparent mit Geld und Finanzen umgehen, sie müssen uns und der Sache dienen. Aber wir sollen uns nicht daran binden, weder unseren Wert noch unsere Sicherheit darauf aufbauen. Alles, was wir hier auf Erden haben, was zu uns gehört, ist uns von Gott geliehen. Es ist Geschenk aus seiner Hand und nicht unser eigener Verdienst oder Stolz.

Im Gleichnis vom reichen Kornbauern erzählt Jesus davon, wie narrenhaft es ist, zu meinen, im Anhäufen von Dingen seine Lebenserfüllung zu finden. »… niemand lebt davon, dass er viele Güter hat«, sagt Jesus in Lukas 12,15.

Wir sehen bei Menschen, die viel haben und viel besitzen, dass sie davon nicht glücklich werden. John David Rockefeller sagte einmal: »Ich habe viele Millionen verdient, aber das Glück haben sie mir nicht gebracht.« Wenn wir unseren Wert von Besitz oder den vergänglichen Dingen abhängig machen, setzen wir auf falsche Sicherheiten.

Darum sagt Jesus in der Bergpredigt: »Ihr sollt euch nicht Schätze sammeln auf Erden, wo sie die Motten und der Rost fressen und wo die Diebe einbrechen und stehlen. Sammelt euch aber Schätze im Himmel, wo sie weder Motten noch Rost fressen und wo die Diebe nicht einbrechen und stehlen. Denn wo dein Schatz ist, da ist auch dein Herz« (Matthäus 6,19-21).

Wir sollen unser Herz nicht hängen an das von Gott geliehene Gut. Wir dürfen dafür dankbar sein, wir dürfen uns darüber freuen, es mit anderen teilen, aber uns nicht daran binden. Unser Besitz, all unser Hab und Gut ist dazu da, um damit Gott zu ehren und anderen Menschen zu dienen.

Meinen Platz im Leben finde ich,
wenn ich Geld und Besitz als
Geschenk Gottes sehen kann.

Aufgaben, Begabungen, Beruf und Berufung

Aufgaben sind eine wichtige Stütze unserer Identität. In den Vorarbeiten zu diesem Buch habe ich immer wieder Menschen nach ihrem Platz im Leben befragt. Die meisten Antworten bezogen sich auf den Themenkreis Aufgaben, Beruf oder ehrenamtliches Engagement. Das ist ja auch verständlich, denn jeder Mensch sehnt sich danach, sich in Aufgaben zu entfalten und darin *Selbstwirksamkeit* und Sinn zu erfahren. In Aufgaben können wir uns mit unseren Fähigkeiten einbringen und gewinnen dabei Selbstvertrauen und Selbstsicherheit. »Der Mensch verwirklicht sich selbst im Dienst an einer Sache, in der Hingabe an eine Aufgabe oder in der Liebe zu einer anderen Person.«[46] Wer sinnvolle Aufgaben hat, erlebt häufig das Gefühl, seinen Platz im Leben gefunden zu haben.

Doch umgekehrt gilt: Ohne Aufgabe fehlt der Sinn im Leben.

Deswegen gibt Gott bereits in der Schöpfungsgeschichte Betätigungsfelder, in denen die Talente der Menschen in Anspruch genommen werden und sie ihr Potenzial entfalten können (1. Mose 1,28).

»Der Seele Heimat ist der Sinn«, sagte Viktor Frankl, Neurologe, Psychiater und überzeugter Christ. Er entwickelte die Logotherapie (Sinntherapie). *Logos* kommt aus dem Griechischen und kann mit *Wort* oder *Sinn* übersetzt werden. Frankl stellte fest, dass viele Probleme und Konflikte von Menschen sich auflösen oder verbessern, wenn diese den Sinn ihres Lebens, ihre Berufung und die damit verbundenen Aufgaben entdecken.

Folgendes Zitat von ihm verdeutlicht dies: »Ein Flugzeug hört selbstverständlich nicht auf, eines zu sein, auch wenn es sich nur auf dem Boden bewegt; es kann, es muss sich immer wieder auf dem Boden bewegen! Aber dass es ein Flugzeug ist, beweist es erst, sobald es sich in die Lüfte bewegt.«[47] Er zieht im Folgenden dann eine Parallele: Der Mensch entfaltet sich dann, wenn er zu seiner

Bestimmung findet. Dann kann er sich in seinem eigentlichen Element bewegen.

Eine Identitätskrise entsteht oft dann, wenn aufgrund von Krankheit, Stellenwechsel, Ortswechsel, Ruhestand oder Kündigung Aufgaben verloren gehen. Denn Aufgaben geben Struktur und Inhalt und verhelfen auch zu Glückserfahrungen.

Nach dem Glücksforscher Mihaly Csikszentmihalyi erfahren Menschen dann Glück, wenn sie Betätigungsfelder haben, in die sie sich hineingeben und investieren können. Jeder Mensch braucht Tätigkeiten, die auch etwas von ihm fordern und ihn fast an seine Grenzen bringen.

Dann können Menschen Momente erleben, in denen Fühlen, Wollen und Denken sich miteinander im Einklang befinden. Solche Momente werden auch *Flow-Erlebnisse* genannt, Momente des Fließens, des mühelosen Handelns.

Das Kennzeichen von solchen Flow-Momenten ist: völlige Konzentration, keine Ablenkung, die Erfahrung des Gelingens, ein Hochgefühl und Dankbarkeit.[48] Das Zeitgefühl kann in Flow-Momenten vom normalen Empfinden abweichen: Stunden scheinen in Minuten zu vergehen und umgekehrt. Es kann sein, dass Minuten so erfüllt sind, dass sie wie Stunden voller Glück erscheinen. Flow stellt sich ein, wenn sich eine Person klaren Zielen gegenübersieht, die sie angemessen bewältigen kann – bei der sie sich aber anstrengen und voll einsetzen muss, um diese zu erreichen. Flow fällt uns also nicht einfach nur so in den Schoß.

In dem Märchen von Frau Holle wird der Zusammenhang von herausfordernden Aufgaben und der Erfahrung von Glück dargestellt. Die spätere Glücksmarie hatte äußerlich kein schönes Leben, sie wurde unterdrückt und bis an die Grenze menschlicher Würde gedemütigt. Bei Frau Holle brachte sie sich ganz ein, mit ihren Ideen, aller Kraft und Zeit. Sie musste hart arbeiten, aber am Ende war sie glücklich – sie erlebte in der Hingabe an ihre Aufgaben *Flow* (Erfüllung). Dies kam auch in dem Schlussgeschenk von Frau Holle zum Ausdruck, denn sie wurde mit Gold – dem Sinnbild für Glück – überschüttet. Die spätere Pechmarie dagegen war eine verwöhnte Tochter: Sie wurde immer mit allem Nötigen versorgt, musste nie arbeiten. Darum verweigerte sie bei Frau Holle auch die Arbeit. Am Ende war sie unglücklich und wurde darum mit Pech – Zeichen des Unglücks – überschüttet.

Erfüllende Aufgaben sind eine Stütze unserer Identität.

Gott will uns solche Erfahrungen schenken. Er will unser Leben entfalten und gestalten, er will nicht, dass wir das Gefühl von Sinnlosigkeit oder *Vergeblichkeit* haben, sondern dass wir erfahren, dass unser Leben einen Sinn, ein Ziel und einen Zweck hat.

Begabungen

Das Spannende in jedem Leben zeigt sich darin, wie wir ausgehend von Begabungen und Fähigkeiten unseren Platz im Leben finden können: Ob das nun in einem Beruf ist, in einer ehrenamtlichen Tätigkeit oder in der Berufung zum vollzeitlichen Dienst als Mutter und Familienfrau.

Es ist ein großes Glück, wenn die Lebensentwürfe, berufliche oder ehrenamtliche Aufgaben zu den Gaben passen und diese sich darin entfalten können. Denn das gelingt nicht immer. Manchmal auch deshalb, weil manche Menschen nicht um ihre Stärken und Gaben wissen.

Einige Fragen, die uns dabei helfen können, unsere Begabungen zu entdecken:
- Wofür kann ich mich begeistern?
- Wofür bin ich *Feuer und Flamme*?
- Wo sind besondere Interessen und Vorlieben? Wo liegen meine Stärken?
- Wo oder wann geht es mir gut?

- Wo legt Gott eine Sehnsucht nach Veränderung und Entfaltung in mein Herz?
- An welchen Stellen werde ich unruhig und kann mich mit Bestehendem nicht (mehr) zufriedengeben?
- Welche Menschen liegen mir besonders am Herzen und warum?
- Welche Bilder oder Worte gibt Gott mir immer wieder?
- Was kann ich besonders gut?
- Was interessiert mich in besonderer Weise?
- Wofür möchte ich mein Leben einsetzen?
- Welche Bibelstellen oder geistliche Themen ziehen sich wie ein roter Faden durch mein Leben?

Bei manchen Menschen merkt man schon früh, wo ihre besonderen Stärken und Fähigkeiten liegen. Manche Kinder zeigen sehr bald eine Sensibilität für Musik oder Kunst, andere ein herausragendes technisches Verständnis. Manche haben eine hohe Sprachbegabung, andere wiederum eine starke praktische Veranlagung. Diese Gaben sind sozusagen die *Rahmenbedingungen*, in denen wir unsere Aufgaben entdecken und uns entfalten sollen.

Menschen mit ausgesprochener Kreativität und Hang zum Chaotischen sollten vielleicht nicht unbedingt die Verantwortung für die Finanzen übernehmen.

Sehr strukturierte und penibel veranlagte Menschen sind dagegen überfordert, wenn sie an einer Stelle arbeiten müssen, wo permanent Improvisationstalent und Flexibilität gefragt sind.

Je mehr wir das Leben von unseren Stärken her gestalten, desto weniger sind wir in der Gefahr, auf unsere Schwächen zu starren, denn das lähmt und macht auf Dauer unzufrieden. Wer ständig von den Schwächen her denkt, wird mutlos, wer aber von seinen Kompetenzen her lebt, gewinnt Vertrauen in die eigenen Fähigkeiten und Gaben, erfährt innere Sicherheit, wird sich seines Wertes und seines Auftrages bewusst. Von der inneren Wertigkeit her kann man die Schwachstellen seines Lebens besser angehen, als wenn man sich dauernd im sumpfigen Gebiet der Minderwertigkeitsgefühle bewegt.

Erfüllender Beruf

Früher war der Platz im Leben meist stärker mit dem Beruf verbunden als heute. Menschen jobbten nicht nur, um Geld zu verdienen. Sie arbeiteten nicht nur *als*, sondern *waren* Bäcker, Bauern oder Lehrer. Dies waren sie in der Regel von der Lehre bis zum Ruhestand oder Tod. Ihr Beruf bestimmte ihr Ansehen, ihre Identität, ihren *Stand* in der Gesellschaft. Er gab ihnen Sinn und dem Leben Struktur. Auch heute noch gibt es Berufe, die das Leben ganzheitlich prägen, zum Beispiel selbstständige Handwerker, freischaffende Architekten oder Künstler, Geschäftsleute, Ärzte, Landwirte, Bürgermeister oder Pfarrer. Oft sind bei Menschen solcher Berufe Arbeit und Freizeit kaum voneinander zu trennen. Dies wird aber nicht als Nachteil empfunden – ganz im Gegenteil. Viele Berufstätige gehen in ihrer Arbeit auf, empfinden sie als wichtig und sinnstiftend. Sie sind darin glücklich. Sie werden auf die Frage, wo ihr Platz im Leben ist, zuerst an ihren Beruf denken, den sie als ihre *Berufung* erleben. Hier finden sie ihre Identität. Sie haben Freude an ihrer Arbeit.

Aber gerade darum fürchten sich viele vor einer drohenden Leere im Ruhestand. Manchmal können Selbstständige die Leitung ihres Handwerksbetriebs nur ungern und dann zu spät an die nächste Generation abgeben. Die Frage, wo nach dem Berufsleben der Platz im Leben zu finden ist, kann einen umtreiben. Nicht nur die Seele, sondern auch die körperliche Gesundheit kann darunter leiden.

Viele, die ganz in ihrem Beruf aufgehen, erleben die Konkurrenz zwischen Beruf, Familie, Gemeinde und Freizeit als Spannungsfeld und Belastung. Ich höre immer wieder von Ruheständlern: »Ich hätte mir für meine Ehe und meine Kinder mehr Zeit nehmen sollen.«

In diesem Spannungsfeld finden sich zurzeit besonders viele (junge) Frauen wieder. Sie haben eine hoch qualifizierte Ausbildung und wollen ihre Gaben auch in einem Beruf entfalten. Sie wollen ihren Platz verantwortlich in der Gesellschaft ausfüllen. Sie freuen sich daran, ihre Kompetenz einbringen zu können und an den Herausforderungen zu wachsen. Manche Frauen spüren dann genau, dass – obwohl sie sich Kinder wünschen – in ihrem Lebensentwurf dafür fast kein Raum mehr bleibt.

Unter diesen Umständen seinen Platz zu finden, ist nicht immer einfach. Es kann hilfreich sein, gerade dann verstärkt nach dem Willen Gottes zu fragen. In der Zerrissenheit des Lebens brauchen wir Kraftquellen, aus denen wir schöpfen können und an denen sich Fragen klären und beantworten.

- Welche Werte sind in meinem Leben wirklich wichtig?
- Welche Prioritäten setze ich ganz bewusst?
- Welches finanzielle Maß ist wirklich notwendig? Ab wann geht es nur noch um die Anschaffung von Luxusgütern?
- Geht es mir vor allem um meine Ehre oder darum, dass Gott durch mich geehrt wird?

Viele Frauen und Männer stehen heute vor der wichtigen Herausforderung, immer wieder auf die Balance zwischen Beruf, Ehe, Familie und Gemeinde zu achten. Mich hat es beeindruckt, was ein Mitarbeiter in einer Kirchengemeinde erzählte.

Fabian bekam in seiner Firma, in der er gern arbeitet, das Angebot einer verantwortlichen und besser bezahlten Stelle. Er lehnte ab, weil ihm diese neue Aufgabe kaum mehr Zeit für anderes gelassen hätte – vor allem nicht für Familie und Gemeinde.

Dies kann nicht als generelles Entscheidungsmuster gelten. Wir brauchen auch Menschen, die eine größere Verantwortung in der Wirtschaft, in der Politik oder in anderen Bereichen übernehmen. Der Blick auf das genannte Spannungsfeld darf aber nicht verloren gehen. Es ist hilfreich und wünschenswert, dass Ehepartner, Angehörige und eine Kirchengemeinde diese Spannung mittragen und immer wieder konkret und praktisch helfen.

Beruf als Job

Viele Menschen leben heute nicht mehr ganzheitlich in ihrem Beruf. Sie arbeiten vor allem, um Geld zu verdienen und nicht, weil sie ihre Arbeit als grundsätzlich wichtig und sinnstiftend erleben. Sie können ihr Selbst kaum über den Beruf definieren. Wenn es woanders einen besser bezahlten Job gibt, werden sie ohne Probleme den Arbeitgeber wechseln. Stabile kulturelle Bezüge, gleichbleibende Lebensläufe und vorgegebene Lebensmuster sind längst nicht mehr selbstverständlich. War Arbeit früher noch viel mehr ein Teil der Identität, ist sie heute für viele ein lästiges Muss. Das merkt man auch daran, dass es von den Gewerkschaften als Sieg gefeiert wird, wenn eine Stunde weniger gearbeitet wird.

Es ist interessant, den Gegensatz zwischen sinnstiftendem Beruf und mühevoller Arbeit historisch zu betrachten. Bei den alten Römern galt in reichen Zeiten als glücklich, wer keine *labor* hatte. Das lateinische Wort *labor* bedeutet *Arbeit, Mühe oder Mühsal*. Sklaven und *niederes Volk* hatten zu arbeiten. Glücklich war, wer sich ganz der Politik, Philosophie und Kunst hingeben konnte. Anders im Mittelalter: Der Beruf machte den Stand aus, gab Ansehen und Identität. Seit der Industrialisierung im 19. Jahrhundert klaffen Arbeit und Sinnstiftung dagegen immer mehr auseinander.

Heute haben manche Menschen einen Beruf, der ihnen nicht die Erfüllung schenkt, die sie sich wünschen. Manche sind überfordert, andere unterfordert und darum in ihrem Berufsalltag nicht glücklich. Viele Mütter stehen in der Zerreißprobe. Sie müssen aus finanziellen Gründen arbeiten und würden doch lieber ganz bei den Kindern bleiben und die heranwachsende Generation selbst prägen. Sie sind dann, was Zeit und Kraft anbelangt, oft überfordert und fühlen sich innerlich zerrissen. Ihnen kann der Gedanke vielleicht weiterhelfen, dass Gott nicht überfordert. Wenn das Gefühl von Überforderung dennoch ständig präsent ist, muss gefragt werden, ob irgendwelche Aufgaben oder Ziele überdacht und verändert werden müssen.

Weitere Fragen zur Klärung der eigenen Situation und damit des Platzes im Leben:

- Wie kann ich eine Arbeit finden, die zu mir und meinen Gaben passt und die auch Freude macht?
- Fühle ich mich nur wertvoll, wenn meine Arbeit bezahlt wird? Kann ich neu erkennen, dass meine Investition zum Beispiel in die Erziehung der Kinder für mich, die Kinder und die Gesellschaft von unschätzbarem Wert ist?
- Welche Bedeutung hat für mich ein soziales, diakonisches oder kirchliches Ehrenamt, in dem ich nichts oder wenig verdiene, aber in dem ich Gott zur Ehre leben und anderen Menschen dienen kann?
- Wie kann ich – als Chef(in) oder als Mitarbeiter(in) – in meinem Beruf ein Betriebsklima schaffen, in dem die Einzelnen sich wohlfühlen und sich in ihrer Originalität einbringen können? Wie kann ich mir und ihnen Begeisterung an den Zielen vermitteln?

Es ist wichtig, seinen Wert nicht ausschließlich aus Arbeit oder Leistung abzuleiten. Menschen sind auch dann wertvoll und geliebt, wenn berufliche Entwürfe nicht so gelingen wie gewünscht. Auch im Scheitern gilt Gottes Gnade und Barmherzigkeit.

Bei Gott können wir nicht gekündigt werden, bei ihm verlieren wir unsere Berufung nicht. Gerade in schweren Zeiten kann es ein Trost sein, zu wissen, dass es bei Gott immer auch *Aufgaben* für uns gibt. Er beruft seine Menschen immer in seinen Dienst.

Berufung

Die erste Berufung, die Gott uns Menschen gibt, heißt: Gott ehren. So hat Bach über seine Kompositionen am Anfang JJ (*Jesu juva*) geschrieben. Diese lateinischen Worte bedeuten: Jesus hilf. Am Schluss setzte er darunter: *SDG (Soli Deo Gloria) – allein zu Gottes Ehre.*

In ähnlicher Weise hat sich mir vor Jahren nach einem Umzug unser neuer Nachbar, ein Schuhmachermeister, vorgestellt: »Zuerst folge ich meinem Heiland nach und nebenher fertige ich auch noch Schuhe an.« Diese Vorstellung hat mich beeindruckt, weil dadurch von vornherein klar war, was für ihn Priorität hatte.

Manchmal beruft Gott uns in Umstände hinein, die wir uns anders gewünscht hätten. Wenn der Ehepartner oder ein Kind krank wird oder anderweitige Probleme auftauchen, dann haben wir eine Berufung an deren Seite. Oftmals werden wir aus überfüllten Terminkalendern und vielfältigen Aufgaben herausgerissen und müssen uns komplett auf eine veränderte Situation einstellen.

Wenn wir Kinder haben, dann sind sie zunächst unsere erste Berufung. Als ich junge Mutter war, konnte ich mich oft nicht so mit meinen Gaben einbringen, wie ich mir das gewünscht hätte. Ich erinnere mich noch lebhaft an einen Ausspruch eines Mitarbeiters unserer ersten Gemeinde, der zu mir sagte: »Ihr Gottesdienst ist jetzt das Kinderwickeln, das ist jetzt ihre erste Berufung.« Dieser Satz hat mir gerade in seiner Ungewöhnlichkeit geholfen.

Unsere Liebe zu Gott können wir in der Hingabe an die einfachen Dinge oder alltäglichen Arbeiten gestalten. Ein Lied der Jesusbruderschaft – »Ich singe dein Lob in den Tag hinein« – ist mir in diesen Jahren immer wieder durch den Kopf gegangen. Vor allem der letzte Vers war mir besonders wichtig: »Will mit dir tuen die kleinen Dinge, dass daraus stündlich dein Name erklinge.«

Es kommt nicht auf die großen Dinge an, sondern dass wir in den *kleinen* Dingen, in den alltäglichen, manchmal auch gewöhnlichen oder niedrigen Dingen Gottes Gegenwart ausbreiten.

Diese allgemeine Berufung, Gott in unserem ganz normalen Leben zu dienen und ihn darin zu ehren, hat jeder Mensch. Es gibt aber auch spezielle Berufungen im Leben.

Solche speziellen Berufungen erfahren wir wie einen inneren Ruf, ein inneres Angerührt- oder Wachgerütteltwerden oder ein plötzliches Begreifen und Verstehen.

Oftmals beruft Gott von unseren Gaben her, manchmal allerdings auch, ohne dass wir die entsprechenden Fähigkeiten bei uns sehen. Gaben oder Fähigkeiten sind keine unbedingte Voraussetzung für eine Berufung, sondern es gibt auch das Umgekehrte: Gott beruft und schenkt dann die Gaben dazu, die gebraucht werden. Frère Roger, der langjährige Leiter der Kommunität von Taizé, formulierte es so: »Gott ruft nicht die Begabten, sondern er begabt die Berufenen.«

Es gibt Berufungen, die wir nicht vermuten würden. Oder auch solche, vor denen wir Angst haben, die wir uns vielleicht nicht zutrauen. In der Bibel werden unsere menschlichen Maßstäbe und Denkmuster auf den Kopf gestellt: Nicht die Mächtigen, Weisen, Angesehenen sind berufen, sondern was schwach und unfähig erscheint, das Geringe und Verachtete, hat Gott erwählt (1. Korinther 1,27-28).

Warum? Damit wir nicht überheblich werden. Nicht wir, sondern Gott soll geehrt werden – und zwar genau darin, wie er in unserer Schwachheit und Unfähigkeit zum Zug kommt und sich verwirklichen kann.

Mose (2. Mose 2,12) war ein Mörder und doch erwählte Gott ihn, sein Volk zu führen. Gideon war risikoscheu (Richter 6,27) und hatte kein gutes Ansehen. Aber Gott wählte ihn zum Richter und Heerführer. Jeremia war schüchtern (Jeremia 1,4ff), ihn berief Gott zu der gefährlichen Mission eines Propheten in Kriegszeiten.

Argumente wie: Ich bin zu jung, zu dumm, zu schwach, zu ungebildet oder zu unfähig, gelten darum in Gottes Augen nicht. Es kommt nicht auf unsere Fähigkeit an, sondern auf unsere Bereitschaft, uns Gott anzuvertrauen und ihm etwas zuzutrauen, ihm zu glauben, dass er weiß, warum er uns beruft.

Philipp Brooks (1835–1893) war Pfarrer in Amerika. Er ermutigte seine Mitarbeiter folgendermaßen: »Betet nicht um leichte Aufgaben. Betet darum, dass ihr zu starken Frauen und Männern werdet. Betet nicht um Aufgaben, die euren Kräften entsprechen. Betet um Kräfte, die euren Aufgaben entsprechen.«

In diesem Zusammenhang ist auch die Aussage des Gleichnisses von Jesus mit den anvertrauten Talenten (Matthäus 25,14-30) interessant.

Ein Lehnsherr geht auf Reisen und vertraut sein Hab und Gut drei Knechten an. Der Erste bekommt fünf Talente, der Nächste zwei und der Dritte eines. Bei der Rückkehr des Herrn hat der Erste das Doppelte dazugewonnen, ebenso der Zweite, nur der Dritte hat das Talent vergraben und nicht umgesetzt.

In diesem Gleichnis ist von unterschiedlichen Begabungen und Zuteilungen die Rede. Die dahinterstehende Aussage lautet: Menschen sind verschieden; sie sind unterschiedlich begabt. Unsere Gaben und Fähigkeiten, unsere Talente sind *anvertraute Pfunde*. Wir sollen sie einsetzen, damit handeln, sie umsetzen und etwas daraus machen. Manche haben mehr und andere weniger Begabungen, aber jeder Mensch hat Begabungen. Von denen, die mehr Begabungen haben, wird auch mehr erwartet. Wichtig ist also nicht der Vergleich mit anderen und das Schielen auf das angeblich Bessere, sondern dass wir mit dem uns Zugeteilten richtig haushalten. Der dritte Knecht verschloss sein Leben vor den an ihn herangetragenen Herausforderungen. Er ging mit einer negativen Grundhaltung an den

Lehnsherren heran: »Ich wusste, dass du ein harter Mann bist ... ich fürchtete mich« (Matthäus 25,24-25). Damit konnte er auch nicht die Erfüllung erfahren, die sich einstellt, wenn man sich in eine Aufgabe hineingibt.

Egal, wie wir uns vorfinden – die Grundberufung ist für alle Menschen gleich: Gott zu dienen, seine Liebe auszubreiten, wo immer wir leben und arbeiten. Ob das am Fließband oder in der Personalabteilung ist; ob dies in der Krankenpflege, in der Autowerkstatt oder zu Hause ist, überall können wir dies in einer Haltung der Liebe zu Christus und unseren Mitmenschen tun.

Meinen Platz im Leben finde ich,
wenn ich erfüllende Aufgaben habe.

Den Willen Gottes für sich erkennen

Sowohl bei der Berufswahl als auch bei der Frage nach ehrenamtlichen Aufgaben und besonderen Berufungen, aber auch vor großen Entscheidungen stellt sich jedes Mal die Frage: »Wie erkenne ich den Willen Gottes?«

Zunächst einmal ein paar grundsätzliche Vorbemerkungen: Gottes Wille ist gut. Er will seine Menschen nicht knechten oder unterdrücken, nicht gängeln oder demütigen, sondern er möchte Erlösung und Heilung schenken. Er will Veränderung zum Guten, zur Liebe, zum Frieden.

Wie eine Zusammenfassung klingt die Aussage aus Römer 12,2: Der Wille Gottes ist »das Gute, das Wohlgefällige und das Vollkommene«.

Nun stellt sich aber die Frage, wie wir ganz konkret vor wichtigen Entscheidungen oder bei grundsätzlichen Fragen erkennen können, was Gottes Wille für mich persönlich, für uns als Familie, als Ehepartner oder als Gemeinschaft ist.

Bibel

Die Worte der Bibel sind die Grundlage der Führung. Gottes Wegweisung, Gottes Reden widerspricht nie dem, was in der Bibel steht. Darum ist es gut, wenn uns die biblischen Aussagen vertraut sind.

Gott wird einen Menschen zum Beispiel niemals auffordern, die Ehe zu brechen, zu stehlen oder zu töten.

Solches Verhalten mit dem Reden Gottes zu rechtfertigen bedeutet, Gott und seinen Willen nicht wirklich zu kennen.

Und dieser Willen offenbart sich uns zu allererst in der Bibel, zum Beispiel in den Zehn Geboten (2. Mose 20).

Manchmal spricht Gott sehr direkt durch seinen Geist zu uns, sodass wir wissen, was jetzt richtig ist: was wir tun oder wie wir entscheiden sollen, welchen Weg wir gehen sollen. Das sind dann ganz besondere Momente im Leben.

Aber es gibt auch die Erfahrungen der Verunsicherung und der Ratlosigkeit, sich nicht sicher zu sein, was der richtige Weg ist.

Beratung

In solchen Fällen ist es gut, sich den Rat anderer Christen zu holen. Wir selbst sind vielleicht in Wunschvorstellungen oder Träumen gefangen, dann fehlt uns die nötige Sachlichkeit. Mitchristen kennen uns oft genauer als wir uns selbst. Eine Situation wird oft erst durch mehrere Personen angemessen erfasst. Wir sollten nicht meinen, alles allein richtig erkennen zu können und zu wissen.

Allerdings gibt es auch Situationen, in denen wir gegen den Rat anderer handeln müssen, wenn wir ganz sicher sind, von Gott einen Auftrag zu haben. Mancher Widerstand kommt auch aus Neid oder verletzter Ehre.

Verstand

Auch unser Verstand ist uns von Gott gegeben, um Situationen zu beurteilen. Etwas völlig Absurdes, Ausgefallenes ist meist nicht der Wille Gottes.

Darum können wir darum bitten, dass Gott unseren Verstand leitet. Verstand und Glaube sind kein Gegensatz. So kann auch eine Liste mit unterschiedlichen Argumenten zur Entscheidungsfindung hilfreich sein: Was spricht dafür? – Was spricht dagegen?

Aber Glaubenswege können auch unvernünftig sein. Das sieht man zum Beispiel an Maria, der Mutter von Jesus. Der Engel Gabriel besuchte sie, als sie noch unverheiratet war und berief sie dazu, Jesus zur Welt zu bringen. Wer im damaligen Israel unverheiratet schwanger war, musste nach dem mosaischen Gesetz mit dem Tod bestraft werden. Hätte Maria *vernünftig* argumentiert, hätte sie zu diesem Auftrag Gottes *Nein* sagen müssen. Sie spürt aber deutlich den Ruf Gottes und sagt nur: »Siehe, ich bin des Herrn Magd; mir geschehe, wie du gesagt hast« (Lukas 1).

Oder Petrus: Als Jesus ihn bittet, nach einer frustrierenden Nacht ohne Erfolg nochmals hinauszufahren und die Netze auszuwerfen (Lukas 5), hätte er von seinem Verstand her sagen müssen: »So ein Unsinn – tagsüber sind die Fische ganz unten am Grund, da kann man keinen Fang machen.« Aber Petrus sagt: »…auf dein Wort will ich die Netze auswerfen.« Er macht die Erfahrung, dass Gott gegen Verstand und gegen Naturgesetze handeln kann.

Umstände

Auch äußere Umstände machen manchmal den Willen Gottes klar.

Offene Türen oder äußere Dinge, die zusammenpassen, können Hinweise sein, dass der Weg der richtige ist. Oder eine große Not fordert uns heraus. Wir dürfen die Augen nicht davor verschließen, sondern sollen – wenn wir können – helfen, eingreifen und verändern. Als William Booth nach Ost-London kam und das dortige Elend sah, brauchte er keine weitere Inspiration. Er wusste: »Hier ist mein Platz.« So entstand die Heilsarmee. Johann Hinrich Wichern gründete aufgrund der katastrophalen Lebensumstände der Kinder in Hamburg das *Rauhe Haus* als Zufluchtsort und Erziehungsheim, wodurch später die *Innere Mission* entstand. Das Nächstliegende ist oft das genau Richtige.

Zeichen

Wir können uns auch ein Zeichen erbitten, um den Willen Gottes zu erkennen, wie zum Beispiel Gideon es tat (Richter 6,36). Das kann manchmal richtig sein. Es ist schön, zu erleben, wie Gott oft sehr individuell und speziell Zeichen auf dem Weg gibt – durch Losungsworte, Begegnungen, Erlebnisse, ja auch durch Träume oder innere Bilder mitten am Tag, dann aber auch durch offene oder geschlossene Türen.

Hingabe

Voraussetzung dafür, den Willen Gottes zu erkennen, ist die Bereitschaft, Gott den ersten Platz einzuräumen und in der Hingabe an ihn und im Gehorsam ihm gegenüber zu leben. Konkret bedeutet das: bei Entscheidungen für alles bereit sein; loslassen können; eigene Wünsche und Vorstellungen Gott hingeben, damit wir frei werden, seinen Willen zu erkennen.

Als ich als Jugendliche vor der Entscheidung stand, was ich für einen Berufsweg einschlagen sollte, hatte ich konkrete Vorstellungen davon, was ich auf *keinen* Fall tun wollte: Sozialpädagogik und Tübingen als Studienort. Ich wartete auf konkrete Wegweisung, aber konnte kein Reden Gottes erkennen. Erst als ich bereit wurde, meine Vorstellungen abzulegen und für alles offen zu werden, auch für Sozialpädagogik und Tübingen, konnte ich ehrlich fragen: »Herr, was willst du? Was ist dein Wille?« Und dann war ganz schnell klar, was Gott für mich wollte: Sozialpädagogik und Tübingen.

Dieses Beispiel könnte nun leicht missverstanden werden in dem Sinn, dass Gott uns immer den Weg führen will, den wir auf keinen Fall wollen. Das ist sicher nicht so.

Das Beispiel verdeutlicht vielmehr, dass wir erst dann Gottes Reden hören können, wenn wir bereit sind, jeden Weg zu gehen – egal, wohin Gott uns weist. Im Loslassen werden wir frei von eigenen Vorstellungen. Im Tun des Willens Gottes stellen sich dann auch Freude und Freiheit ein. Gott schenkt dann auch Zuversicht für die nächsten Schritte und eine innere Vorfreude auf das Kommende.

Die Geschichte von Abraham und Isaak (1. Mose 22) verdeutlicht dies: Gott schenkt Abraham den lange verheißenen, ersehnten Sohn Isaak. Abraham freut sich an Isaak. Er ist im Vaterglück, er sieht sein Kind heranwachsen. Er weiß um die Verheißungen Gottes, die auf diesem Kind liegen. Doch dann kommt eines Tages Gottes Auftrag an Abraham, Isaak auf einem Altar zu opfern. Unfassbar, unverständlich – sowohl für uns als auch für Abraham damals. Schweren Herzens macht sich Abraham mit Isaak auf den Weg. Wie belastend muss dieser Weg für ihn gewesen sein! Wie schrecklich war die Vorstellung des vor ihm Liegenden. Diesen Weg mit diesem dunklen Ziel wollte Abraham auf keinen Fall. Doch er ist gehorsam. Er geht.

Im letzten Moment verhindert Gott die Opferung Isaaks. Er schenkt Abraham seinen Sohn zurück. Gott wollte nicht die Opferung Isaaks, sondern die Bereitschaft Abrahams zum Gehorsam.

Dieses Beispiel kann eine große Hilfe in Entscheidungssituationen für uns sein. Bin ich bereit, Gott alles zu geben, was ich an Wünschen und Vorstellungen habe? Bin ich bereit, darauf zu verzichten?

In dieser Hingabe an Gott wird der Weg frei dafür, dass Gott uns *zurückschenken* kann, was wir ihm geben. Wir empfangen es auf neue und andere Weise von Gott und können dann damit gelassen, weil losgelassen, umgehen.

Mut

Attempto – Ich wag's! Das war der Wahlspruch des württembergischen Grafen Eberhard im Barte, der unter anderem die Universität Tübingen gründete.

Wenn wir gebetet, nachgedacht und uns beraten haben – und dennoch unsicher sind, ist es manchmal gut, einfach erste Schritte zu gehen, etwas zu wagen. Wir dürfen Gott bitten, uns Hindernisse auf den Weg zu legen, wenn wir eine falsche Richtung eingeschlagen haben. Im Versuch oder im Vollzug wird oft ganz schnell klar, ob wir uns richtig entschieden haben.

Irrtum

Es kann trotzdem auch die Erfahrung geben, dass ein Weg so nicht gangbar oder offensichtlich falsch war. Vielleicht wurde nur ein Aspekt bedacht und die Entscheidung mit ihren Konsequenzen nicht zu Ende gedacht. »Wir sehen jetzt durch einen Spiegel ein dunkles Bild; dann aber sehen wir von Angesicht zu Angesicht. Jetzt erkenne ich stückweise; dann aber werde ich erkennen, wie ich erkannt bin« (1. Korinther 13,12). So schreibt Paulus, er bezieht sich damit auf die Spiegel der damaligen Zeit, die nicht so klar und scharf wie unsere heutigen waren. Ein Vergleich zu unserem Leben ist daher nahe liegend: Wir erkennen oft nur undeutlich und bruchstückhaft. Wir sehen nie das Ganze, immer nur Aspekte und diese oft auch nicht deutlich.

Es gehört zu unserer Würde als von Gott Gerufene, dass wir mündige Menschen sind. Doch das schließt immer das Risiko mit ein, sich zu irren.

Aber Gott kann auch aus Umwegen und falschen Wegen Segenswege machen. Er *schreibt selbst auf krummen Linien gerade*. Diese Erfahrung machen wir immer wieder. Es ist ein Wesenszug Gottes, dass er der Barmherzige und der Vergebende ist. Dass er nicht nachtragend ist, sondern selbst unsere Sünde getragen hat. Er kann und will auch Hoffnung nach Scheitern und Brüchen geben und einen Neuanfang ermöglichen.

Immer wieder werden wir die Erfahrung machen, dass wir in der Spannung zwischen *geführt werden* und *selbst entscheiden* oder *selbst wählen* stehen.

Nicht der ist frei, der das tut, was er will, sondern der wollen kann, was er tun soll.

Meinen Platz im Leben finde ich,
wenn ich bereit bin,
nach dem Willen Gottes zu leben.

Zusammenfassung: Sich selbst lieben

Fragen wir jetzt nochmals: Wie finde ich meinen Platz im Leben? Wie bekomme ich eine gute Selbstbeziehung? Oder was bedeutet, sich selbst zu lieben?

Nach biblischem Verständnis heißt Selbstliebe: die Liebe Gottes über sich gelten lassen. Ja sagen zu der Wertschätzung und Würde, die Gott mir entgegenbringt.

Ich bin von Gott in diese Welt gerufen, um meinen Platz auszufüllen und Gott damit zu ehren:
- mit meinem Körper und seinen Bedürfnissen
- mit meinen Gaben und Grenzen
- mit meiner Herkunft und meiner Geschichte
- mit meiner Persönlichkeitsstruktur
- mit meinen Aufgaben
- mit meinem Besitz

Ich stehe dazu, dass ich Stärken und Schwächen habe. Ich bin dankbar, dass ich etwas kann und ich akzeptiere gleichzeitig, dass ich manches auch nicht kann. Ich weiß, dass ich nicht der Mittelpunkt der Welt bin. Aber ich weiß auch, dass ich wichtig bin, denn Gott hat mich ins Leben gerufen. Darum hat es einen Sinn, dass ich auf dieser Welt bin.

Darum darf ich *Freundschaft mit mir selber schließen*, achtungsvoll mit mir umgehen. Viele Menschen gehen mit sich selbst wie mit einem Sklaven und nicht wie mit einem Freund um. Wenn sie einen Fehler gemacht haben oder sich emotional nicht gut fühlen, dann beschuldigen und beschimpfen sie sich und drehen sich mit Vorhaltungen ständig um sich selbst. Wenn wir voll Achtung mit uns selbst umgehen, haben wir das nicht nötig. Wenn Gott uns freundlich anschaut und mit seiner Liebe nach uns sucht, dann dürfen wir uns unter seine Zusage stellen und ein positives Selbstgefühl daraus herleiten.

Dies schlägt sich dann darin nieder, dass wir
- dankbar für uns selbst werden.
- uns an Gelungenem freuen.
- Lob und Anerkennung, aber auch Kritik annehmen können.
- nicht gleichgültig gegenüber uns und unseren Bedürfnissen sind.
- Gefühle zeigen dürfen, ohne Stärke zu verlieren.
- mit Frustrationen und ungestillten Bedürfnissen umgehen können.
- gerne mit uns selbst alleine sein können, uns selbst ein angenehmer Gesellschafter werden.
- uns abgrenzen können und Nein sagen können, ohne uns dabei minderwertig zu fühlen.
- Hilfe geben und annehmen können, ohne Gegenleistung zu erwarten oder geben zu müssen.
- Fehler machen dürfen und dazu stehen können.
- Grenzen akzeptieren.
- Selbstverurteilung und negative Einreden stoppen.
- Schönes genießen.
- sein dürfen, ohne etwas leisten zu müssen.

Wer es mit sich selbst aushalten kann, kann es auch leichter mit anderen aushalten. Wer sich selbst lieben kann, kann auch andere lieben lernen. Sich selbst erkennen hilft, andere zu verstehen. Wer sich selbst wertschätzt, kann auch andere wertschätzen.

Meinen Platz im Leben finden
in der Beziehung zu Gott

Die Frage nach meinem Platz im Leben hat immer auch mit meiner Beziehung zu Gott und Gottes Beziehung zu mir zu tun. Losgelöst von Gott finden wir keine letztgültigen Antworten auf die Fragen nach uns selbst. Ohne Gott sind wir in der Gefahr, uns ständig um uns selbst zu drehen, uns in Stolz und Geltungssucht zu verfangen und für die eigene Ehre zu leben.

Aber mit Gott entfaltet sich das Leben. Er hat Interesse daran, dass menschliches Leben gelingt. In der Beziehung zu ihm relativiert sich unser Denken über uns. Mit Gott werden wir frei vom ständigen Kreisen um uns selbst.

Wer ist Gott? Und wer ist er für mich?

Die Bibel schildert ihn

- als den *liebenden Vater*, der nach uns sucht und sich nach seinen Menschen sehnt.
- als *Christus*, der unser Leben aus Bindungen an finstere Mächte, aus der Verwicklung in Schuld und Selbstvorwürfe herausholen will.
- als den *Heiligen Geist*, der unser Leben entfalten kann, uns mit Freude, Hoffnung und Zuversicht beschenken und uns mit Gaben ausrüsten will.

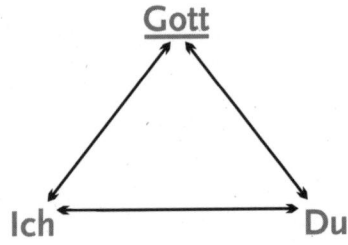

Gott beruft uns in die Gemeinschaft mit anderen Christen und lässt uns die Erfahrung machen, dass das wahre Glück sich darin zeigt, mit unserm ganzen Sein auf Gott bezogen zu sein, ihm zu dienen und ihn zu ehren. Wenn wir das erleben, machen wir die Erfahrung, am richtigen Platz zu sein.

Von Gott gewollt

Der Mensch braucht Gott

Der Mensch ist nicht in sich ruhend. Er ist kein geschlossenes, sondern ein offenes System. Menschen sind umgetrieben von der Sehnsucht nach einem *Satt-werden-der-Seele*, nach Ruhe und Zufriedenheit – frei von Gefühlen der Zerrissenheit und Unsicherheit. Der Kirchenvater Augustin formulierte es so: »Unruhig ist unser Herz bis es Ruhe findet in dir, o Gott.«

Weil der Mensch Sehnsucht hat, funktioniert Werbung so gut: In Werbebildern wie der Buddha-Lounge, dem tropischen Wellness-Paradies der tibetanischen Meditationssauna oder dem Strandurlaub unter Palmen werden uns Ruhe, das Gefühl von Zufriedenheit und Gesättigtsein der Seele vorgegaukelt.

Diese Bedürfnisse nach Ganzheit und Heilwerden, nach Zufriedenheit, Heimat und Zugehörigkeit gehören zu uns. Sie sind nicht falsch, sondern machen etwas von der Grundbeschaffenheit des Menschen deutlich. Dies thematisiert die Bibel schon ganz am Anfang. Sie spricht nicht nur von den Bedürfnissen, die ein Mensch hat, sondern davon, dass der Mensch *an sich* bedürftig, ein sich Sehnender ist. Verdeutlichen möchte ich das an dem hebräischen Begriff *näfäsch*.

In 1. Mose 2,7 heißt es: »Da machte Gott der Herr den Menschen aus Erde vom Acker und blies ihm den Odem des Lebens in seine Nase. Und so ward der Mensch ein lebendiges Wesen.« – *Lebendiges Wesen* heißt im Hebräischen *näfäsch*. Ursprünglich meint dieses Wort *Kehle*. Es wurde im übertragenen Sinn das Wort für *Seele* – und diese Übersetzung finden wir auch in fast allen Bibelausgaben. Immer dort, wo im Alten Testament *Seele* steht, heißt es im hebräischen Urtext *näfäsch*.

So wie also in der Kehle Hunger und Durst gestillt werden, so wie aus der Kehle Emotionen herauskommen – im Weinen und Lachen, im Klagen und Jubeln, im Seufzen und Jauchzen –, so ist der Mensch an sich auf Gott hin bedürftig.

Psalm 42,2-3: »Wie der Hirsch lechzt nach frischem Wasser, so schreit meine Seele (näfäsch), Gott, zu dir. Meine Seele dürstet nach Gott, nach dem lebendigen Gott. Wann werde ich dahin kommen, dass ich Gottes Angesicht schaue?«

In diesem Vers ist der Zusammenhang zwischen äußerer Bedürftigkeit und innerer Sehnsucht nach Gott besonders deutlich. Der Mensch ist auf Gott angewiesen. Wenn er dies verleugnet oder vergisst, versucht er an falschen Stellen satt zu werden.

Psalm 103 beginnt und schließt mit: »Lobe den Herrn, meine Seele« (Vers 1 und 22b). Er zeigt damit: Du, Mensch, mit deiner *näfäsch*, mit all deiner Bedürftigkeit, mit deinem Beschenktsein, mit deinen offenen und gestillten Bedürfnissen – lobe Gott. Im Öffnen der Seele auf Gott hin wird der Mensch satt und ganz, unteilbar.

Das hebräische Wort *näfäsch* wird im Griechischen (so also auch im Neuen Testament) mit *Psyche* und im Deutschen mit *Seele* übersetzt. Da wir heute unter Seele eigentlich fast nur innerseelische Prozesse verstehen, entsteht durch diese Übersetzung für unser Verständnis der Bibeltexte manchmal eine Engführung, möglicherweise schon fast ein Missverständnis.

Denn in seiner Bedeutung ist der Begriff viel ganzheitlicher zu sehen. So wie das Denken des Alten Testamentes insgesamt *umfassend* ist. *Abend und Morgen* meint nicht nur die jeweilige Tageszeit, sondern auch die ganze Zeit dazwischen. *Himmel und Erde* sind nicht als Gegensätze zu verstehen, sondern als umfassende Betrachtung von allem Geschaffenem.

Das Alte Testament sieht den Menschen ganzheitlich. Die Lebenskraft des Menschen wird nicht nur in der Seele, sondern auch im Leiblichen sichtbar, spürbar und erfahrbar.

Der Mensch sehnt sich bis ins Körperliche hinein nach Ganzwerden und Einswerden mit Gott, nach Erfülltwerden, Sattwerden und Stillwerden.

Dieses ganzheitliche Verständnis des Menschen in der Bibel ist sehr tröstlich. Denn darin wird deutlich, dass wir körperliche Bedürfnisse oder seelische Bedürftigkeit, Sehnsüchte und Unerfülltes nicht von unserem Glaubensleben abspalten müssen. Im Gegenteil, sie sollen vor Gott gezeigt werden. Sie gehören in die Gegenwart Gottes und sollen dort auch thematisiert werden.

Wir dürfen unsere Bedürftigkeit wahrnehmen, sie uns eingestehen und sie Gott hinhalten.

Satt werden wir in unserer Bedürftigkeit nicht durch eigene Kraft, sondern wenn wir Gott an uns handeln lassen. Gott antwortet auf unsere Sehnsüchte oft anders als wir denken, aber immer so, wie wir es brauchen und wie es gut für uns ist.

Psalm 131,2: »Fürwahr, meine Seele (näfäsch) ist still und ruhig geworden wie ein kleines Kind bei seiner Mutter.« Die Zufriedenheit, die bei einem Kind nach dem Stillen einkehrt, wird zum Bild dafür, wie die Seele in Gott still und zufrieden werden kann.

Der Mensch ist Ebenbild Gottes

Nach biblischem Verständnis ist der Mensch Ebenbild Gottes. 1. Mose 1,27: »Und Gott schuf den Menschen zu seinem Bilde, zum Bilde Gottes schuf er ihn; und schuf sie als Mann und Frau.« Unsere Identität, unser Platz im Leben ist vom biblischen Verständnis her aufs Engste mit der Gottesbeziehung und der Gottebenbildlichkeit verknüpft.

Was bedeutet *Ebenbild Gottes*? Auf Münzen war früher und ist in manchen Ländern bis heute das Bild des jeweiligen Herrschers eingeprägt. Im riesigen Reich Babylon stellten Herrscher in Provinzen, die weit von der Hauptstadt entfernt lagen, Abbilder von sich auf. Mit Statuen und Münzen wurde deutlich gemacht: Hier ist der Machtbereich dieses Herrschers – hier regiert er, und er bürgt auch für den Wert der Münze.

Ebenbild Gottes heißt: Der Mensch ist in einer besonderen Beziehung zu Gott geschaffen, mit einer besonderen Würde und Aufgabe zum Zeichen: Wo der Mensch als Bild Gottes lebt, ist Gottes Herrschaftsgebiet.

Ebenbild heißt: Wir sind nicht selbst Lichtquelle, sondern Widerschein des Lichtes. So wie der Mond nicht selbst scheint, sondern das Licht der Sonne abbildet, so sollen wir die Wiedergabe des Wesens Gottes sein. Der Mond lässt uns an dem Licht der Sonne teilhaben. Wenn also der Mond in der Nacht scheint, so sehen wir nicht das Licht des Mondes, sondern das Licht der Sonne, das sich im Mond widerspiegelt.

Psalm 8,5-6 nimmt den Gedanken der Ebenbildlichkeit auf: »Was ist der Mensch, dass du seiner gedenkst, und des Menschen Kind, dass du dich seiner annimmst? Du hast ihn wenig niedriger gemacht als Gott, mit Ehre und Herrlichkeit hast du ihn gekrönt.«

Jeder Mensch soll durch sein Leben, sein Sein, sein Verhalten die Art und das Wesen Gottes, ja Gott selbst, sichtbar machen. Das ist die Urberufung, die Gott dem Menschen gibt. Es ist seine erste Platzanweisung.

Abkehr von Gott – gestörte Identität

Die Schöpfungsgeschichte in der Bibel zeigt: Gott gibt dem Menschen alles, was für ihn zum Leben nötig ist:

- Heimat in einem Garten, genug zum Essen, Gold, Edelsteine und wertvolle Harze (1. Mose 2,12).
- Gott schenkt das Glück des Miteinanders von Mann und Frau (1. Mose 2,25).
- Er gibt den Menschen einen Auftrag und damit Sinn für ihr Leben. Er segnet sie und gibt ihnen den Auftrag, sich zu vermehren, die Erde zu bebauen und zu bewahren (1. Mose 1,28).

Doch schon am Anfang der Bibel wird deutlich, dass der Mensch Gott nicht wirklich vertraut. Gott sagt Adam und Eva, dass sie von allen Bäumen im Garten essen dürfen, aber nicht von dem Baum der Erkenntnis des Guten und Bösen; »denn an dem Tage, da du von ihm isst, musst du des Todes sterben« (1. Mose 2,15). Damit wird deutlich, dass Glück auch Rahmenbedingungen braucht. Ohne Grenze gibt es keine Geborgenheit. Das ist auch eine wichtige Erkenntnis in der Pädagogik: Nur die Begrenzung gibt der Seele Struktur und Festigkeit.

In der Geschichte vom sogenannten *Sündenfall* begegnet nun Eva der Schlange. Diese sät Misstrauen gegen Gott und verdreht Gottes Gebot: »Ja, sollte Gott gesagt haben: Ihr sollt nicht essen von allen Bäumen im Garten?« (1 Mose 3,1). Gott verbot dem Menschen nur die Früchte eines einzigen Baumes, die Schlange behauptet, Gott hätte alle verboten.

Als Nächstes widerspricht sie Gott: »Ihr werdet keineswegs des Todes sterben.« Sie stellt sich über Gott und versucht dann – wie in heutiger Zeit ein Werbespot im Fernsehen – Eva ein Bild vor Augen zu malen. Sie erzählt ihr, was passieren wird, wenn sie von der Frucht des Baumes essen wird: »An dem Tage, da ihr davon esst, werden eure Augen aufgetan, und ihr werdet sein wie Gott und wissen, was gut und böse ist.« – Alles können und alles wissen, wie verlockend. Sie benutzt die gleichen Mechanismen wie die heutige Werbebranche: »Wenn …, dann …« – »Wenn du dieses Auto hast, dann gelingt dein Leben. Wenn du dich mit diesen Möbeln einrichtest, dann bist du glücklich. Wenn du dieses Essen kochst, dann wirst du von deiner Familie gelobt. Wenn du diesen Telefonanbieter buchst, dann gehörst du zu den Trendsettern usw. …«

»Und die Frau sah, dass von dem Baum gut zu essen wäre und dass er eine Lust für die Augen wäre und verlockend, weil er klug machte. Und sie nahm von der Frucht und aß und gab ihrem Mann, der bei ihr war, auch davon und er aß. Da wurden ihnen beiden die Augen aufgetan und sie wurden gewahr, dass sie nackt waren, und

flochten Feigenblätter zusammen und machten sich Schurze«
(1. Mose 3,6-7).

Die Folge: Ihr Selbstbild, ihr Gottesbild und ihr Umgang miteinander änderten sich. Sie waren nicht mehr davon überzeugt, dass
Gott es wirklich gut mit ihnen meinte.

Sie glaubten der Schlange mehr als Gott, sie entdeckten ihre
Nacktheit und schämten sich voreinander. Sie nahmen Feigenblät-
ter und versteckten ihre Blöße dahinter. Sie bekamen Angst vor
Gott und versteckten sich vor ihm.

Die Folge des Misstrauens und des Ungehorsams gegenüber Gott
war eine gestörte Identität. Dies äußerte sich in Angst und Scham,
in Schuldzuweisungen und Anklage gegen Gott. Adam und Eva
mussten das Paradies verlassen. Sie waren somit die ersten Heimat-
vertriebenen. Sie verloren die sicheren Rahmenbedingungen und
ihre Geborgenheit. Das Leben verlor seine Leichtigkeit. Mensch
und Tier wurden sich zur gegenseitigen Bedrohung. Schwanger-
schaft und Geburt wurden eine komplizierte und schmerzhafte
Angelegenheit. Im späteren Verlauf zeigt sich der Verlust des Vertrauens gegenüber Gott in Geschwisterrivalität, Neid und letztendlich sogar Mord.

Scham

Vor dem Sündenfall waren Adam und Eva nackt und schämten sich
nicht. Nachdem sie vom Baum der Erkenntnis gegessen hatten, er-
kannten sie sich als nackt und damit auch als ungeschützt. Sie bekamen Angst vor Gott und schämten sich. Eine Wirkung des Ungehorsams war also die Scham.[49]

Scham (als theologischer Begriff) ist das Gegenteil von gesundem
Stolz und Selbstachtung. Scham erfasst die ganze Person und ist
vielleicht die unangenehmste aller menschlichen Empfindungen.
Man fühlt sich nicht mehr in Übereinstimmung mit sich selbst,

fühlt sich bloßgestellt, fassungslos, wertlos, verletzt, nicht mehr im Einklang mit Gott und der von ihm gegebenen Würde.

Dieses *Gesamtgefühl*, als Mensch nicht gut zu sein, kann bis zu Selbsthass führen. Selbsthass ist die Umkehrung der Gottesliebe. Selbsthass ist Zerstörung des eigenen Ich, im tiefsten Zeichen der Erhebung des Menschen über Gott. Der Mensch bestimmt selbst über seinen Wert; und ohne Gott muss dieser Wert negativ sein. Die *Deutungshoheit* hat nicht mehr Gott, sondern der Mensch.

Selbsthass öffnet Tür und Tor für Missbrauch im emotionalen oder körperlichen Bereich. »Da ich sowieso nichts wert bin, dürfen andere mit mir machen, was sie wollen. Ich habe es nicht besser verdient.«

Doch Gott lässt seine Menschen nicht ins Leere laufen. Er geht ihnen hinterher, denn er liebt sie. Darum geht er auch nach dem *Sündenfall* auf die Suche und ruft Adam: »Wo bist du?« (1. Mose 3,9). Die ganze Bibel ist von dieser Suchbewegung Gottes nach dem Menschen durchzogen. Nicht nur in der Schöpfungsgeschichte wird dies sichtbar, sondern auch im Kommen des Christus. Weil der Mensch mit den Folgen von Versagen, Schuld und beschämter Identität nicht selbst fertigwird, kommt Christus zu uns auf diese Erde. Deswegen wird er Mensch, um uns einen Ausweg aus der Selbstumkreisung und der Gottesferne zu ermöglichen. In seinem Sterben und seiner Auferstehung schenkt er uns eine neue Möglichkeit des Umgangs mit Schuld und Scham. Dort wird eine neue Bewertung unseres Selbst ermöglicht, die sich auf eine Wahrheit außerhalb von uns bezieht. Gerade deswegen machte sich Gott auf die Suche.

»Und Adam versteckte sich mit seiner Frau vor dem Angesicht Gottes des Herrn unter den Bäumen im Garten. Und Gott der Herr rief Adam und sprach zu ihm: Wo bist du?« (1. Mose 3,8-9). Gott will nicht, dass der Mensch in Scham stecken bleibt und sich um seine Schuld dreht. Gott will das Versteckspiel des Menschen nicht, sondern er will Beziehung und Gespräch. Er will Vertrauen. Und er kümmert sich um die elementaren Bedürfnisse: Er machte – so berichtet 1. Mose 3 weiter – ihnen Kleider aus Fell, damit sie sich ihrer Nacktheit nicht schämen müssen.

Schuldzuweisungen

Doch zunächst lautet die Reaktion von Adam anders. Er macht Gott letztendlich verantwortlich für seine Scham und Angst. Genaugenommen macht er Gott einen Vorwurf (vgl. 1. Mose 3,12): Die Frau, die du mir zur Seite gestellt hast, hat das alles angerichtet. Sie hat mich verführt. Als Gott daraufhin Eva konfrontiert, sagt sie: Nicht ich, die Schlange war's, die hat gesagt, ich solle das tun. Ich bin nicht schuld, ich bin nicht bereit, Verantwortung für mein Handeln zu übernehmen.

Statt selbst zur eigenen Schuld zu stehen und die damit verbundene Verantwortung zu übernehmen, wird nach Schuldigen gesucht. Ein Phänomen, das wir auch heute häufig beobachten können. Nach einer Katastrophenmeldung kommt in den Nachrichten in der Regel als nächster Satz: »Nach den Schuldigen wird noch gesucht.«

Neid, Hass und Mord

Die Folge der gestörten Identität, des Ungehorsams gegenüber Gott zeigt sich auch im weiteren Verlauf der Erzählung der biblischen Urgeschichte (1. Mose 4,3ff). Kain und Abel, die Söhne von Adam und Eva, gehen miteinander aufs Feld, um Gott ein Opfer zu bringen. Gott nimmt das Opfer von Abel an, doch das von Kain nicht.[50]

Kain wird so neidisch und wütend, dass er Abel ermordet, obwohl er von Gott vorher noch gewarnt wird: »Warum ergrimmst du?« (1. Mose 4,6).

Doch Kain schlägt Gottes Warnungen in den Wind. Er vernichtet den Verursacher seines Neids. Auch das ist ein Phänomen, das wir kennen. Wenn Kinder ein Spielzeug nicht haben dürfen, weil es einem anderen gehört, zerstören sie es manchmal. Wenn die Nachbarn Neid erwecken, würde man am liebsten ihr Glück zerstören oder steht in der Gefahr, den anderen zu mobben.[51] Weil ein Prominenter ein angeblich beneidenswertes Leben führt, wird er möglicherweise verfolgt.

Nach dem Mord fragt Gott Kain: »Wo ist dein Bruder Abel?« Dieser antwortet lakonisch: »Soll ich meines Bruders Hüter sein?« (1. Mose 4,9).

Als Folge der Abkehr von Gott kommt die Abwehr des Nächsten, die Abkehr von der Verantwortung für andere Menschen. »Was geht mich mein Nächster an? Jeder muss doch selbst wissen, was er macht – und wenn es nicht gelingt, was kann ich dafür?« Ohne Gott bin ich losgelöst von der Verantwortung gegenüber meinem Nächsten.

Der Versuch zu sein wie Gott, sich von der Abhängigkeit von ihm zu lösen, endet im Desaster auf allen Ebenen des Lebens.

Die Balance des Lebens ist ins Ungleichgewicht geraten.

Was zunächst als Befreiung von der angeblichen Lebensbeschränkung durch Gott gedacht war, endet in massiver Unfreiheit. Was Gott gut gedacht hatte, hat der Mensch durch die Übertretung des Gebotes zerstört.

Wer nur sich selbst sieht, sich von Gott abwendet und ganz allein für sein Leben verantwortlich sein will, muss auch mit allen Konsequenzen alleine fertigwerden. So zu leben bedeutet darum oft auch Einsamkeit und Verbitterung, Hilflosigkeit und Sinnlosigkeit, letztendlich ein Identitätsverlust.

Gottes Suche nach dem Menschen

Gott belässt es nicht bei den Folgen des Sündenfalls. Er macht sich – wie oben geschildert – auf die Suche nach Adam und Eva und will sie nicht in ihrem Unglück, in Einsamkeit und Schuld, in Scham und Verzweiflung allein lassen. Gott lässt sie trotz allem leben. Doch die Konsequenzen ihrer Schuld mussten sie tragen: Feindschaft zwischen Mensch und Tier, Schmerzen unter der Geburt, Arbeit unter Mühsal, Vertreibung aus dem von Gott gegebenen Garten.

Auch Kains Mord blieb nicht ohne Folgen: Er flüchtete, der Mord verfolgte ihn in Gedanken, seine Arbeit war ertraglos, Angst bestimmte sein Wesen.

Kain bittet Gott um Hilfe. Er sagt: »Meine Strafe ist zu schwer« (1. Mose 4,13), daraufhin macht Gott ein Schutzzeichen auf Kains Stirn. Es gibt eine Deutung, dass dieses Zeichen der Buchstabe Tao gewesen sein könnte. Das Tao sieht aus wie das Kreuzeszeichen. Dieses Zeichen wird zum Schutzzeichen für Kain, es ist verbunden mit dem Versprechen Gottes, dass niemand Kain totschlagen darf. Schon am Anfang der Bibel hätten wir nach dieser Deutung ein vorausweisendes Zeichen auf den Kreuzestod Jesu. Die Liebe, die darin sichtbar wird, kann Menschen vor den Abstürzen in Abgründe der Verzweiflung und vor Selbsthass schützen, sie stellt die Würde vor Gott wieder her.

Meinen Platz im Leben finde ich
als Gegenüber Gottes.

Von Christus befreit

Gefangenschaften

»Zur Freiheit hat uns Christus befreit!«, so fasst Paulus in Galater 5,1 seine Botschaft zusammen. Ein Aufatmen geht durch diesen Satz. Und er fährt fort: »So steht nun fest und lasst euch nicht wieder das Joch der Knechtschaft auferlegen.«

Was meint er damit? Er spricht davon, dass Menschen die Tendenz haben, sich immer wieder in Unfreiheiten zu begeben, an Gesetzlichkeiten festzuhängen, sich um Schuldgefühle und Selbstanklagen zu drehen.

Solche Verhaltensmuster finden wir in ganz unterschiedlichen Situationen.

Die einen legen sich Gesetze auf, was das Essen anbelangt: »Wenn ich mich vollwertig ernähre, werde ich keinen Krebs bekommen«, andere richten sich nach dem Mondkalender und dürfen bestimmte Tätigkeiten nur an bestimmten Tagen tun.

Es gibt auch die fromme Variante: »Nur wenn ich genügend in der Bibel lese und bete, kann Gott es gut mit mir meinen – und wehe, ich vergesse es einmal.«

Schnell entstehen dann Schuldgefühle, die noch gar nicht unbedingt etwas mit konkreter Schuld zu tun haben. Manche Schuldgefühle beziehen sich auf Erwartungen, denen wir nicht entsprechen.

Patrick soll die vom Vater gegründete Firma übernehmen, aber hat keinen inneren Zugang zu den Produkten, die dort hergestellt werden. Er geht beruflich einen anderen Weg, aber fühlt sich dem Vater gegenüber schuldig.

Manuela hat Schuldgefühle, wenn sie sich einmal etwas Schönes kauft – denn sie weiß nicht so recht, ob sich das lohnt, ob sie sich das wert ist.

Isa dagegen hat Schuldgefühle, wenn sie unordentliche Klei-
dung trägt, weil sie dazu erzogen wurde, immer ordentlich
und adrett gekleidet zu sein. – So entwickelt sie ein Schuldge-
fühl, wenn sie sich nicht jeden Monat etwas Neues anschafft.

Manche Menschen entwickeln also Schuldgefühle, obwohl keine konkrete Schuld vorliegt. Andererseits gibt es Menschen, die ein Verbrechen wie Stehlen, Morden oder Lügen begehen – und sie empfinden deswegen keine Schuld. Sie haben kein Unrechtsbewusstsein, entweder weil sie Schuldgefühle verdrängt haben oder weil sie in einem Milieu aufgewachsen sind, in dem sie kein echtes Schuldbewusstsein entwickeln konnten.

Schuldgefühle können also mehrere Ursachen haben. Entweder entstehen sie aufgrund konkreter Schuld und der Übertretung von Geboten Gottes. Oder aber sie rühren daher, dass bestimmten Vorgaben, Normen oder Erwartungen nicht entsprochen wird.

Egal ob wir nun wirklich schuldig geworden sind, oder ob wir nur irgendwelchen Erwartungen und Normen nicht entsprochen haben – das Gefühl kann in beiden Fällen sehr ähnlich sein: ein Gefühl der Schlechtigkeit und Wertlosigkeit oder Minderwertigkeit. Es ist ein Gefühl, das wir gerne beseitigen wollen.

Woran erkennen wir aber, ob ein Schuldgefühl in wirklicher Schuld oder in Orientierung an menschlichen Maßstäben begründet ist? Eine Hilfe besteht darin, danach zu fragen, woher das Schuldgefühl kommt. Gegen welche Erwartungen oder Normen, gegen welche Gebote wurde verstoßen?

Die Geschichte des 12-jährigen Jesus im Tempel hilft hier weiter (Lukas 2,41ff). Jesus war mit seinen Eltern in Jerusalem auf dem Passafest. Als die Familie sich auf den Rückweg macht, bleibt Jesus – von seinen Eltern unbemerkt – im Tempel zurück, um sich mit den Schriftgelehrten zu unterhalten. Erst am Abend bemerken die Eltern sein Fehlen. Für die Eltern beginnt nun eine dramatische Suchaktion nach ihrem vermissten Kind. Drei Tage lang. Man kann sich vorstellen, welche bedrückenden Gedanken und Sorgen die Eltern auf diesem Weg begleitet haben. Wer einmal längere Zeit nach einem Kind gesucht oder nichts von ihm gehört hat, weiß in welche innere Panik man in so einer Situation geraten kann. So ist ihre Empörung verständlich. »Und seine Mutter sprach zu ihm: Mein Sohn, warum hast du uns das getan? Siehe, dein Vater und ich haben dich mit Schmerzen gesucht« (Lukas 2,48).

Eigentlich hätte Jesus – nach unserem Verständnis – seinen Eltern gegenüber Schuldgefühle haben müssen, denn der Vorwurf nach drei Tagen Suche war massiv.

Doch Jesus reagiert anders. Er löst sich von dem Anspruch der Eltern, er räumt den vorwurfsvollen Stimmen kein Recht ein. »Warum habt ihr mich gesucht? Wisst ihr nicht, dass ich sein muss in dem, was meines Vaters ist?« (Lukas 2,49). Da hören wir keine Entschuldigung aufseiten von Jesus, sondern eine Orientierung an Gottes Anspruch auf ihn.

Gottes Gedanken oder Menschengedanken, Gottes Urteil oder Menschenurteil – das ist die Unterscheidung zwischen falschen und echten Schuldgefühlen.

Von falschen Schuldgefühlen werden wir umso unabhängiger, je mehr wir von Gott abhängig werden.

Das echte Schuldgefühl orientiert sich an der Wahrheit, die Gott aufdeckt. Wirkliche Schuld ist zunächst nicht Verstoß gegen Normen oder Erwartungen, sondern die Trennung von Gott, und daraus folgend eigene Wege, Stolz und Ungehorsam.

Echte Schuld zeigt sich im Ungehorsam gegen Gottes Wegweisung, im Übertreten seiner Gebote (siehe 2. Mose 20), also Mord, Ehebruch, Diebstahl und Verleumdung. Wenn die Gebote Gottes Maßstab für uns sind, dann wissen wir, wenn wir schuldig geworden sind. Dann ist ein Schuldgefühl auch berechtigt. In solchen Situationen empfinden wir unser Ich als verdunkelt, fühlen uns schlecht, niedrig, minderwertig und sehnen uns nach Veränderung und Befreiung.

Ganz egal, wie die Gefangenschaften aussehen, ob wir in Zwängen und selbst auferlegten Gesetzen gefangen sind, ob wir in Schuld gefangen sind oder ob wir von Erwartungen oder Schuldzuweisungen anderer geknechtet werden – durch die ganze Bibel hindurch zieht sich die Botschaft, dass Gott der Befreier ist. Schon im Alten Testament wird deutlich, dass Gott Menschen von Not, Krankheit, Fremdherrschaft und Schuld befreien möchte – und es auch tut.

Durch das Sterben von Christus wird dafür ein sichtbares Zeichen für alle gesetzt.

> *Bettina, die eine Abtreibung hinter sich hatte, quälte sich jahrelang mit dieser Schuld. In einem seelsorgerlichen Gespräch wollte sie diese schwere Last loswerden und erlebte im Gebet den Zuspruch der Vergebung. Danach sagte sie: »Es ist, als könnte ich nach Jahren endlich wieder aufatmen und aufrecht gehen. Ich bin so befreit, seit ich weiß, dass Christus auch für diese Schuld gestorben ist und sie mit in seinen Tod genommen hat, damit ich frei werden kann. Ich danke Christus für sein Sterben.«*

Jesus hat selbst von sich gesagt, dass »der Menschensohn nicht gekommen ist, dass er sich dienen lasse, sondern dass er diene und gebe sein Leben zu einer Erlösung für viele« (Matthäus 20,28).

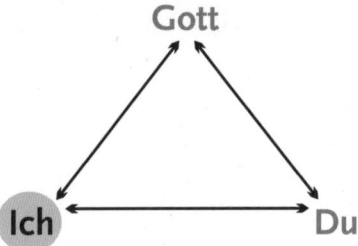

Im achten Kapitel des Römerbriefs wird eine spannende Szene zu diesem Thema erzählt. Das Geschehen spielt in einem Gerichtssaal. Da sitzt ein Angeklagter und ihm gegenüber der Richter. Der Gerichtssaal ist voll. Die Ankläger haben sich positioniert. Alle bösen Worte und Taten listen sie auf. Nichts bleibt verborgen. Und die Liste ist lang. Der Angeklagte weiß genau: Er ist schuldig, es gibt keinen Ausweg. Er hat Angst vor dem Urteil. Doch da entsteht Unruhe im Saal. Eine Stimme ertönt: »Wer will die Auserwählten Gottes beschuldigen?« Auf einmal Schweigen. Niemand meldet sich. Denn etwas Einzigartiges geschieht: Der Richter ergreift Partei. Er spricht sich für die Angeklagten aus. Er macht sie gerecht. Und sie fangen an zu jubeln: »Ist Gott für uns, wer kann wider uns sein?« Wieder ertönt eine Stimme: »Wer will verdammen?« Wieder Schweigen. Die Ankläger sind verstummt. Denn Jesus Christus, der Gekreuzigte und Auferstandene ist da und vertritt die Angeklagten. Noch einmal tönt laut die Frage: »Wer will uns scheiden von der Liebe Christi?« Niemand meldet sich, keine Macht, keine Schuld, keine böse Erfahrung. Nichts kann uns nunmehr von Gottes Liebe trennen. »So gibt es nun keine Verdammnis mehr für die, die in Christus Jesus sind.« – So schildert Paulus das Endgericht der Gerechtfertigten im Römerbrief (vgl. Römer 8,31ff).

Martin Luther hat in seiner Schrift »Von der Freiheit eines Christenmenschen«, eine der wichtigsten Schriften der Reformation überhaupt, vom *fröhlichen Wechsel* gesprochen: Christus, der Sündlose, übernimmt von uns unsere Sünde, so, als ob *er* sie getan hätte, und er gibt uns dafür seine Gerechtigkeit. Dieser Wechsel lässt sich nicht verdienen. Er ist geschenkt. Gnade pur. Dieser Tausch macht uns in Wahrheit frei.

Durch Christus geschenkte Freiheit führt zu einer großen Portion Selbstvertrauen, weil Gottvertrauen die Basis ist. Dann hat nicht mehr das im Leben die höchste Priorität, was andere über mich sagen und erst recht nicht mehr, was ich selbst über mich denke, sondern das, was Gott über mich denkt. Und was denkt er? Gott ist für uns. Er hat Jesus für uns gegeben, wie sollte er uns mit ihm nicht alles schenken? In der Verbindung mit ihm bekommen wir eine neue Identität.

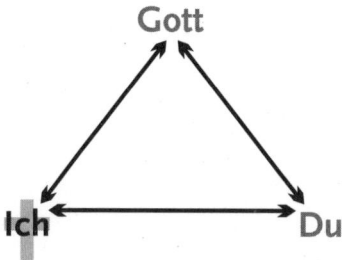

Christus vertritt uns. Über das verdunkelte Ich legt Christus sein Kreuz, sein Sterben für uns, und verändert damit unsere Identität, unser Bewusstsein über uns selbst und unser Verständnis von uns selbst.

Es kommt nicht mehr auf Leistung und Gutsein an, nicht auf die Erfüllung irgendwelcher Gesetze, sondern darauf, Gottes Tun für sich anzunehmen.

Annegret erzählt: »Es gab immer wieder Stunden in meinem Leben, da habe ich mich selbst gehasst und konnte mich nicht

*ausstehen. Ich war manchmal so tief verzweifelt, dass ich mich
am liebsten auf den Müll geworfen hätte. Doch dann habe ich
plötzlich das Bild von Christus vor Augen gehabt, wie er da am
Kreuz hängt und mich mit liebevollen Augen anschaut. Und
da habe ich verstanden. Wo ich mich selbst nicht mehr lieben
kann, da kann Christus immer noch lieben, denn seine Liebe
ist stärker als alle meine negativen Gefühle mir selbst gegenüber. Sein Sterben am Kreuz legt sich über meine verdunkelte
Identität. Gott sagt ›Nein‹ zu meiner Selbstanklage und ›Ja‹ zu
mir.«*

So verleiht Christus eine neue, eine fremde Würde. Einen Wert, den
wir uns nicht selbst geben und schon gar nicht erarbeiten können,
sondern den er schenkt – gratis.

Befreite Identität ist erlöste Identität, ist die Erkenntnis, von Gott
gefunden worden zu sein: Ich werde beschenkt. Ich kann zu meiner
Erlösung nichts dazutun, ich kann sie nur annehmen und wahr sein
lassen. Ich kann mich nicht von Schuld befreien, sondern nur Gott.

Ja, ich werde schuldig, aber Gottes Gnade gilt mir trotzdem.

Genau das ist ja so schwer zu begreifen. Denn ganz tief in uns
steckt das Denken, dass wir den Preis für Vergebung selbst bezahlen
müssen. Dass wir Bedingungen erfüllen müssen, damit wir vor Gott
recht sind.

Gutes tun, uns anstrengen, immer bessere Menschen oder immer
heiligere Christen werden. Aber ich kann mich nicht erlösen oder
perfektionieren, sondern Christus hat alles Nötige schon für mich
getan.

Wo immer ein Mensch schuldig geworden ist, gibt es immer das
Angebot der Vergebung. Damit eröffnen sich neue Wege. Wer Vergebung erfährt, kann erfahren, was Freude und Freiheit ist. Frieden
kehrt im Herzen ein.

Wer zu seiner Schuld steht und Vergebung erlebt, der wird über
das Tun anderer anders als zuvor denken. Er hat es nicht mehr

nötig, zu richten, sondern er ist sich seiner eigenen Unvollkommenheit bewusst.

In Johannes 8,3-11 wird folgende Begebenheit erzählt: Eine Frau wird von einigen Männern zu Jesus gebracht. Sie wurde beim Ehebruch ertappt. Sie zerren sie in die Mitte – dorthin, wo man schutzlos ist und von allen Seiten gesehen werden kann. Und sie klagen sie an. »Moses aber hat uns im Gesetz geboten, solche Frauen zu steinigen. Was sagst du?« Schon die Anklage der Männer beruht auf einer Falschaussage. Die Männer verdrehen das Gesetz, denn in 3. Mose 20,10 steht, dass beide (!) – Mann und Frau – gesteinigt werden sollen. Die Männer aber beschuldigen allein die Frau. Wie reagiert Jesus? Er verweist die Männer auf ihr eigenes Tun. »Wer unter euch ohne Sünde ist, der werfe den ersten Stein auf sie.«

Er macht damit deutlich: Keiner von euch ist ohne Schuld. Ihr habt kein Recht zu verurteilen. So geschieht es in der Geschichte dann auch: »Als sie aber das hörten, gingen sie weg, einer nach dem andern, die Ältesten zuerst; und Jesus blieb allein mit der Frau, die in der Mitte stand« (Johannes 8,9). Danach wendet er sich der Frau zu: »Hat dich niemand verdammt? Sie antwortete: Niemand, Herr. Und Jesus sprach: So verdamme ich dich auch nicht; geh hin und sündige hinfort nicht mehr.«

Jesus unterscheidet hier nicht zwischen Schuldigen und Gerechten. Alle sind schuldig, die Frau ist schuldig und die Männer auch.

Aber falsches Tun, auch Schuld und Sünde, kann uns die Würde nicht nehmen, die uns Christus durch sein Sterben und seine Auferstehung schenkt.

Jesus ist für uns gestorben und hat alles Schwere, Verletzende und alle Schuld mit in seinen Tod genommen. Aber er ist nicht im Tod geblieben. Er ist auferstanden. Er lebt. Das feiern wir an Ostern. Der Tod hat nicht das letzte Wort. Jesus wurde von Gott in ein neues Leben gerufen. Er ist nicht mehr an Zeit und Raum gebunden. Ostern ist der erste Tag der neuen Schöpfung. Die Auferstehung von Christus ist wie eine geöffnete Tür aus einem dunklen Raum zu neuem Licht. Das Osterlicht des neuen Lebens scheint jetzt schon in unsere Welt, Licht der Ewigkeit in die Zeit.

Wo finden wir unseren Platz im Leben? – Aus persönlicher Sicht werden wir unterschiedliche Antworten auf diese Frage geben. Aber wenn wir von Tod und Auferstehung wissen, wenn wir von Karfreitag und Ostern her kommen, kann die Antwort immer heißen: Mein Platz im Leben ist unter dem Kreuz von Jesus und im Licht des neuen Lebens, das am Ostermorgen begonnen hat.

Ostern bedeutet: Das Leid ist nicht das Letzte. Das Schwere hat keine endgültige Macht mehr. Verletzungen können im Osterlicht geheilt werden. Trauer findet Trost.

Wenn ich weiß: Mein Platz im Leben ist im Licht der Auferstehung, dann kann ich es jeden Tag neu glauben und daran festhalten: Mit Christus sind Schuld und Hoffnungsleere gestorben. Auch Verzweiflung hat keine letzte Macht mehr, auch die Anklagen im Gewissen sind in seinen Tod mit hineingenommen. Ich gehe mit Jesus, der als Auferstandener bei mir ist, und ich gehe meinen Weg ihm hinterher durch den Tod zu seiner Herrlichkeit. Bis dahin gibt er meinem Leben Sinn und Freude. Weil Jesus auferstanden ist, wird es niemals ganz dunkel werden.

Eigentumswechsel

Wem gehören wir eigentlich? Uns selbst oder Christus? In der Bibel gibt es dazu eine eindeutige Antwort. Sie hilft uns weiter in der Frage nach unserem Platz im Leben: »Denn unser keiner lebt sich selber und keiner stirbt sich selber. Leben wir, so leben wir dem Herrn; sterben wir, so sterben wir dem Herrn. Darum: wir leben oder sterben, so sind wir des Herrn« (Römer 14,7-9).

Für wen leben wir? Für wen setzen wir uns ein? Für uns selbst, die eigene Ehre, für die eigenen Ziele? Oder leben wir für Christus, von ihm her und auf ihn zu? Das ist die entscheidende Frage.

Was geschieht, wenn wir nur für uns selbst leben? Dann stehen wir bald in der Gefahr, dass sich alles nur noch um uns dreht und nach unserer Meinung richten muss. Dann sind wir kaum in der Lage, andere Lebensstile und Gewohnheiten von anderen zu akzeptieren.

Wir sind dann schnell am Richten und Urteilen, wenn wir anderen Essgewohnheiten, einem anderen Kleidungsstil oder einem anderen Musikgeschmack begegnen.

Leben wir nur für uns selbst, dann suchen wir zuerst unser eigenes Glück. Dann sind wir schnell in der Ehre verletzt und das Vergebenkönnen fällt schwer. Leben wir nur uns selbst, dann kann uns, wenn wir die Gedankenlinie weiterziehen, der Mitmensch eigentlich egal sein – ob der Mitchrist in der Gemeinde mit seinen anderen Ansichten oder der Mitmensch, der in einem afrikanischen Hungergebiet verzweifelt, oder in unserer Nachbarschaft vereinsamt.

Leben wir für uns selbst, dann kreisen wir letztlich um uns selbst, fühlen uns für unser Glück verantwortlich, jagen ihm darum nach. Dann drehen wir uns um unsere Sorgen, sind in uns selbst verkrümmt. Luther sprach vom *homo incurvatus in se ipsum*, vom *in sich selbst verkrümmten Menschen*, verkrümmt in sein Wollen und Versagen, in sein Suchen und seine Schuld.

Wenn wir nur für uns selbst leben, dann klingt das stolz und autonom. Aber Paulus zeigt: Dann sind wir am Ende arm dran. Dann haben wir Angst vor dem Kranksein und Panik vor dem Sterben, denn spätestens im Tod hört das *Sich-selbst-Leben* auf. Aber wem gehören wir dann?

Paulus setzt dem selbstbezogenen Denken das biblische Glaubenswissen entgegen: »Leben wir, so leben wir dem Herrn; sterben wir, so sterben wir dem Herrn.« Er hält fest: Ob wir leben oder sterben – wir gehören dem Herrn.

Das gehört zum Christsein: wissen, wem man im Leben und Sterben gehört.

Dann heißt die erste Frage nicht mehr: Was bist du und was kannst du? Sondern: Wem gehörst du? Leben wir mit Christus und für ihn, dann kann alle verkrampfte Selbstbezogenheit aufhören. Dann hat alles falsche Sorgen um uns selbst keinen Anspruch mehr darauf, uns traurig zu stimmen.

Leben wir dem Herrn, dann müssen wir uns nicht ständig rechtfertigen – weder in der Ehe noch in der Gemeinde, sondern wir können Fehler zugeben und einander vergeben.

Leben wir mit Christus und für ihn, dann können wir mit uns selbst und mit unseren Mitmenschen barmherziger umgehen.

Liebe zu Christus

Wenn wir Christus gehören, dann wächst in uns die Liebe zu ihm und das Staunen darüber, wie sehr er uns liebt.

Ein Gospel drückt es so aus: *He's the lover of my soul.* Er ist der Liebhaber meiner Seele. Wer diese Liebe für sich annimmt, wird immer mehr von Freude und Friede erfüllt.

Wer Christus liebt, will mit ihm zusammen sein und freut sich auf die Vollendung des eigenen Lebens in der Ewigkeit.

In der Bibel wird dieses Sehnen nach Christus mit dem Bild von Braut und Bräutigam beschrieben. In Jesaja 62,5 wird Gott mit dem Bräutigam, der sich auf seine Braut freut, verglichen. In Jesaja 40,9 freut sich *Zion*, ein Bild für uns, die Gemeinde, auf den kommenden Herrn. In Matthäus 9,15 bezeichnet sich Jesus selber als den Bräutigam[52].

Unser ganzes Leben läuft nach biblischem Verständnis auf die Vollendung in der Ewigkeit zu. Vieles bleibt auf dieser Erde unerfüllt: Wünsche bleiben offen, Sehnsüchte werden nicht gestillt, Schmerz weicht nicht, Leid oder Heimweh bleibt, Trost stellt sich nicht ein. Solche Erfahrungen können das Leben manchmal schwer machen.

In der Ewigkeit wird das anders sein. Dort kommt die Zeit ohne Leid und Tod, ohne Krankheit und Trauer, ohne Verletzungen und Verleumdungen, ohne Sucht und ohne Heimweh. Gott wird alles in allem sein (1. Korinther 15,28). Das Ausgerichtetsein auf Christus und seine Ewigkeit kann helfen, im Alltag zwischen wesentlich und unwesentlich zu unterscheiden. Vieles in unserem Leben hat nur den Charakter der Vorläufigkeit.

Ich bin in einem Dreigenerationenhaus aufgewachsen. Als ich Kind war, gab es mehrmals in der Woche eine Abendandacht bei meinen Großeltern. Ich ging dort nicht immer gern hin. Heute bin ich dafür aber sehr dankbar. Durch dieses immer wiederkehrende Ritual lernte ich sehr viele Choräle auswendig und kann sie bis heute. Die Strophe eines Chorals lautete:

> *Ewigkeit in die Zeit leuchte hell hinein,*
> *dass uns werde klein das Kleine*
> *und das Große groß erscheine.*
> *Sel'ge Ewigkeit.*
> *Marie Schmalenbach[53]*

Diese Strophe prägt mich bis heute. Viel Leid, schlimme Erfahrungen und schwere Todesfälle in meiner Familie haben mich immer wieder daran erinnert, dass die Orientierung auf die Ewigkeit uns zum Sortieren unserer Lebensthemen verhilft. Mit dieser Ausrichtung können wir besser erkennen, worauf es wirklich ankommt, wofür es sich zu kämpfen und zu streiten lohnt – und wofür nicht. Das Ziel der Ewigkeit hilft mir, das Herz an die richtigen Dinge zu hängen.

Noch sind wir nicht dort, noch sind wir Wartende. *Warten* meint, gespannt nach etwas ausblicken, spähen, erwarten. Im 2. Petrusbrief 3,13 heißt es: »Wir warten aber auf einen neuen Himmel und eine neue Erde nach seiner Verheißung, in denen Gerechtigkeit wohnt.«

Im letzten Buch der Bibel wird die Erfüllung des Wartens in einer reichen Bildersprache geschildert. Der vorletzte Vers der Offenbarung schließt den Bogen: »Ja, ich komme bald.« So spricht Christus und die Antwort lautet: »Amen, ja, komm Herr Jesus!« (Offenbarung 22,20). Damit findet die Sehnsucht zum Ziel, die offenen Fragen, die ungestillten Bedürfnisse erfahren Antwort, die Seele kommt zur Ruhe.

Wie werden wir da ankommen? Nicht perfekt, vielleicht mit Dank für vieles Gelungene, sicher mit Vorfreude, aber auch mit Scheitern und Enttäuschungen, verletzt und verunsichert. Doch dann wird Gott alle Tränen abwischen.

Wenn Jesus der beste Freund im Leben ist, der Liebhaber unserer Seele, dann können wir uns darauf freuen, in der Ewigkeit bei ihm zu sein.

Vieles hier ist nur vorläufig. Der endgültige Platz ist nicht hier, sondern in der Ewigkeit.

Meinen Platz finde ich,
wenn Christus in meinem Herzen lebt.

Vom Heiligen Geist geprägt

Gottes Wohnung in uns

Was bedeutet der Heilige Geist für unsere Identität?

In der Bibel begegnen uns darauf verschiedene Antworten.

Der Heilige Geist

- be-geistert uns zum Glauben.
- lässt uns wissen, dass wir Gottes Kinder sind.
- hilft uns dazu, dass wir im Vertrauen auf Christus Stabilität im Leben bekommen.

Paulus spricht oft vom *Sein in Christus*, das der Heilige Geist ermöglicht.

Mir ist ein Gedanke dabei besonders wichtig: Der Heilige Geist zeigt uns, dass Gott uns nicht alleine lassen will. Er will seine Menschen nicht nur aus der Ferne begleiten, sondern in uns sein. Der innerste Kern des Selbst soll von der Gegenwart Gottes erfüllt sein. Eine Vielzahl von Beschreibungen über den Heiligen Geist und seiner Wirkung an uns Menschen macht dies deutlich. So heißt es in Kolosser 1,27: »Christus in euch, die Hoffnung der Herrlichkeit.« Jesus sagt kurz vor seinem Sterben zu seinen Jüngern: »... wir werden zu ihm (gemeint ist der Mensch, der Gott liebt) kommen und Wohnung bei ihm nehmen« (Johannes 14,23). Paulus spricht an verschiedenen Stellen von *Christus in uns*[54].

Wenn er in uns wohnt, dann ist er Teil des Selbst. Wenn Christus in uns ist, geht es uns gut, weil er kein knechtender, sondern ein befreiender und erlösender Gott ist. Weil er nicht willkürlich ist, sondern liebend mit uns umgehen will. Und weil er Ordnung in uns schaffen will.

Er will uns helfen, uns zu entwickeln und zu verändern, uns umgestalten zu lassen. Mit dem Geist Gottes in uns entwickelt sich eine

Dynamik in uns. Wir beginnen die Dinge zu hassen, die Gott auch hasst und die zu lieben, die er liebt.

Es ist ein Zeichen der Gegenwart Gottes, wenn ein Mensch sich danach sehnt, dass Gottes Liebe immer mehr an ihm und an anderen wirken kann. In Galater 5,22-23 schreibt Paulus: »Die Frucht aber des Geistes ist Liebe, Freude, Friede, Geduld, Freundlichkeit, Güte, Treue, Sanftmut, Keuschheit.«

Eine Frucht ist nichts, das man selbst produzieren oder machen kann, sondern sie wächst und reift. Genau das ist Gottes Art: Entwicklung und Umgestaltung des eigenen Lebens zu dem hin, was sein Wille und seine Absicht ist.

Für den Platz im Leben ist dies sehr befreiend. Nicht wir müssen diesen Platz krampfhaft suchen oder erarbeiten, sondern Gott selbst gestaltet sich in uns.

Deswegen sagt Jesus zum Beispiel nicht: »Ihr *sollt* das Salz der Erde sein«, sondern: »Ihr seid das Salz der Erde« (Matthäus 5,13-14). Er sagt nicht: »Bemüht euch Licht zu sein«, sondern: »Ihr seid das Licht der Welt.«

Wenn Gott mit seinem Geist in uns wohnt, dann geschieht das in uns. Unser Selbst ist von ihm ergriffen, geprägt und bewohnt.

Das Herz als Tempel

In dem Adventslied *Macht hoch die Tür* gibt es eine Strophe, die fast nie gesungen wird. Auch mir war diese Strophe lange fremd. Doch inzwischen beinhaltet diese Strophe für mich fast die wichtigste Aussage des ganzen Liedes:

> *»Macht hoch die Tür, die Tor macht weit,*
> *euer Herz zum Tempel zubereit.*
> *Die Zweiglein der Gottseligkeit*
> *steckt auf mit Andacht, Lust und Freud.*

So kommt der König auch zu euch,
ja, Heil und Leben mit zugleich.
Gelobet sei mein Gott, voll Rat, voll Tat, voll Gnad.[55]«

Man kann sich an der alten Sprache stören, doch wenn wir den Grundaussagen nachspüren, entdecken wir einen tiefen Zusammenhang zum Thema Identität.

Da ist vom Herzen als Tempel die Rede, der mit den *Zweiglein der Gottseligkeit* ausgeschmückt werden soll.

Das Herz, der innere Raum unserer Motivation und unserer Empfindungen als Tempel? Auch Paulus vergleicht unseren Leib mit einem Tempel. »Wisst ihr nicht, dass ihr Gottes Tempel seid und der Geist Gottes in euch wohnt?« (1. Korinther 3,16).

Der Tempel im alten Israel war der Ort der Anbetung Gottes, heute sind es unsere Kirchen oder Gemeindezentren. Die Verbindung zwischen einem Kirchenraum und der eigenen Seele hat Auguste Rodin in klassischer Weise zum Ausdruck gebracht: »Immer, wenn ich eine Kathedrale betrete, ist mir, als beträte ich meine Seele.«[56] Nach biblischem Verständnis soll nicht nur in einem Gebäude, sondern auch in unserem Leib oder in unserem Herzen Anbetung Gottes stattfinden.

Der Raum der Anbetung soll nicht kahl und schmucklos sein, sondern mit den *Zweiglein der Gottseligkeit* ausgeschmückt sein. Der Begriff *Gottseligkeit* meint: dankbar, zufrieden, glücklich zu sein, weil Gott in uns wohnt.

Dass Gott in Christus in uns wohnen kann, ist für eine sichere Identität von entscheidender Bedeutung. Denn bei ihm findet die Seele zur Ruhe in den Anforderungen oder Zerreißproben der vielen verschiedenen Erwartungen. Bei ihm finden wir Frieden. Dort hört das ständige Kreisen um uns selbst auf. Das Ja Gottes bringt uns zur Ruhe.

So will der Heilige Geist uns dahin leiten, dass wir Christus als Schutzraum entdecken, in den wir uns flüchten können. Dort können wir uns liebevoll von ihm ansehen lassen. Dort müssen wir nichts tun, sondern können einfach nur sein – bei ihm. Wir müssen keine Leistungen im Gebet erbringen oder zu irgendwelchen Erkenntnissen kommen, sondern nur vor Gott da sein. Dort können wir uns sein Sterben am Kreuz und seine Auferstehung immer wieder ins Gedächtnis rufen.

Viele Psalmworte beschreiben die Sicherheit der Seele mit dem Bild einer Burg.[57] So steht in Psalm 91,1-2: »Wer unter dem Schirm des Höchsten sitzt und unter dem Schatten des Allmächtigen bleibt, der spricht zu dem Herrn: Meine Zuversicht und meine Burg, mein Gott, auf den ich hoffe.«

Gott als Burg und Zufluchtsstätte. Für eine sichere Identität ist ein solcher Schutzraum unendlich wichtig. Denn unser Personkern, das Innerste eines Menschen kann beschädigt, entwürdigt oder zertrampelt werden. Dies geschieht dann, wenn bildlich gesprochen keine Mauer um den inneren Raum gezogen ist und damit kein Schutzraum besteht.

Nehemia wollte das zerstörte Jerusalem wieder aufbauen. Als er zur ersten Baubesichtigung geht, entdeckt er die eingerissenen Mauern (Nehemia 1,3ff) Er sieht, dass das Volk deswegen schutzlos ist und gedemütigt wird. Entsetzt bemerkt er, wie jeder Fremde ein und aus geht und sich Rechte herausnimmt, die ihm nicht zustehen.

Im persönlichen Bereich gibt es diese Erfahrung auch. Ständige Grenzverletzungen führen zur Demütigung von Seele und Leib. Andere nehmen sich das Recht heraus, Bereiche zu betreten und Dinge zu benutzen, die nur uns gehören. Sexuelle Übergriffe oder verbale Verletzungen, permanente Erwartungen oder Forderungen beschädigen die eigene Würde und damit entsteht keine Selbstsicherheit. Die Seele hat keinen Schutz.

Damit dies nicht geschieht, braucht es eine Schutzmauer. Oder in PC-Sprache ausgedrückt: eine *Firewall* (Feuerwall). Diese kontrolliert den Zugang zum Computer und schützt ihn vor feindlichen Angriffen. Sie erlaubt nur solche Zugänge, die nicht gefährlich sind.

Von einem solchen Feuerwall als Schutzmauer wird in der Bibel in verschiedenen Geschichten berichtet. In Sacharja 2,9 stellt sich Gott selbst als Mauer um sein Volk: »Doch ich will, spricht der Herr, eine feurige Mauer rings um sie her sein und will mich herrlich darin erweisen.«

In 2. Könige 6,8ff wird die spannende Geschichte eines für nicht alle sichtbaren Feuerwalls erzählt, der ein elementarer Schutz gegen Angreifer ist.[58] Sie spielt in den Kriegen des Nordreiches Israels gegen die Aramäer zur Zeit des Propheten Elisa. Die Aramäer sind besonders heimtückische Feinde, weil sie Israel nicht in offener Schlacht von vorne angreifen, sondern hinterrücks in einem Hinterhalt auflauern.

Deshalb tritt hier der Prophet auf. Aufgrund seiner engen Beziehung zu Gott hat er Augen für das Unzugängliche und für das zunächst Unsichtbare. Deshalb kann er Israel warnen. Vor seinem Auge gibt es nichts Geheimes, nicht einmal gut gehütete geheime Militärpläne. Natürlich stachelt das die Wut der Angreifer besonders an. So belagern sie bei Nacht – also unsichtbar – mit Rossen und Wagen die Stadt Dotan, in der sich der Prophet mit seinem Diener gerade aufhält.

Bei Morgengrauen entdeckt Elisas Diener die Umzingelung durch die Feinde und erschrickt maßlos. Elisa beruhigt ihn mit den Worten: »Fürchte dich nicht, denn derer sind mehr, die bei uns sind, als derer, die bei ihnen sind!« (2. Könige 6,16).

Elisa betet daraufhin, dass dem Diener die Augen aufgehen sollen. Als dies geschieht, kann er die andere Wirklichkeit sehen: »… da war der Berg voll feuriger Rosse und Wagen um Elisa her« (2. Könige 6,17). Der Diener sieht die *Firewall*, mit der Gott um Elisa mitten in den Angriffen der Feinde einen Schutzring legt. Nun kann auch die Angst sich legen. Der Feuerring ist kein statischer Schutzgürtel, sondern voller Dynamik und Bewegung, den Gott selbst als Schutzwall eingerichtet hat.

Gott möchte unserer Seele einen solchen Schutzwall schenken, damit wir in ihm fest bleiben können, damit wir in Gott geborgen und sicher sein können.

Dann werden Grenzüberschreitungen durch andere erschwert. Die Abgrenzung gegen Demütigungen und Überforderungen ist leichter.

> *Herr, komm in mir wohnen,*
> *lass mein Geist auf Erden*
> *dir ein Heiligtum noch werden.*
> *Komm, du nahes Wesen,*
> *dich in mir verkläre,*
> *dass ich dich stets lieb und ehre.*
> *Wo ich geh, sitz und steh,*
> *lass mich Dich erblicken*
> *und vor Dir mich bücken.*
> *Gerhard Tersteegen*[59]

Der Mittelpunkt des Lebens

Die Seele ist der Ort der Motivation, der Leidenschaft, der Hingabe. »Denn wo dein Schatz ist, da ist auch dein Herz«, stellt Jesus in seiner Bergpredigt fest (Matthäus 6,21). Er fragt damit nach dem Zentrum, nach dem, was mich im Innersten erfüllt und antreibt.

Welche Bilder und Motive bewegen mich? Was sitzt im Mittelpunkt der Seele? Ist es Christus oder sind es andere Menschen, Beschäftigungen und Sorgen?

Was unser Hauptthema ist, merken wir daran, welche Gedanken uns als Erstes beim Aufwachen und welche uns als Letztes beim Einschlafen beschäftigen. Vielleicht erscheinen die damit verbundenen Bilder sogar im Traum oder rauben uns den Schlaf.

Michael erzählt: »Mein Arbeitskollege demütigt mich immer wieder. Das verletzt mich so, dass ich manchmal nachts nicht schlafen kann.«

So eine tief sitzende Kränkung oder eben auch eine unversöhnte Beziehung kann das Zentrum der Seele besetzen. Eine Krankheit kann einen intensiv beschäftigen, ebenso auch die Faszination eines Menschen. Aber auch Angst um die eigene Zukunft oder um den Ehepartner können solche *Besetzer* sein. Eine Tätigkeit kann so wichtig werden, dass Christus nicht mehr im Zentrum ist. Manche Mütter oder Väter kennen Phasen im Leben, wenn Sorgen um die Kinder sie völlig vereinnahmen.

Manuela erzählt mir: »Meine Tochter ist eine Chaotin. Ich mache mir große Sorgen um sie und ihre Kinder. Das ganze Leben in der Familie verläuft so unstrukturiert, der Haushalt ist einziges Durcheinander. Ich kann manchmal nachts nicht mehr schlafen und mich tagsüber nicht mehr freuen. Was soll ich nur machen?«

In solchen Zeiten wird deutlich, wie wichtig uns jemand oder etwas ist. Das ist das Gute daran. Die negative Seite aber ist, dass alle Lebensenergie darin gebunden wird. Die Freude am Leben, die Fähigkeit zum Genießen kann komplett verloren gehen.

Wenn sich das ganze Leben fast nur noch um eine Sache oder ein Thema dreht, spricht man auch von *Obsession*. Das lateinische Wort meint *besetzt halten, in Anspruch nehmen*. Es ist ähnlich wie das Leiden unter einer Besatzungsmacht, die unterdrückt und unfrei macht.

Die Seele leidet, wenn sie ständig mit schwierigen Themen und Sorgen besetzt ist. Sie sehnt sich nach Herrschaftswechsel.

Christus will und kann Freiheit und Perspektivwechsel schenken: weg von den niederdrückenden Sorgen und demütigenden Gedanken hin zu Hoffnung und Mut. Christus will angebetet werden und in der Mitte des Herzens sein. Er will den wichtigsten Platz einnehmen.

Wie kann dies nun konkret umgesetzt werden? Es kann eine Hilfe sein, ganz bewusst die *Besetzer* aus dem Tempel des Herzens auszutreiben. Manchmal braucht man andere Christen, die diesen Schritt im Gebet mitvollziehen. Das ist der Sinn von Seelsorge: dass Christus eingeladen wird, wieder in die Mitte zu kommen und das Wichtigste zu werden. Er ist mächtiger als Sorgen, Gedanken, besetzende Bilder und Gefühle.

Man könnte es auch in den Bezeichnungen von Friedemann Schulz von Thun (s. S. 27) ausdrücken: Manchen Stimmen, Botschaften oder Mächten müssen wir einen anderen Platz zuweisen: außerhalb des inneren Zentrums des Lebens. Sie sind damit nicht weg, aber sie haben keine Macht mehr, dürfen das Lebensgefühl nicht mehr eintrüben. Wir dürfen solchen Stimmen oder Gedanken den Zutritt verwehren, ihnen einen Stopp setzen.

Es braucht dafür oft eine ganz bewusste Entscheidung zu neuer Hingabe. Manchmal ist es gut, mit anderen zusammen diesen Schritt im Gebet zu vollziehen und sich segnen zu lassen und damit den Zugang zu dem inneren Raum zu *versiegeln*.

Wenn Christus wieder in der Mitte ist, dort wieder regieren kann, kehrt auch wieder Friede und Freude ins Leben ein.

Meister Eckhart, Theologe und Philosoph[60] sagte einmal:

> *Die ein gutes Leben beginnen wollen, die sollen es machen wie einer, der einen Kreis zieht. Hat er den Mittelpunkt des Kreises richtig angesetzt und steht er fest, so wird die Kreislinie gut. Das soll heißen: Der Mensch lerne zuerst, dass sein Herz fest bleibe in Gott, so wird er auch beständig werden in seinen Werken.*

Beten

Damit unsere Seele innerlich gefestigt wird, brauchen wir auch Zeiten des Gebets. Psalmen, Lieder oder das Vaterunser sind Leitlinien für das persönliche Gebet. Wir dürfen unser Herz mit all unserer Freude und Sorgen, mit Dank und Bitte, mit Klagen und Lob ausschütten.

Jesus hat in Matthäus 6,9ff einiges zum Beten erklärt. Beten können wir überall, zu jeder Zeit.

Es kann hilfreich sein, auf einige äußere Gegebenheiten zu achten, die das Beten erleichtern.

Dazu gehört die Einrichtung eines Gebetsortes zu Hause. Ich gebe gerne den Rat, sich einen Platz im Haus als Gebetsstelle auszuwählen und diesen Ort mit einem Bild, einer Kerze oder einem Kreuz so einzurichten, dass wir dort gut mit Gott ins Gespräch kommen können. Bei regelmäßiger Wiederholung verfestigen sich die äußeren Bilder und Symbole auch in der Seele und können in den Alltag mitgehen. Sie werden innerlich präsent und können abgerufen werden. Der innere Schutzraum ist da. So kann die Seele aus der Zerrissenheit in die innere Festigkeit geführt werden.

Beten ist aber bei Weitem nicht nur ein geistiger Akt. In der Bibel wird deutlich, dass Gebet, Körperhaltung und Bewegungen zusammengehören, weil der Körper der Tempel des Heiligen Geistes ist. Wir können unserem Beten darum auch körperlich Ausdruck verleihen. Unterschiedliche Gebetshaltungen unterstreichen unsere innere Haltung: Loben und Klagen, Dank oder Buße, Ehrfurcht und Anbetung, Hingabe und Freude. So wird durch äußere Zeichen eine innere Struktur geschaffen.

Hände falten: Das Händefalten ist eine Geste, die mit dem mittelalterlichen Lehnsrecht zusammenhängt. Beim Lehnseid legte der Lehnsmann seine gefalteten Hände in die zu einer Schale geformten Hände des Lehnsherren. Damit wurde ausgedrückt, dass sich der

Lehnsnehmer ganz in die Hände seines Herrn begab, ihm Treue und Gefolgschaft schwor.

Stehen: Stehen ist ein Zeichen der Ehrfurcht. Es gehört zum guten Ton, dass man sich erhebt, um einen Gast zu begrüßen. Vor Gericht erheben sich die Anwesenden, wenn Richter den Raum betreten. Beim Beten des Vaterunsers erheben wir uns im Gottesdienst. Stehen ist auch der Ausdruck der Wachheit, der Bereitschaft zu hören.

Abraham (1. Mose 18,22) und Hanna (1. Samuel 1,26) standen vor dem Herrn. In Markus 11,25 sagt Jesus: »Wenn ihr steht und betet, so vergebt.«

Knien: Oft mussten Menschen vor ihrem Herrscher knien. Knien bedeutet: Ich kann nicht mehr weglaufen, ich ordne mich unter. Salomo (1. Könige 8,54) und Daniel (Daniel 6,11) knieten beim Beten. Knien bringt zum Ausdruck: Gott ist groß, ich beuge mich vor seiner Macht. Ich stelle mein Leben unter ihn.

Liegen: Zum Gebet wurde oft auch eine liegende Haltung eingenommen. »Wir liegen vor dir mit unserem Gebet und vertrauen auf deine große Barmherzigkeit und nicht auf unsere Gerechtigkeit« (Daniel 9,18). Mose und Aaron fielen auf ihr Angesicht (4. Mose 16,22). Diese Gebetsgebärde ist ein Ausdruck der völligen Hingabe an Gott. Jesus betete in dieser Haltung vor seinem Weg ans Kreuz im Garten Gethsemane. In dieser Stunde der großen Angst war diese Gebärde Ausdruck seiner Hingabe: »… nicht wie ich will, sondern wie du willst« (Matthäus 26,39). Bei der Priesterweihe in der katholischen Kirche gehört diese Körperhaltung zum Zentrum der Liturgie.

Erhobene Hände: Beten mit erhobenen Händen ist ein Zeichen dafür, sich zu Gott auszustrecken, ihn damit zu loben (Psalm 141,2). Juden beteten in der Regel mit erhobenen Händen, zum Beispiel König Salomo oder der Apostel Paulus. Diese Haltung drückt die Bereitschaft aus, von Gott etwas zu empfangen.

Empfangen: Manche Menschen bilden beim Beten mit den Händen ein Gefäß zum Zeichen: Ich schöpfe aus Gottes Quellen. Oder die Arme bilden die Form eines *U* – damit wird ausgedrückt: Ich will Gottes Geist empfangen, ich bin offen für sein Wirken.

Neben diesen typischen Gebetshaltungen und Bewegungen gibt es weitere vielfältige Formen und Haltungen des Gebetes.

Beim Gehen oder Sitzen, beim Arbeiten oder Warten – es ist immer möglich, mit Gott im Gespräch zu sein. So meint es auch der Ausspruch des Thessalonicherbriefes: »Betet ohne Unterlass« (1.Thessalonicher 5,17) und meint damit: Unser ganzes Leben soll ein Gebet sein. In der Verbindung zu Gott kann ich jeder Situation und Lebenslage begegnen.

So kann der Heilige Geist das Leben mit dem Frieden von Gott, der Freude an Christus und der Hoffnung auf das ewige Leben erfüllen und die richtige Ausrichtung des Lebens schenken.

Meinen Platz im Leben finde ich,
wenn ich von Gottes Geist erfüllt bin.

Zusammenfassung: Gott lieben

Der Mensch braucht Gott, um sich seines Platzes im Leben sicher zu werden. Wenn wir im Gegenüber zu Gott leben, dann bekommen alle Urteile – egal ob nun von anderen Menschen oder von uns – eine Relativierung. Das letzte Urteil spricht Gott. Er sieht mir ins Herz und kennt meine tiefsten Motive. Gottes Gegenwart in meinem Leben verändert mich.

Ein Spruch, der viele Jahre über dem Schreibtisch meines Mannes hing, hat sich mir tief eingeprägt: »Du lebst nicht von deinen Leistungen und du stirbst nicht an deinem Versagen, sondern du lebst von Gottes grenzenloser Güte.«

Wie gut zu wissen, dass auch Schuld und Versagen kein Hindernis für Gottes Liebe sind. Wir können noch so viele Fehler machen – es gilt trotzdem Gottes Angebot der Vergebung und des Neuanfangs.

Wir leben auch nicht von unseren Leistungen. Was unser Leben wertvoll oder unwert macht, hängt nicht von uns ab, sondern von Gott.

Er ist es, der meine tiefsten Bedürfnisse kennt und sie stillen kann und will. Er ist es, der das verletzte Ich heilen kann, der der unruhigen und verunsicherten Seele einen Ort der Ruhe geben will, der Heimat an seinem Herzen schenken will.

Ich lebe, doch nun nicht ich, sondern Christus lebt in mir (Galater 2,20).

Wenn Christus in uns wohnt, dann können wir gerne bei uns zu Hause sein, es *mit uns selbst* aushalten.

Gott lieben bedeutet,
- mein Herz für die Beziehung zu ihm zu öffnen.
- Ja zu seiner Liebe zu mir zu sagen.
- mich zu freuen, dass er mich durch und durch kennt.
- zu wissen, dass ich immer zu ihm kommen kann.

- sein heilendes Wirken an mir zuzulassen.
- Gottes Absicht für mein Leben zu erkennen und sie auch ausführen zu wollen.
- mich nach Zeiten des Gebets zu sehnen.
- Gott als sichere Burg und Schutz meiner Seele zu erfahren.
- dankbar für seine Vergebung zu sein.
- mich auf die Ewigkeit, in der ich immer bei ihm sein kann, zu freuen.

Unseren Platz im Leben finden wir umso besser, wenn unser erstes Ziel nicht Selbstverwirklichung und eigene Ehre sind, sondern Gottesverwirklichung und Gottes Ehre.

Liebe zu Gott wird immer konkret.

»Wenn jemand spricht: Ich liebe Gott und hasst seinen Bruder, der ist ein Lügner. Denn wer seinen Bruder nicht liebt, den er sieht, der kann nicht Gott lieben, den er nicht sieht. Und dies Gebot haben wir von ihm, dass, wer Gott liebt, dass der auch seinen Bruder liebe« (1. Johannes 4,16 ff).

Wenn ich Gott nur in mystischer Versenkung begegne und dies ohne Auswirkungen auf meine zwischenmenschlichen Beziehungen bleibt, dann lebt die Liebe zu Gott nicht wirklich in mir.

Meine Gottesliebe spiegelt sich in meiner Liebe zum Nächsten und wird darin konkret.

Meinen Platz im Leben finden
in der Beziehung zum Nächsten

»Der Mensch wird am Du zum Ich«, sagt der jüdische Gelehrte Martin Buber. Unsere Mitmenschen und die Beziehung zu ihnen haben einen wesentlichen Anteil daran, ob wir unseren Platz im Leben finden oder nicht.

Viele Personen, die ich gefragt habe, wie sie ihren Platz im Leben finden, haben geantwortet: in Gemeinschaft, in Beziehung, durch Familie und durch Freunde.

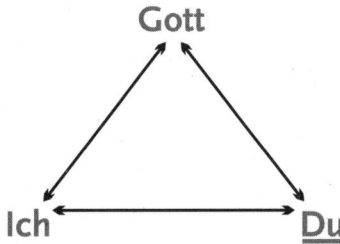

Von Anfang an findet sich der Mensch in einem Beziehungsgeflecht vor.

Da sind zunächst die Eltern oder zumindest eine Mutter. Häufig gibt es auch Geschwister, Großeltern und andere Verwandte. Menschen leben in einer Nachbarschaft, in einer Wohngegend, in einer Stadt, sind zu einem Land zugehörig. Viele finden einen Ehepartner und bekommen Kinder und werden so in Beziehungen gestellt, die ihr Leben wesentlich bestimmen. Darüber hinaus haben Menschen Beziehungen im Berufsleben, in Vereinen oder in einer Gemeinde.

Beziehungen sind Gottes Geschenk an uns.

»Seine Freude in der Freude des anderen finden zu können, das ist das Geheimnis des Glücks«, meint Georges Bernanos.

Wir können viel Schönes mit anderen Menschen erleben. Gemeinsam feiern und spielen, lachen und weinen, einander trösten und stützen. An Gelingendem und Konflikten in Beziehungen mit anderen Menschen lernen wir uns selbst besser kennen, erfahren wir unsere Grenzen und Möglichkeiten. Durch die Rückmeldungen, womit andere verletzt werden und wodurch man selbst verletzt wird, reift die Selbsterkenntnis. Die Erfahrung, andere ermutigen und erfreuen zu können, ist eine große Bereicherung des Lebens. So resümiert auch Martin Buber: »Alles wirkliche Leben ist Begegnung«.[61]

Aber wir wissen, dass wir an unseren Beziehungen auch leiden können. Es kann schwierig oder mühsam sein, mit anderen Menschen zu leben. Es kann Konflikte und Streit geben. Wir können gemobbt werden oder neidisch auf andere sein. Beziehungen können zu einer großen Herausforderung für unser Leben werden.

In diesem Gesamtbild jedoch machen Beziehungen unser Leben reich. Die Bibel ermutigt uns, unsere Beziehungen im Sinn Gottes zu gestalten. »Lebt in der Liebe, wie auch Christus uns geliebt hat und hat sich selbst für uns gegeben ...« (Epheser 5,2).

Beziehungsmuster

Die bereits einige Male erwähnte Transaktionsanalyse beleuchtet die Beziehungsmuster, in denen wir unser Miteinander gestalten. Wie wir übereinander denken, wie wir einander einschätzen, wie wir uns bewerten, kann in vier unterschiedlichen Grundeinstellungen geschehen.[62]

Ich bin nicht okay – du bist okay (depressive Position)

Bei dieser Grundeinstellung melden sich häufig negative Botschaften oder Stimmen aus der Kindheit: *»Du bist zwar okay, bei dir ist alles in Ordnung, aber bei mir stimmt es nicht. Ich bin nichts, kann nichts. Im Vergleich zu den anderen kann ich nichts vorweisen.«*

Wenn Minderwertigkeitsgefühle beherrschend sind, werden davon die Selbsteinschätzung und das eigene Verhalten geprägt. Dies führt in eine unterwürfige Haltung: Die anderen sind besser, mächtiger, intelligenter, wichtiger. Diese Haltung kann sich in Rückzug und Schuldgefühlen äußern und dazu führen, dass Menschen Dienen oder Demut falsch verstehen – als eine Unterwerfung unter andere. Der Gedankenmechanismus heißt: *»Da die anderen sowieso besser sind, dürfen diese über mich verfügen und bestimmen. Ich habe kein Recht, meine Bedürfnisse oder Meinungen zu äußern. Ich lasse mich ausnutzen; das ist meine einzige Lebensberechtigung.«*

Die Transaktionsanalyse beschreibt dieses Verhalten so: Ich gehe auf die Position des *Kind-Ich* und lasse von anderen über mich verfügen. Ich lasse es zu, dass diese wie Eltern über mich bestimmen.

Ich bin okay – du bist nicht okay (autoritäre Position)

Diese Haltung drückt sich in Überheblichkeit, Stolz und Abfälligkeit anderen gegenüber aus. »*Ich bin in Ordnung, aber mit dir stimmt etwas nicht. Ich weiß sowieso besser, was richtig ist, wie etwas sein sollte, wie das Leben funktioniert.*« Der andere erscheint als verachtenswert. Dies schlägt sich dann in pauschal abwertenden Bemerkungen nieder, in Nörgeln, Kritisieren, Lästern: »Bist du blöd!« Oder: »Du hast wohl nicht mehr alle Tassen im Schrank.« Wer so redet, geht davon aus, dass er im Recht ist – meistens grundsätzlich und immer. Dass der andere Bedürfnisse, Gründe für sein Verhalten oder sogar positive Motivationen haben könnte, wird von vorneherein ausgeschlossen. Es wird zwischen Sache und Person nicht getrennt.

Dieses Denkmuster verleitet auch zum Lästern: Die Kassiererin an der Kasse ist zu langsam, die Kollegin erzählt immer nur langweilige Geschichten, und der Nachbar hat anscheinend nichts Besseres zu tun, als das ganze Wochenende lang sein Auto zu polieren.

Nicht das Verhalten des anderen, sondern die ganze Person an sich wird abgewertet. Schnell landet man dann bei abwertenden und entwürdigenden Sätzen: »Geh mir aus den Augen …« Oder: »… mit dir rede ich nicht mehr.« – »Ich will dich nicht mehr sehen.« Oder Kindern gegenüber: »Wegen dir mussten wir heiraten.« – »Eigentlich wollten wir kein Kind mehr.« – »Eigentlich solltest du ein Junge/Mädchen sein.« – »Du bist schlimmer als dein Vater/deine Mutter.«

Mit solchen Sätzen wird einem Menschen seine Grundwürde genommen, er wird in Bausch und Bogen verurteilt.

In der Terminologie der Transaktionsanalyse gesprochen begibt man sich bei diesem Muster auf die Seite des negativen *Eltern-Ichs*, das andere von oben herab beurteilt, einschätzt und dirigieren will.

Ich bin nicht okay – du bist nicht okay (nihilistische Position)

Diese Haltung ist von einem tiefen Misstrauen, sowohl sich selbst als auch anderen gegenüber, gekennzeichnet. *»Mit mir stimmt etwas nicht, und mit dir ist auch nichts in Ordnung.«* Solche Denkmuster haben meistens ihre Ursache in tiefer Lebensverletzung, Missbrauchserfahrung oder in sexuellen Übergriffen.

Häufig ist diese Einstellung von Schuldzuweisungen begleitet: »Andere sind schuld daran, dass es mir so schlecht geht.« – »Ich bin nicht okay, weil du nicht okay bist und mir geschadet hast.« – »Du bist verpflichtet, den angerichteten Schaden an meiner Seele wiedergutzumachen.« Aus dieser Haltung heraus können Rachehandlungen, Selbstablehnung bis hin zu Selbsthass, Selbstzerstörung, unerklärliche Wutausbrüche und Schadenfreude entstehen. *»Weil es mir selbst nie gut ergangen ist, soll und darf es auch dir nicht gut gehen. Weil mir nie etwas gegönnt wurde, kann ich dir nichts gönnen.«*

Die Transaktionsanalyse definiert es so: Das verletzte Kind überträgt die negativen Botschaften auf sein Gegenüber und kann deswegen im anderen nichts Gutes, nichts Reifes und Ehrenwertes erkennen. Deswegen ist wertschätzender Umgang miteinander nicht möglich.

Ich bin okay – du bist okay (gesunde Position)

Menschen, die diese Grundeinstellung haben, wissen um ihren eigenen Wert, um ihre Liebenswürdigkeit, um ihr Geliebtsein, auch um die Würde, die Gott ihnen schenkt. Sie wissen, dass dasselbe auch für ihr Gegenüber gilt. *»Mit mir hat es seine Richtigkeit, und du bist mir recht, so wie du bist.«* Die Gewissheit, dass Menschen in ihrer Würde gleichwertig sind, trägt die Beziehung. Beide sehen sich auf der gleichen Ebene. So gestaltete Beziehungen gehen mit Missverständnissen unkompliziert um, brauchen sich nicht ständig zu rechtfertigen, können Fehler anderer Menschen vergeben und wissen, dass der andere auch mit Fehlern ein Mensch mit Würde und Wert ist.

Wenn dann etwas zu besprechen oder zu kritisieren ist, wird dem anderen nicht die Würde genommen, sondern ihm vermittelt: »*Ich trenne zwischen dem, was du tust und dem, was du bist. Das sind zwei verschiedene Ebenen.*«

Was für einen selbst gilt, gilt auch für den anderen: geliebt trotz Fehler und Schwächen. Aber auch: von Gott begabt und in einen Auftrag gerufen.

Wer um das eigene Erlöstsein und die eigene Berufung weiß, kann mit anderen Menschen gelassen und fair umgehen.

Solches Verhalten definiert die Transaktionanalyse mit der Kommunikation von zwei *Erwachsenen-Ichs.*

Je nach Beziehung und Situation, je nach Stimmungslage und bisherigen Erfahrungen können diese Grundeinstellungen wechseln. Menschen nehmen also nicht immer die gleiche Position ein. So kann es sein, dass wir mit manchen Menschen auf gleicher Ebene und in Würde umgehen, dass wir uns als gleichwertig empfinden. In anderen Beziehungen oder in einer anderen Situation mit demselben Menschen rutschen wir aber in eine der Fehlhaltungen ab.

Es gibt auch Situationen, in denen wir unsere Mitmenschen aus der Position des *Erwachsenen-Ichs* ansprechen, diese aber reagieren wie ein *bedrohtes Kind* oder wie *belehrende Eltern*[63].

In Gottes Augen hat jeder Mensch Wert und Würde. Jeder ist von ihm gerufen und wertgeschätzt und jeder braucht seine Liebe und seine Vergebung. Unsere Beziehungsgestaltung gelingt darum am besten, wenn wir *über Gott* miteinander kommunizieren: Dann lassen wir zu, dass Gott mit seiner versöhnenden Macht zwischen uns steht. So eignen wir uns den liebenden Blick Gottes über unserem Leben und über dem der anderen an. Das entspannt und befreit.

Meinen Platz finde ich,
wenn ich mit anderen und mit mir selbst
gleichermaßen wertschätzend umgehen kann.

Beziehungsebenen

Eltern

Die Eltern sind die Ersten, die uns zu unserem Platz im Leben verhelfen. Sie leben uns vor, wie das Leben geht und wie sie selbst darin ihren Platz gefunden haben.

Je älter wir werden, desto mehr müssen wir aber Abstand von den elterlichen Platzanweisungen nehmen und selbst unseren Platz finden. Denn nach biblischem Verständnis gibt es eine klare Rangordnung für die Wichtigkeit der Beziehungen: zuerst die Ehe, dann Kinder, erst dann alle anderen Beziehungen.

Die Eltern bleiben als die ersten prägenden Personen unseres Lebens wichtig. Sie haben uns Grundlagen und Lebensinhalte vermittelt. Im Erwachsenenleben, und erst recht in einer Ehe, dürfen sie aber in der Rangordnung nicht mehr an erster Stelle stehen.

Verlassen

Das Erste, was wir in der Bibel darüber lesen können, steht ganz am Anfang in der Schöpfungsgeschichte: Kinder sollen ihre Eltern verlassen.[64]

Das Verlassen der Eltern ist für das Reif- und Erwachsenwerden von entscheidender Bedeutung. Viele Eheprobleme rühren daher, dass Kinder ihre Eltern nie verlassen haben. Dieses Verlassen muss nicht zuerst ein äußeres Verlassen sein, sondern ein inneres Sichablösen, Sich-distanzieren von Bewertungen, Urteilen und Aufforderungen der Eltern.

Dieses Verlassen ist auch dann wichtig, wenn Kinder nicht heiraten. Auch Jesus hat dies praktiziert. Es gibt mehrere biblische Berichte darüber (Matthäus 12,46ff, Markus 3,31-35, Lukas 8,19-21).

Jesus distanziert sich bei der Hochzeit zu Kana klar von den mütterlichen Einmischungsversuchen (Johannes 2).

Die Reaktion seiner Mutter darauf ist interessant und hilfreich: Sie nimmt sich zurück. Sie schmollt nicht, sie ist nicht beleidigt. Die normale Reaktion einer Mutter auf solch eine Zurückweisung wäre vielleicht, empört oder verletzt zu reagieren. Seine Mutter Maria gibt mit ihrem Verhalten jedoch dem Wirken ihres Sohnes Raum. Sie akzeptiert seine Kritik.

Dieses Akzeptieren der Eigenständigkeit der Kinder bleibt für alle Eltern eine Aufgabe. Sie müssen das rechtzeitige Loslassen lernen. Maria ist darin ein gutes Vorbild.

Umgekehrt zeigt Jesus: Söhne und Töchter dürfen und sollen sich abgrenzen. Sie müssen selbst ihren Weg finden, sie dürfen Nein sagen, selbst zu gut gemeinten Einmischungen der Eltern.

Entscheidender als elterliche Beurteilungen und Meinungen sind Gottes Wegweisungen und sein Reden in das Leben hinein.

Ehren

Eines der Zehn Gebote sagt: Du sollst deine Eltern ehren (vgl. 2. Mose 20). Dieses Gebot wird oft als erhobener Zeigefinger gegenüber Kindern missverstanden. Doch zunächst ist dies ein Gebot an Erwachsene: Ehrt eure Eltern und geht in Würde mit ihnen um. Zeigt damit euren eigenen Kindern, wie man sich alten Menschen gegenüber verhält.

Eltern ehren heißt für erwachsene Kinder nicht, den Eltern noch zu Gehorsam verpflichtet zu sein, sondern sie in ihrer Würde und Persönlichkeit zu achten. Gerade wenn Eltern alt oder unflexibel werden, kompliziert erscheinen oder sogar zum Pflegefall werden, ist es nicht immer leicht, ihnen die angemessene Würde entgegenzubringen. Aber genau das meint das biblische Gebot.

Es ist auch ein Ausdruck der Dankbarkeit gegenüber den Eltern für das, was sie ihren Kindern an Zeit, Liebe und Geborgenheit gegeben haben.

Ehren bedeutet deswegen aber nicht, den Eltern den ersten Platz einzuräumen. Der Gehorsam gegenüber Gott steht höher als der gegenüber den Eltern. Wir müssen bereit sein, eigene Wege in der Verantwortung vor Gott zu gehen.

Wenn wir nun nochmals Jesus anschauen, dann wird deutlich, dass auch er sich von diesem Gebot leiten ließ.

So kräftig und heftig die Ablösung von seiner Mutter war, so intensiv bemüht er sich um sie im Blick auf ihre Zukunft, noch während des eigenen Sterbens.

Als Jesus von bitteren Schmerzen und Atemnot, von Verzweiflung und Todesangst gequält war, standen unter dem Kreuz seine Mutter und der Jünger Johannes. Jesus bittet Johannes, an seiner Stelle die Sohnschaft zu übernehmen. Damit werden Maria und Johannes einander zu Mutter und Sohn. So wird in diesem Verhalten von Jesus deutlich, wie stark seine Liebe war, die es ihm ermöglichte, ihr auch unter schweren Qualen und Todeskämpfen mit Ehre und Fürsorge zu begegnen.

Verlassen und Ehren sind somit kein Widerspruch.

Wir können aus diesen beiden biblischen Anweisungen und an dem Verhalten von Jesus lernen, dass der Platz im Leben ein anderer sein kann, als der, den die Eltern gutheißen. Durch die Bibel zieht sich der rote Faden der Liebe, die Gott schenkt und die auch das Miteinander der Generationen prägen und bestimmen soll: einander die Würde und Achtung schenken, die Gott uns entgegenbringt.

Geschwister

Die Geschwisterbeziehungen sind in der Regel die Beziehungen, die uns am längsten durch unser Leben begleiten.

Geschwister sind ein großer Schatz im Leben. Wir lernen an ihnen, wie Gemeinschaft gelingen kann oder auch nicht. Wer Geschwister hat, muss Kompromisse schließen können, erfährt die Freude des Teilens, aber auch die Frustrationen des Streits.

Meistens sind Geschwister sehr verschieden. Das liegt daran, dass jedes Geschwisterkind sich in einer anderen *Nische*[65] innerhalb der Familie seinen Platz sucht.

Wenn Geschwister erwachsen werden, wird die Unterschiedlichkeit oft noch in viel stärkerem Maß sichtbar. Im Stil, im Aussehen, in der Lebensgestaltung, im Verständnis von Ordnung und Ästhetik kann es extreme Unterschiede geben. Das macht die Begegnungen dann gelegentlich auch sehr konfliktträchtig.

Viele der Geschwisterbeziehungen, von denen die Bibel berichtet, waren konfliktbelastet.[66]

Ein Beispiel dafür sehen wir bei den Schwestern Maria und Marta. Jesus war öfters bei ihnen zu Besuch. In einer Erzählung (Lukas 10,38-42) wird die Unterschiedlichkeit der beiden sichtbar.

Marta ist die Aktive, Dynamische, Tätige. Sie »machte sich viel zu schaffen, ihm (Jesus) zu dienen.« Sie tut das sicher gerne, es macht ihr Freude zu arbeiten und befriedigt sie. Sie erlebt ihre Wirksamkeit im Tun.

Maria dagegen sitzt Jesus zu Füßen und hört ihm zu.

Als Marta das sieht, rastet sie aus: »Herr, fragst du nicht danach, dass mich meine Schwester lässt allein dienen? Sage ihr doch, dass sie mir helfen soll!«

Hier zeigt sich eine Rivalität zwischen den beiden. Möglicherweise war Marta neidisch auf Maria, die sich einfach die Zeit nimmt, um bei Jesus zu sitzen, zu seinen Füßen – das war der Platz der Lernenden, der Studierenden.

Jesus reagiert sehr weise. Er sieht die viele Arbeit von Marta: »Marta, Marta, du hast viel Sorge und Mühe.« Möglicherweise schwingt da auch Bedauern mit, denn Marta steht in der Gefahr, ihre Wertigkeit von ihrem Tun abhängig zu machen. Ihr Selbstgefühl baut auf der Leistung und der damit verbundenen Anerkennung auf.

Maria hat das nicht nötig. Und das ärgert Marta. Die Folgen des nicht gewürdigten Aktivismus sind gekränkte Ehre, Neid und daraus folgend Aggressionen und die Demütigung von Maria. Sie stellt sich sowohl über Jesus als auch über ihre Schwester und beleidigt beide – und dies vermutlich vor einigen weiteren Gästen und Zuhörern. Letztendlich beschämt sie sich aber selbst damit, denn sie verliert damit ihre Würde.

Jesus sieht beide: Marta in ihrer inneren Not und Anerkennungssucht, die sich in äußerer Belastung niederschlägt, und Maria in ihrer so ganz anderen Art.

Maria, die Stille, Nachdenkliche, die einfach nur zuhört. Sie lässt sich durch die Gegenwart von Jesus beschenken. »Maria hat das gute Teil erwählt.« So kommentiert es Jesus. Eine gute Beziehung zu Gott zeigt sich nicht im Aktivismus, sondern in dem hingegebenen Hören. Wenn die Seele sich für das Reden Gottes öffnet und still werden kann, kehrt Zufriedenheit ein. Das wird an Maria deutlich.

In Johannes 11 wird nochmal von Maria und Marta berichtet: Lazarus, der Bruder der beiden, ist gestorben. Jesus macht sich auf den Weg zu den Schwestern. Später wird er Lazarus vom Tod auferwecken. Dazwischen wird eine interessante Begebenheit berichtet: Marta geht Jesus entgegen, wie immer entschlossen und tatkräftig. Sie spricht längere Zeit mit ihm. Obwohl sie ihren Glauben viel mehr im Tun als im Hören lebte, hat sie in einer tiefen Weise begriffen, wer Jesus ist. »Du bist der Christus.«

Sie ist neben Petrus die Einzige, die ihn wirklich als den Messias erkennt. Sie hat geistliche Zusammenhänge begriffen. Maria aber war bei diesem Gespräch nicht anwesend. Nach dem Gespräch mit Jesus geht Marta zu Maria und sagt zu ihr: »Der Meister ist da und ruft dich« (Johannes 11,28). Als Maria das hört, steht sie sofort auf und eilt ihm entgegen.

Da wird Maria von Marta geradezu aufgefordert, zu Jesus zu gehen. Marta hat also nichts mehr dagegen, dass Maria bei Jesus ist.

Wenig später (in Kapitel 12) heißt es dann: »Sechs Tage vor dem Passafest kam Jesus nach Betanien, wo Lazarus war, den Jesus auferweckt hatte von den Toten. Dort machten sie ihm ein Mahl und Marta diente ihm; Lazarus aber war einer von denen, die mit ihm zu Tisch saßen. Da nahm Maria ein Pfund Salböl von unverfälschter, kostbarer Narde und salbte die Füße Jesu und trocknete mit ihrem Haar seine Füße; das Haus aber wurde erfüllt vom Duft des Öls.« Sie – die Zurückgezogene, die Stille – macht ihre Hingabe für alle sichtbar. Dem Geruch des Öls kann sich niemand entziehen, alle sind mit hineingenommen in ihr Handeln an Jesus.

Marta diente, ohne Murren und Aufbegehren, während Maria zu Jesu Füßen sitzt und seine Füße mit Öl salbt.

Marta hat dazugelernt. Sie dient, ohne Maria oder Jesus einen Vorwurf zu machen. Sie gesteht ihrer Schwester zu, ihre Beziehung zu Jesus in anderer Weise zu leben als sie selbst das tut. Marta hat, so können wir annehmen, von Jesus gelernt, worauf es ankommt. Sie arbeitet, aber aus einer gelösten und gelassenen Haltung heraus.

Eine spannende Erzählung. Sie macht deutlich, wie verschieden Geschwister sein können. Es geht nicht um Gleichmacherei, sondern darum, dass jede ihren Glauben und ihr Leben unterschiedlich gestaltet. Beides wird von Jesus gesehen und beantwortet.

Beides ist wichtig: wie Maria auf Jesus hören und wie Marta dienen. Dann kann schädliches Vergleichen und Neiden aufhören. Nicht auf das, was wir tun, kommt es letztlich an, auch nicht darauf, wie viel wir tun, sondern aus welcher Motivation heraus und wie wir es tun – für Christus, aus Liebe zu ihm, aus dem Hören auf ihn.

Großeltern

Auch die Großeltern haben einen wesentlichen Anteil daran, wie wir unseren Platz im Leben finden. Ich hatte das Glück, alle vier Großeltern zu erleben, bis ich selbst Kinder hatte. Die Beziehungen zu ihnen waren und sind ein großer Schatz in meinem Leben. Inzwischen bin ich selbst Großmutter und profitiere von den Erlebnissen mit den eigenen Großeltern.

Großeltern haben mehr Distanz zu den Enkeln als die Eltern – und das ist gut so. Sie nehmen vieles nicht so persönlich. Sie können aus einer größeren Gelassenheit heraus reagieren und so zu emotionalen Stützpfeilern für Familien werden.

Im Generationengefüge sind sie das *Dach*.

Sie sehen mit mehr Weitblick in das Leben. Sie wissen, dass Konflikte lösbar sind und dass das Chaos ein Ende nimmt. Und sie können von den Vorfahren, von früheren Zeiten erzählen und nehmen uns in einen Geschichtsbogen mit hinein.

Egal, in welcher Lebensphase wir als Enkel, Kinder oder Großeltern sind – es ist wichtig, dass wir Distanz und Nähe gut austarieren.

Für Enkel sind gute Großeltern ein großes Geschenk. Sie sind wichtige Begleiter in ihr Leben hinein.

Eltern dürfen einerseits klare Grenzen ziehen zu den eigenen Eltern, andererseits sollten sie aber auch deren Wichtigkeit nicht übersehen und ihnen einen gebührenden, ehrenden Platz einräumen.

Die Großeltern können den Enkeln oft anderes geben als die Eltern. Sie sollten sich aber nicht in falscher Weise in die junge Familie einmischen oder gar die Erziehung der Eltern unterlaufen. Sie haben nicht mehr die Erziehungsverantwortung. Doch sie können Schützende, Helfende und Schenkende im Hintergrund sein.

Ehepartner

Wenn wir heiraten, ändert sich unser Platz im Leben. Wir gestalten ihn nicht mehr alleine, sondern zu zweit. Der bisherige Platz wird zugunsten eines neuen Platzes verändert oder aufgegeben.

Ehe bedeutet: Mann und Frau gehören enger zueinander als zu irgendjemand sonst auf dieser Welt. Weder Eltern noch Kinder dürfen den ersten Platz im Herzen eines Menschen einnehmen, sondern immer der Ehepartner. Nur so finden Menschen in einer Ehe zu ihrer Wir-Identität und einer eigenen Form der Ehegestaltung.

Ehe ist Gottes Idee: »Es ist nicht gut, dass der Mensch allein sei; ich will ihm eine Gehilfin machen ...« (1. Mose 2,18).

Gottes Grundidee für Mann und Frau ist die Ergänzung und darin die gegenseitige Bereicherung.[67] Viele Ehepartner erleben in ihrer Ehe diese Freude des Miteinanders. Da ist die Faszination, die Freude über die Andersartigkeit, Begeisterung über die andere Sicht auf die Welt, Interesse an den Hobbys, Freunden und Vorlieben des Partners. Eine neue Welt erschließt sich über den Menschen, den man liebt: neue Horizonte und neue Erfahrungen und darin auch neue Platzanweisungen.

Doch Ehe ist nicht immer nur Begeisterung und Freude. Auch Enttäuschungen und Frustrationen gehören dazu.

Sabine sagte mir: »Am Anfang fand ich das ganz super, dass mein Mann so gemütlich ist. Das genaue Gegenstück zu mir. Doch inzwischen nervt es mich nur noch, dass er immer so bequem ist. Ich würde mir wünschen, dass er sich mal ein bisschen schneller bewegt, schneller entscheidet, selbst mal mehr Initiative entwickelt. Jetzt bin ich immer wieder aufs Neue frustriert.«

Die Andersartigkeit des Ehepartners ist eine große Herausforderung. Wenn ich heirate, heirate ich nicht nur das am anderen, was mir gefällt, sondern den ganzen Menschen mit allem, was er mitbringt: seine Hintergründe, seine Schwachstellen, seine Verletzungen. Umgekehrt hat der andere mich mit meinen Stärken und Begabungen, aber auch mit meinem Versagen, mit meinen Unsicherheiten und meiner Vergangenheit geheiratet. So gehören wir zusammen – mit allem, was wir mitbringen – und dürfen das miteinander unter die Zusage der Barmherzigkeit und Vergebung Gottes stellen.

Dann wird Wirklichkeit, was in Prediger 4,12 steht: »Einer mag überwältigt werden, aber zwei können widerstehen, und eine dreifache Schnur reißt nicht leicht entzwei.«

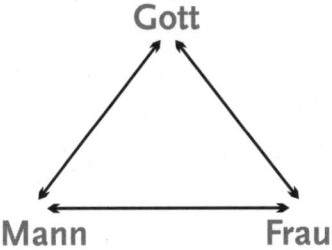

Übertragen auf Ehe bedeutet das: Zwei miteinander können mehr bewirken und sein als zwei allein. Wenn Gott der Dritte im Bund ist, dann bekommt Ehe eine neue Dimension. Diese wunderbare Verheißung hat Gott der Ehe gegeben.

Er will, dass das Miteinander von Mann und Frau gelingt, indem er Herr über beide sein darf. Darum sollten wir uns auch nach Frustrationen und Enttäuschungen nicht so schnell entmutigen lassen, sondern es immer neu wagen, uns als Geschenk aus Gottes Hand anzunehmen.

Ehe, menschliches Miteinander überhaupt, kann nur gelingen, wenn wir uns von perfekten Vorstellungen verabschieden. Kein Mensch ist vollkommen, kein Mensch ist fehlerfrei, auch nicht annähernd.

Wenn zwei wissen, dass sie einander von Gott geschenkt sind, können sie trotz aller Unterschiede immer wieder zu der Erkenntnis finden: Der, der so ganz anders ist als ich, ergänzt mich in hervorragender Weise. Durch ihn, und nur durch ihn, lerne ich genau das, was ich nicht kann. Gerade auch die Ent-Täuschungen sind heilsam für mein Leben. Am anderen und durch ihn lerne ich meine Schwachstellen kennen und kann durch seine Andersartigkeit ergänzt werden. Gerade das, was mich jetzt vielleicht noch aufregt, ist das, woran ich letztlich als Mensch reife und wachse.

Einige Jahre später erzählte mir Sabine: »Inzwischen bin ich wieder ganz neu dankbar dafür, dass mein Mann so anders ist als ich. Ich habe gerade durch seine Gemütlichkeit gelernt, meine eigene Hektik und meinen Aktivismus zu hinterfragen. Ich erlebe durch ihn, dass Nichtstun und Genießen auch mir guttut.«

So wird der andere in seiner Ergänzung und in allen Herausforderungen zum Geschenk und zur Bereicherung.

Kehren wir nochmals zur Schöpfungsgeschichte zurück. Als Gott dem Adam seine Eva zuführte, da jubelte Adam. Er führte einen Freudentanz auf: »Diese Frau gehört jetzt zu mir. Sie ist mir von Gott geschenkt!« Dieser Jubel hat die Kraft, wenn wir ihn einmal aufgenommen haben, den Ehealltag ein Leben lang zu prägen. Es ist der Jubel, der sich hinter der einfachen Frage an Brautpaare vor dem Traualtar verbirgt: Wollt ihr euch als Gottes Gabe lieben und ehren?

Als Gottes Gabe bedeutet, nicht als erobertes Objekt oder als Projektionsfläche der eigenen Wünsche. Sondern als Geschenk von höchster Instanz. Mein Mann ist mir von Gott gegeben, so wie er ist und wie er im Lauf der Jahrzehnte reift – meine Frau ist mir von Gott geschenkt mit all dem, was sie an Gaben und Charakter mitgebracht hat und noch entdeckt.

Einander als Gabe von Gott geschenkt sein – das gleicht einer persönlichen Widmung aus Gottes Hand. Es ist wie mit einem Buch: Man kann es kaufen, lesen oder verstauben lassen. Man kann es, wenn es alt wird, wegwerfen und ein neues kaufen. Ein Buch aber, das vorne die persönliche Widmung des Autors enthält, bleibt in besonderer Weise wertvoll und einmalig. Da setzt sich der Jubel des Adam fort, wenn Frau und Mann es sich immer wieder – auch bei allem jahrzehntelangen Reifen und Verändern – zusprechen und zeigen: Du bist mir ein Geschenk mit persönlicher Widmung, unvergleichlich wertvoll und einmalig.

Alleinlebende

Wie finden Menschen ihren Platz, wenn sie keinen Partner haben? Das Ledigbleiben kann eine bewusste Entscheidung sein. Manche Menschen leben lieber allein. Sie genießen die größere Freiheit und Weite. Manche möchten sich voll und ganz in einer Gemeinde oder in einem Beruf einbringen. Manche entdecken für sich eine Kommunität als richtige Lebensform oder wollen in einen kirchlichen oder diakonischen Dienst eintreten, der das Unverheiratetsein voraussetzt. Es gibt die Gabe der Ehelosigkeit. Manche sind damit glücklich.

Es gibt auch das andere. Menschen finden sich vor in einer Lebensform, die sie so nicht wollten. Entweder wurde nach längerer Suche nicht der oder die Richtige gefunden oder das Leben wurde durch den Verlust des Ehepartners einsam.

Im Vergleich mit Verheirateten kann das Alleinsein oder Alleinbleiben eine Frustration sein. Es kann sich das Gefühl breitmachen, etwas zu versäumen oder verpasst zu haben, wertlos oder vergessen zu sein.

Für die Würde und den Wert ist es egal, ob jemand verheiratet oder unverheiratet, verwitwet oder geschieden ist.

Wenn das Alleinsein mit Enttäuschungen verbunden ist, gilt gerade da auch Gottes Liebe und seine heilende und versöhnende Kraft. Gerade in der Zuwendung Gottes können Menschen immer wieder einen Platz im Leben finden.

Wenn der Ehepartner gestorben ist, braucht es meistens eine längere Phase des Trauerns und der Umorientierung, bis der Platz im Leben wieder gefunden ist. Ein dankbarer Rückblick auf die gemeinsame Zeit und Rituale des Trauerns helfen in solchen Zeiten.

Schwieriger gestaltet sich die Neuorientierung nach einer Scheidung, denn der bisherige Platz im Leben ist nicht nur verloren, sondern wird teilweise negativ definiert. Sich mit dem Prozess und den Entscheidungen, die zur Scheidung geführt haben, auseinanderzusetzen, ist schwer. Denn Scheidung hinterlässt oft ein Gefühl von Entwürdigung, von Unfähigkeit und Zerbruch. Bis die Wunden nach solchen Verletzungen geheilt sind und sich wieder Perspektiven für einen neuen Platz eröffnen, kann es einige Zeit dauern.

Kinder

Wenn ein Paar Kinder bekommt, verändert das den Platz im Leben.

Kinder sind ein großes Geschenk.

Erwachsene lernen durch Kinder, die Welt aus einer neuen Perspektive zu sehen, denn diese können sich über die Welt ungezwungen freuen und darüber staunen. Das entspannt auch die oft zu ernste oder verkrampfte erwachsene Sicht auf das Leben.

Es ist eine schöne Aufgabe, Kinder ins Leben führen zu dürfen, ihnen Geborgenheit und Sicherheit zu schenken, mit ihnen das Leben zu entdecken, miteinander Gaben zu entfalten.

Kinder machen aber auch Arbeit und Mühe, sie schränken die freie Zeiteinteilung ein. Viele Frauen haben erst nach der Geburt des ersten Kindes begriffen, dass Kindererziehung ein Fulltime-Job ist. In den Trotzphasen von Kleinkindern, in der Pubertät und auch im Erwachsenenalter können Kinder ihre Eltern an den Rand der Nerven, an die Grenzen von Kraft und Geduld und so auch in Krisen bringen.

Trotz allem: Erziehung bleibt eine der schönsten und wichtigsten Aufgaben, die Erwachsene haben können. Auch durch alle Fehler und Unvollkommenheiten hindurch geben Eltern etwas von sich an eine neue Generation weiter und gestalten damit auch die Welt von morgen mit.

Es gibt keine Eltern, die an ihren Kindern nicht auch schuldig werden. So wie wir Erwachsene uns an die Fehler der eigenen Eltern erinnern, so werden sich die eigenen Kinder an unsere Fehler erinnern.

Wie wir mit Schuld und Versagen umgehen, ist vielleicht das Wichtigste, was wir Kindern mitgeben. Als Eltern haben wir die Verantwortung, auch in schwierigen Phasen – wie in der Pubertät und im jungen Erwachsenenalter – das Vertrauen zu den Kindern zu bewahren. Wir sollten den ersten Schritt zur Versöhnung gehen, auch wenn wir meinen, 95 Prozent der Schuld liege bei den Kindern. Diese sehen das genau andersherum. Sie denken, alle Schuld würde bei den Eltern liegen.

Es ist ein Lebensgesetz, dass wir immer den Schuldanteil der anderen höher sehen als den eigenen. Die Fragestellung des Schuldanteils ist nicht neu, sie kommt in der Begegnung von Jesus mit seinen Jüngern immer wieder vor. »Wie oft muss ich eigentlich noch vergeben? Irgendwann ist es doch genug, oder?« So oder so ähnlich haben die Jünger Jesus immer wieder gefragt. Er antwortet darauf: »Ich sage dir: nicht siebenmal, sondern siebzigmal siebenmal« (Matthäus 18,22), was so viel heißt wie *unendlich oft*. Das gilt für alle Beziehungen, wird aber im Familienalltag besonders aktuell.

Wenn wir gemeinsam aus der Vergebung leben, wird dadurch etwas sichtbar von der Kraft der Liebe Gottes.

Vergeben heißt aber nicht, sich ausnützen lassen, sondern in Klarheit und Konsequenz, in Wertschätzung miteinander umgehen.

Zu den wichtigsten Aufgaben der Eltern gehört es, den Kindern dieses Wissen um Gottes Barmherzigkeit, das Vertrauen auf Gott nahezubringen. Glaube, der im Familienalltag Gestalt gewinnt, hilft Kindern, ihren Platz im Leben zu finden. Feiern, Lieder und Gebete können dabei eine hilfreiche Rolle spielen.

Kinder entwickeln sich trotz aller Bemühungen oft anders, als wir uns das wünschen oder vorstellen. Das macht demütig. Die eigenen Kinder sind kein Beweis für unsere pädagogischen Fähigkeiten. Unser Wert als Eltern ist nicht von den erzieherischen Erfolgen abhängig. Der Sinn unseres Lebens besteht nicht in dem, was wir aus den Kindern *gemacht* haben. Am Ende eines Erziehungsprozesses bleibt nur Gottes Barmherzigkeit und seine Vergebung. Diese Barmherzigkeit Gottes macht auch uns selbst barmherzig.

Verwandte, Freunde, Arbeitskollegen und Nachbarn

Beziehungsnetze in unterschiedlichen Bereichen prägen uns, helfen oder verhindern, dass wir unseren Platz im Leben finden.

Wenn wir gute Freunde und stützende Kontakte haben, können wir dankbar dafür sein. Denn auch in solchen Beziehungen haben wir einen Platz. Es kann eine große Bereicherung sein, mit anderen zu reden, Themen zu bedenken, Einschätzungen zu teilen oder korrigiert zu werden. Freundschaften verhelfen uns zum Aufatmen, zum Feiern, zum Pausemachen. Das Leben ist mehr als Arbeit und Auftrag.

Ein Leben ohne Feste
ist wie eine weite Reise ohne Gasthäuser.
Demokrit

In Freundschaften und guten Beziehungen entwickeln wir ein Gespür für das, was andere brauchen. Wir teilen Freude und Leid, feiern Geburtstage und andere festliche Anlässe, können füreinander beten.

Beziehungen können aber auch durch zu hohe gegenseitige Erwartungen gefährdet sein. Wir dürfen unsere Mitmenschen nicht überfordern, überfrachten oder in falscher Weise an uns binden. Umgekehrt dürfen wir solche Grenzüberschreitungen auch bei uns nicht zulassen.

Neben guten und bereichernden Beziehungen gibt es in jedem Leben auch schwierige oder komplizierte Kontakte, ob das nun Arbeitskollegen, Verwandte oder Nachbarn sind.

Paulus schreibt im Römerbrief: »Ist's möglich, soviel an euch liegt, so habt mit allen Menschen Frieden« (Römer 12,18). Mit Freundlichkeit, Klarheit und Humor lässt sich mancher Konflikt entschärfen oder sogar beilegen.

Aber nicht immer gelingt das. Manche Beziehungen bleiben trotzdem schwierig. Dann müssen wir das richtige Maß zwischen Nähe und Distanz finden, Provokationen ebenso vermeiden wie verachtendes Verhalten.

Bei allen Begegnungen sollen wir trotzdem eine wertschätzende und würdigende Haltung einnehmen. Egal wie schwierig jemand ist: Er ist dennoch Gottes Geschöpf. Christus ist für alle gestorben und auferstanden – auch für Menschen, mit denen wir uns schwertun.

Schwierige Beziehungen können uns auch hinterfragen: Was genau ist es, was mir am anderen so schwerfällt? Sind es verdrängte oder nicht gelebte Anteile in mir selbst, die ich immer wieder als störend und ärgerlich empfinde? Wenn ich immer wieder in dieselben Konfliktmuster gerate – auch in unterschiedlichen Beziehungen – kann es sein, dass ich an mir etwas verändern muss. Arbeite ich unverarbeitete Konflikte mit meinen Eltern stellvertretend auf anderen *Schauplätzen* auf? Reagiere ich auf manche Verhaltensmuster oder Redewendungen mit dem *Kind-Ich* und bekomme deswegen immer wieder Probleme?

Gemeinde

Wenn wir mit Gott leben, gehören wir auch in eine Gemeinde. Niemand kann für sich allein Christ sein.

In einer Gemeinde finden wir Menschen, mit denen wir zusammen feiern und Gott loben, mit denen wir uns an Bibeltexten, Gebetserhörungen und an Wundern freuen. Wir erfahren Geborgenheit und Ermutigung. Wir werden einander zur Wegweisung, zur Korrektur oder zum Trost.

Gemeinde ist Gottes Wille. Sie ist ein sichtbares Zeichen der Gegenwart des auferstandenen Christus. Jesus sagt in Matthäus 18,20: »Denn wo zwei oder drei versammelt sind in meinem Namen, da bin ich mitten unter ihnen.«

Christen in einer Gemeinde haben eine gemeinsame Berufung: Gott zu ehren, sich gegenseitig anzunehmen und zu tragen. »Darum nehmt einander an, wie Christus euch angenommen hat« (vgl. Römer 15,7). Dieses Ziel und nicht die eigene Ehre oder Profilierung soll unser Miteinander prägen.

Wenn wir unser Leben von dieser Berufung her sehen, relativiert sich vieles: Für was lohnt es sich eigentlich zu kämpfen und sich einzusetzen? Ist unser Verhalten von Gottes Berufung her geleitet und geprägt? Oder nur von eigenen Vorstellungen oder Gewohnheiten, die jetzt von anderen gestört werden? Das Ziel bestimmt den Stil.

In einer Gemeinde ist es ähnlich wie in einer Familie: Wir können uns die *Geschwister* nicht aussuchen, sondern sie sind da – mit allen Stärken und Schwächen, mit Erfreulichem und Absonderlichem.

Genau darin besteht die Herausforderung zu reifen und zu wachsen. Im anderen sollen wir Christus sehen lernen. Gerade an dem, woran wir leiden, sollen wir in besonderer Weise gesegnet werden. Was will Gott durch die anderen sagen und zeigen? Wo will er korrigieren?

Gemeinde besteht aus unvollkommenen Menschen. Das ist zwar einerseits ärgerlich, andererseits aber auch tröstlich. Denn dann haben noch weitere unvollkommene Menschen darin Platz.

Es gibt einen sehr befreienden Gedanken: Sobald ich die ideale und vollkommene Kirche oder Gemeinde gefunden habe, wird sie in dem Moment, wo ich ihr beitrete, unvollkommen.

Mit unseren Geschwistern im Herrn, auch mit den schwierigen und in unseren Augen unmöglichen, werden wir einmal die Ewigkeit verbringen. Wir brauchen einander, um voneinander zu lernen und in der Liebe und in der Versöhnung zu wachsen.

Paul Schütz prägte den Gedanken: »Der Nächste steht uns in Wahrheit nicht im Wege, sondern er steht am Rande des Abgrunds, als Schutzengel, der uns hindert, aus den Realitäten des Lebens hinaus in die Illusionen zu treiben.«[68] Das Störende an den Nächsten fordert mich zur Liebe, zum Dienen und zur persönlichen Veränderung heraus. Darin können sie mir zum Segen werden.

Feinde

Es gibt kein Leben ohne Menschen, die uns das Leben schwer machen, die uns mobben, schneiden oder uns bewusst Böses wollen. Manchmal werden wir bestohlen, beraubt oder übervorteilt. Die Aussagen von Jesus zum Umgang mit Feinden sind eindeutig und klar. »Liebt eure Feinde, tut wohl denen, die euch hassen; segnet, die euch verfluchen; bittet für die, die euch beleidigen« (Lukas 6,27-28), und an anderer Stelle sagt er: »Ich aber sage euch: Liebt eure Feinde und bittet für die, die euch verfolgen« (Matthäus 5,44). Dies ist kein Rat zur Unterwerfung oder Selbstentwertung, sondern zur positiven Souveränität.[69]

Wer sich segnend und betend den Tätern entgegenstellt, wird in positiver Weise aktiv. Wer dagegen Opfer bleibt, gerät in die Falle von Schadenfreude, Bitterkeit oder Gehässigkeiten. Denn negative

Gedanken als Reaktion auf Gemeinheiten wären das Natürliche, aber zugleich auch das Vergiftende. Schnell ist das Herz mit negativen Gedanken, mit Minderwertigkeitsgefühlen oder mit Rachegelüsten und Hass besetzt.

Das Interessante daran: Auch aus psychologischer Sicht ist diese Aufforderung von Jesus ein sehr guter Rat. Wenn ich mich in die Opferrolle drängen lasse, dann fühle ich mich in der unteren Position, fühle ich mich abgewertet. Je länger man in dieser Rolle verharrt, desto stärker gewinnt die negative Kraft an Eigendynamik. Wenn wir aber etwas Positives dagegensetzen, sind wir kein Opfer mehr, sondern werden selbst zu Handelnden.

Wer die *Feinde* segnet, gewinnt Souveränität. Er steht auf der Seite Gottes und kann den empfangenen Segen weitergeben. In die Segenslinie Gottes hineingestellt zu sein, tut uns selbst gut und erst recht den anderen, die uns schaden wollen. Auch sie können durch die segnende Liebesmacht Gottes verändert und verwandelt werden.

Wer für Feinde, für Menschen, die einem Böses tun, beten und sie segnen kann, gerät nicht in die Opferrolle.

Vor einigen Jahren wurden wir in unserem Pfarrhaus überfallen. Ein psychisch gestörter Mann hatte in der Nacht seine Mutter ermordet und drang dann ins Pfarrhaus ein, um meinen Mann ebenfalls zu töten. Es waren schlimme traumatisierende Minuten für uns.

Es brauchte eine längere Zeit der Verarbeitung, um mit dem Geschehen so fertigzuwerden, dass wir wieder unsere seelische Stabilität zurückgewannen. Den Mörder zum Feind zu erklären, wäre sicher berechtigt gewesen. Aber es hätte uns in unserer Situation als Traumatisierte wenig geholfen. Wir haben darum immer wieder für diesen Mann gebetet und ihn gesegnet. Wir wussten uns damit auf »Gottes Seite«. Dies war wie ein Schutzmantel um uns und trug sicher dazu bei, dass wir Heilung unserer verletzten Seelen erfahren konnten.

Das Segnen der *Feinde* ist eine Hilfe im Umgang mit schwierigen Menschen, andererseits muss Unrecht aber auch benannt werden. Die Psalmbeter zeigen, dass wir vor Gott über das, was uns angetan wurde, klagen dürfen. Jesus weist darauf hin, dass man sich gegen wiederholte Verletzungen schützen muss: »Wenn dein Bruder sich gegen dich versündigt, so geh und weise ihn zurecht zwischen dir und ihm allein. Hört er auf dich, so hast du deinen Bruder gewonnen« (Matthäus 18,15ff). Zeigt er sich allerdings auch nach mehreren Anläufen uneinsichtig, »so sei er für dich wie ein Heide und Zöllner«. Das bedeutet, wenn der andere keine gute Beziehung will, haben wir das Recht, auf Distanz zu gehen. Denn solches Verhalten des Verletzers verhindert, zumindest vorerst, eine Erneuerung der gestörten Beziehung.

Distanz bedeutet aber nicht Bitterkeit oder Nachtragen, sondern trotz allem zu segnen und für schwierige Menschen und Feinde zu beten.

Meinen Platz im Leben finde ich,
wenn ich für andere zum Segen werden kann.

Lieben lernen

Liebe ist eine Kraft, so groß und stark wie der Tod. So steht es in der Bibel. Ohne Liebe wäre das Leben arm. Das Einzige, was einen Menschen grundlegend zum Positiven verändern kann, ist Liebe. Denn sie stabilisiert, macht sicher und schafft dadurch innere Freiheit. Wenn wir uns selbst anschauen, können wir das bestätigen: Wir brauchen Liebe. Wir sehnen uns danach, geliebt zu werden. Wenn wir Liebe empfangen, können wir sie weitergeben. Wenn die Liebe Gottes in uns zur Quelle wird, dann fließt unser Leben über – hin zu anderen.

Doch die Liebesfähigkeit kann blockiert sein.

Marianne sitzt vor mir. Verzweifelt bricht es aus ihr heraus: »Ich möchte meine Kinder gerne lieben, aber es gibt Situationen, da raste ich komplett aus. Dann schreie ich meine Kinder an und bin so wütend, dass ich sie am liebsten schlagen würde. Ich hoffe nur immer, dass die Nachbarn das nicht mitbekommen, wenn ich mal wieder einen meiner Ausraster habe. Mir ist das peinlich, ich leide darunter. Und so will ich auch gar nicht sein: Ist mir überhaupt noch zu helfen?«

Die Liebe hat immer zwei Seiten: eine Innenseite und eine Außenseite, das aktive Lieben und das Geliebtwerden. Beides bedingt sich gegenseitig. Wir können die Seiten nicht voneinander trennen. Darum können auch auf beiden Seiten Blockaden sein. Manchmal fehlt uns die Erfahrung, mit Liebe umfangen oder beschenkt zu sein. Es kann sein, dass wir tief verletzt sind und darum Angst haben, unsere Seele liebend zu öffnen. Es kann sein, dass wir aufgrund schlimmer Kindheitserfahrungen Gott misstrauen und ihm nicht glauben, dass er es wirklich gut mit uns meint. Diese Erfahrungen auf der *Innenseite* wirken sich dann auf die *Außenseite* aus, sodass die Kraft zum Lieben fehlt.

Auf der *Außenseite* können wir blockiert sein durch zu hohe Erwartungen und Idealvorstellungen.

Schauen wir die Liebesblockaden noch etwas näher an.

Blockade: Lebensverletzungen

Wenn wir die eigene Lebensgeschichte Revue passieren lassen, wird vielleicht deutlich, dass Geliebtwerden keine Selbstverständlichkeit ist. Wir haben positive und negative Erfahrungen damit.

Manche machten schon als Kind die Erfahrung, geliebt, geborgen und wertgeschätzt zu sein. Aber es gibt andere, die leiden bis heute darunter, nicht oder zu wenig geliebt worden zu sein. Häufig war die Liebe an Bedingungen geknüpft.

Viele Menschen sind durch die Botschaft geprägt, als Kinder nie gut genug gewesen zu sein, um die Liebe zu bekommen, die sie gebraucht hätten. Sie hatten den Eindruck, es den Eltern nie recht machen zu können. Manche schauen auf Demütigungen, Missachtung oder Missbrauch zurück. Diese Bewertungen der Kindheit führen bei Erwachsenen zu Minderwertigkeitsgefühlen bis hin zu Selbsthass. So können sie Liebeszuwendungen nicht für sich annehmen.

Rudolf sagt zu Heidrun, seiner Frau: »Ich liebe dich.« Heidrun antwortet: »Schön wäre es!« Heidrun hat immer wieder die Erfahrung gemacht, dass Liebe verdient werden muss. Sie hat immer wieder zu hören bekommen, dass sie nicht gewollt oder erwünscht war und so spürt sie tief in sich: Ich bin nicht liebenswert, ich bin zu verachten. Ich hasse mich; darum kann ich keine Liebe für mich zulassen oder annehmen.

Wenn Rudolf nicht versteht, was der Hintergrund von Heidruns Reaktion ist, kann ein solches Verhalten der Frau ganz schnell negativ eskalieren und die Atmosphäre dauerhaft vergiften.

Demütigungen, Entwürdigungen und Misshandlungen sind oft wie ein großer Schrei in der Seele. Diese werden dann oft hinter Härte und Aggressionen versteckt. Der innere Schmerz wird nach außen gewendet, wird zum äußeren Schrei: Kinder, Ehepartner, Freunde oder andere Menschen werden angeschrien und verletzt. Warum? Damit die Wunden der eigenen Seele nicht sichtbar werden.

Ein Mann, der sich das Leben nahm, schrieb in seinem Abschiedsbrief: Weil ich es nicht länger ertragen kann, dass ich die Menschen, die ich am meisten liebe, immer so verletze, setzte ich meinem erbärmlichen Leben ein Ende.

Je liebloser oder je aggressiver ein Mensch ist, umso mehr Verletzungen muss er verbergen. Aggressionen sind ein Schrei nach Liebe.

Lebensverletzungen gibt es nicht nur in der Vergangenheit. Auch in der Gegenwart können wir dies erleben: Wir werden geärgert, verletzt und gedemütigt. Dann werden wir misstrauisch, ängstlich oder sogar verbittert und verschließen unser Herz für beides: für das Empfangen und Weitergeben von Liebe. Lebensverletzungen können eine echte Blockade im Lieben sein.

Blockade: Idealvorstellungen

Eine weitere Blockade des Liebesflusses sind Idealvorstellungen. Die Liebe wird dabei an Bedingungen geknüpft. Dahinter steckt oft ein sehr perfektionistisches[70] Denkmuster: »Wenn die anderen so wären, wie ich sie gerne hätte, dann könnte ich sie lieben. Aber so doch nicht. Wenn die Kinder ordentlicher und folgsamer, wenn der Ehepartner netter und rücksichtsvoller wäre, dann könnte ich sie lieben.

Wenn der Chef zuvorkommender wäre, wenn meine Mutter sich nicht ständig einmischen würde, dann könnte ich sie wertschätzen. Aber so doch nicht: Ich ärgere mich ständig über die anderen, ich habe allen Grund, sie nicht zu lieben. Die anderen sollen sich erst einmal ändern, bevor ich sie annehme. Ich habe mich getäuscht in den anderen, ich hätte etwas Anderes, etwas Besseres erwartet.«

Wer so denkt, schaut mit hohen Erwartungen und Ansprüchen auf seine Mitmenschen und findet viele Argumente, warum diese nicht liebenswürdig sind. Sie entsprechen nicht den Erwartungen. Sie strengen sich nicht genügend an oder sie sind von negativer Motivation geleitet.

Dahinter steht meistens mangelnde Selbsterkenntnis. Die eigenen Probleme und Schwierigkeiten werden nach außen gewendet und man kämpft gegen *Schatten* des eigenen Lebens, die einem im anderen begegnen.

Jesus beschreibt ein solches Verhalten mit einem drastischen Bild: »Was siehst du aber den Splitter in deines Bruders Auge und nimmst nicht wahr den Balken in deinem Auge? Oder wie kannst du sagen zu deinem Bruder: Halt, ich will dir den Splitter aus deinem Auge ziehen?, und siehe, ein Balken ist in deinem Auge. Du Heuchler, zieh zuerst den Balken aus deinem Auge; danach sieh zu, wie du den Splitter aus deines Bruders Auge ziehst« (Matthäus 7,3-5).

Wer einen Balken im Auge trägt, läuft Gefahr bei jeder Bewegung den Umstehenden einen Hieb zu versetzen. Das schafft Distanz. Niemand kann sich jemandem nähern, der einen Balken im Auge hat.

Idealvorstellungen und hohe Erwartungen sind wie Balken im Auge. Sie verhindern Nähe und die Bereitschaft zur Liebe.

Damit Liebe Gestalt gewinnt, müssen wir mit zwei Missverständnissen aufräumen.

Liebe ist keine Symbiose

Manche Menschen verwechseln Liebe mit symbiotischem Verschmelzen. Sie erwarten vom Partner die Erfüllung aller ihrer Wünsche und meinen im Umkehrschluss: Liebe bedeutet, dem anderen alles von den Augen abzulesen und für ihn alles zu tun, alles zu sein.

Mit solchen Erwartungen ist jeder Mensch überfordert. Lieben hat nichts mit Symbiose, Besitzenwollen oder Ich-Verlust zu tun. Andere Menschen – Ehepartner, Kinder, Freunde, Therapeuten oder Seelsorger – können nie die Erfüllung aller Sehnsüchte sein.

Lieben kann nur, wer es mit sich alleine aushalten und mit unerfüllten Wünschen umgehen kann.

Die Kehrseite dieses falschen Verständnisses lautet: Lieben heißt anderen immer alles zu Gefallen zu tun, in anderen aufzugehen, das Ich in den anderen zu verlieren. Wer mit dieser Haltung lebt, richtet alles Handeln nach dem aus, was andere erwarten oder erwarten könnten. Der dahinterstehende Gedanke lautet: Wenn ich tue, was andere (vielleicht) von mir wollen, dann bekomme ich Liebe und Anerkennung. Besonders *Nähe-Typen* stehen in der Gefahr, diesem Missverständnis zu erliegen.

Eine solche Haltung kann in falsche Abhängigkeit zu anderen Menschen führen. Denn die Grundwertigkeit wird aus der Bewertung durch andere bezogen. Diese bekommen sozusagen *Deutungshoheit*. Die Gefahr, dem Urteil anderer zu verfallen, ist dann sehr hoch: Ich bin wertvoll, wenn ich anderen gefalle. Ich darf nicht *Nein* zu deren Erwartungen sagen.

Wer sich immer nur nach anderen richtet, wird schnell zur Marionette. Daraus kann Beziehungssucht entstehen, ein Helfersyndrom oder Selbstaufopferung bis zur Erschöpfung. Solchen Menschen wird dann oft eine Fülle von Lasten auferlegt, denn wir reagieren auf die ausgesandten Botschaften unseres Gegenübers. Wenn diese – unausgesprochen oder offen – vermitteln: »Ich diene euch. Ich tue, was ihr wollt«, dann werden sie schnell ausgenutzt.

Diese Lebenshaltung äußert sich häufig in einem symbiotischen Verschmelzen von Unterwerfung und Beherrschung. Wer sich unterwirft, braucht einen Beherrscher – und umgekehrt. Wer nach diesem Muster lebt, verliert im Extremfall seine Originalität und findet nicht zu seiner Lebensbestimmung.

Denn diese muss sich letztlich von Gott herleiten und nicht von den Erwartungen oder der Herrschaft anderer. Die Stimmen der Erwartungen anderer sind dann lauter als das Reden Gottes über dem eigenen Leben.

Um lieben zu können, brauchen wir einen stabilen Persönlichkeitskern. Diesen bekommen wir durch einen gesunden Selbstwert und durch Selbstsicherheit.

Wer zu allem Ja sagt oder – im Umkehrschluss – immer sofort Nein sagt, ist von einer großen Selbstunsicherheit geprägt. Er weiß nicht, wo die eigenen Stärken und Grenzen sind. Echt lieben kann nur, wer einen Schutzraum hat, aus dem heraus er agieren kann. Diesen Schutzraum der Würde will uns Gott schenken.

Liebe ist mehr als Gefühl

Miriam setzte sich frustriert auf den Sessel mir gegenüber und sagte: »Ich empfinde plötzlich einfach nichts mehr für meinen Mann. Ich habe keine Gefühle mehr für ihn. Tja, da kann man eben nichts machen, da bleibt eben nur die Trennung.«

Natürlich kann es Gefühlsverlust, Gleichgültigkeit oder die Entwicklung zum Hass geben. Verletzungen im Lauf der Ehejahre, die nie ausgesprochen und geklärt wurden, unbereinigte Schuld auf beiden Seiten oder aber auch überhöhte Erwartungen, können den Eindruck entstehen lassen, dass die Liebe weg sei.

Wer bei fehlenden Gefühlen die Beziehung beendet, erliegt dem Missverständnis, Liebe sei gleichzusetzen mit Gefühl – und im Umkehrschluss: ohne Gefühle keine Liebe. Viele Ehen sind an diesem Missverständnis schon zerbrochen.

Gefühle können einen verlassen, aber Liebe ist mehr als ein Gefühl. Liebe ist die bewusste Entscheidung für den anderen. Wäre die Liebe nur lebendig auf dem Boden von Gefühlen, so stünde sie auf einem unsicheren Grund wie auf einem sumpfigen Boden. Gefühle können wechselhaft und oft auch von unserer Tagesform oder – speziell bei Frauen – von hormonellen Schwankungen abhängig sein. Wird Liebe von einer Entscheidung getragen, ist das wie ein fester Felsengrund. Auf diesem Grund sind dann auch Gefühle lebendig, aber sie sind nicht die Basis. »Liebe ist Verantwortung eines Ich für ein Du« (Martin Buber). Liebe gibt dem anderen Freiraum und Akzeptanz, ohne ihn in falscher Weise an sich oder die eigenen Erwartungen oder Vorstellungen zu binden.

Die Quelle der Liebe ist außerhalb von uns selbst. Wir müssen sie nicht aus uns heraus produzieren, sondern können sie bei Gott schöpfen.

Von Gott das Lieben lernen

Schauen wir nochmals auf den Zusammenhang von Innen- und Außenseite: Jeder Mensch sehnt sich im Tiefsten danach, bedingungslos und absolut geliebt zu sein.

Liebe braucht eine Quelle, aus der sie schöpfen kann. Diese Quelle finden wir in Gott. »Gott ist die Liebe; und wer in der Liebe bleibt, der bleibt in Gott und Gott in ihm« (1. Johannes 4,16).

Viele Menschen meinen, sie könnten Gott und seiner Liebe erst begegnen, wenn sie bestimmte Bedingungen erfüllt hätten. Sie meinen, dass sie Wohlverhalten oder guten Willen vorweisen und ihre Liebenswürdigkeit beweisen müssten. Der Umkehrschluss lautet: Wenn ich keine Erfolge vorweisen kann oder sogar Fehler gemacht habe, bin ich der Liebe Gottes nicht würdig.

Aber Gott knüpft an seine Liebe zu uns keine Bedingungen. Sie gilt auch noch nach Abzug unserer Stärken, auch dann noch, wenn wir mit Schuld und Versagen, ohne Verdienste dastehen. Die Liebe Gottes ist wie ein großes Trotzdem – trotz meiner Unvollkommenheit, trotz meiner Selbstverurteilung, trotz meiner Unfähigkeiten. Gott liebt uns nicht erst, wenn wir so geworden sind, wie wir sein sollten, sondern schon lange vorher.

Auf dem Boden dieser Zusagen Gottes verändert sich unser Verhalten zueinander. Gottes Liebe ist ein großes Trotzdem.

Dies kann uns in unserem Umgang mit unseren Mitmenschen oder auch zum Beispiel in unserer Ehe leiten. Obwohl der Ehepartner nicht alle Erwartungen erfüllt, gilt ihm oder ihr trotzdem die Liebe Gottes.

Nils und Annika standen kurz vor der Scheidung. Sie hatten zwei kleine Kinder. Jeden Tag gab es Streit und persönliche Verletzungen. Die Gefühle waren erloschen, übrig geblieben war nur noch Wut, Hass und Gleichgültigkeit.

Heute praktizieren sie einen herzlichen und fairen Umgang miteinander und sind Mitarbeiter in ihrer Gemeinde. Was ist da passiert? Beide haben nacheinander, zuerst Annika und dann Nils, die ganz bewusste Entscheidung getroffen, ihr Leben Gottes Führung und seiner Liebe zu überlassen. Das hatte ungeheure Auswirkungen und Konsequenzen für ihre Ehe und ihr Familienleben.

Sehr schnell wurde ihnen klar, dass ihre Ehe in einem desolaten Zustand war. Sie haben daraufhin nochmals Hochzeit gefeiert. Sie gingen zurück zu den Ursprüngen: In einer kleinen Feier ihrer Kirche gaben Annika und Nils sich nochmals neu das Jawort, haben einander um Verzeihung gebeten und unter dem Kreuz die Zusage der Vergebung empfangen. Auf dem

Boden dieser Entscheidung wurden ihre Gefühle füreinander wieder neu entfacht.

Von Gott das Lieben lernen – das ist auch in allen anderen Beziehungen wichtig.

Obwohl die Nachbarn schwierig bleiben oder der Chef seltsame Bemerkungen macht, können wir sie trotzdem segnen und ihnen mit Würde begegnen. Denn wir wissen, dass sie in Gottes Augen wertvoll sind.

Auch wenn Kinder uns immer wieder ärgern, haben sie ein Recht darauf, dass wir ihnen mit Würde und Wertschätzung begegnen.

Wenn wir unseren Kindern jedoch Wut, Willkür oder Aggressionen entgegenbringen, entzieht ihnen das den Boden der Sicherheit. Wenn wir sie anschreien, stürzen wir sie in ein emotionales Chaos. Wenn wir zu einem Kind sagen: »Mit dir rede ich nicht mehr.« – »Ich will dich nicht mehr sehen, geh mir aus den Augen!«, dann verletzen wir die Würde des Kindes.

Lieben heißt *nicht*, alles gutzuheißen. Auch als liebende Menschen müssen wir Störendes benennen und Konflikte klären. Wir müssen aber beim Kritisieren nicht aus der Wertschätzung unseren Kindern gegenüber herausfallen.

Wir dürfen es immer wieder einüben, sie mit Gottes Augen sehen zu lernen.

Sie sollen spüren, dass sie – genauso wie wir – trotzdem geliebt sind. Es kann hilfreich sein, sich bewusst zu machen: »Ich bin zwar nicht einverstanden mit dem, was du getan hast, aber du bist ein wertvoller Mensch.« Wenn ein Kind erfährt, dass sein Verhalten ärgerlich ist, es aber trotzdem geliebt ist, kann es Kritik anders aufnehmen. Manchmal müssen wir ein Kind an die Hand nehmen und ihm zeigen: »Das war nicht richtig von dir. Ich will, dass du dich entschuldigst. Aber deine Fehler ändern nichts an meiner Liebe zu dir.« So erfährt ein Kind etwas von dieser *Trotzdem-Liebe* Gottes.

Entscheidungen zur Liebe – egal jetzt in welchen Beziehungen –

fallen uns nicht in den Schoß. Wir werden immer wieder schuldig und machen Fehler. Auch dann gilt Gottes Trotzdem.

Wenn uns das Verhalten anderer immer wieder Probleme macht, kann es helfen, diese aus dem Blickwinkel der Barmherzigkeit Gottes anzusehen und hinter die Fassade zu schauen: »Warum ist der andere wohl immer so verletzend, so aggressiv? Gibt es Dinge, an denen er oder sie leidet? Was für innere Wunden lassen diesen Mensch immer so aggressiv oder so negativ reagieren?«

Je liebloser ein Mensch ist, desto liebesbedürftiger ist er. Trotz aller Schuld und allem Versagen, trotz aller Bösartigkeit und allem Fehlverhalten, ist er dennoch von Gott geliebt.

Heilung zulassen

Gott will heilen, gerade dann, wenn Lebensverletzungen eine Liebesblockade im eigenen Leben sind. Wenn ein Mensch viele Verletzungen hat, dann baut er Schutzmauern auf und verschanzt sich dahinter. Aus dieser Position reagiert er mit Aggressionen, Wut oder Bitterkeit. Hinter den Mauern aber sitzt ein tief verletzter Mensch. Vielleicht ein weinendes Kind, das sich nicht hervortraut, weil dann die ganzen Lebenswunden sichtbar würden. Im Bild der Transaktionsanalyse gesprochen: Es kann sein, dass Menschen von ihren Kindheitserfahrungen so sehr belastet sind, dass sie nicht zum Verhalten des *Erwachsenen-Ichs* vordringen können, sondern sich das *Kind-Ich* permanent negativ zu Wort meldet. Die Muster der Kindheit werden weiter transportiert und dominieren das Leben des Erwachsenen in Form von Verletzlichkeit, niedrigem Selbstwertgefühl und Selbsthass. Nach außen gewendet schlägt sich das in Streit aus nichtigen Anlässen, Wutausbrüchen bis hin zu unkontrolliertem Jähzorn nieder. Das Lebensmuster heißt dann: »Ich bin nicht okay und du bist nicht okay.«

Wer das Lieben lernen will, muss hinter die Schutzmauer gehen, das dort *weinende Kind* aufheben, auf den Arm nehmen und mit ihm in die Gegenwart Gottes treten. Dort darf das verletzte Kind auch schreien und toben. Es darf das Unrecht benennen, das ihm angetan wurde. Gott will diese Wunden anschauen. Er will die Tiefe der Seele erreichen. Gott fragt auch nach den Verletzungen: »Wogegen wehrst du dich? Was für Botschaften melden sich da? Wo sitzt der Schmerz? Was macht dich so traurig und verletzlich?«

Er will dorthin schauen, wo bisher nur Finsternis oder Selbsthass, Verurteilung, Wut oder Lebensüberdruss war. Er will das *weinende Kind* selbst auf den Arm nehmen und es trösten, ihm die Tränen abwischen. Egal, wie groß die Versagens- und Schuldgefühle sind, seine Liebe reicht auch dorthin.

Eine Frau, die als Kind schwer missbraucht worden war, sagte kürzlich zu mir: »Ich habe nach vielen Jahren Heilung bei Gott erfahren. Das, was mein Vater mir nie sein konnte, ist mir jetzt mein Vater im Himmel geworden: ein schützender Begleiter, der mich liebt und zu mir steht. Das hat meine Seele jetzt ganz tief begriffen. In mir ist ganz viel heil und satt geworden.«

Für diesen Heilungsprozess waren begleitende Menschen hilfreich, aber genauso die Begegnung mit Gott als liebendem Vater im Gebet und die Erfahrung, in einer Gemeinschaft geborgen zu sein.

Egal, wie die Verletzung aussieht, egal wie tief die Selbstverurteilung oder die Anklage gegen Gott ist: Er möchte genau da umarmen und heilen. Verletzungen, über die wir in Gottes Armen geweint haben, bekommen eine neue Deutung und einen neuen Verankerungspunkt. Sie verlieren ihre negative Macht und werden der heilenden Kraft Gottes hingehalten: »Fürwahr, er trug unsre Krankheit und lud auf sich unsre Schmerzen … durch seine Wunden sind wir geheilt« (Jesaja 53,4-5). Dies gilt. Dadurch wird die Seele in der Tiefe getröstet. Wir können uns innerlich wieder aufrichten. Das

Dunkle und Belastende unseres Lebens wird von Gott fortgenommen. Er heilt die Lebenswunden und richtet unseren Blick nach vorne.

Vergebung annehmen

Gottes Liebe zeigt sich auch gerade dann, wenn wir schuldig geworden sind. Schuld kann eine Blockade im Lieben sein. Eine Geschichte (Lukas 7,36-50) verdeutlicht dies.

Jesus war zum Essen eingeladen, auf Kissen lagen die Männer um einen niedrigen Holztisch. Vor ihnen waren die Speisen aufgetischt. Man aß gemeinsam aus den Schüsseln auf dem Tisch. Die Füße zeigten nach hinten. Nun war es durchaus üblich, dass solche Gespräche öffentlichen Charakter hatten. Es gab Zuhörer, die das Ganze stehend beobachteten. Aus dieser Zuschauerriege trat nun eine Prostituierte von hinten an Jesus heran. Sie weinte wegen ihrer Schuld. Durch ihre Tränen wurden die Füße von Jesus nass. Sie trocknete seine Füße mit ihren Haaren, küsste sie und salbte sie mit Salböl. Was für ein Skandal in den Augen der Umstehenden! Dadurch, dass sie Jesus berührte, wurde er und alles, was er anrührte, nach damaligem Verständnis unrein. Also auch das Essen, das er aus einer Schüssel nahm. Der Pharisäer Simon, der Jesus eingeladen hatte, dachte: »Wenn Jesus ein Prophet wäre, wüsste er, wer und was für eine Frau das ist, die ihn anrührt.« Jesus erkannte die Gedanken von Simon. Er antwortete darauf, indem er ein Gleichnis von zwei Schuldnern erzählte: Einer der beiden war seinem Gläubiger 50 Silbergroschen schuldig, der andere hatte Schulden in Höhe von 500 Silbergroschen, also das Zehnfache. Beide erleben nun, dass ihnen die Schuld erlassen wird. Das erzählte Jesus und fragte dann Simon: Wer von den beiden wird seinen Gläubiger mehr lieben? Simon antwortete: Der, der am meisten geschenkt bekam. Jesus bestätigte seine Antwort und bezog dieses Gleichnis direkt auf das

Verhalten der Frau. Er sagte: »Ihre vielen Sünden sind vergeben, denn sie hat viel Liebe gezeigt; wem aber wenig vergeben wird, der liebt wenig.« Jesus verglich Simons Verhalten mit dem der Frau und hielt ihm damit einen Spiegel für sein eigenes liebloses Verhalten vor. Er machte deutlich: »Du hast deine Gastgeberpflicht verletzt. Eigentlich ist es doch üblich, einem Gast beim Eintreten Wasser für die Füße und Öl für verletzte Stellen anzubieten und den Gast mit einem Kuss zu begrüßen. All das hast du im Vergleich zu dieser Frau nicht getan.« Simon war voller Vorurteile gegenüber Jesus, er begegnete ihm nicht mit herzlicher Unvoreingenommenheit.

Jesus machte deutlich: Weil der Frau so viel vergeben wurde, darum kann sie lieben. Vergebung empfangen und lieben können stehen in engem Zusammenhang.

Schuld blockiert den Liebesfluss. Vergebung aber befreit zum Lieben. Vergebung ist wie Aufatmen und Durchatmen, einen schweren Rucksack abzulegen und unbeschwert gehen zu können. Dieses Angebot Gottes können wir jederzeit in Anspruch nehmen. Wer sich von der Liebe Gottes überschütten lässt, der kann gar nicht anders als austeilen und weiterschenken.

> *Franziska hat es einmal treffend formuliert: »Bei Gott bin ich geliebt, weil ich bin und wie ich bin. Als diese Liebe in mein Leben eingekehrt ist, wollte ich nicht mehr bleiben, wie ich bin.«*

Versöhnung trotz Schuld

In unseren Beziehungen zu anderen Menschen geht es nicht ohne Ungerechtigkeiten, Missverständnisse und Verletzungen ab. Mal sind wir Opfer, mal sind wir Täter. Wir kränken und werden gekränkt, wir enttäuschen und werden enttäuscht, wir verraten und werden verraten.

Meistens sehen wir eine verfahrene Situation nur aus der Opfer-perspektive, sehen also nicht auch unseren Anteil, sondern nur den der anderen. Deswegen hoffen wir, dass diese ihre *Schuld* erkennen und sich *entschuldigen*. Doch in aller Regel passiert das so nicht. Die Wirklichkeit sieht meistens anders aus.

Die Folge: Wir verheddern uns in Schuldzuweisungen. Sie sind zwar bequem, aber auch gefährlich. Sie helfen überhaupt nicht wei-ter, sondern binden uns in negativer Weise in Hass und Rachefant-asien, in Wut oder Bitterkeit. Sie machen uns unmündig und unreif und letztlich zum Opfer der Situation. Wir sind auf die angeblichen Verursacher unseres Leids negativ fixiert. Wir gestehen ihnen zu viel Raum in unserem Denken und Empfinden zu. Wir sind an sie gebunden.

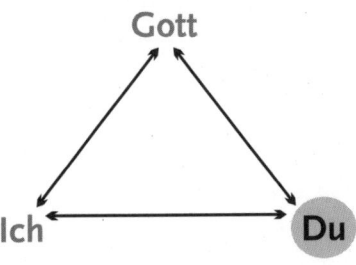

Jesus sagt: Um zu vergeben muss die Schuldfrage nicht geklärt sein. Voraussetzung zum Vergeben ist auch nicht die Reue oder Ent-schuldigung des anderen. Es wäre schlimm, wenn es so wäre. Die Frage stellt sich aber, woher wir die Kraft zum Vergeben nehmen können. Da öffnet die Bibel den Blick auf die Barmherzigkeit Gottes und den Blick zum Kreuz. Weil er vergeben hat, weil er Schuld – unsere und die unserer Mitmenschen – auf sich genommen hat, darum können wir vergeben.

Das ist die Botschaft der Bibel, die uns absolut entlastet. Denn wenn wir immer in Verletzungen festhängen, tragen wir sie wie

Ballast mit uns herum. Wer immer auf die Entschuldigung des anderen wartet, kann im Warten verbittern. Vergeben heißt, den Anspruch auf Wiedergutmachung durch den anderen aufgeben.

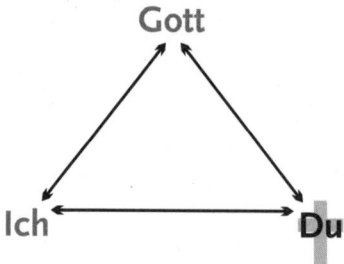

Ursel erzählte: »Mein Großvater hat mich immer wieder tief verletzt und mir meine Würde genommen. Er ging mit mir sehr verächtlich um und hat mich immer wieder spüren lassen, dass ich wertlos bin. Viele Jahre hat mich das gekränkt, auch noch als erwachsene Frau. Sein Du war wie verdunkelt. Doch dann habe ich beim Bibellesen etwas Besonderes erlebt. Ich sah vor meinem inneren Auge, wie Christus sich zwischen mich und meinen Großvater stellte. All die negativen Gefühle gegen ihn waren nicht weg, sondern richteten sich nun auf Christus. Es war eine ungeheure Befreiung zu begreifen, dass er auch für die Verletzungen meines Großvaters gestorben ist. Er sieht meinen Großvater trotz aller Schuld mit Barmherzigkeit an. Meine negativen Gefühle wurden dadurch verwandelt, dass ich begriff: Christus hat sie auf sich und mit in seinen Tod genommen. Von dem Moment an konnte ich vergeben und einen barmherzigen Blick auf meinen Großvater bekommen – auch viele Jahre nach dessen Tod.«

Wer so das Sterben von Christus auch für die Beziehungen gelten lassen kann, muss seine Identität nicht auf zugefügten Verletzungen und daraus folgenden Rache- oder Opfergefühlen aufbauen. Die eigene Identität wird durch den Schutz, den Christus durch seine Vergebung zwischen uns legt, verändert.

> *Meinen Platz im Leben finde ich,*
> *wenn ich ein liebender Mensch werden kann.*

Zusammenfassung: Den Nächsten lieben

»Denn die Liebe Gottes ist ausgegossen in unsre Herzen durch den Heiligen Geist, der uns gegeben ist« (Römer 5,5).

Liebe bedeutet nicht, aus eigener Kraft Liebe produzieren zu müssen. Liebe bedeutet nicht, sich ausnutzen oder ausbeuten zu lassen, um am Ende kraftlos und erschöpft zu sein.

Lieben bedeutet: Von dem, was Gott uns gegeben hat, etwas weiterzugeben. Die Liebe, die er in unser Herz wie in einen Brunnen ausgegossen hat, fließt über zu unseren Mitmenschen.

Lieben bedeutet darum,

- sich an die Liebesquelle Gottes anzuschließen.
- Liebe bis zum Überfließen zu empfangen.
- die ausgegossene Liebe zum Nächsten herausfließen zu lassen.
- was wir selbst empfangen haben, weiterzugeben.

Von Gottes Liebe geprägt sein, heißt nach dem folgenden Motto zu leben: »Wie Gott mir, so ich dir.«

Barmherzig werden, weil Gott barmherzig ist.

Vergeben können, weil Gott vergeben hat.

Wenn die Kraft zum Lieben fehlt, ist möglicherweise der *Anschluss* an Gott blockiert oder unterbrochen. Er kann wieder durchgängig gemacht werden. Vielleicht ist der Brunnentrog zerbrochen und muss wieder aufgebaut werden.

Die Liebe Gottes macht unser Leben heil und ganz und macht uns auf diese Weise zu liebenden Menschen.

Schlusswort – Wo ist mein Platz im Leben?

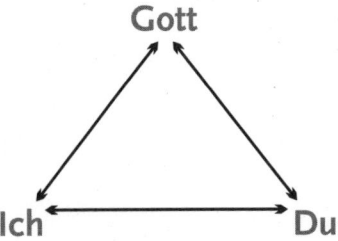

Am Anfang habe ich die These aufgestellt, dass wir unseren Platz im Leben finden, wenn die drei Beziehungen »Gott – Ich – Du« in ein inneres Gleichgewicht kommen.

Sobald einer der Eckpunkte instabil wird oder die Beziehungen zwischen den Punkten unklar sind, geraten wir aus dem Gleichgewicht. Das kann immer wieder passieren. Auf allen Beziehungsebenen kann es Verunsicherungen geben: zwischen mir und Gott, zwischen meinem Nächsten und Gott und zwischen uns Menschen.

Je stabiler die Eckpunkte werden, desto sicherer werden auch die Beziehungen zwischen diesen und damit auch mein Platz im Leben. Je besser dies gelingt, desto mehr kann sich das Leben entfalten.

Das Dreieck »Ich – Gott – Du« wird dann zum pulsierenden Dreieck. Wir geraten in einen lebendigen Austausch zwischen Gott, den Nächsten und uns. Es entstehen gegenseitige Wechselwirkungen.

- Unsere Liebe zu Gott löst etwas in unseren Mitmenschen und ihrer Beziehung zu Gott aus, selbst dann, wenn sie nicht mit Gott leben.
- Wie diese mit Gott leben, wirkt auf uns zurück.

- Gottes Liebe zu uns Menschen relativiert unser Denken übereinander und schenkt ein versöhntes Verhalten zueinander.

Da sich aber die Eckpunkte des Dreiecks und die Beziehungen zwischen den Punkten immer wieder umgestalten, ist auch der Platz im Leben einem ständigen Veränderungsprozess unterworfen.

Wir selbst ändern uns. Wir lernen uns besser kennen und verändern darum unsere Selbsteinschätzung. Je sicherer wir in uns selbst werden, desto sicherer gehen wir auch mit unseren Mitmenschen um. Veränderte Lebensumstände fordern uns aber immer wieder zu neuen Bewertungen, Verhaltensmustern und Einschätzungen heraus. Das Älterwerden oder eine Krankheit verändert unseren Bezug zum eigenen Körper. Die Kraft, Aufgaben zu bewältigen, kann nachlassen und ebenso die Fähigkeit zur Beziehungsgestaltung.

Unsere Beziehung zu Gott kann sich verändern. Die Erkenntnis des Wesens Gottes wächst. Der Glaube wird reifer. Wir finden aus unreifen Mustern heraus. Mit der wachsenden Gottesbeziehung wächst auch die Erkenntnis von Schuld und Versagen. Damit wird die Größe der Barmherzigkeit Gottes immer erstaunlicher. Die Dankbarkeit gegenüber Gott und die Liebe zu ihm wachsen. Je mehr diese in uns Raum gewinnt, desto sicherer werden wir unseres Platzes vor Gott und desto befreiter und weiser können wir mit anderen Menschen umgehen.

Unsere Mitmenschen ändern sich. Schöne Erlebnisse können diesen zu einer dankbaren Lebenshaltung verhelfen. Wenn deren Glaube wächst, kann das auch uns anspornen und zu mehr Vertrauen in Gott ermutigen. Krankheiten oder anderes Leid können unseren Nächsten verändern, ihm das Leben schwer machen. Er kann dadurch in Verbitterung, Neid und Unzufriedenheit geraten oder vielleicht tiefere Erfahrungen im Glauben machen. Alfred Adler sagte: »Wenn einer sich ändert, kann der andere nicht bleiben wie er ist.« Wenn unsere Nächsten sich ändern, verändern sie auch etwas an unserem Platz im Leben. Sie ermutigen uns, lassen uns mitfreuen oder stellen uns vor neue Erwartungen und Aufgaben.

Das pulsierende Dreieck »Ich – Gott – Du« macht das Leben spannend. Der Platz im Leben ist somit nie statisch, nie konstant, sondern dynamisch. Er gestaltet sich immer wieder anders.

Nach biblischem Verständnis ist unser Platz im Leben vorläufig. Denn unser Leben geht irgendwann zu Ende und damit auch unser Platz auf dieser Erde. Zu einem Leben mit Gott gehört die Perspektive der Ewigkeit. »Denn wir haben hier keine bleibende Stadt, sondern die zukünftige suchen wir« (Hebräer 13,14).

In diesem Unterwegssein gibt es immer wieder schöne Plätze der Heimat, Raststätten der Begegnung und des Genießens, dann aber auch wieder Aufbrüche, Weitergehen, Loslassen und ein neues Suchen nach dem Platz im Leben.

In all dem dürfen wir uns auf Gottes Zusagen verlassen, wie sie uns in Psalm 23 verheißen sind: »Der Herr ist mein Hirte, mir wird nichts mangeln … Er führet mich auf rechter Straße um seines Namens willen.«

Dabei geht der Weg auch durch finstere Täler, in denen Gott uns trösten will und uns hindurchführt.

Er bereitet einen Tisch für uns, an dem wir uns niederlassen können. Er salbt uns mit Öl und schenkt voll ein. Er sorgt für unsere Bedürfnisse, er schützt uns vor Feinden.

Der Psalm schließt mit den Worten:

»Gutes und Barmherzigkeit werden mir folgen mein Leben lang, und ich werde bleiben im Hause des Herrn immerdar.«

Bleiben im Haus des Herrn, Lob Gottes, Gemeinschaft mit anderen Christen, das Zugehen auf die Ewigkeit – dies sind zuversichtliche und tröstliche Ziele, die sichersten Plätze, die wir überhaupt haben können.

Literaturverzeichnis

Eric Berne. Spiele der Erwachsenen, Psychologie der menschlichen Beziehungen. Reinbek: Rowohlt 1970

Martin Buber. Das dialogische Prinzip. Heidelberg: Lambert Schneider 2001

Martin Buber. Ich und Du. Heidelberg: Lambert Schneider 1974

Charlotte Bühler. Die Rolle der Werte in der Entwicklung der Persönlichkeit und in der Psychotherapie. Stuttgart: Klett 1962

Mihaly Csikszentmihalyi. Lebe gut – Wie Sie das Beste aus Ihrem Leben machen. Stuttgart: Klett Cotta 2006

Erik Erikson. Identität und Lebenszyklus. Frankfurt: Suhrkamp 1977

Erich Fromm. Die Kunst des Liebens. Frankfurt: Ullstein 1990

Viktor E. Frankl. Logotherapie und Existenzanalyse. Weinheim: Beltz 2010

Erving Goffman. Asyle. Über die soziale Situation psychiatrischer Patienten und anderer Insassen. Frankfurt: Suhrkamp 1973

C. G. Jung. Seelenprobleme der Gegenwart. Zürich: Rascher 1931

C. G. Jung. Der Individuationsprozeß in der analytischen Psychologie C. G. Jungs. Zürich: Rascher 1933

Karl König. Brüder und Schwestern. Geburtenfolge als Schicksal. Göttingen: Vandenhoeck und Ruprecht 1995

Kevin Leman. Geschwisterkonstellationen. Die Familie bestimmt Ihr Leben. München: Vierthaler und Braun 1999

Fritz Riemann. Grundformen der Angst. München, Basel: Ernst Reinhardt Verlag 1992

Richard Rohr, Andreas Ebert. Das Enneagramm. Die 9 Gesichter der Seele. München: Claudius 2008

Frank J. Sulloway. Der Rebell der Familie. Berlin: Siedler 1997

Erwin Scharrer. Heilung für die Seele, Familienstellen auf biblischer Basis. Holzgerlingen: SCM Hänssler 2009

Friedemann Schulz von Thun. Miteinander reden, Band 3. Reinbek: Rowohlt Verlag 2001

Richard Sennett. Verfall und Ende des öffentlichen Lebens. Die Tyrannei der Intimität. Frankfurt: Fischer 1986

Richard Sennett. Der flexible Mensch. München: Goldmann 2000

Jürg Willi. Wendepunkte im Lebenslauf. Stuttgart: Klett-Cotta 2007

Jürg Willi. Ökologische Psychotherapie. Reinbek, Hamburg: Rowohlt 2005

Anmerkungen

1 Fritz Perls (1893–1970) war Psychiater und Psychotherapeut deutschjüdischer Herkunft und gilt als einer der maßgeblichen Begründer der Gestalttherapie, gemeinsam mit Laura Perls und Paul Goodman.

2 Mira Lobe. Das kleine Ich bin Ich. München, Wien: Verlag Jungbrunnen

3 In: Romano Guardini. Die Annahme seiner selbst. Ostfildern: Matthias Grünewald Verlag 2008

4 Zitiert nach: Schwartz, R.C. Systemische Therapie mit der inneren Familie. München 1997, S. 274.

5 Friedemann Schulz von Thun, Miteinander reden Band 3, S. 49.

6 In der Transaktionsanalyse ist dieser Chef das Erwachsenen-Ich, das die Führung übernehmen und den einzelnen Botschaften den angemessenen Platz zuweisen muss.

7 Friedemann Schulz von Thun a.a.O., S. 67.

8 Charlotte Bühler. Die Rolle der Werte in der Entwicklung der Persönlichkeit und in der Psychotherapie, S. 94 ff.

9 Erik Erikson – Identität und Lebenszyklus. Bekannt wurde er insbesondere durch das von ihm entwickelte Stufenmodell der psychosozialen Entwicklung, in dem er acht Lebensphasen oder Stufen der Entwicklung beschreibt.

10 In zahlreichen Studien wiesen Robert Emmons, Kalifornien, und Charles Shelton die positive Wirkung der Dankbarkeit auf Lebensgefühl, Beziehungen und Gesundheit nach.

11 Zitiert in: Psychologie heute, November 2003, S. 25.

12 Jürg Willi. Wendepunkte im Lebenslauf, S. 49.

13 a.a.O., S. 19.

14 Dies wurde in einer Studienreihe in den USA erhoben. 32 Prozent aller Befragten würden heute einen anderen Bildungsweg und 22 Prozent einen anderen Berufsweg einschlagen. Diese Studien wurden zwischen 1989 und 2003 erhoben. Zitiert in: Psychologie heute, März 2007, S. 24.

15 Nachzulesen in 1. Könige 19.

16 Johannes 21,16.

17 Irvin D. Yalom. In die Sonne schauen – Wie man die Angst vor dem Tod überwindet. btb 2008

18 Nach Maslow müssen erst die Basisbedürfnisse (die primären oder De-

fizitbedürfnisse) der unteren drei Stufen gestillt sein, bevor der Mensch danach strebt, die nächsthöheren Bedürfnisse (sekundäre und Wachstumsbedürfnisse) zu befriedigen.

19 Maslow hat die Bedürfnisse in 5 Bereiche aufgeteilt: (1) Körperliche Existenzbedürfnisse: Freiheit, Atmung, Schlaf, Nahrung, Wärme, Gesundheit, Wohnraum, Sexualität. (2) Sicherheit: Recht und Ordnung, Schutz vor Gefahren, fester Arbeitsplatz, Absicherung. (3) Soziale Beziehungen: Familie, Freundeskreis, Partnerschaft, Liebe, Intimität, Kommunikation. (4) Soziale Wertschätzung: Respekt, Anerkennung, Wohlstand, Geld, Einfluss, private und berufliche Erfolge, mentale und körperliche Stärke. (5) Selbstverwirklichung: Individualität, Talententfaltung, Perfektion, Erleuchtung.

20 Anselm Grün. Verwandlung, eine vergessene Dimension geistlichen Lebens, S. 39.

21 Edward Hoffmann in: Psychologie heute, Mai 2010, S. 22.

22 Siehe zum Beispiel Erving Goffman, Asyle.

23 Dominik Klenk in: OJC Salzkorn 242, S. 69.

24 Laut Mehrabian-Studie wirkt die Körperhaltung zu 55 Prozent, die Inhalte nur zu 7 Prozent.

25 Zitiert aus: Psychologie heute – Jochen Paulus, Bewegung als Allheilmittel?, April 2000, S. 54.

26 a.a.O.

27 Margit Anner in: OJC Salzkorn 2/2010, S. 110.

28 Zitiert aus: Psychologie heute, Januar 2007, S. 49 ff.

29 Medizinisch ist dies etwas unscharf ausgedrückt, eine Vertiefung des Themas würde hier aber zu weit führen.

30 Offenbarung 21,4.

31 So zum Beispiel Donna Partow. Die vier Temperamente, und welcher Typ bin ich? Holzgerlingen: SCM Hänssler 1999; Lydia Münzberger und Reinhold Ruthe. Typen und Temperamente: Die vier Persönlichkeitsstrukturen. Brendow 2006.

32 So zum Beispiel Richard Rohr und Andreas Ebert von Claudius. Das Enneagramm. Die 9 Gesichter der Seele. August 2008.

33 So zum Beispiel John Geier. Das christliche Persönlichkeitsprofil – Mit dem Original DISG-Test zur Persönlichkeitsauswertung. 1993.

34 So zum Beispiel Thomas A. Harris. Ich bin o.k., Du bist o.k. Wie wir uns

selbst besser verstehen und unsere Einstellung zu anderen verändern können, eine Einführung in die Transaktionsanalyse.

35 Beim Enneagramm ist es der Trostpunkt, der befreiende Entwicklungsrichtungen aufzeigt. Auch wenn man die Typologisierung von Riemann-Thomann bisher nicht kannte, wird man feststellen, dass Glaube, der in die Tiefe der Persönlichkeit wirken kann, Entwicklung zur Gegenseite hin befördert.

36 Mehr Informationen dazu unter http://www.sociovision.de/uploads/tx_mpdownloadcenter/informationen_2009_01.pdf.

37 Zum Beispiel in: Sennett. Der flexible Mensch. 1998; Sennett. Verfall und Ende des öffentlichen Lebens. Die Tyrannei der Intimität.

38 Aaron Antonovsky, israelisch-amerikanischer Medizinsoziologe (1923–1994).

39 Siehe dazu auch: Cornelia Mack. Von Zerbrüchen, Umbrüchen und Aufbrüchen. Hänssler 2008.

40 So zum Beispiel Paul Imhof (www.akademie-st-paul.org/fileadmin/Flyer-christ.famst-s_d.pdf) oder Erwin Scharrer (www.erwin-scharrer.de).

41 Erwin Scharrer. Heilung für die Seele, Familienstellen auf biblischer Basis. Holzgerlingen: SCM Hänssler 2009.

42 Zum Beispiel Kevin Leman, Thomas Lardon. Geschwisterkonstellationen. Die Familie bestimmt Ihr Leben.; Karl König. Brüder und Schwestern. Geburtenfolge als Schicksal.

43 Ein ausführliches Buch zu diesem Thema ist von mir in Planung.

44 Frank J. Sulloway. Der Rebell der Familie.

45 Siehe auch: Cornelia Mack. Von Zerbrüchen, Umbrüchen und Aufbrüchen.

46 Jürg Willi. Wendepunkte im Lebenslauf, S. 104.

47 Aus: Viktor E. Frankl. Logotherapie und Existenzanalyse, S. 72/73.

48 Mihaly Csikszentmihalyi. Lebe gut – Wie Sie das Beste aus Ihrem Leben machen, S. 48.

49 In der Psychologie wird der Begriff der Scham anders gefasst als in der Theologie. In der Psychologie hat Scham eine positive Funktion, denn sie schützt die Intimsphäre und verhilft gegen Grenzverletzungen.

50 Hinter der Geschichte spiegelt sich möglicherweise der Konflikt zwischen den umherziehenden Hirtennomaden (Abel) und den sesshaften Bauern (Kain).

51 Siehe dazu: Cornelia Mack. Die Falle des Vergleichens.

52 Siehe auch Johannes 3,29; Offenbarung 21,9; 22,17.

53 EKG 680

54 Römer 8,10; Galater 2,20; Römer 5,5.

55 EKG 1

56 Cassirer. Philosophie der symbolischen Formen I, S. 39f; Die Begriffs-
form im mythischen Denken, in: Studien der Bibliothek Warburg 1,
1922, GW 16, 45.44.

57 Psalm 18,3: »Herr, mein Fels, meine Burg, mein Erretter; mein Gott,
mein Hort, auf den ich traue, mein Schild und Berg meines Heiles und
mein Schutz!«; Psalm 71,3: »Sei mir ein starker Hort, zu dem ich immer
fliehen kann, der du zugesagt hast, mir zu helfen; denn du bist mein Fels
und meine Burg.«

58 Die nachfolgenden Ausführungen sind inspiriert durch Birgit Luscher.
Arbeit am Symbol. Symbolisierung und Symbolstruktur. Bausteine zu
einer Theorie religiösen Erkennens im Anschluss an Paul Tillich und
Ernst Cassirer, S. 9-17.

59 EKG 165

60 Geboren 1260 bei Gotha, gestorben 1328 in Avignon.

61 Martin Buber. Ich und Du, S. 18.

62 Siehe dazu auch: Cornelia Mack. Die Falle des Vergleichens.

63 Ausführlich hat Eric Berne solche teils sehr komplizierten Verflech-
tungen in seinem Buch *Spiele der Erwachsenen* beschrieben.

64 In 1. Mose 2,24 wird vom Verlassen des Mannes gesprochen, weil es in
der damaligen Kultur selbstverständlich war, dass die Frau ihr Elternhaus verließ und zu ihrem Mann zog. Darum muss der Mann hier in
besonderer Weise auf das Verlassen hingewiesen werden.

65 Den Begriff *Nische* kennen wir eher aus der Ökologie. Jürg Willi nimmt
ihn in seinem Konzept der *Ökologischen Psychotherapie* ganz bewusst
auf und will damit verdeutlichen, dass wir immer in einem Gesamtge-
flecht von Beziehungen und Umständen leben und so darauf reagieren,
dass wir uns optimal in unserer Welt einrichten können.

66 Kain und Abel, Isaak und Ismael, Jakob und Esau, Lea und Rahel, die
Söhne Josephs, Mose und Miriam, im Neuen Testament wird von den
Auseinandersetzungen der beiden Söhne in der Geschichte vom ver-

lorenen Sohn erzählt, Maria und Marta hatten einen Konflikt miteinander usw.

67 Cornelia Mack. Kleiner Unterschied – große Wirkung; Ulrich und Cornelia Mack. Die Liebe macht das Leben reich.

68 Zitiert in OJC Brennpunkt Seelsorge 2/2009, S. 50.

69 Oder der noch weitergehende Rat: »Vergeltet nicht Böses mit Bösem oder Scheltwort mit Scheltwort, sondern segnet vielmehr weil ihr dazu berufen seid, dass ihr den Segen ererbt« (1. Petrus 3,9).

70 Siehe dazu auch: Cornelia Mack. Endlich frei von Perfektionismus.

Notizen zu: Meinen Platz im Leben finden
in der Beziehung zu mir selbst

_____

_____

_____

_____

_____

_____

_____

_____

_____

_____

_____

_____

_____

_____

_____

_____

_____

_____

_____

_____

Notizen zu: Meinen Platz im Leben finden
in der Beziehung zu Gott

_____

_____

_____

_____

_____

_____

_____

_____

_____

_____

_____

_____

_____

_____

_____

_____

_____

_____

_____

_____

Notizen zu: Meinen Platz im Leben finden
in der Beziehung zum Nächsten

_____

_____

_____

_____

_____

_____

_____

_____

_____

_____

_____

_____

_____

_____

_____

_____

_____

_____

_____

_____

_____

Cornelia Mack

Endlich frei von Perfektionismus

Taschenbuch, 12 x 19 cm, 96 S.
Nr. 395.256, ISBN 978-3-7751-5256-3

Wären Sie auch gerne perfekt? Haushalt makellos, Familie wohlgeraten, man selbst erfolgreich. Was auf den ersten Blick so verlockend erscheint, ist ein Leben unter Zwang. Erfahren Sie, wie schön es ist, endlich wirklich echt und in der Gegenwart leben zu können.

Cornelia Mack

Von Zerbrüchen, Umbrüchen und Aufbrüchen

Gebunden, 10,5 x 16,5 cm, 144 S.
Nr. 394.540, ISBN 978-3-7751-4540-4

Abbruch, Zerbruch und Umbruch können zum Aufbruch werden. Immer wieder stehen wir vor Situationen, in denen Neubeginn oder Abschied gefragt ist. Manchmal willkommen, oft bedrohlich. Cornelia Mack gibt dazu aus eigener Erfahrung Lebensberatung mit Tiefgang.

Bitte fragen Sie in Ihrer Buchhandlung nach diesen Büchern!
Oder schreiben Sie an: SCM Hänssler, D-71087 Holzgerlingen;
E-Mail: info@scm-haenssler.de; Internet: www.scm-haenssler.de

Bianka Bleier, Martin Gundlach

Aufblühen in der Lebensmitte!
Entdecken, was wirklich zählt

Gebunden, 21 x 21 cm, 72 S.
Nr. 629.469, ISBN 978-3-7893-9469-0

In der Lebensmitte werden die Weichen noch einmal neu gestellt. Statt der Rente entgegenzudümpeln, kann man auch zwischen 40 und 50 das Leben noch einmal bewusst gestalten.
Ein gelungener Mix zwischen Bestandsaufnahme, allgemeinen Ratschlägen und persönlichen Erfahrungen.

Bitte fragen Sie in Ihrer Buchhandlung nach diesem Buch!
Oder schreiben Sie an: SCM Hänssler, D-71087 Holzgerlingen;
E-Mail: info@scm-haenssler.de; Internet: www.scm-haenssler.de

Doris Bewernitz

WO DIE SEELE AUFBLÜHT

Warum ein Garten glücklich macht

KREUZ

Auch als Hörbuch lieferbar
ISBN 978-3-451-31982-2

© KREUZ VERLAG
in der Verlag Herder GmbH, Freiburg im Breisgau 2012
Alle Rechte vorbehalten
www.kreuz-verlag.de

Umschlaggestaltung: agentur Idee
Umschlagfoto: © Ines Dopychai
Autorenfoto: © privat

Satz: de·te·pe, Aalen
Herstellung: fgb · freiburger graphische betriebe
www.fgb.de

Printed in Germany

ISBN 978-3-451-61000-4

Inhalt

Statt eines Vorworts:
Vom Finden eines Gartens

Die Annonce lese ich an einem Freitag im April. Ich weiß, ich werde anrufen, hinfahren, mir einen Eindruck verschaffen und dann gelassen Abstand nehmen. So mache ich es seit Jahren. Meist genügt es mir, dicht an etwas heranzugehen, um zu wissen, dass ich es nicht brauche. Übrigens nicht die schlechteste Methode, meine florale Sehnsucht in den Griff zu bekommen. Einen Grund, sich gegen den Kauf eines Gartens zu entscheiden, gab es bisher immer.

»Gut, also um zwei am Zeitungsladen im Bahnhof«, sagt Frau K. »Ich hab 'ne rote Jacke an.«

Ich wundere mich zwar, dass ich in einen Bahnhof kommen soll, um einen Garten anzusehen, aber es vergrößert durchaus meine Neugier.

Frau K. kommt, begrüßt mich und holt einen Schlüssel aus der Tasche. Über uns rauschen die S-Bahnen. Ich bin darauf gefasst, dass wir nun einen längeren Weg vor uns haben, um die Bahnhofshalle herum oder um Häuserblocks, und staune, als sie zielsicher auf eine eiserne Tür zugeht, die sich in der Wand zwischen einem Obststand und einer Telefonsäule befindet.

»Kommen Sie«, ruft Frau K., und schließt auf. Ich mache zwei Schritte, die Tür fällt hinter uns zu, und ich werde verschluckt. Verschluckt vom Blattgrün, Krähengeschrei, Amselgesang, Blütenduft. Ich muss mich zwingen, nicht stehen zu bleiben und stattdessen der Frau zu folgen, die rasch auf dem schmalen Weg voranschreitet. Rechter Hand liegt zwar der Damm der S-Bahn. Aber hier ist das Paradies.

Vor dem vierten Garten bleibt sie stehen, wartet, bis ich heran bin und sagt: »So. Das ist er.«

Ein Pfirsichbaum! Gleich neben dem Eingang! Seine schlanken, noch blattlosen Äste beugen sich weit über Gar-

7

tentor und Zaun und sind betupft mit zartrosa Blüten. Auf der Wiese daneben zwei Riesen: uralte Kirschbäume. Ihre Rinde löst sich ab wie Papyrusrollen. Hellgrüne Flechten kriechen die Stämme hinauf. Kirschblüten schweben durch die Luft wie verspätete Schneeflocken. Eine Blaumeise wippt auf dem Zaun …

»Sie müssen doch nicht draußen stehen bleiben!«, ruft Frau K. irgendwo aus den Tiefen des Grüns. »Kommen Sie doch rein!«

Vor dem Zaun Veilchen, ein lila Teppich. Hinter dem Zaun auch, auf den Beeten, auf dem Weg, überall! Andächtig betrete ich den Garten. Und dieser Gesang … »Ist das wirklich eine Nachtigall?«, frage ich.

»Eine? Wir haben drei in der Anlage!«

Der Weg führt durch ein Meer von Tulpen. Lila, Gelb und knalliges Zinnober. Welch ein Duft! Einige Narzissen blühen noch, andere haben schon dicke Samenstände angesetzt. Hyazinthen, Schlüsselblumen, Kaiserkronen. Mitten auf dem Beet schwenkt eine goldgelbe Taglilie ihre schlanken Blätter, gleich daneben eine dunkelblau gefleckte Iris. Dazwischen rollen Farne ihre kunstvollen Spiralen aus. Oh – im Farn wohnt ein Förster mit Hund und Laterne. Und zwei Rehe, ein stehendes und ein liegendes. Und ein von oben bis unten giftblauer Zwerg mit Schubkarre und ein ziemlich verblasster mit Sonnenblume samt Eichhörnchen im Arm … Irritiert wende ich mich einem Bäumchen zu, das mir seine herzförmigen Blätter und rosa Blüten entgegenstreckt. Frau K. scheint mein ratloses Gesicht zu bemerken und erklärt, dass es sich um eine Aprikose handelt. »Selbst gepflanzt! Vor sechs Jahren! Hat auch schon getragen.«

Welch ein Garten! Bei der Vorstellung, dass es meiner sein könnte, macht mein Herz einen Freudensprung. S-Bahn-Bremsen quietschen. Ich drehe mich um und kann die Gesichter der Leute sehen, die in der Bahn sitzen. Das ist doch zu dicht! Bin ich dabei, in meinem Überschwang einen gewaltigen Fehler zu machen? Ich spreche die Nähe

der Bahn an. »Das hat uns nie gestört«, versichert Frau K., nimmt aber meine Bedenken ernst und ist damit einverstanden, mich für zwei Stunden im Garten allein zu lassen, damit ich einen Entschluss fassen kann.

»Dann bis nachher zum Kaffee«, sagt sie. »Das Haus erklärt Ihnen dann mein Mann.« Sie geht.

Ich schlendere die Wege entlang. Stelle mich unter die Kirschbäume. Wie soll ich in nur zwei Stunden eine so wichtige Entscheidung fällen! Ich halte meine Nase in einen roten Kelch mit schwarzem Stern. Dieses reine Rot. Das können nur Tulpen. Ich gehe ums Haus, schnuppere am Oregano, an der Pfefferminze, am Salbei. Sogar Koriander gibt es! Den kann ich fürs Brotbacken nehmen. Ich trage einen Stuhl in die Sonne, setze mich und schließe die Augen.

Das Haus ist ein kleines Steinhäuschen mit geteertem Flachdach und, soweit ich das beurteilen kann, trockenen Wänden. Mehrere niedrige Obstbäume gibt es, Birne und Sauerkirsche. Und einen charaktervollen alten Apfelbaum, rechts hinterm Haus, der mir sofort sympathisch ist. An seinem Fuß lehnt ein kniehoher Zwerg mit Spaten. Welche Menge Gartenzwerge diese Leute gesammelt haben! Überall stehen sie herum: im Erdbeerbeet, zwischen Rhabarberblättern, unter Stachelbeerbüschen. Einer im gelben Pullover lächelt mich so charmant an, dass ich unwillkürlich zurücklächeln muss. Zumindest so lange, bis mir einfällt, dass ich Gartenzwerge ja eigentlich nicht mag.

Zwischen den Grashalmen sehe ich einem Regenwurm dabei zu, wie er ein abgefallenes Blatt langsam in den Boden zieht. Wenn das mein Garten wäre, könnte ich ein kleines Stück der Erde beschützen. Hier würde kein Gift ausgekippt. Hier würden keine Bäume gefällt. Hier könnte ich pflanzen, was ich wollte. Regenwürmer wären meine Brüder, sie würden mir die Erde umgraben. Ich müsste ihnen nichts dafür bezahlen. Den Tulpen auch nicht. Sie blühen kostenlos …

Als ich mich träumend auf dem Stuhl in der Frühlingssonne wiederfinde und feststelle, dass ich meinen Lieblingsplatz bereits gefunden habe, weiß ich: die Entscheidung ist längst gefallen.

Hinter dem Zaun bemerke ich eine kniende ältere Dame vor einem Erdbeerbeet. Ich trete näher, stelle mich vor und sage, dass ich die Neue bin.

Sie betrachtet mich kritisch: »Seit wann?«

»Seit jetzt«, entgegne ich. »In diesem Moment. Sagen Sie, ist das hier … sehr vereinsmäßig? Ein Meter zwanzig Heckenhöhe und das Gras immer fünf Zentimeter und so?«

»Nö«, sagt sie, »wir sind ja nur vierzehn Gärten. Hier macht jeder, was er will.«

Da kommen Herr und Frau K. Sie haben Kuchen und eine Thermoskanne mitgebracht. Er schließt das Haus auf, stellt einen runden Tisch davor und seine Frau schenkt Kaffee ein. Wo sind nur die zwei Stunden geblieben?

»Na?«, fragt sie.

»Schön ist er«, sage ich. »Wunderschön!«

Herr K. zeigt mir das Innere des Hauses und raunt mir den Preis zu mit der Bemerkung, ich könne es auch in Raten zahlen. Dann setzen wir uns auf die Terrasse, trinken Kaffee und krümeln zur Freude der Spatzen mit dem Kuchen.

»Wie lange haben Sie den Garten denn schon?«, frage ich.

»Zwanzig Jahre«, sagt Herr K.

»Einundzwanzig«, korrigiert seine Frau. Ich sehe, dass sie traurig ist. »Aber wir schaffen das nicht mehr. Gesundheitlich, wissen Sie.« Und während ich noch überlege, was ich darauf erwidern könnte, fährt sie fort: »Mein Mann hat Gartenzwerge gesammelt!«

»Oh, ja«, stottere ich, »das … habe ich schon bemerkt. Aber … wollen Sie die nicht mitnehmen? Falls Sie noch Verwendung dafür …«

»Für 'n Balkon, oder?«, lacht Herr K. »Genau Gabi, wir

stellen alle dreiunddreißig auf 'n Balkon, da brauchste nix mehr zu pflanzen!«

»Dreiunddreißig?«, entfährt es mir. »Ich habe nur fünfzehn …«

»Die andern sind eingewachsen«, sagt er. »Die finden Sie schon noch.« Er amüsiert sich. »Den Förster, vorn links, mit dem Hund, haben Sie den gesehen? Der leuchtet sogar. Ich zeig's Ihnen.« Er geht ins Haus und steckt einen Stecker ein. Dann winkt er mir, ihm zu folgen. Wir stehen vor dem illuminierten Förster. »Nachts macht das natürlich viel mehr her!« Der Förster leuchtet abwechselnd an unterschiedlichen Körperstellen. Auch der Hund blinkt launisch an Augen, Schnauze und Schwanz. Jetzt blitzen bei beiden gleichzeitig die Augen. Ich denke, dass man dieses Arrangement gut für die Geisterbahn verwenden könnte, behalte diesen Gedanken aber für mich. Die Laterne des Försters, bei der ich es am ehesten vermutet hätte, die leuchtet nicht. Herr K. strahlt, als wäre er selbst der Förster. »Marke Eigenbau«, schwärmt er. »Selbst entworfen, mit 'ner Weihnachtsbaumbeleuchtung!«

Ich nicke so anerkennend wie möglich.

»Und?«, fragt er, »Haben Sie sich entschieden?«

Ich sage ja.

Da packt er meine Hand und schüttelt sie so kräftig, als wolle er sie abreißen. »Richtig! Gute Entscheidung! Sie werden es nicht bereuen! – Sie nimmt ihn!«, ruft er seiner Frau zu. Sie lächelt. Wir setzen uns wieder an den Tisch, Frau K. gießt neuen Kaffee ein und ihr Mann schiebt mir den Vertrag rüber.

Ich unterschreibe.

Mir ist ganz feierlich zumute. Es ist der 12. April 2008. Jetzt habe ich also einen Garten.

VORFRÜHLING

Die Vollständigkeit des Staunens

Farben plötzlich. Blüten. Duft. Vogelsang. Und der Himmel: Blau. Als hätte jemand einen grauen Vorhang beiseite gezogen und goldene Scheinwerfer auf die Bühne gerichtet. Spot an! Nicht zu fassen. Gerade war doch noch alles matt und fahl. Und jetzt dieses Licht! Richtig unwirklich. Wie im Theater. Sonne auf der Haut. Wie gut das tut! Selbst meine Nachbarin treffe ich auf einer Bank beim Nichtstun an. Ein Wunder ist geschehen.

Frühling. Die Vollständigkeit des Staunens. Wie soll man ihn nur gebührend begreifen? Oder gar begrüßen? Zumal, wenn er auf diese Art ins Leben einbricht? Ohne zu fragen, ob er heute schon im Kalender steht, ob man gerade jemanden zum Verlieben hat oder Zeit in den Garten zu gehen? Wenn er einfach auf einmal da ist, mit seiner ganzen Sonne und seinem Duft, als wäre nie Winter gewesen?

Da stehe ich und staune. Wie durch den Matsch braunen Laubes sich Blattlanzen recken. Wie die weichen Schneeglöckchen durch zentimeterdicke, harte Rhododendren- und Kirschblattschichten stoßen. Physikalisch eigentlich unmöglich. Wie die Winterlinge ihre knallgelben Kugeln herzeigen!

Mit solchen Farben ist der Winter endgültig abgewählt. Egal, wie viele Nachtfröste er noch schickt, die Kleinen haben ihn besiegt. Wunder Schneeglöckchen. Wunder Krokus. Lila mit oranger Spitze. Wie machen sie das? Gerade sie. Wenn die Königskerze oder die riesige Malve das schaffen würden, das wäre nachvollziehbar. Oder die Dreimasterblume mit ihren kräftigen Stielen. Aber ausgerechnet diese Kleinen! Perlblumen. Blausternchen. Märzenbecher.

Perlblumen hatte ich als Kind am liebsten. Vielleicht, weil sie mich an Liebesperlen erinnerten, die ich auch sehr mochte. Wir Kinder hatten jedes unser eigenes Beet, das wir nach unseren Vorstellungen bepflanzen durften.

Meine älteste Schwester baute ausschließlich Gemüse an. Möhren, Kohlrabi, Radieschen, Zwiebeln. Alles schön in Reih und Glied, was auf einem so kleinen Beet (ungefähr vier Quadratmeter) sicher gar nicht so einfach war. Ihr Beet sah immer aus wie ein Hochglanzfoto aus einem Gartenbuch. Ich glaube, sie hatte sich für Gemüse entschieden, um uns anderen ein gutes Beispiel zu sein. Vielleicht auch, um unserer Mutter eine Freude zu machen. Natürlich verzog sie die Mohrrüben immer fachgerecht, ebenso die Radieschen, hatte vorbildliche Ergebnisse, und wenn diese abgeerntet waren, setzte sie Salat, wie es sich gehört. Und selbstverständlich aß sie die Radieschen niemals allein, sondern wusch und schnitt sie ordentlich und stellte sie dann für alle auf den Abendbrottisch, denn sie teilte gern.

Meine mittlere Schwester war eine klingende Künstlerseele und als solche von Begeisterung durchglüht. Ihr Beet war eine Katastrophe. Immer schwärmte sie von etwas Neuem, heute von Dahlien, morgen von Kohlrüben, übermorgen vom Fingerhut. Ständig stürzte sie sich auf ihr Beet und änderte alles, eine Struktur war nie zu erkennen. Auch konnte sie sich nie zwischen Gemüse und Blumen entscheiden, ja, es kam sogar vor, dass sie Blumen, die kurz vor dem Aufblühen waren, wieder herausriss, weil sie sich just entschieden hatte, Kartoffeln zu legen, und das zu einer Zeit, als diese eigentlich schon hätten geerntet werden müssen. Erstaunlicherweise hat sie trotzdem im Laufe der Jahre, wenn auch wenige, so doch die prächtigsten Exemplare von uns allen hervorgebracht, sowohl bei den Blumen als auch beim Gemüse. Heute weiß ich, dass das an der Mischkultur gelegen haben muss.

Mein Beet war ein Frühlingsbeet. Schon immer hatte ich eine so wilde Gier nach Frühling in mir, dass ich alle Blumenzwiebeln, derer ich habhaft werden konnte, sofort in mein Beet stopfte, egal, ob dort noch Platz war oder nicht. Ich ging auf Pirsch durch die Nachbargärten und fragte dort nach übrigen Blumenzwiebeln, mit der Lüge, die Zwiebeln meiner Mutter wären von Wühlmäusen gefressen worden und ich wolle ihr gern eine Freude machen … So zog ich mit Hosentaschen voller Märzenbecher-, Narzissen-, Scilla-, Tulpen-, Perlblumen-, Schneeglöckchen-, Krokus- und Winterlingzwiebeln heimwärts, und das alles ohne das leiseste schlechte Gewissen. Auf diese Weise heimste ich Unmengen zusammen, die ich wie Schätze vergrub. Die Wühlmäuse mögen mir meine Verleumdungen verzeihen.

In jedem Frühjahr explodierte mein Beet. Die Blumen hatten regelrecht Mühe, sich nicht gegenseitig umzubringen, so eng standen sie. Mit Beetgestaltung hatte das natürlich nicht mehr das Geringste zu tun. Ich schwamm im Frühlingszauber. Dieses irre Blühen hielt gut zehn Wochen an, katapultierte mich gründlich und vollständig aus dem Winter heraus, erfüllte mein Herz mit Glück und Seligkeit, gab mir das Gefühl, eine begnadete Meistergärtnerin zu sein und brachte mir wenigstens für kurze Zeit den blanken Neid meiner Schwestern ein. Ich sah es in ihren Augen und fühlte mich hervorragend, um nicht zu sagen vollkommen.

Dann welkte mein Beet den Rest des Jahres vor sich hin. Aber im Sommer hatte ich ohnehin anderes zu tun. Spielen zum Beispiel. Diesbezüglicher Kritik meiner Schwestern widersetzte ich mich mit dem Argument, dass man dort, wo Zwiebeln in der Erde wären, diese nicht umgraben solle. Das hatte ich mal in einem Gartenkalender gelesen. Und im Herbst setzte meine Frühlingsvorfreude wieder so stark ein, dass ich mich unverzüglich auf die Suche nach neuen Zwiebeln machen musste.

Gott sei Dank habe ich heute mehr als vier Quadratmeter Garten, so dass ich, auch wenn es mir schwer fällt, einige Bereiche inzwischen auch für anderes nutze als für Frühblüher. Dennoch – sie sind mir die Liebsten. Was könnte mehr Trost verströmen als ein weißer Krokus im Schnee? Wer könnte herrlicher leuchten als die feuerrote Tulpe mit schwarzem Auge? Und wer könnte lieblicher duften als das Veilchen? Das hat zwar keine Zwiebel, aber früh blüht es auch.

Tag der Biene

Heute ist die Sonne in den März gefallen. So viele Krokusse, dass ich sie nicht mehr zählen kann. Alle haben ihre
Blütenkelche weit geöffnet und strecken sich dem Licht
entgegen. Büschelweise Schneeglöckchen dazwischen. Ich
hocke mich hin. Um diese Jahreszeit gibt es nur Details.
Erste Grashalme sprießen vorsichtig aus dem strohfarbe-
nen Etwas, das mal eine Wiese war. Je länger ich auf ein und
dieselbe Stelle sehe, um so mehr entdecke ich. Als müssten
sich auch meine Augen erst wieder ans Gucken gewöhnen.
Die Kaiserkrone treibt! Und der Phlox schiebt zwischen
den alten, trockenen Stängeln erste blassgrüne Lanzetten
hervor. Sogar die Pfingstrose hat schon geflaggt. Tiefrot,
breit, kräftig. Die rotbraunen Puschel des Goldfelberich
haben ein trockenes Ahornblatt angehoben. Daneben: mini-
kleine Rosetten am Pfennigkraut. Alles treibt, schiebt,
grünt. Zwar noch zaghaft, erdnah, quasi an den Boden ge-
drückt, als traue es dem Frieden noch nicht ganz. Aber
doch nicht mehr zu leugnen.

Eine Ameise zwischen zwei Grashalmen. Auch die Regenwürmer sind aufgewacht, die Wiese ist übersät mit ihren
»Häufchen«.

Die weichen, olivgrünen Mäuseblätter des Vergissmeinnichts beginnen, sich aus der Erde zu schieben. Daneben
die Blattkränze der Gänseblümchen. Am lustigsten stehen
die Tulpenblätter da: Fast alle balancieren flache Hüte aus
vorjährigem Ahorn- oder Hasellaub auf ihren Spitzen.
Und die Akelei! Schon die jungen Blätter äußerst elegant,
verschlungen und geheimnisvoll. Überhaupt sind die Blätter der zukünftigen Blumen oft ihren Blüten sehr verwandt.

Blätter, wohin das Auge reicht. Darunter auch immer einige, vor denen ich rätselnd stehe: Was wird das nur? Das
habe ich doch schon einmal gesehen, das kenne ich. Was

wuchs dort nur? Die Glockenblume? Die Ringelblume? Die Anemone? Ich kann mich nicht erinnern. Bald werde ich es wissen.

Mit Erleichterung stelle ich fest, dass auch der Rhododendron wieder besser aussieht. Schlimm ging es ihm an den Kahlfrosttagen der letzten Wochen: verdorrte, eingerollte Blätter. Ich dachte, er geht mir ein. Die Immergrünen haben es schwer im Winter, besonders zum Ende hin, wenn der Schnee sie nicht mehr schützt. Ihre Blätter verdunsten das Wasser immer weiter, aber ihre Wurzeln können bei Frost nichts trinken. Doch er hat überlebt. Gott sei Dank. Seine dunkelgrünen Lederblätter sind wieder schön glatt ausgerollt und glänzen in der Sonne.

Überhaupt, die Sonne! Wie meine Haut sich nach ihr sehnte. Instinktiv ducke ich mich, als ein Gebrumm sich meinem Ohr nähert. Dann schaue ich auf und dem Geräusch hinterher. Eine Biene! Die erste Biene ist da!

Wie schreckhaft man wird in so einer insektenfreien Winterwohnung.

Die Biene, noch ein wenig steif vor Kälte, steuert die Krokusse unter dem Kirschbaum an. Eine gute Entscheidung. Welche Blüte sie wohl nehmen wird? Welche Farbe sie wohl am schönsten findet? Wenn ich Biene wäre, ich glaube, ich nähme die große, lila-weiß gestreifte. Oder doch lieber eine gelbe? Oder eine von den kleinen blasslila Elfen … Sie schwankt noch, schwebt über den verschiedenen Blüten hin und her. Wonach entscheidet sie das eigentlich? Ob ihr das reine Weiß vielleicht besser gefällt? Doch da verschwindet die Biene in der lila-weiß gestreiften. Sofort fühle ich mich ihr aufs Tiefste verbunden. Natürlich ist der gestreifte Krokus der schönste – gar keine Frage! Wie konnte ich je daran zweifeln!

Ich knie nieder und sehe ihr zu, wie sie in der Blüte herumkriecht. Plötzlich ein Tumult hinter mir. Fünf Spatzen wollen gleichzeitig im Hundewassernapf baden, passen nicht hinein, tschilpen, krakeelen und hacken aufeinander ein. Als ich wieder zum Krokus schaue, ist die Biene verschwunden. Aber ich habe sie gesehen! Die erste Biene. Ein Grund zum Feiern. Ja, warum eigentlich nicht? Wir feiern viel zu selten. Ich beschließe, sofort und augenblicklich den Tag der Biene einzuführen. Er ist sogleich zu begehen, wenn jemand die erste Biene des Jahres gesichtet hat. Man feiert ihn im Freien. Kurzentschlossen rufe ich ein paar Freunde an, sage ihnen, dass ich eine Biene gesehen habe, und dass wir deshalb noch heute mit einem Kaffee im Garten darauf anstoßen werden. Warme Decken sind mitzubringen.

Bald werden es mehr Bienen werden und immer mehr. Bald wird der ganze Garten voll Gesumm und Gebrumm sein, und ich werde mich nicht mehr erschrecken, weil es ein ganz normales Geräusch für mich geworden sein wird. Die Biene von heute wird ihre ganze Verwandtschaft mitbringen, und alle werden sie von Tag zu Tag mehr Nektar finden. Bald werden sie sich über die Blüten der Aprikose hermachen können, die schwellen schon und schimmern bereits leuchtend rot. Ich hoffe nur, dass kein Frost kommt, wenn sie sich öffnen. Danach werden die Bienen in den Pfirsichblüten herumkriechen. Wenn die sich öffnen, muss ich keinen Frost mehr befürchten. Und dann holen sie ihren Nektar aus den Kirschblüten, vom Apfel-, Birn- und Pflaumenbaum …

Die Spatzen hocken jetzt zu sechst im Buddelkasten. In kleinen Sandmulden tun sie so, als säßen sie im Wasser, schlagen mit den Flügeln, wackeln mit dem Schwanz und piepsen vor sich hin. Sand fliegt auf die Wiese. Hätten wir also das Rätsel, warum der Sand im Buddelkasten immer weniger wird, auch geklärt.

Jetzt habe ich so viel in der Gegend herumgehockt, dass mir die Knie wehtun. Ich stelle einen Stuhl auf die Terrasse, setze Kaffeewasser auf, wickle mich in eine Decke und strecke die Beine von mir. Zufrieden sitze ich in der Sonne und warte auf meine Freunde. Ein Wohlgeruch weht mich an. Krokus und Schneeglöckchen. Ganz zart. Genüsslich lasse ich mir dieses Naturparfum in der Nase zergehen. Es birgt ein Versprechen, dem ich sofort glaube. Welch ein Duft! Biene müsste man sein.

Meine grüne Seele

Ich habe eine Frau gekannt, die von morgens bis abends nichts anderes tat, als Unkraut auszureißen und dabei vor sich hin zu schimpfen. Es war, als führe sie einen Krieg. Ihr Feind war die Natur. Kaum tauchte ein Stück Moos in ihrem Rasen auf, schon begann sie, dieses auszurupfen, kaum zeigten sich ein paar gezackte Löwenzahnblätter, griff sie zu einer harpunenartigen Grabegabel und stach diese samt Wurzel aus, kaum wuchs eine wilde Kamille auf ihrer Terrasse, holte sie ein schreckliches Gerät hervor, schloss einen Schlauch an eine Gasflasche an und richtete eine Flamme auf sämtliche Terrassenfugen. Selbstverständlich hatte auf ihren Gemüsebeeten kein Klee, kein Vergissmeinnicht, kein Hahnenfuß, Schöllkraut oder wilder Mohn etwas zu suchen. Ihr Garten glich einem frisch geputzten Zimmer und sie war stolz darauf, dass alles seine Ordnung hatte.

Dieser Garten lag neben dem meiner Mutter. Als Kind machte ich instinktiv einen Bogen um ihn, denn die Frau guckte immer irgendwie grimmig. Sie hatte eine steile Falte auf der Stirn, vor der ich mich ebenso fürchtete wie vor ihrem Flammenwerfer.

Wie unterschiedlich Gärtnerinnen und Gärtner als einzelne Menschen auch sein mögen, eines haben sie alle gemeinsam: Sie entscheiden über das Verhältnis von Wildnis und Kultur in ihrem Garten. Und an diesem Punkt gehen die Meinungen tatsächlich sehr auseinander. Der eine meint, die Natur werde es schon besorgen, irgendetwas wächst ja immer und ein Garten sei dazu da, der verlorengegangenen

Wildnis wenigstens auf dreihundert Quadratmetern wieder eine Chance zu geben. Praktisch an dieser Haltung ist, dass sie keine Mühe macht und keinen Muskelkater auslöst. Höchstens Ärger, mit den Gartennachbarn nämlich, die das anders sehen. Manche haben eben ein Problem damit, wenn die Samen von Brennnessel, Goldregen oder Weidenröschen scharenweise über den Zaun geweht werden oder wenn Giersch und Quecke sich aufmachen, unter dem Zaun hindurch zu wachsen und die Rosen- oder Gemüsebeete flächendeckend zu erobern. Dann beschweren sie sich bei ihren wildnisliebenden Nachbarn. Und hören dann, deren Garten sei ein Ökogarten und Giersch ein sehr gesunder und leckerer Frühjahrssalat. Und schon ist der Ärger da. Man wirft sich auf der einen Seite Faulheit vor, auf der anderen Seite Kleingeist und Rasenmähermanie.

Und dann gibt es noch die, die unbedingt etwas gegen Wildnis haben und trotzdem nicht den ganzen Tag arbeiten wollen. Die betonieren ihren Garten kurzerhand zu und lassen nur ab und an kleine Inseln stehen, in die sie ordentliche Pflanzen aus dem Baumarkt setzen.

Bevor ich einen eigenen Garten hatte, hätte ich mir tatsächlich nicht träumen lassen, mit welcher Geschwindigkeit Wildpflanzen wachsen und vor allem, wie schnell und üppig sie sich vermehren. Einerseits möchte ich ja schon eigene Gestaltungsideen umsetzen, andererseits will ich nicht zum Sklaven des Gartens werden und den ganzen Tag darum kämpfen, dass die Rosen, Stauden und Salatköpfe, die ich haben möchte, die Invasion von Quecke und Ahorn überleben. Man kann es nun als brutal ansehen, dass ich daumengroße Ahornbäumchen auszupfe, sobald ich sie entdecke, immerhin könnten das wunderschöne Bäume werden, und haben wir davon nicht immer zu wenig? Bedenkt man aber, dass es pro Saison ungefähr tausend solcher Bäumlinge sind, die ich entferne, wird klar, wie der Garten in ein paar Jahren aussähe, wenn ich es nicht täte.

Auf der anderen Seite wachsen manche Wildpflanzen,

die ich gern hätte, partout nicht in meinem Garten. Zum Beispiel liebe ich Adonisröschen über alles. Ich habe mir Samen besorgt, ich habe Pflanzen in speziellen Wildpflanzenhandlungen gekauft und sie gesetzt, doch sie blieben nicht da. Irgendwann gab ich es auf und sah ein, dass ich ihnen wohl nicht die geeigneten Bedingungen bieten konnte.

Was Natur und was Kultur, was wild und was erwünscht, hängt also schon sehr vom Betrachter ab. Selbst auf den Begriff Unkraut kann man sich nicht mehr verlassen. Auch unser Getreide wurde einst als Unkraut angesehen. Andererseits gibt es Pflanzen wie den Giersch, die so raumeinnehmend sind, dass ich beim ersten Auftreten radikal dagegen vorgehe. Eine Freundin von mir, die einmal einen vergierschten Garten übernahm und vier Jahre lang mit den verschiedensten Methoden versuchte, den Giersch zu entfernen, weil sie auch mal etwas anderes anbauen wollte, wandte sich schließlich an einen Fachmann und fragte ihn, was sie denn noch tun könne. Ob es überhaupt eine Lösung gäbe. Ja, sagte der, die gäbe es. Sie solle sich einen neuen Garten suchen.

Beim Giersch ist es also eindeutig. Aber wird der Sellerie, den ich gesät habe, von einer Handvoll sich ausbreitender Wild-Akeleien bedroht? Stören sich meine Rosen an den Vergissmeinnichtwolken, die sich im Mai um sie herum erheben? Sind Fingerhut, Waldmeister, Kamille oder Klatschmohn, die bei mir alle von allein wachsen, Unkräuter oder nicht? Ich kann natürlich alle sich selbst aussamenden Wildpflanzen zu Unkräutern erklären, sie ausreißen, ich kann einen endlosen Kampf gegen die Natur führen und mir anschließend gratulieren, dass in meinem Garten nur das wächst, was ich will. Doch abgesehen von einer zermürbenden Sisyphusarbeit wird diese Haltung auf Dauer etwas mit mir tun. Je mehr ich außen erbittert und verbittert etwas bekämpfe, umso mehr Hass wird sich in mir ansammeln. Da ich nur noch Unkräuter suche, um sie auszureißen, werde ich irgendwann nur noch Unkräuter erblicken. Ich werde mir das Schönste nehmen, was ein Garten zu bieten hat. Ich werde weder Zeit noch Muße haben, mich in der Freundlichkeit des Vergissmeinnicht, der Schönheit der Akelei, der Anmut der Digitalis oder dem Duft des Waldmeisters zu verlieren. Meine Seele wird immer grauer und ärmer werden.

Es liegt wohl ein großer Reiz darin, die eigene Idee von der Welt für so etwas wie einen Besitz anzusehen, der verteidigt werden muss. Insofern glaube ich, man ist nie »Sklave des Gartens«. Eher Sklave der eigenen Vorstellungen und Ideale von einem Garten. Ein sicheres Zeichen dafür, dass man diesen Zustand erreicht hat, ist, den Garten als Belastung zu empfinden und bei seinem Anblick nur noch an Arbeit zu denken.

Natürlich wollen wir als Menschen gestaltend tätig sein. Und ein Garten ist gestaltete Natur. Aber man sollte sich immer der Verführung bewusst bleiben, die aus dem Zusammenspiel von eigenem Perfektionismus, ordnungsliebenden Nachbarn, deutschen Kleingartengesetzen und Hochglanz-Gärtnerei-Reklame erwachsen kann. Es ist nicht weniger als die Verführung zu einem Krieg. Erst gegen das Unkraut, dann gegen die Natur überhaupt und dann gegen alles, was in einem selbst unsicher, neugierig, offen und lebendig ist.

Für meine grüne Seele gibt es in meinem Garten eine Ecke, in der ich nichts tue. Dort kommen kein Spaten, keine Hacke und keine Samentüte hin. Es ist eine Ecke neben der Dusche, ein recht schattiger, unwirtlicher Platz. Dort wuchs nichts, was ich aussäte. Irgendwann entschied ich, der Natur dort ihren Lauf zu lassen, nichts mehr zu tun und nur noch zu beobachten, was passiert.

In diesem Frühjahr schoben sich dort plötzlich einige kleine Spitzen aus der Erde. Zuerst dachte ich, es werden die üblichen Ahornbäume. Doch dann fiederten sich die Blätter immer mehr auf und kleine gelbe Blüten erschienen. Es waren Adonisröschen.

Müde Knochen

Abends um acht kippe ich um. Liege auf der Couch. Arme und Beine hängen bleischwer an mir herunter. Nichts geht mehr. Eine Tasse Tee wäre gut. Aber allein die Vorstellung aufzustehen, in die Küche zu gehen, Tee zu kochen und ihn zur Couch zu tragen, reicht aus, mich noch tiefer in die Kissen zu drücken.

Ich schließe die Augen. Mein Gesicht brennt. Kann man im März schon Sonnenbrand bekommen? Ich spüre jeden Knochen. Der Rücken zwickt, in meinen Adern pulsiert das Blut. Muskeln tun mir weh an Stellen, wo ich gar keine Muskeln vermutet hatte.

Den ganzen Tag habe ich mich von hinten bis vorn und wieder zurück durch den Garten gewühlt. Ihn mir wieder zu eigen gemacht. Ihn genossen. Mich regelrecht in ihn eingegraben! Habe vertrocknete Stauden herunter geschnitten, den vorderen Weg ausgebessert, zwei rechtwinklige Betonecken in runde aus Feldsteinen verwandelt. Den linken Kompost umgesetzt.

Meine Fingernägel sind schwarz. Meine Hände fühlen sich trocken und rau an. Die Unterarme: zerkratzt wie nach einem Katzenkampf. Das waren die Kletterrosen. Ich habe sie angebunden. Danach alles einmal gegossen. Vom Gießkannenschleppen scheinen meine Arme länger geworden zu sein. Und tatsächlich! Kann das wahr sein? Acht Mückenstiche. Um diese Jahreszeit!

Nachmittags, als ich die Kohlen umpackte, kam meine Nachbarin Erika und lud mich zu Kaffee, Kuchen und Klönen ein. Gut, dass sie kam, vermutlich hätte ich sonst gar keine Pause gemacht. Und die Pausen mit Erika sind immer so unterhaltsam, sie kann so wunderbar erzählen.

Danach habe ich noch Farn ausgegraben. Die Stachelbeeren brauchten dringend mehr Licht. Nun ist es luftiger geworden hinter der Weinlaube.

Wie dreckig ich bin! Das geht nun wirklich nicht, so kann man doch nicht ins Bett. Aber zum Waschen bin ich viel zu müde. Das mache ich morgen früh.

Ach – gärtnern! Endlich! Wie hatte mir das gefehlt! Meine Lebensgeister sind erwacht. Aber mein Körper – oje. Ich muss wohl auch in diesem Jahr wieder lernen, dass ich keine zwanzig mehr bin. Nicht alles auf einmal wollen. Immer schön geduldig, nach und nach … Der Sinn des Gartens ist bestimmt nicht, dass ich abends nicht mehr kriechen kann.

Angesichts der Erschöpfung fällt mein Geist allmählich in Trance. Bilder des Tages ziehen vorbei. Dieses Tier im Holzstapel, das wie verrückt nagte und mich ganz nervös machte. Eine Maus? Entdecken konnte ich sie nicht. Nur hören. Wer frisst denn Holz? Holzwürmer sind doch nicht zu hören? Man weiß gar nichts. Der Garten – ein fremder Planet … Den ganzen Tag nur geackert. Warum wundert mich, dass ich müde bin? Über die beiden runden Steinecken freue ich mich. Heißen sie eigentlich noch Ecken, wenn sie rund sind? Egal. Sie gefallen mir. … Wer sagt, dass ich ins Bett muss? Ich bleibe einfach auf der Couch liegen … Mein Gesicht glüht. Eindeutig Sonnenbrand … Irgendjemand meinte, da hilft Kefir. Wer war das nur? Und wo nehme ich jetzt Kefir her? … Oh, mein Rücken … Gut, dass ich jetzt schlafen kann. Schlaf ist etwas Wunderbares. Vielleicht bin ich auch nur von der frischen Luft so kaputt. Oder vom Glück. Ich bin so selig, es würde mich nicht wundern, wenn sich das Dach auftun, der Himmel runterfallen und sich als leuchtend dunkelblauer Mantel um mich legen würde … Und während ich immer schwerer und schwerer werde und völlig mühelos in den Schlaf hinübergleite, taucht für einen Moment eine gleißende Klarheit in mir auf. Ganz deutlich. Fast eine Erleuchtung. Eigentlich sogar zwei Erleuchtungen. Ich bin nur zu müde, sie in einen logischen Zusammenhang zu bringen. Sie lauten: Morgen werde ich höllischen Muskelkater haben. Und: Zufriedenheit ist ein anderes Wort für Garten.

FRÜHLING

Kirschbaumgezeiten

Die beiden Kirschbäume wachsen auf der Wiese neben dem Pfirsich. Ihre mächtigen breiten Stämme, deren Rinde teils glänzt wie frisch poliert, stellenweise aber auch schon eingerissen ist und sich abschält, und ihre breiten Kronen, die vom Gartenhausdach bis zur Pforte reichen und sich in der Mitte berühren, dominieren das Bild der vorderen Gartenhälfte. Dass sie alt sind, sieht man sofort. Besonders der weiter hinten stehende Baum ist mit Pilzen und Flechten bewachsen, an manchen Stellen des Stammes ist Harz ausgetreten, hart geworden und leuchtet nun bernsteinfarben in der Sonne. Wahre Riesen sind sie, nicht solche Halb- oder Viertelstämme, wie man sie heute gern als Obstbäume setzt. Als man sie pflanzte, wollte man noch zu Bäumen aufsehen und ausreichend von ihnen ernten.

Ein Mann aus der Gegend, nach dem Alter dieser beiden Bäume befragt, erzählt: Er hätte Anfang der Fünfzigerjahre, wenn er die Schule schwänzte, natürlich nicht nach Hause gehen können. Das hätte mächtigen Ärger gegeben. Also wäre er den ganzen Vormittag S-Bahn gefahren. Besonders geeignet sei dazu die Ringbahn gewesen, in ihr konnte er einfach bis zum Schulschluss sitzen bleiben, sei immer schön im Kreis gefahren und habe sich die Stadt angeguckt. Und bei dieser Gelegenheit hätte er von der S-Bahn aus immer diese beiden Kirschbäume gesehen, deren Kronen schon damals die Höhe des Bahnsteigs überstiegen und voller glänzender roter Früchte hingen. Und immer wäre ihm dann das Wasser im Mund zusammengelaufen und er hätte sich in diesen Garten geträumt und sich danach gesehnt, einmal in diese Bäume zu klettern und sich den Bauch voller Kirschen schlagen zu dürfen …

Ich bin froh, diese Geschichte zu hören. Nun weiß ich, dass meine Kirschbäume in den Fünfzigerjahren schon wenigstens zwanzig Jahre alt gewesen sein müssen, was bedeuten würde, dass sie wahrscheinlich 1930 bei Anlage des Gartens gepflanzt wurden. Somit sind sie heute über achtzig Jahre alt. Und trotzdem noch so kraftvoll und blühfreudig!

Im April ziehen die Kirschveteranen ihre Hochzeitsgewänder an. An jedem noch so kleinen Zweig sitzen die schneeweißen Blütenbüschel, dicht an dicht, leuchten in der Sonne und duften vor sich hin. Alle Menschen, die in den Garten kommen, stellen sich auf die Kirschwiese, legen den Kopf in den Nacken, machen die Augen auf, gucken ganz selig und bestaunen die tausenden kleinen Blumensträuße vor dem blauem Frühlingshimmel. Genüsslich ziehen sie den Duft durch die Nasenlöcher, rufen Ah! und Oh!, und hören erst damit auf, wenn sie Genickschmerzen bekommen.

Dann summt und brummt es dort oben, die Nektarsucher wissen gar nicht, wo sie in diesem Überangebot zuerst naschen sollen, umschwirren die Kronen, aus deren Inneren eine berauschende Süße hervorbricht, taumeln von Kelch zu Kelch und genießen. Von unten nach oben pulsiert der Saft in den Bäumen, von den kleinsten Wurzelfasern bis in die höchsten Zweige. Ein Überfluss ist das, ein Reichtum, eine Üppigkeit, dass einem ganz schwindlig werden kann. Und als wüssten sie, dass diese Pracht nur von kurzer Dauer ist, fliegen Bienen und Hummeln von morgens bis abends, pausenlos, um so viel Köstlichkeit wie möglich einzusammeln und auch ja viele Blüten zu bestäuben.

Ein paar Tage später gibt es ein neues Schauspiel. Es schneit. Die Wiese sieht von fern bereift aus. Kleine, lichtweiße Kelchblätter lösen sich, segeln lautlos herab, alle Gartenpflanzen sind weiß gefleckt, Gänseblümchen, Tulpen und Osterglocken spielen Karneval, frischgestutzte Rosenstöcke sehen aus wie Harlekine, der Buddelkasten hat eine Spitzendecke aus Blüten bekommen. Tagelang gleiten die Kirschblüten sanft und friedlich auf Grashalme, Beete, Wege, Buddelsand und Menschenköpfe.

Im Mai kann, wer gute Augen hat, schon spärliche, länglich geformte grüne Knubbel an den Stielbüscheln entdecken. Und im Juni sind diese unscheinbaren Verdickungen zu kugelrunden Früchten herangewachsen. Nun erst zeigt sich, dass man hier zwei ganz verschiedene Kirschbäume vor sich hat. Der vordere bringt glänzend dunkelrote, fast schwarze Knupperkirschen hervor, der hintere hellrote. Die Kirschen werden dicker und dicker, leuchten in der Sonne, die Zweige beginnen sich nach unten zu biegen. Und nun, als hätte jemand ein weithin hörbares Signal gegeben, stürzt sich alles, was Flügel, Schnabel und Krallen hat, in die Kronen. Stare, Meisen, Spatzen, Eichelhäher, Krähen, Amseln, Elstern und natürlich auch das Eichhörnchen. Alle wollen sie mal kurz nachschauen, ob es schon so weit ist. Ob die Kirschen schon süß genug, knackig genug, saftig genug sind. Zu diesem Zweck müssen sie natürlich die eine oder andere anpicken. Oder sie herunterschmeißen. Oder von ihr abbeißen.

Ich rufe Freunde an, vermelde, dass die Kirschen reif sind. Sie kommen, mit Eimern, Spankörben und Schüsseln, stellen Leitern an den Stamm, steigen hinauf, klettern in die Äste, mit nackten Füßen. Die Sonne scheint, die Menschen schwitzen, mit einem Arm umklammern sie einen dicken Ast, halten sich in schwindelerregenden Höhen, die andere Hand greift nach einem Kirschbündel. Sie werden zu Zirkuskünstlern, balancieren, lachen und pflücken, Schweiß tropft von Stirnen, Eimer und Körbe füllen sich rot.

Die Bäume werden leichter und leerer. Können ihre Arme endlich wieder aufrichten und in den Himmel recken. Es ist, als würden sie seufzen vor Erleichterung.

Abends, wenn es still geworden ist im Garten, gehe ich noch einmal zu meinen Kirschbäumen.

Wie ein altes Ehepaar kommen sie mir vor, als hielten sie sich an den Händen mit ihren Zweigen, die sich nun wieder berühren. Sie stehen so friedlich nebeneinander. Einer von ihnen, denke ich, wird vor dem anderen sterben. Sicher der hintere, dessen Stamm schon von Pilzen übersät ist. Wie es dann wohl dem anderen geht? Ob sein Partner ihm fehlen wird?

Aber das kann noch lange dauern. Eine Weile bleiben sie sicher noch hier.

Voller Dankbarkeit lege ich meine Hand auf den Stamm. Ich stelle mir vor, wie jemand in schlimmen Zeiten froh war, dass es diese Bäume gab. Im Zweiten Weltkrieg standen sie schon hier. Welch ein Symbol der Hoffnung und des Lebens müssen sie gewesen sein in ihrer blühenden Pracht im April '45, kurz vor Kriegsende. Welch ein Trost einige Monate später ihre Speise. Und erst im Hungerjahr 1946. Manch einer wird geweint haben vor Glück, als er sie entdeckte. Einmal satt essen. Vielleicht hat einer von diesen Menschen damals ebenfalls seine Hand an den Stamm gelegt, so wie ich jetzt, als wolle er sich bedanken.

In den folgenden Tagen kommen weniger Vögel. Allmählich, wenn sie begriffen haben, dass die Äste für dieses Jahr leer sind, bleiben sie ganz weg. Dann kehrt Ruhe ein in den Kronen. Dann können die Bäume ihre Augen schließen und Kraft sammeln für die kalte Zeit.

Meisenpost

Natürlich bekomme ich im Garten keine Post. Dass ein Briefkasten mit meinem Namen am Zaun hängt, hat rein romantische Gründe. Briefkästen in der heutigen Zeit haben etwas zutiefst Romantisches.

Bei der Sanierung unseres Mietshauses wurden unter anderem alle alten Briefkästen entfernt, die sich im Laufe der Jahre zu echten Individuen entwickelt hatten. Selbstgeschriebene Namensschilder, diverse Aufkleber (von »Atomkraft – Nein danke!« über »Hier nur Liebesbriefe!«

bis »Keine Werbung – Lasst die Bäume leben!«), persönliche Nachrichten an den Postboten, verrostete oder verbogene Türen und mehrere neue Farbanstriche hatten ihnen ein unverwechselbares Flair verliehen. Es kam mich das kalte Grausen an, als ich fortan im Hausflur von den neuen, seelenlosen und einheitsbeschrifteten Edelstahlkästen empfangen wurde.

Die alten waren lieblos auf einen Schuttberg geworfen worden. Ich brachte es nicht übers Herz, meinen dort liegen zu lassen. Ihn, der über so viele Jahre Erwartung, Hoffnung, Sehnsucht, Freude und Trauer zu mir getragen und mir so viel liebe Post beschert hatte. Als ich ihn zwischen Putzbrocken und Ziegelschutt liegen sah, musste ich ihn einfach mitnehmen. Ich trug ihn in den Garten und hängte ihn an den Zaun.

Das war Anfang März.

Zum Ende des Monats begann mein Hund, sein Winterfell abzuwerfen. Diese Prozedur dauert in der Regel drei Wochen, in denen der Wind dicke weiße Hundefellflocken über Grashalme und Gänseblümchen treibt.

Eines Morgens, als ich gerade beim Kaffee saß, erblickte ich einen merkwürdigen Vogel. Er hüpfte über die Wiese, pickte ganz offensichtlich etwas auf, hatte einen unförmigen weißen Kopf und im Vergleich dazu einen schmächtigen kleinen Körper mit auffallend gelbem Bauch, der an eine Kohlmeise erinnerte. Bei genauerer Betrachtung stellte sich heraus, dass es sich tatsächlich um eine solche handelte. Sie stopfte sich Hundehaarbüschel um Hundehaarbüschel in den Schnabel, bis sie aussah, als wüchsen ihr rechts und links riesige Bärte aus dem Kopf. Als ich befürchtete, sie würde jeden Moment an dem Haargewirr ersticken, setzte sie zum Flug an. Neugierig verfolgte ich sie mit den Augen und staunte nicht schlecht, als sie im Schlitz meines alten Briefkastens verschwand.

Gleich setzte ich mich so, dass ich Wiese und Briefkasten bequem im Auge hatte. Und wirklich: binnen Kurzem kam sie – jetzt eindeutig eine Kohlmeise – ohne Haare wieder aus dem Schlitz heraus, flog erneut zur Wiese, legte sich zwei neue Bärte zu und verschwand wieder im Briefkasten.

Dieses Treiben dauerte drei Wochen, genau so lange, wie mein Hund sein reichlich fallendes Winterfell im Garten verteilte. In dieser Zeit bastelte ich ein Schild mit der Aufschrift: »Keine Post einwerfen! Brütende Meise!« und klebte es an den Kasten, als die Meise gerade auf der Wiese zu tun hatte.

Warten, Hoffen und Wünschen, diese schwierigen Geduldsübungen, die einem Briefkasten gut anstehen, lohnten sich auch diesmal. Schon Mitte April begann die Meise zu brüten, ich konnte deutlich beobachten, wie sie fleißig von ihrem Männchen gefüttert wurde. Anfang Mai flogen dann plötzlich zwei erwachsene Meisen unermüdlich hin und her, Mutter und Vater, und stopften Samen, Insekten, Larven, Spinnen und kleinen Schnecken durch den Briefschlitz. (Kluge Menschen haben ausgerechnet, dass ein Meisenpaar und seine Nachkommen in einem einzigen Sommer über fünfundzwanzig Kilogramm Insekten und Kleintiere vertilgen! Falls sie nur einmal brüten. Oft brüten sie aber im Juni ein zweites Mal.)

Drei Wochen später, an einem schönen Mai-Vormittag, war es dann soweit: Die Kinder sollten fliegen lernen. Ich wurde Zeuge, wie Mutter Meise versuchte, sie aus dem Briefkasten herauszulocken. Offenbar machte es den jungen Meisen ziemliche Mühe, von innen durch den schmalen Schlitz zu rutschen und dabei gleichzeitig die Flügelchen zum Flug auszubreiten. Die Mutter hüpfte und lockte, flog immer wieder zwischen dem Briefkasten und einem nahen Pfirsichast hin und her und schließlich gelang es dem ersten Jungvogel, ihr zu folgen. Nach einem heroischen Schlenker landete er auf der Wiese. Nun trauten sich auch die anderen. Es waren sechs.

In den nächsten Wochen staunte ich über die unendliche Geduld der Eltern, die, obwohl nach der Anstrengung des

Brütens und Fütterns sicher arg erschöpft, in einem fort Nahrung in aufgerissene Schnäbel stopften. Und das, obwohl – wie ich genau sehen konnte! – die Kleinen, die bald ebenso groß waren wie ihre Eltern, durchaus schon selbst fressen konnten! Dies taten sie allerdings raffinierterweise nur, solange Mutter und Vater unterwegs waren, um Futter heranzuschaffen. Dann pickten sie fröhlich herum, fanden auch schon dies und das, kaum aber kamen die Eltern in Sichtweite, begannen sie herzzerreißend zu betteln, rissen die Schnäbel auf, schrien erbärmlich, zitterten mit den leicht gespreizten Flügeln und verfolgen ihre Eltern in diesem jämmerlichen Zustand penetrant. Es wirkte. Die Altvögel waren den ganzen Tag mit Füttern beschäftigt.

Nach zwei Wochen konnte ich Eltern und Kinder nicht mehr unterscheiden und auch das Bettelgeschrei verstummte. Dafür habe ich seitdem immer freundliche kleine Gäste. Gleich morgens, wenn ich aus dem Haus trete, sind sie da. Kohlmeisen sitzen auf meinem Frühstückstisch, auf dem hochgeklappten Bildschirm meines Laptops, auf meiner Schuhspitze, wenn ich die Füße hochlege, auf der Wäscheleine in der Weinlaube oder auf dem Rand der Kaffeetasse. Sie fliegen mir um den Kopf, wenn ich eine Pause mache, ja, eine ist gar so dreist, sich während des Schreibens auf meinen Kugelschreiber zu setzen und daran herumzupicken. Auch erinnern sie mich sofort lautstark an ihr Gewohnheitsrecht, falls ich einmal vergesse, die Frühstücksbrotkrümel ins Futterhaus zu werfen. Oder schimpfen mit mir, wenn ich mich erdreiste, Erdnüsse oder Kuchen zu essen, ohne ihnen etwas davon abzugeben.

So nah kommen sie aber nur heran, wenn ich allein bin. Habe ich Besuch, beobachten sie mich und die fremden Menschen misstrauisch aus sicherer Entfernung.

Ich mag sie sehr, diese schönen Tiere. Obwohl ich für sie vermutlich lediglich zum nützlichen Inventar ihres Reviers gehöre. Genau wie der Hund. Und der Briefkasten. In dem sie hoffentlich im nächsten Jahr wieder brüten.

Blutlaus, Schildlaus und Konsorten

April. Die Zeit, in der das Leben erwacht. Überall Auferstehung. Kraftvoll treibt es auf den Beeten. Innerhalb kürzester Zeit wachsen die Rosenblätter, belauben sich die Bäume, überholen die Kartoffeln und Sonnenblumen die Sellerie- und Kohlrabisetzlinge. Konnte man sich vor Kurzem nicht vorstellen, dass der Garten je wieder grün werden würde – nun ist der Beweis erbracht, dass das Leben stärker ist.

Genau aus dem Grund werden nun aber auch Unmengen von Blattläusen munter, die jetzt plötzlich auf allen Trieben zu finden sind. Und die Blattrollwespen, die meine Rosenblätter wie heruntergekommene Wurstfabriken aussehen lassen. Und die Maden des Frostspanners, die die wenigen Blätter, die sich noch nicht rollen, zum Frühstück verspeisen. Und der auf- oder absteigende Rosentriebbohrer, der das Mark der Rosen frisst, der Dickmaulrüssler, das Lilienhähnchen, die Spinnmilbe, Zikade, Rebenpockenmilbe, Afterraupe, Blutlaus, Schildlaus, Blattwanze und wie sie alle heißen.

Und als wäre das nicht genug, schießen nun auch noch gruselige schwarze Pilze am Rande des Gemüsebeetes aus dem Boden, glänzende Schirme auf hauchdünnen, schleimigen Stielen. Und auch die anderen Pilze, die viel schrecklicheren, Rosenrost, Sternrußtau, Mehltau oder die furchtbare Monilia, die den halben Sauerkirschbaum dahinrafft und meinem geliebten Pfirsichbaum schwer zu schaffen macht, sind nicht mehr aufzuhalten.

Ein Wettlauf beginnt. Wer ist schneller? Die Pflanze oder die stechenden, saugenden, fressenden Insekten, die über sie herfallen? Die Pflanze oder das Pilzgeflecht? Besonders die jungen Triebe, die man so sehnsüchtig erwartet hat, werden jetzt mit Vorliebe attackiert, angebohrt, verstümmelt und infiziert, bevor sie überhaupt eine Chance haben, groß und wehrhaft zu werden. Und die gerade erst entfalteten Pfirsichblätter verkräuseln sich rasant zu fürchterlich rotfleckigen, blasigen Gebilden, fallen ab und liegen wie ein einziger Vorwurf auf dem Weg. Ich werde furchtbar wütend! Meine geliebten Pflanzen! Wie soll ich das aushalten?

Nachdem ich eine Weile vor mich hin geflucht habe, greife ich zur Mülltüte und beginne, kranke Blätter einzusammeln und abzuschneiden. Wenigstens sollen sich Pilze und Schadinsekten nicht auch noch im Boden vermehren. Ich hole sämtliche Stärkungsmittel hervor, die mir einfallen, ertrage den Gestank der Brennnesseljauche, koche Schachtelhalmsuppe und Knoblauchtee und hülle meine Pflanzen in eine Kraftwolke. Trotzdem muss ich ein paar Tage später erneut mit Mülltüte und Schere losziehen und mit ansehen, wie eine Rose, eine Azalee und zwei Stängel des weißen Phloxes der Invasion zum Opfer gefallen sind. Als ich die völlig zerfressene kleine Rose immer weiter herunterschneide und feststelle, dass sie bis in die Wurzel hinein ausgehöhlt und tot ist, packt mich eine entsetzliche Trauer. Ich grabe aus, was von ihr übrig ist und versenke es im Müllbeutel.

Ich kann nicht zaubern. Ich muss lernen, das Sterben auszuhalten. Heulen hilft ein bisschen.

Was mir auch hilft, ist die Entscheidung, trotz meines Unglücks nicht zum Baumarkt zu fahren. Ich werde kein Gift kaufen. Ich möchte es weder selbst einatmen, noch in der Welt verbreiten, noch die wenigen Marienkäfer, die sich redlich mühen, die Läuse zu dezimieren, damit töten. Gift unterscheidet nicht zwischen Blattlaus und Regenwurm, nicht zwischen Rostpilz und Biene, nicht zwischen Frostspanner und Blaumeise.

Dann opfere ich lieber ein paar Pflanzen.

Erstaunlicherweise sieht der Garten einige Wochen später immer noch recht lebendig aus. Die meisten Pflanzen haben Laus, Pilz und Made tapfer widerstanden, haben neue Blätter und neue Triebe geschoben, sich breit gemacht und die Lücken der Verstorbenen ausgefüllt. Rotschwanz,

Nachtigall und Meise haben reichlich Lebendfutter für ihre Kinder gefunden. Und so ist das Gleichgewicht im Großen und Ganzen wieder hergestellt.

Bis zum nächsten Frühjahr. In dem ich vermutlich wieder zu lernen habe, dass im Garten eben nicht nur eine Hälfte der Wirklichkeit zu haben ist. Nur die ganze. Und zu der gehört der Tod ebenso wie das Leben.

Vom Mulchen

Mulchen ist nichts für Feiglinge. Wer sich für diese Methode des Gärtnerns entscheidet, muss drei Dinge lernen: faul sein, liebgewonnene Vorstellungen über Bord werfen und schräge Nachbarblicke an sich abgleiten lassen.

Das erste Mal wurde ich mit dem Thema Mulch konfrontiert, als ich selbst noch gar keinen Garten hatte. Damals gärtnerte ich bei einer Freundin mit. Sie war ein Öko-Freak und sammelte zu Hause ihren Biomüll. Wenn der Eimer voll war, trug sie ihn in den Garten und verteilte den Inhalt auf den Gemüsebeeten. Dort lagen dann Teebeutel, Eierschalen, Kaffeesatz, Apfel- und Kartoffelschalen schön kreuz und quer zwischen den Kohlrabis und Möhren herum. Darüber warf sie abgemähtes Gras, Rhabarberblätter, Heckenschnitt, welkes Kraut, trockene Staudenstängel, gehäckselte Zweige, kurz, alles was gerade an Gartenabfall zur Hand war.

Ich muss zugeben, dass mich das irritierte. Der Anblick solcher Beete war für mich ungewohnt und ich empfand ihn als unästhetisch, um nicht zu sagen schlampig. Den Müll einfach so in den Garten zu schmeißen, das widersprach allem, was ich bisher gesehen hatte. Und bei der Dicke der Abfallschicht wunderte mich, dass die armen Gemüsepflanzen es tatsächlich schafften, immer noch oben herauszugucken. Doch schließlich gehörte der Garten meiner Freundin. Also war das ihre Entscheidung und ich bemühte mich, das Durcheinander ebenso hinzunehmen wie die abfälligen Bemerkungen, die über den Zaun wehten.

Die Anlage, in der sich der Garten befand, war nicht an das Wassernetz angeschlossen. Allen Gärtnern stand nur selbst gesammeltes Regenwasser zur Verfügung. In jenem Frühjahr, in dem ich mich zum Mitmachen entschieden hatte, war es sehr heiß. Anfang April regnete es noch etwas, ab Mitte des Monats nicht mehr. Die Sonne brannte herunter, als wäre längst Sommer. Bereits Mitte Mai hatte die nackte Erde auf den Beeten der Nachbargärten die Konsistenz und Farbe von Zement angenommen, und das Gemüse darauf welkte vor sich hin, falls es überhaupt noch zu sehen war. Sämtliche Regentonnen waren leer.

Erstaunlicherweise sahen unsere Pflanzen immer noch recht zufrieden aus. Wenn ich die Mulchschicht zur Seite schob, fand ich darunter lockere, schwarze, und was mich besonders erstaunte, feuchte Erde, die noch dazu von Regenwürmern wimmelte. Allmählich dämmerte mir, dass an der Sache etwas dran war.

Das Prinzip des Mulchens ist einfach. Die Natur macht es uns vor. Kein Mensch gräbt, hackt und düngt einen Wald, niemand harkt ihn sauber und doch – oder gerade deshalb – ist der Boden nahrhaft und lebendig. In der Natur (außer in der Wüste) kommt kein unbedeckter Boden vor. Blätter und Äste fallen herab und bleiben liegen. Moose, Farne, Pilze und andere Pflanzen wachsen, sterben ab und bleiben liegen. Bäume fallen um und bleiben liegen. All das rottet langsam vor sich hin und wird von den Bodentieren zersetzt. Das Ergebnis dieses Kreislaufs ist ein herrlich duftender Humus. Wenn man über einen solchen Waldboden läuft, über das dunkelgrüne Moss, das sich überall ausgebreitet hat und unter dem die halbverrotteten Äste knacken, möchte man am liebsten barfuß gehen, so angenehm weich ist er.

In den vier Jahren, in denen ich bei meiner Freundin mitgärtnerte, wurde ich zum Mulch-Fan. Bald trug ich genau wie sie meinen Biomüll auf die Beete, drehte das Mohrrübengrün und die Kohlrabiblätter gleich bei der Ernte ab und verteilte sie um die Gemüsepflanzen. Je begeisterter ich wurde, umso mehr Mulchmaterial entdeckte ich überall, sammelte es und brachte es in den Garten. Und je besser der Boden wurde, umso schneller war unser Mulch verschwunden. Wir konnten die fleißigen Erdhelfer kaum satt bekommen. Ich staunte, wie wenig es zu tun gab. Das einzige, was wir laufend machen mussten, war, die Mulchdecke zu erneuern, denn auch die Amseln hatten mitbekommen, dass es bei uns immer Futter gab. Sie pickten unentwegt unsere Deckschicht zur Seite, um an die darunter befindlichen fetten Regenwürmer zu kommen.

Man kann zum Mulchen so ziemlich alles organische Material benutzen (außer Stroh und Rindenmulch, bei deren Zersetzung die Kleinstlebewesen viel Stickstoff aus dem Boden entnehmen, der dann den Pflanzen fehlt). Wunderbar geeignet ist Heu und Laub. Das Entsorgen von Laub im Herbst ist ja eine Lieblingsbeschäftigung der meisten Kleingärtner. Manche wollen so gründlich sein, dass ihnen der Rechen nicht reicht und sie sich einen Laubpuster, der merkwürdigerweise Laubsauger heißt, anschaffen, um auch noch das letzte Blatt zwischen den Johannisbeerbüschen herauszublasen. Wenn unsere Nachbarn zu pusten begannen, gingen wir zu ihnen und fragten sie, ob wir ihr Laub haben dürften. Mitleidige Blicke waren uns sicher. Aber da wir ihnen die Mühe des Abtransportes ersparten, stimmten sie meist zu. Das Laub verteilten wir in dicken Schichten über den abgeernteten Beeten, zwischen den Beerensträuchern und um die Stauden herum. Im Frühjahr war davon so gut wie nichts mehr übrig. Umgraben mussten wir auch nicht, das hatten Regenwurm und Co inzwischen für uns erledigt.

Natürlich praktiziere ich diese wunderbare Methode inzwischen auch in meinem Garten. Tatsächlich hat das Mulchen so viele Vorteile, dass man sich fragt, warum es nicht längst zum Volkssport geworden ist. Der Boden wird immer besser, weder trocknet er aus noch wird er bei Regen weggeschwemmt. Auch das Düngen kann man sich sparen, das erledigen die Bodenlebewesen bei der Zersetzung der schützenden »Bettdecke«. Und den Jungpflanzen tut es sichtbar gut, dass die Temperatur zwischen Nacht und Tag nicht so stark schwankt. Also: weniger Dünger, weniger Wasser, weniger Arbeit.

Und warum machen es dann nicht alle?

Vielleicht, weil der deutsche »Ordnungssinn« ein doch sehr hartnäckiges Phänomen ist? Oder liegt es am Wettbewerbsgeist der Gärtner, der viele Gärten aussehen lässt wie Models in einem Wettstreit um die meiste nackte Haut? Oder kommt es daher, weil die Baumärkte mit dieser Methode kein Geld verdienen können? Immerhin leben die Gartenzeitschriften hauptsächlich von Werbekunden, vielleicht propagieren sie deshalb immer noch den klassischen Garten, für den man Spaten, Hacke, Grabegabel, Sauzahn, Kralle, Laubsauger und all die vielen Dünge- und Hilfsmittel aus dem Baumarkt braucht?

Nein, ich glaube es gibt einen viel profaneren Grund: Mulchen ist zu einfach. Wir Deutschen haben es immer gern ein bisschen kompliziert und mühsam. Was keine Arbeit macht, kann nichts wert sein. Was kein Geld kostet, auch nicht. Und selbst wenn es die Natur seit hunderttausenden von Jahren erfolgreich praktiziert, für uns ist das noch lange kein Grund, sich deshalb davon überzeugen zu lassen.

Schmutzige Hände

Meine Hände sind schmutzig. Bürsten, Cremes, Seifen – alles nützt nur bis zu einem gewissen Grad. Die dunklen Stellen, besonders an den Innenseiten der Finger und um die Nägel herum, bleiben. Dort hat sich die Erde in der rissigen Haut festgesetzt. Ab November wird es besser. Weihnachten sind sie manchmal richtig sauber.

Solange ich im Garten bin, stört mich das kaum. Dort sehen mehr oder weniger alle so aus. (»Handschuhe?«, sagt meine Nachbarin Adelheid, die die seltene Gabe besitzt, in Spruchweisheiten zu reden, »Wozu hab ich 'n Garten, wenn ich nicht in der Erde wühlen kann? Mit Handschuhen merk ich ja nischt. Merken muss man schon was!« Oder sie sagt: »Lieber dreckige Hände als 'ne dreckige Seele!«)

Aber beim Einkaufen geht es schon los. Wenn ich das Geld in die Hand der Verkäuferin lege. Peinlich. In der Nicht-Garten-Welt trage ich mit meinen schmutzigen Händen auch immer ein gewisses Schamgefühl mit mir herum und fühle mich nicht recht gesellschaftsfähig.

Die Hände der meisten Menschen sehen aus wie unbenutzt. Viele scheinen eine besondere Abneigung gegen alles zu verspüren, was erkennen lässt, dass sie sich draußen aufgehalten haben. Sie entschuldigen sich schon, wenn sie bei Regen mit nassen Haaren ins Büro kommen. Am liebsten sähen sie wohl jeden Augenblick aus, als kämen sie geradewegs von der Kosmetik. Als wären wir in der Evolution zurückgefallen, wenn sich ein Schlammspritzer auf die Bügelfalte verirrt hat. Sich und seine Umgebung nicht völlig im Schmutz versinken zu lassen, ist ein löbliches Unterfangen. Auch mir wurde die Tugend der Reinlichkeit beigebracht. Je makelloser, desto mehr Mensch. Folglich hat es sich entwickelt, mein Schamgefühl. Ich hatte es nicht immer. Zum Glück gibt es im Schatzkästchen meiner Erfahrungen ein Juwel, das dieses Schamgefühl relativiert, ja, das mich fast sogar ein wenig stolz sein lässt auf meine Erd-hände.

Ich erinnere mich deutlich an die Besuche bei meinem Onkel Heinrich, als ich Kind war. Er war Bauer. Seine Frau Hiltrud war um ein paar Ecken mit uns verwandt. Einmal im Jahr fuhr ich für eine Woche zu ihnen. Sie hatten einen kleinen Hof mit Kuh, Kälbchen, drei Schweinen, einem Hund, vier Katzen, jeder Menge Hühnern und etlichen Bienenvölkern. Natürlich gehörte Land dazu, ein Feld, ein großer Garten. Damals hatte ich kaum eine Vorstellung von der Arbeit, die die beiden täglich bewältigten. Ich staunte nur, dass sie um vier Uhr morgens aufstanden, um die Kühe zu füttern.

Ich sehe Onkel Heinrich vor mir sitzen, beim Abendbrot, in der großen Küche mit der Kochmaschine und dem Fußboden aus roten Ziegeln. Ich sehe, wie er sich seine Brotscheiben dick mit Butter beschmiert und sie langsam kaut.

Mein Onkel hatte ein besonderes Verhältnis zu Brot. Jeden Morgen, wenn das Feuer in der Kochmaschine zu einem Haufen Glut zusammengefallen war, ging er zu einer abgedeckten Steingutschüssel, die am Fenster stand, entnahm ihr eine Handvoll Teig – und seine Hände waren sehr groß! – und knetete diesen mit Mehl zu einem festen Klumpen. Dann gab er ihn in eine runde Form, die innen eine Vertiefung hatte und außen einen breiten, rundumlaufenden Graben, in den er Wasser goss. Das Ganze schob er in die Röhre über dem Feuerloch.

Anschließend »fütterte« er den Sauerteig in der Schüssel am Fenster mit etwas Mehl und ein wenig Honig – von seinen eigenen Bienen – und deckte ihn wieder zu.

Am frühen Nachmittag war das Brot fertig. Er nahm es aus dem Ofen, wickelte es in ein leinenes Küchentuch und stellte es zum Abkühlen auf ein Holzrost.

Zum Abendbrot schnitt er es an. Erst wenn alle am Tisch saßen, wenn alles bereit zum Anfangen war, stand mein Onkel noch einmal auf, ging zum Küchenschrank und holte das Brot vom Holzgitter. Er trug es zum Tisch und wickelte es behutsam aus, gerade so, als wäre es das erste Brot, das er in seinem Leben auswickelte. Voll stiller Vorfreude schlug er das Tuch zurück. Ein wunderbarer Duft breitete sich in der Küche aus.

Ich sehe seine starken, sehnigen Hände, kupferbraun gebrannt von der Sonne, die Haut an den Fingern rissig, mit schwarzen Einschlüssen, voller Kratzer, Schwielen und Schrunden. Wie sie das Brot nehmen. Immer fasste er es mit beiden Händen. Und als wäre das sein ureigenstes Privileg, führte er es zuerst Richtung Nase, schloss die Augen und roch. In diesem Moment sagte keiner etwas. Seine Geste hatte etwas so Hingebungsvolles, dass man sich gar nicht getraut hätte, diese Andacht zu stören.

Mein Onkel war ein einfacher Mensch. Er machte keine großen Worte. Wenn er so dastand und roch, war für mich ohnehin alles gesagt: Sein Stolz, Bauer zu sein. Sein Glück, eigenes Land zu beackern. Seine Dankbarkeit für die Ernte. Seine Freude, dass dieses Brot gelungen war, ja, dass es überhaupt so etwas wie Brot gab, dass die Rübensaat aufgegangen war, das Kälbchen wieder fraß …

All die Jahre, die ich ihn und seine Familie besuchte, hat mich diese Geste immer aufs Neue beeindruckt. Sie ist unlösbar verbunden mit dem Geruch frisch gebackenen Brotes, einem Gefühl von Leichtigkeit und Weltzufriedenheit, wie man es nur in den Ferien haben kann und dem Bild seiner riesigen Hände.

Diese Hände waren nie sauber. Der Acker, der Kuhstall, die Forke, das Feld, die Hühner, die Sense, der Hund, der Garten, die Bienen – einfach alles hatte sich ihnen eingeprägt. Auf die Idee, die Hände meines Onkels als schmutzig zu bezeichnen, wäre ich trotzdem nie gekommen. Sie hatten Charakter. Für mich waren sie ein starker Ausdruck dessen, was sein Leben ausmachte.

Bis er vierundachtzig war, hat Onkel Heinrich auf seinem Hof gearbeitet. Dann wollte er sich mal ausruhen. In der Erde. Er hat sie ja geliebt. Ich hätte ihm gern ein Brot mit ins Grab gelegt. So ein Sauerteigbrot aus der Kochmaschine. Aber wie hätte das gehen sollen? Niemand konnte solch ein Brot backen wie er.

Die letzten Minnesänger

Seit ich den Garten habe, gibt es ein Ereignis, das ich Jahr für Jahr mit großer Ungeduld herbeisehne. Wenn die Tulpenknospen erscheinen, beginne ich schon zu lauschen. Wenn sie sich öffnen, sollte es bald soweit sein. Das Ereignis, auf das ich hoffe, ist in keinem Kalender verzeichnet, sein genaues Datum kann niemand vorhersagen. Und je länger es auf sich warten lässt, umso öfter beschleicht mich die schreckliche Vorstellung, es könnte dieses Mal ausbleiben. Ihnen könnte unterwegs etwas geschehen sein.

Die Sonne scheint wärmer. Die Abende werden milder. Da! Drei helle Pfeiftöne! Ich spitze die Ohren. War sie das? Aber die anschließende Stille dauert so lange, dass ich schon befürchte, mich verhört zu haben. Doch, da ist es wieder! Jetzt pfeift es viele Male hintereinander, jeder Ton ist gedehnter und lauter als der vorige. Und nun folgt auch das helle Jauchzen. Eindeutig: sie ist es! Die Nachtigall ist zurück! Schon ein paar Töne später ist sie richtig in Schwung gekommen. Die Luft vibriert von ihrem Geschmetter. Verzückt stehe ich auf der Wiese, Silbertöne regnen auf mich herab. Da hatte ich doch den Winter über tatsächlich vergessen, wie herrlich ihr Gesang ist!

Über zweihundert verschiedene Strophen kann das Nachtigallenmännchen miteinander verknüpfen. Und es hat allen Grund dazu. Was in den nächsten Wochen stattfindet, ist ein Sängerwettstreit. Es geht um unerfüllte Liebe, um Sehnsucht und Sangeskunst, also um Minne in reinster Form. Und der Grand Prix ist nichts Geringeres als ein Weibchen. Nur wer schön genug singt und die meisten Tonfolgen hervorbringt, hat eine Chance. Denn die angehimmelten Damen sind wählerisch. Obwohl sie selbst nur wenig und leise singen, sind sie sehr wohl in der Lage zu hören, welcher der Herren die meisten und raffiniertesten Kehlkopfpirouetten drehen kann. Um dies herauszufinden, fliegen sie zwischen Mitternacht und Morgengrauen kilometerweit und führen sich die Darbietungen der Männchen zu Gemüte. Sie nehmen sich Zeit für ihre Wahl. Es dauert etliche Nächte, bis sie sich für einen der besuchten Sänger entschieden haben. Und so schmettern und jubilieren die sehnsüchtigen Männchen besonders nachts frenetisch um die Wette. Mit einer Lautstärke, die jeden, der diesen kleinen, unscheinbaren Vogel zu Gesicht bekommt, nur staunen lässt.

Haben sie einmal mit ihrer Musik begonnen, freue ich mich, dass sie mindestens bis Mitte Juni zu hören sein wird. Eigentlich dürfte man in dieser Zeit gar nicht schlafen gehen. Das schaffe ich natürlich nicht. Aber ich sitze manchen Abend vor dem Haus, eine Decke um die Schultern, ein Glas Wein neben mir, und warte.

Zu meiner großen Freude hat sich »meine Nachtigall« zum Singen einen Ahornbaum ausgewählt, der nur wenige Schritte vom Garten entfernt steht. Wenn die Sonne untergeht, beginnt ihr Auftritt. Zuerst lässt sie ein flehend gezogenes Flöten erklingen, ein inniges Schluchzen, erst leise, dann immer lauter und drängender. Dabei dehnt und zieht sie die Töne mit solch einer Leidenschaft und Wehmut, dass ich unwillkürlich ebenfalls aufseufze. Doch kaum hat sie meine Sehnsucht zum Klingen gebracht, folgt ein metallisches Schlagen, ein heller Gong, und gleich darauf ein Wasserfall von Jubeltönen, ein elegantes Hinauf und Hinab von Koloraturen, als schlage jemand in atemberaubendem Tempo auf ziseliertes Silber. Kräftige Schmetterstrophen werden von weichen Tonläufen aufgefangen, um gleich darauf in ein rhythmisches Stakkato zu münden. Sie pfeift, trillert und flötet in an- und abschwellender Lautstärke, als hätte sie ein ganzes Orchester in sich: Geige, Zimbel, Harfe, Glockenspiel. Innerhalb kürzester Zeit steigert sie tiefste Töne zu allerhöchsten, klagt, jubiliert, jauchzt und klopft. Mal schlägt sie hart an, dann wieder zärtlich. Mal ziept sie wie eine Grasmücke, dann rollt sie die Töne, dann knarrt oder schnurrt sie wie eine Katze. Tamburine werden angeschlagen, und plötzlich, ohne Übergang erklingt ein Jubelschall, und ein Osterchoral hoch oben von der Empore vermischt sich mit dem erhabenen Ton von Orgelpfeifen. Und am Ende eines Liedes schickt sie oft noch ein dunkles Echo ihrer eigenen Melodie hinterher.

Kraftvoll und vielfältig ist ihr Gesang. Er lockt Bilder in mir hervor, doch die einzelnen Strophen wechseln so rasant, dass ich kaum dazu komme, diese Bilder genauer zu betrachten. Sie werden nur angerissen, fliegen vorbei, als würden vor meinen Augen die Seiten eines Märchenbuches schnell umgeblättert: die leise knarrende Tür unseres Kinderzimmers, das Knacken trockener Äste im Wald oder das Zirpen von Grillen auf einer Sommerwiese. Ich sehe mein Leben vor mir, Gesichter von Menschen, die ich geliebt habe, längst vergangene Zukunftsträume, glückliche Momente. Ich schwelge in Seligkeit, staune, werde ergriffen von Wehmut und es zerreißt mir fast das Herz. Welch eine Kaskade von Tönen! Welch eine Kunstfertigkeit! Wenn es jemanden gibt, der weiß, was man mit der Stimme machen kann, so ist es die Nachtigall. Ich kenne keinen anderen Vogel, dessen Gesang mich auf diese scheinbar spielerisch leichte Art daran erinnert, dass trotz aller herben Erfahrungen etwas in mir weich und zärtlich geblieben ist.

Ich kann mich gar nicht satthören. Allmählich wird es kühl, ich bin müde, aber statt schlafen zu gehen, wickle ich mich nur fester in die Decke. Jeden Abend solch ein Konzert. Wer hat das schon?

Diese Musik ist mein Kleinod, mein wunderbares Frühlingsgeschenk. Und vielleicht deshalb so kostbar, weil sie umsonst ist und es nicht in meiner Macht steht, zu bestimmen, wie lange ich sie hören darf. Denn auch in diesem Jahr wird die Zeit der Nachtigallen vorbeigehen. Nach der Brut, wenn die Eltern den Jungvögeln Gesangsunterricht erteilen, erklingen noch einmal ihre Lieder. Doch schon ab Ende Juli machen sich die Virtuosen auf die Reise. Bis ins tropische Afrika fliegen sie, um dort zu überwintern. Noch auf dem Zug singen sie. Ich aber werde ihren Gesang noch eine Weile im Ohr haben. Den Winter über werde ich an sie denken. Und spätestens beim Nahen des nächsten Frühjahrs werde ich wieder sehnsüchtig auf sie warten.

Nächtlicher Einbrecher

Ich liebe die Stille um Mitternacht. Wenn alle Nachbarn gegangen sind, die S-Bahnen schweigen, die Lichter verlöschen, dann sinkt selbst hier, mitten in der Stadt, so etwas wie Frieden herab. Es ist eine besondere Stille, für die es sich lohnt, einen Garten zu haben. Eine bezaubernde Stille, die mich oft noch einmal aus dem Haus lockt.

So auch an jenem warmen Sommerabend meines ersten Gartenjahres. Ich hatte mich vor die Tür gesetzt und genoss es, die Nacht für mich allein zu haben. Ein tiefes Glück erfüllte mich. Der Duft des Geißblatts wehte sanft von der Weinlaube herüber. Es war kurz nach Neumond, eine hauchdünne, zunehmende Sichel stand am Himmel, umgeben von Sternen.

Zufrieden lehnte ich mich zurück und stellte Betrachtungen darüber an, wie gut es tut, Stille zu erleben. Alles ist ihr gleich, groß ist sie und unerbittlich gerecht. Alles nimmt sie mütterlich auf, ohne Unterschied. Sie zieht mich sanft zu sich und lässt mich versinken in ihren weichen Armen. Und dann kann ich ihr meine Sorgen übergeben und dabei zusehen, wie diese auf ihre tatsächliche Größe zusammenschmurgeln, als hätte jemand die Luft aus ihnen herausgelassen. Kaum sitzt man nachts eine Weile unter dem Sternenhimmel, schon versteht man gar nicht mehr, wie man sich je über irgendetwas hat beunruhigen können ...

Plötzlich zuckte ich zusammen. Im Nachbargarten war jemand, ich hörte es ganz deutlich. Schlurfende Schritte. Dann ein Schnaufen. Ich lauschte angespannt. Meine Nachbarn konnten es nicht sein, die waren nach Hause gegangen, bereits vor ein paar Stunden hatten wir uns über den Zaun verabschiedet. Außerdem schnauften meine Nachbarn nicht so.

Ich hielt den Atem an. Ein Einbrecher. Das musste ein Einbrecher sein! Ein Einbrecher mit Schnupfen! Er schniefte und nieste schamlos und, wie ich fand, ziemlich obszön. Eine Mischung aus schnarchen und röcheln. Er rechnete wohl nicht mit meiner Anwesenheit. Sollte ich ins Haus schleichen und die Polizei anrufen? Oder lieber die Nachbarn selbst? Aber was, wenn er mich bemerken und gewalttätig werden würde? Es hatten ja schon viele den Kopf geschüttelt über meine Unvernunft, hier allein zu wohnen. Vielleicht sollten sie nun Recht bekommen ... Ich starrte Richtung Nachbargarten in die Dunkelheit, das Geschniefe und die Schritte waren ganz nah, aber sehen konnte ich nichts. In einem Anfall von Mut rief ich mit möglichst fester Stimme: »Hallo! Ist da jemand?!«

Keine Antwort. Merkwürdigerweise gab sich der Eindringling auch jetzt noch nicht die geringste Mühe leiser zu sein. Er musste mich doch gehört haben! Ich nahm die Taschenlampe vom Haken, schlich auf Zehenspitzen Richtung Zaun, und als das laute Atmen wieder ganz deutlich war, richtete ich den Lichtstrahl direkt dorthin. Aber da war niemand. Trotzdem konnte ich das Geräusch deutlich hören, doch jetzt merkte ich, dass es von unten kam, vom Weg her! Also ließ ich das Licht dorthin fallen – und musste herzhaft lachen. Es waren Igel. Zwei stattliche Exemplare. Ihre Stacheln glänzten im Taschenlampenlicht. Schnorchelnd, sabbernd und keuchend wühlten sie in einem alten Laubhaufen am Rand des Weges herum.

Vor Erleichterung wurde mir ganz warm ums Herz. Ich hatte nicht gewusst, dass Igel dermaßen laut sein können. Das Licht schien sie nicht im Mindesten zu stören, und da ich Igel noch nie aus solcher Nähe gesehen hatte, schaute ich ihnen noch eine Weile bei der Futtersuche zu.

Am nächsten Tag fiel mir das Loch im Zaun ein, das ich schon lange hatte reparieren wollen. Ich begutachtete es, entschied mich endgültig gegen die Reparatur und bog stattdessen die Maschen großzügig noch etwas weiter auseinander, damit die Igel bequem hindurch passten.

Inzwischen sind sie auch in meinem Garten unterwegs. Sobald es dunkel wird, wuseln sie deutlich vernehmbar die Wege entlang, rumoren, fauchen, schnüffeln und schlabbern mit ihren spitzen Schnauzen überall herum. Mittlerweile habe ich mich kundig gemacht und weiß nun, warum sie so eigenartige Geräusche von sich geben. Sie riechen über die Spucke. Deshalb müssen sie so eine gewaltige Menge davon produzieren, wenn sie ihrer Beute auf der Spur bleiben wollen.

Manche Nacht kommt nur einer, meist aber sind sie zu zweit oder dritt unterwegs. Wenn ich so unvorsichtig bin, sie nicht sofort zu bemerken und ihnen aus Versehen zu nahe komme, verharren sie und nehmen Kugelgestalt an. Doch sobald ich mich ruhig verhalte, rollen sie sich wieder auseinander und holen zur Belohnung ein paar Käfer aus den Beeten und ein paar Schnecken vom Salat.

Und es ist merkwürdig. Es gibt eine Menge Tiere hier, die mich glücklich machen und die ich gern beobachte: »mein« Eichhörnchen Frieder, den alten Fuchs, die vielen Vögel, Schmetterlinge, Käfer, Libellen … Und kaum eins von ihnen benimmt sich – vom menschlichen Standpunkt aus betrachtet – so dreist und unmanierlich wie gerade der Igel. Und doch ist ausgerechnet er es, der für mich am meisten Noblesse ausstrahlt. Vielleicht liegt das an seiner Wildheit. Igel lassen sich nicht zähmen. Ihnen geht Freiheit über alles.

Wenn ich nachts vor dem Haus sitze und die Igel tapsen heran, schnaufen und schniefen, treten mir fast auf die Füße, rascheln, stacheln, wühlen und schmatzen in den Beeten herum, wackeln anschließend zur Vogeltränke, um noch lauthals etwas Wasser zu schlürfen, so ist das jedes Mal ein besonderes Erlebnis, das mich mit einem geradezu kindischen Stolz erfüllt. Mir ist dann, als würden sie mir mit ihrem Besuch eine Botschaft überbringen. Dass sie nämlich beschlossen haben, mich in ihrem Reich zu dulden. Der große Igelrat, dessen Abgesandte sie sind, erteilt mir die königliche Erlaubnis, mich hier aufhalten zu dürfen.

Wenn das kein Grund ist, sich geehrt zu fühlen.

Garten in Blau

Wenn sich im Mai ein feiner blauer Schleier über den Beeten auszubreiten beginnt, ist die Vergissmeinnicht-Saison eröffnet. Wie ein Elfenhauch schweben die himmelblauen Miniaturblüten scheinbar schwerelos über der Erde, zwischen Rosen, Salbei, Iris, Mohn, auf dem Himbeerbeet und um die Azalee herum. Unzählige Tupfer, so viele, dass man sie kaum auseinanderhalten kann.

Von fern sieht der Garten ganz blau aus.

In jedem Mai kommen sie wieder. Von ganz allein. Ich muss nichts dazu tun.

Schiebt sich dann auch noch eine verspätete gelbe Tulpenknospe auf ihrem schlanken Stängel durch die Bläue hindurch und strahlt daraus hervor wie die Sonne aus einem wolkenlosen Sommerhimmel, ist es um mich geschehen. Himmelblau und Gelb, diese freundlichsten aller Farbgeschwister, erobern jedes Jahr mein Herz!

Oft beuge ich mich dann herab, halte mein Gesicht dicht über diesen Zauber und betrachte eine Vergissmeinnichtblüte von Nahem. Auf den ersten Blick ist sie nur ein schlichter Kranz aus fünf kleinen Kelchblättern, in deren Mitte ein sonnengelbes Auge leuchtet. Schaue ich aber genauer hin, entdecke ich zusätzlich einen zierlichen weißen Stern, der sich, von der Wurzel der Blütenblätter ausgehend, um die gelbe Mitte ausbreitet. Er ist zehnzackig und entsteht durch die Verfärbung der Kelchblätter am Wurzelansatz von blau nach weiß. Dieser Sternenkranz bringt das Gelb der Blütenmitte zum Leuchten, wobei der Farbkontrast noch durch die Mitte der Mitte verstärkt wird: einen dunklen Fleck im Gelb, eine geheimnisvolle Öffnung, ein finsteres Verschwinden. Das ist die Kronröhre, aus der die Insekten ihren geliebten Nektar saugen.

Alles zusammen: Ein Urbild der Harmonie. Ein schlichtes Mandala in Gelb und taubenblau, kontrastiert von feinem Weiß und versunkenem Schwarz. Simple Formen, Kreise und Sterne, doch in einem Frieden miteinander, wie man ihn sich filigraner und vollkommener nicht vorstellen kann. Und dies auf so allerkleinstem Raum, dass man sich niederknien muss, um es überhaupt sehen zu können!

Die Blüten wiegen sich sanft im warmen Maiwind. Und je länger ich sie betrachte, je mehr ich in diesem guten Blau und freundlichen Gelb versinke, umso tiefer wird mein Atem. Als blickte ich in klare Augen. Und ich erinnere mich an viele Augen, in die ich schon geschaut habe. Und begreife, warum diese Blume zum Symbol der Sehnsucht geworden ist. Warum gerade das einfache Vergissmeinnicht in so vielen Bräuchen, Liedern und Märchen eine Rolle spielt, wenn es um Liebe, zärtliche Erinnerung und Beständigkeit geht.

Was ist das nur für ein Blau, dass es uns Menschen so tief berühren kann?

Die Antwort fand ich in einer Legende, die von der Entstehung des Vergissmeinnichts erzählt:

Als nach der Schöpfung alle Gewächse ihre Farben erhalten hatten, trat eine kleine, unscheinbare Blume aus dem Schatten hervor und rief: »Vergiss mein nicht!« Doch die Farben waren schon alle verteilt. Es war nichts mehr übrig. Gott sah die noch farblose Pflanze zärtlich an. Seine Augen begannen zu leuchten. Und dann bat er seine Engel, ihre Pinsel in das Blau des Himmels und in das Gold der Sonne zu tauchen und dem Blümchen diese Farben zu geben. Seitdem hat es nicht nur seinen Namen, sondern auch seine gelben Augensterne und seine himmelblauen Blüten.

Komposttherapie

Jedes Jahr im Mai setze ich den Kompost um. Aus Backsteinen habe ich zwei Kammern gemauert, eine rechte und eine linke. Der Inhalt der rechten Seite ist im Laufe zweier Sommer zu schwarzer, herrlich duftender Erde geworden, sie wird durchgesiebt und auf den Beeten verteilt. Die linke Hälfte wird, das Unterste zuoberst, mit der Mistgabel auf die rechte Seite umgeschichtet. Knochenarbeit.

Meine Freundin kommt, als ich gerade fertig und damit beschäftigt bin, Knüllpapier, Gehäckseltes und die Reste der Sieberei als untere Schicht in die linke Kammer zu werfen, wo der neue, diesjährige Kompost entstehen soll.

»Wenn er wenigstens gestorben wäre«, sagt sie. »Aber er ist noch da, er läuft da draußen irgendwo rum!« Sie spricht von ihrem Mann, der sie im Herbst von einem Tag auf den anderen verlassen hat. Seit einem halben Jahr gibt es kein anderes Thema mehr. »Und ich bin auch noch da. Und alle seine Briefe sind auch noch da! Ich kann sie nicht wegwerfen. Ich kann sie aber auch nicht mehr bei mir haben. Ich weiß nicht, was ich damit machen soll!«

Sie leidet unsäglich. Ich weiß nicht, was ich darauf Sinnvolles erwidern soll, nicke und werfe weiter meine gesammelten Werke in das frei gewordene Mauerviereck.

»Papier auch?«, fragt sie.

»Verbessert die Struktur«, entgegne ich. »Dann kommt mehr Luft ran. Und die Würmer mögen es. Die sind ganz vernarrt darauf, genau wie auf Kaffeesatz, Zwiebelschalen und …«, ich stocke, es ist mir immer noch ein bisschen peinlich, »… und die festen Bestandteile meines Öko-Klos.«

Meine Freundin verzieht das Gesicht und geht sofort einen Schritt vom Kompost weg.

»Igitt. Ehrlich? Stinkt das nicht?«

»Riechst du was?«

Sie schnuppert. »Ne. Aber … Ich weiß ja nicht …«

»Nach zwei Jahren ist davon nichts mehr übrig«, sage ich.

»Hm.« Sie wiegt den Kopf. Dann erzählt sie weiter von ihrem Mann, beziehungsweise von der Lücke, die er in ihrem Leben hinterlassen hat, und was sie schon alles versucht hat, um diese Lücke zu füllen. »Aber der Schmerz«, sagt sie. »Ich werde diesen Schmerz nicht los, verstehst du. Und das Verrückteste ist: Immer wieder lese ich die Briefe, die er mir früher geschrieben hat, als wir uns gerade verliebt hatten. Und dann wird es immer schlimmer.«

Sie wirft jetzt auch Holzschnitzel und Papier in die gemauerte Kammer.

»Ich mach uns mal 'n Kaffee«, beschließe ich.

Da sagt sie langsam: »Warte mal. Ich glaub, ich hab da gerade 'ne Idee.« Sie wischt sich die Hände an der Hose ab und meint: »Ich komme gleich wieder.«

Ich entscheide mich, derweil den Rasen zu mähen. Es macht mir immer besonderen Spaß, den neu angelegten Kompost zu füllen.

Meine Wiese ist klein und schnell gemäht. Ich werfe den Grasschnitt in die Kompostkammer. Wie das duftet! Grasschnitt habe ich immer zu wenig. Wenn ich sehe, dass irgendwo in der Nähe eine Wiese gemäht wird, hole ich schnell meine Schubkarre, schiebe fuhrenweise abgemähtes Grün in meinen Garten und freue mich darüber wie ein Kind zu Weihnachten. Werden in Laufnähe zu meinem Garten Bäume beschnitten, mache ich mich ebenfalls auf, trage die Äste herbei, häcksle sie zu Fasern und streue sie als Zwischenschicht ein. Ein riesiger Berg Herbstlaub liegt auch immer bereit. Je vielfältiger, desto lebendiger.

Gerade stecke ich mit beiden Armen im halbverrotteten Laub, da kommt meine Freundin wieder. Sie hält einen Stapel zerfleddert aussehender Briefe in der Hand, geht zielsicher zum Kompost, stellt sich hin, legt den Briefstapel auf die Mauer, zerreißt einen Brief nach dem anderen in kleine Schnipsel und streut diese zwischen den Grasschnitt.

Verdutzt ziehe ich die Arme aus den Blättern.

Die ersten Asseln kriechen über die Papierschnipsel.

Ich wasche mir die Hände und setze Kaffeewasser auf.

Meine Freundin steht da, weint und wirft Schnipsel. Das dauert ziemlich lange. Als sie zum Tisch kommt, sieht sie erschöpft aus.

Den Kaffee trinken wir schweigend.

In den darauf folgenden Wochen taucht sie häufiger im Garten auf als sonst. Immer bringt sie etwas für den Kompost mit und besteht darauf, es selbst draufzuwerfen. Einmal schleppt sie einen ganzen Eimer voller Zwiebeln an. Ich habe sie im Verdacht, dass sie die extra für die Regenwürmer gekauft hat. Grasschnitt, Küchenabfälle, Kohlblätter aus dem Supermarkt, vertrocknete Blumensträuße, alte Erde, Gemüseabfälle, Teebeutel, Unmengen von Kaffeesatz … Es kommt mir vor wie eine nicht enden wollende Beerdigung.

Oft steht sie einfach da und schaut auf den entstehenden Berg, als würde sie ein Orakel befragen.

Als er Mitte Juli die Höhe der Steinumrandung erreicht hat, meint sie: »Er ist voll. Was machen wir jetzt?«

Wir heben ein Stück der oberen Schicht ab. Staunend stehen wir vor dem Gewimmel. Springschwänze, Tausendfüßler, Kurzflügler, Nashornkäfer, Engerlinge, Insektenlarven, Asseln, Spinnen, Regenwürmer, ... und dazu noch die Milliarden kleinster Lebewesen, die man gar nicht sieht!

»Zweitausend pro Kubikmeter«, sage ich. »Allein Regenwürmer. Wahnsinn, oder? Und dann noch all die anderen. Was meinst du, was die für einen Hunger haben. In einer Woche ist hier wieder Platz.«

Wie enorm schnell alles verrottet, wenn der Prozess erst einmal in Gang gekommen ist! Man kann dem Berg fast beim Zusammensacken zugucken. Egal, welche Mengen man die Gartensaison über darauf wirft, er bleibt immer in derselben Höhe. Bis zum November. Das ist ein bisschen wie Zauberei.

Im nächsten Frühjahr setzen meine Freundin und ich gemeinsam den Kompost um, der inzwischen weit unter die Steinkante gesackt ist. Wir schippen und schwitzen, bis wir ganz unten angekommen sind. Dort, wo sie vor einem Jahr ihre traurigen Briefschnipsel verstreut hat.

Meine Freundin schaut auf den schwarzen Boden und strahlt so erleichtert, als hätte sie tatsächlich befürchtet, die Briefe könnten noch immer unangetastet dort liegen. »Guck! Alles weg! Deine Regenwürmer sind wunderbar. Das nenne ich eine gründliche Verarbeitung von Schmerz. Warum gehe ich eigentlich monatelang zum Therapeuten ...?«

»Entschuldige«, unterbreche ich sie grinsend, »aber das hier kannst du bitteschön von keinem Therapeuten erwarten.«

SOMMER

Die Namen der Rosen

Ich kann kaum verhehlen, dass ich gern Namen verteile. Namen faszinieren mich. Etwas zu benennen, ist ein Akt persönlicher Beziehungsaufnahme und hat mit Liebe zu tun. Man denke nur daran, wie werdende Eltern viele Monate damit zubringen, einen geeigneten Namen für ihr Kind zu finden!

Da meine Kinder längst aus dem Haus sind, benenne ich nun meine Gartenmitbewohner. Das Eichhörnchen heißt Frieder, eine meiner Spinnen Sieglinde, meine Lieblingskohlmeise Mascha und der Gartenzwerg Alex. Doch die gelben Namensschilder an den Rosen haben eine ganz andere Bedeutung. Wenn dort Andreas, Jacqueline oder Dörte steht, sind das nicht die Namen der Rosen.

Natürlich haben Rosen ihre eigenen Namen. Wunderbare dazu. Namen, die einem auf der Zunge zergehen, die nach Süße, Üppigkeit, Duft und Anbetung klingen. Namen, aus denen man förmlich die Freude und jahrelange Zuwendung der Züchter heraushört: ›Amethyste‹, ›Gloria Dei‹, ›Märchenkönigin‹, ›Mme de la Roche-Lambert‹, ›Souvenir de la malmaison‹, ›Rosa majalis Foecundissima‹ …

Das Problem in meinem Garten ist nur, dass etliche der dort wachsenden Rosen schon vor mir da waren und ihre Namensschilder nicht mehr dabei hatten. Nun könnte man meinen, man müsse sich solch eine Pflanze nur genau ansehen, in einem Buch nachgucken, und schon wüsste man, um welche Sorte es sich handle. Ein Fachmann kann das vielleicht tatsächlich. Aber bei einer schier unüberschaubaren Menge von Rosensorten (allein im Rosarium Sangerhausen gibt es über achttausend) ist mir als Laie das einfach unmöglich. Ich kann ja noch nicht einmal eine ›Petite Lisette‹ von einer ›La Ville de Bruxelles‹ unterscheiden.

Hinzu kommt, dass ich mich von Jahr zu Jahr immer mehr in Rosen verliebe. Und wie das mit der Liebe so ist, beruht sie auf Anziehung. Mittlerweile sind über achtzig Rosen auf meinem kleinen Grundstück beheimatet, die teilweise auf recht abenteuerlichen Wegen zu mir gelangt sind. Zwei zum Beispiel fand ich neben einer aufgerissenen Wasserleitung auf dem Bürgersteig. Kräftige Stöcke samt Wurzeln, allerdings völlig vertrocknet. Sie mussten mindestens eine Woche dort in der prallen Sonne gelegen haben. Ich sagte mir, dass es einen Versuch wert sei, nahm sie mit und pflanzte sie ein. Eine der beiden, mit heute üppiger, karmesinroter Blüte, hatte bereits ein Jahr später meinen gesamten vorderen Zaun berankt. Die andere, eine sehr elegante, sonnengelbe Schönheit, blüht unermüdlich und ist zu einem schlanken Busch herangewachsen.

Eine weitere fand ich nachts im Rinnstein vor einem Blumenladen. Ohne Topf, aber noch mit Erde im Wurzelballen. Sie war stark vom Sternrußtau befallen und vernünftigerweise hätte ich sie liegenlassen sollen, um mir diesen gefährlichen Pilz nicht in den Garten zu schleppen, doch das brachte ich nicht übers Herz. Eine Rose im Rinnstein – das geht einfach nicht! Sie hat sich als eine samtig dunkelrote Zwergrose entpuppt, die jedes Jahr zauberhaft blüht, sich allerdings immer noch nicht ganz von ihrer Krankheit erholt hat und besondere Zuwendung braucht.

Oder ich schneide Stecklinge, wenn ich irgendwo eine besonders schöne Rose entdecke. Knapp die Hälfte von ihnen wächst an.

All diese Eingewanderten haben eines gemeinsam: Sie sind namenlos. Und selbst, wenn ich eine Rose mit Etikett geschenkt bekomme, zweifle ich spätestens dann an dessen Wahrheit, wenn sich an einem mit ›Schneewittchen‹ beschilderten Stock plötzlich eine orange Blüte öffnet. Dann weiß ich lediglich, dass da wohl irgendetwas vertauscht worden sein muss. Wie sie aber in Wirklichkeit heißt, weiß ich nicht.

Wenn ich allerdings – manchmal nach Jahren – eine meiner Rosen tatsächlich identifizieren kann, ist die Freude groß. So ging es mir mit der ›Mainzer Fastnacht‹. Als ich ihre silbrig-fliederfarbenen Blüten in einem Buch entdeckte, erkannte ich sie sofort. Wie oft hatte ich vor dieser ungewöhnlichen Farbe gestanden, besonders abends, wenn sie in der Dämmerung zu leuchten beginnt!

Natürlich habe ich auch Rosen im Garten, deren Namen ich kenne. Denn ich finde Rosen nicht nur, ich kaufe sie auch. Ehrlich gesagt, komme ich zwischen Mai und Oktober nur mit Mühe an den Rosenständen im Baumarkt oder in der Gärtnerei vorbei. Im Grunde kann ich froh sein, dass mein Garten nicht größer ist. Sonst hätte ich mich mit dem Kauf von Rosen längst ruiniert.

Rambler zum Beispiel. Diese wunderbaren Kletterkünstler entdeckte ich in Naumburg, als ich dort einen Tag der offenen Gärten besuchte. Plötzlich stand ich staunend vor einem alten Quittenbaum, der bis in die Spitze hinein von helllila Blüten bedeckt war. Die Gärtnerin erklärte mir, dass es sich um eine Rambler, genauer um die ›Pauls Himalayan Musk‹ handle, eine Baumkünstlerin, die es locker auf zehn Meter Wuchshöhe schafft. Und dass es sehr viele Rambler-Sorten gäbe, die alle gern in die Höhe wüchsen, viel höher als Kletterrosen. Und dass ihre Bäume seitdem viel gesünder seien, weil sich scheinbar die Schädlinge von Baum und Rose gegenseitig auffräßen … Ich reckte den Hals, um die fast unwirkliche Kaskade von Blüten anzuhimmeln, als sie das erzählte. Und wusste: Ich werde Rambler haben.

Bei der Suche nach den richtigen Sorten stieß ich unter anderem auf die ›Ghislaine de Féligonde‹, die inzwischen an meiner Weinlaube wächst. Sie wird nicht so eine Riesin wie die ›Himalayan‹, aber dafür vollziehen ihre Blüten von der Knospe bis zur Welke einen beeindruckenden Farbwechsel von tieforange über silbergelb bis weiß und sie duftet wie ein ganzer Parfümladen. Der Legende nach verdankt sie ihren Namen einer jungen Frau, die ihren schwer verwundeten Mann so sehr liebte, dass sie den Mut aufbrachte, ihn unter Lebensgefahr zwischen den feindlichen Fronten herauszuholen. Ob diese Geschichte nun stimmt oder nicht, sicher ist, dass der Züchter Turbat diese Rose 1916 auf der Rosenschau in Bagatelle vorstellte. Für mich hat die Tatsache, dass es Menschen gibt, die sich mitten in einem Weltkrieg mit Leib und Seele der Rosenzucht hingeben, die dem Wüten der Waffen einen Duft und dem Irrsinn der Macht eine Farbe entgegenhalten, etwas zutiefst Ermutigendes. Solange Menschen Rosen züchten, muss man die Hoffnung auf eine bessere Welt nicht aufgeben.

Ach, man könnte Bücher schreiben über Rosen. Ganze Bibliotheken könnte man mit dem Lob auf sie füllen! Aber am besten sind sie immer noch im Garten aufgehoben, mit genug Platz um sich herum, denn sie sind Königinnen und brauchen die majestätische Distanz.

Aber ich wollte ja von den gelben Schildern erzählen, die an einigen meiner Rosen zu finden sind. Es sind Patenschilder. Die Idee habe ich aus dem Sangerhäuser Rosarium. Dort haben viele Rosenstöcke Paten. Und da kam mir in den Sinn, dass es doch schön wäre, wenn auch meine Rosen von noch jemand anderem als von mir geliebt werden würden. Denn den Rosen geht es wie den Menschen. Sie brauchen nichts so sehr wie Sonne und Liebe.

Also begann ich, Freundinnen und Freunden zu besonderen Anlässen eine Rose zu schenken. Nur nicht in der üblichen Form und im Topf zum Mitnehmen, sondern als Patenkind. Dabei bleibt die Rose an ihrem Platz in meinem Garten, wird fotografiert, ihr Bild wird auf eine Urkunde geklebt und ihr Name, entweder ihr wirklicher oder ein ausgedachter, eingetragen. Der Pate bekommt die Urkunde, ich schreibe den Namen des Paten auf ein gelbes Schild und stecke dieses feierlich der Rose an die Füße.

Dann ist die Rose noch bei mir, ich kann sie jeden Tag sehen, aber sie gehört mir nicht mehr. Ich bin nur noch da, um ihr zu dienen. Aber kann ein anderes Lebewesen uns überhaupt je gehören?

Inzwischen gibt es einundzwanzig Rosenpaten. Manche kommen ihre Schützlinge besuchen. Manche fotografieren sie regelmäßig. Manche bringen ihnen Dünger, Hornspäne oder Pferdeäpfel mit. Und manche verbeugen sich vor ihnen, verfallen in Schweigen und lassen ihre Nasen für eine ganze Weile in einer geöffneten Blüte verschwinden.

Andere Paten, die weiter weg wohnen, fragen am Telefon: » … und wie geht es meiner Rose?«

Bei diesem Stichwort lacht mein Gärtnerinnenherz. Endlich darf ich von Rosen reden. Darf schwärmen, lang, breit und ausführlich. Von den Blüten, den Knospen, den Farben, den Düften, den neuen Trieben, vom Erfolg der Knoblauchumpflanzung bei der Bekämpfung von Rost und Sternrußtau, von der Jagd nach Rosentriebbohrer, Dickmaulrüssler und Frostspanner, ja sogar vom Gestank der Brennnesseljauche und den fliehenden Blattläusen. Es ist ein bisschen wie bei echten Patenkindern. Die Paten interessieren sich einfach für alles und hören geduldig zu. Also breite ich meine ganze Begeisterung durchs Telefon aus und würde am liebsten den Hörer in die Blüte halten. Und weil alle Worte, die ich für die Schönheit von Farben, Blüten und Duft finde, so entsetzlich armselig und plump sind, sage ich schließlich: »Du musst kommen! Du *musst* einfach kommen!«

Türen, Pforten und Portale

Gartenpforten sprechen. Sie sprechen mit den Vorübergehenden. Entweder heißen sie willkommen, laden zum Verweilen, Schauen und auf ein Schwätzchen ein, oder sie stehen drohend da wie der Cherub vor dem Eingang zum Paradies.

Die schönste Pforte, an die ich mich erinnere, war eine aus Eisen. Sie war sehr filigran gearbeitet, brusthoch, ihre

Verzierungen bestanden aus Weinreben und Blütenrosetten und sie war vollständig verrostet.

Es gibt natürlich auch die simplen Pforten Marke Eigenbau und Experimentierfreude: ein paar Holzlatten zusammengenagelt, kunterbunt angestrichen. Die selbstgeflochtenen aus Weidenruten. Die geschweißten aus alten Bettgestellen. Es gibt die Staketenzäune mit Stahlplatten und Stacheldraht obenauf, hinter denen man eher einen Gefängnistrakt als einen Garten vermuten würde. Und in jeder Gartenanlage gibt es die immer wieder gleichen Türen mit der obligatorischen Metallsonne in der Mitte, deren Strahlen, vom Eisenrahmen jäh begrenzt, zwar den Durchblick ermöglichen, den Eintritt jedoch verwehren. Oder die Pforten mit gestanztem Lochmuster, mit Maschendraht, mit Gartenzwergmotiv, je nachdem, welche Türen zu welcher Epoche industriell gefertigt wurden.

Abgesehen von der Gestaltung, die mehr oder weniger geschmackvoll ausfallen kann, glaube ich, dass die Höhe einer Pforte viel damit zu tun hat, ob man sich eher eingeladen oder abgewiesen fühlt. Darf der Blick über das Tor hinweg in den Garten schweifen? Wird er von Gittern zerschnitten? Oder gar ganz blockiert?

Meine eigene Pforte würde ich als nüchtern bezeichnen. Sie ist ein Tor aus verzinktem Stahl, einige senkrecht verlaufende Streben sind durch ein paar S-Schnörkel miteinander verbunden, damit extrem schlanke Einbrecher sich nicht zwischen den Streben hindurch quetschen können. Oben endet sie in einem Rundbogen. Das mattgraue Metall ist keine Augenweide. Obwohl sie geringfügig gewonnen hat, als ich die beidseitige grüne Plastiksichtschutzverkleidung entfernte.

Diese Pforte ist nicht unbedingt das, was ich unter einem romantischen Garteneingang verstehe. Ich könnte jedoch mit ihr leben, wenn da nicht die Pfeiler wären. Rechts und links des Eingangs stehen sie. Am rechten sind die Scharniere angebracht, am linken das Schloss. Sie halten die

Pforte. Und sie sind das Schlimmste, was man sich an Geschmacklosigkeit vorstellen kann: Zwei viereckige, scharfkantige Betonpfeiler, in den Siebzigerjahren in Serie hergestellt, in einer Zeit, in der Beton eine Weltanschauung war und großzügig verwendet wurde. Sie sind etwa zwei Meter hoch, schulterbreit und wuchtig, als wollten sie das Eingangsportal einer mittelalterlichen Schutz- und Trutzburg tragen. Aus quadratischen Segmenten zusammengesetzt und per Anschliff mit einer Art negativem Pseudofeldsteinmuster versehen, ragen sie aus dem Boden. Zwei überdimensionale Keulen, von denen man jeden Moment erschlagen werden könnte.

Pforte und Pfeiler – eine Kombination von Metall und Beton. Mein Garteneingang. Ich hätte gern etwas Freundlicheres. Die Betonpfeiler jedoch zu ersetzen, zum Beispiel gegen welche aus Holz oder unauffälligeres, schmales Metall, ist mir nicht gegeben. Einmal versuchte ich sie auszugraben. Sie erwiesen sich als einzementiert. Nachdem ich einen Vormittag lang gegraben hatte und bis zu den Knien im Erdboden stand, der Zementsockel sich aber noch kein Stück bewegt hatte, gab ich auf.

Ein Dilemma. Mit der Pforte selbst könnte ich mich ja noch versöhnen. Die Schnörkel geben ihr eine gewisse Leichtigkeit. Sie ist zwar etwas höher als mein Kopf, aber dass sie oben wenigstens im Halbrund endet, ist ein Trost fürs Auge. Wenn nur diese Pfeiler nicht wären! Sie machen allen Einladungscharakter sofort zunichte. Wenn sie wenigstens aus richtigen Steinen wären. Übereinander gebaute Feldsteine zum Beispiel, das ginge ja noch. Aber Beton! Ich räume ein, dass ich ein gestörtes Verhältnis zu Beton habe. Er erinnert mich immer sofort an die Staatsgrenze der DDR.

Man könnte die Pfeiler natürlich anstreichen. Doch sie sind so scheußlich in ihrer stupiden Eckigkeit, ich glaube kaum, dass Farbe daran etwas ändern würde. Die deutsche Mauer hätte damals schließlich auch nichts von ihrem

Schrecken verloren, wenn sie hellblau angestrichen gewesen wäre.

Drei Jahre lang beschäftigten mich diese beiden Kolosse immer wieder. Nach meinem gescheiterten Ausgrabungsversuch überlegte ich, sie mit armdicken Hanfseilen zu umwickeln. Doch davon wären sie noch wuchtiger geworden. Ich erwog, sie bewachsen zu lassen, vielleicht mit Efeu oder Kletterhortensien, denn dort, wo sie stehen, ist es sehr schattig. Aber solche Pflanzen neigen dazu, sich üppiger auszubreiten als einem lieb ist, und werfen dann ihrerseits noch mehr Schatten, der meinen dort wachsenden Rosen bestimmt nicht zugesagt hätte.

Die Pfeiler lagen mir auf der Seele.

Bis ich eines Tages am Fuße des linken einen kleinen, feinen Moosfaden entdeckte. Er hatte sich ungefähr zwei Finger breit als zartes grünes Geflecht von der Erde aus am Beton emporgearbeitet. Und ich wusste: Das ist die Lösung!

Sofort sah ich vor meinem geistigen Auge beide Pfeiler mit sattem, dunkelgrünem Moos bewachsen, ihre scharfen Kanten waren freundlich gerundet, sie waren keine Kolosse mehr, sondern sanfte, grüne Tiere, die friedlich an meiner Pforte lagerten und über deren Fell man streicheln konnte.

Moos, die Pflanze der Urzeit, dieses blütenlose, geheimnisvolle Gewächs würde den Beton überwachsen, besänftigen und verwandeln!

Aber wie siedelt man Moos auf mannshohen Pfeilern an?

Fündig wurde ich bei den Rezepten der Guerillagärtner. Sie nennen es Moosgraffiti. Man gibt eine Handvoll Moos in den Mixer und mischt sie auf niedriger Stufe mit zwei Tassen Buttermilch oder Joghurt, einem halben Teelöffel Zucker und nach Bedarf Wasser. Mit dem dickflüssigen Ergebnis pinselt man Wände, Zäune, Wege – oder in meinem Fall Betonpfeiler – ein. Nun braucht man nur noch ab und zu mit dem Wassersprüher alles schön feucht zu halten. Und warten.

Ganz so einfach war es dann aber nicht. Die ersten zwei Versuche scheiterten. Meiner Naivität gehorchend hatte ich irgendwelches Moos aus dem Wald genommen. Also beschäftigte ich mich eingehender mit dieser Pflanze und stellte fest, dass Moos nicht gleich Moos ist. Ja, dass es gar unüberschaubar viele verschiedene Moosarten mit unterschiedlichsten Bedürfnissen gibt. Immerhin stieß ich auf drei Sorten, die gern auf Beton wachsen: Grimmia pulvinata, Tortula muralis und Tortula ruralis.

Fortan ging ich nur noch mit dem Moosblick durch die Stadt. Kein Betonsockel entging meinem forschenden Auge. Und sobald ich ein Pölsterchen darauf entdeckte, nahm ich ein kleines Stück davon an mich. Natürlich nicht alles, denn ich finde eine grüne Stadt auch schön. Es war immer dieselbe Sorte: Grimmia. Leider waren die Pölsterchen ziemlich winzig.

Ich sammelte, mixte, pinselte, befeuchtete, wartete. Und wirklich. Grimmia pulvinata wächst. Zwar langsam, aber stetig. Besonders in den Ritzen, wo die Betonteile zusammengesetzt sind. Beharrlich tastet es sich vorwärts, wie die Fühler einer klitzekleinen, sehr vorsichtigen Schnecke. Es ist eine Freude, die winzigen lanzettlichen Blätter zu betrachten, die in eine fast glasartige Spitze auslaufen.

Das Moos wächst. Es ist klein, also wächst es langsam. Sehr langsam. Unendlich langsam. Wie es sich für eine Urpflanze gehört. Zum Glück ist die Staatsgrenze der DDR auf andere Art verschwunden und musste nicht erst mit Moos überwachsen. Das hätte zu lange gedauert.

Immerhin kann ich mich nun, wenn ich die Pfeiler von Nahem ansehe, schon auf die feinen, grünen Fädchen konzentrieren. Das Moos wächst. Nur darauf kommt es an. Nicht auf das Tempo. Irgendwann wird es sich deutlich sichtbar über die grauen Flächen ausbreiten. Und wenn die Pfeiler komplett grün sind, so in zehn bis zwanzig Jahren, gebe ich ein großes Fest.

Die Relaxliege

Heute tue ich nichts. Das habe ich mir vorgenommen. Es muss doch möglich sein, das einmal zu schaffen, bei solch einem Sonnenschein, wenn Hibiskus und Rosen blühen. Ich kann doch nicht immer nur arbeiten!

Entschlossen stelle ich die Liege auf die Wiese. Eine sogenannte Relaxliege aus Leichtmetall mit blauem Stoffüberzug. Die habe ich mir vor zwei Jahren gekauft und erst einmal benutzt. Ich bin einfach nicht dazu gekommen.

Ich klappe sie auf und lasse mich hineinfallen. Eine Verlagerung des Gewichtes Richtung Boden, ein kleiner Kipp nach hinten, schon gleiten die Beine nach oben und werden angenehm leicht. Eine tolle Erfindung, solch eine Liege. Der Oberkörper ruht schwer auf dem Stoff. Ein orangefarbener Sonnenschirm gibt ein Licht, das meinen Augen wohltut. Wende ich den Kopf, sehe ich Rosen: rechts, links, vorn, hinten. Besonders liebe ich die gelben. Ich schließe die Augen.

Der ganze Körper entspannt sich. Ich sollte das öfter machen. Manchmal denke ich, sie verkaufen nur deshalb so viele von diesen Liegen, weil alle Gärtner sich so unbändig danach sehnen, sich auszuruhen. Dass sie es dann meist trotzdem nicht schaffen, liegt in der Natur der Sache. Ausruhen ist eben die hohe Kunst im Garten. Die man erst lernen muss. Ich bin stolz, dass ich das heute in Angriff nehme. Ich strecke mich wohlig und schließe die Augen.

Was einem alles einfällt, wenn man zur Ruhe kommen will! Das Brennholz muss dringend umgeschichtet werden. Es ist noch nicht trocken genug. Ach – und die Tomaten habe ich heute noch nicht ausgegeizt! Klack, Klack. Was ist denn da im Kirschbaum los? Amseln und Stare halten Festschmaus. Es regnet Kirschen. Sie begnügen sich damit, eine Kirsche kurz anzupicken, sie nach unten zu werfen und sich der nächsten zuzuwenden. Sollen sie. Es sind genug da. Ich lege den Kopf zurück. Ich bin fest entschlossen, mich nicht stören zu lassen, schließlich will ich entspannen. Heute lasse ich alles vorbeirauschen, seien es regnende Kirschen, S-Bahn-Ansagen, die Dispute auf dem Bahnsteig oder den griechischen Wein aus dem Nachbarradio. Alles Üppigkeit, sage ich mir und schließe die Augen.

Eine Hummel summt. Ich luge durch die Lider. Sie ist ganz nah, ihr Pelz schimmert im Sonnenlicht. Jetzt hat sie die Hibiskusblüte entdeckt und verschwindet darin. Ganz und gar. Wohl bekomm's, Hummel! Wie schmeckt wohl Hibiskusnektar? Dieser Kuss der ganzen Welt. Hibiskuskuss. Es brummt gewaltig in der großen Blüte. Ein Hummelleben muss betörend sein. Immer mitten hinein in den Duft und dann drin versinken! Sie rumort in der Blüte. Wie lange das dauert! Nun taumelt sie wieder heraus, trunken und schwer, der Hinterleib maisgelb bestäubt, als wäre sie in einen Topf mit Pigmenten gefallen. Bestimmt hat sie sich überfressen. Ich schließe die Augen.

Wie laut das brummt! Und wie nah am Ohr! Erschrocken blicke ich auf. Immer noch die Hummel. Sitzt über mir auf der Blüte, versucht immer noch zu starten und kommt nicht hoch. Ja, meine Liebe, so ist das mit der Gier. Das kenne ich. Sie versucht es wieder und wieder. Jedes Mal klingt es, als wolle ein kleiner Hubschrauber abheben. Oh, jetzt ist sie abgerutscht, kreiselt herunter und landet auf dem Rand der Relaxliege, direkt neben meiner Hand. Ich rücke ein Stück zur Seite. Sie wackelt ein bisschen mit den Flügeln, schüttelt den Kopf. Die Liege scheint ihr sympathisch zu sein. Sie macht es sich gemütlich, fett vor Glück und Süße. Ich glaube, sie braucht eine Pause. Wir zwei haben schon Platz hier. Ich schließe die Augen.

Wie gern würde ich so richtig eintauchen in die Ruhe, ganz und gar, gerade wie die Hummel in ihre Blüte. Alles vergessen. Nur dösen. Dösen soll ein heilsamer Zustand sein, habe ich mal gelesen. Löwen dösen fast den ganzen Tag, daher sind sie so hochkonzentriert, wenn es ans Jagen geht. Mein Hund beherrscht diese Kunst auch. Und wie es aussieht, die Hummel ebenfalls. Nur ich tue mich schwer damit, immer fange ich an zu denken. Vielleicht sollte ich mal einen Kurs besuchen, um dösen zu lernen? Was wohl die Nachbarn von mir denken, wenn sie mich hier so herumliegen sehen? Jetzt ist es aber genug. Ich wollte mich doch ausruhen! Schalte doch bitte mal jemand mein Gehirn ab.

Ich wackle mit den Zehen und schließe die Augen.

Geschrei im Kirschbaum. Als wäre nicht genug da, stritten sich lautstark zwei Stare. Vielleicht sind die Kirschen schon vergoren und die Stare betrunken? Haben sie jemals so laut geschrien? Ich muss wohl kurz eingenickt sein. Mir ist ganz verdüselt zumute. Das durchs leuchtende Orange des Schirms gefilterte Licht sieht zauberhaft aus. Wie müde ich bin. Im Traum bin ich geflogen. Mit ausgebreiteten Armen. Es war ganz leicht. Die Wiese duftet nach Sommer. Die Hummel sitzt immer noch neben mir. Sie erinnert mich an die Bienen von Onkel Heinrich. Welch ein Glück, dass ich Menschen wie ihn kannte. Menschen, die so augenzwinkernd ernsthaft lachen konnten und arbeiten und faulenzen und beides genießen! Als ich ihn mal fragte, ob das nicht alles arg viel sei, so ein Bauernhof, in seinem Alter, all die Tiere und die Felder, das frühe Aufstehen, die schwere Arbeit und dann auch noch die Bienen und alles ohne Urlaub, da hat er gesagt: Komm mal mit. Dann ist er mit mir in den Stall gegangen, zu Erna. Erna war seine dickste Kuh. Er hat mich hochgehoben und gesagt: drauflegen. Ich habe mich auf Ernas breiten Rücken gepackt. Und er hat sein Gesicht an ihren Hals gelegt und mich angegrinst: Das ist mein Urlaub. Na? Was sagst du? Ach – Onkel Heinrich, gut dass es dich gab. Ich habe zwar keine Kuh, nur eine Relaxliege. Aber immerhin sitzt eine Hummel darauf. Ich unterdrücke den Impuls, sie zu streicheln.

Diese Liege ist klasse. So entspannt habe ich mich lange nicht mehr gefühlt. Ich beschließe, sie gar nicht erst wieder in den Schuppen zu bringen. Ich werde sie öfter benutzen, viel öfter, sie soll gleich griffbereit neben dem Haus stehen

bleiben. Und das mit dem Dösen hat ja schon ein wenig ge-
klappt. Das ist alles nur eine Frage des Trainings.

Ein Sonnenaufgang

Lange, bevor die Sonne hinter der Baustelle aufgeht, lange,
bevor sich die unteren Ränder der tiefhängenden Wolken
von nachtblau nach violett verfärben, landet ein ganzer
Schwarm Amseln im Pfirsichbaum. Sie singen aus vollem
Halse, als läge es an ihnen, ob die Nacht vertrieben wird,
und erfrischen sich zwischendurch mit einem kräftigen
Happen. Eichelhäher und Stare folgen ihrem Beispiel, ein
Krachen, Schnattern, Knarren und Rauschen hebt an, als
wolle die Welt untergehen. Dabei wacht sie gerade auf. Die
Wolken entwickeln eine Ahnung von Rosa. Dunkles Grün
tritt aus den Silhouetten der Bäume hervor.

Geschrei in der Akazie hinter dem Nachbargarten. Dort
haben die Elstern ihr Nest. Eine Nebelkrähe umkreist es.
Die Elstern kreischen durchdringend, attackieren die Krähe
und flattern aufgeregt um ihr Nest herum. Es wirkt, die
Krähe schießt in meinen Garten herunter. Federnd, in
purer Großvogeleleganz, landet sie auf einem oberen Pfirsichast, verteilt Schnabelhiebe nach rechts und links, um
ihren alleinigen Anspruch auf sämtlich verfügbares Obst
in diesem Garten zu demonstrieren, und hackt aus lauter
Tagesanbruchsübermut halbe Pfirsiche vom Baum, ohne
auch nur davon zu kosten.

Eine Farbe zwischen Pink und Magenta am Himmels-
rand. Ein ins Lila gehendes Rosa. Graublauer Dunst dazwischen. Die Pappeln am Bahndamm ragen geheimnisvoll aus
dem fahlen Licht, wie riesige Kakteen oder Agavenge-
wächse.

Was sich wie eine knarrende Tür anhört, ist der Garten-

rotschwanz. Was sich wie ein Geysir anhört, mein defekter Wasserkocher. Ich sollte mir wirklich mal einen neuen anschaffen.

Es gibt nichts Schöneres, als morgens im Schlafanzug aus dem Gartenhaus zu treten. Nachbarn sind um diese Zeit noch keine zu sehen, ich bewege mich ganz ungeniert.

Der Rotschwanz ist scheu. Er tobt nicht mit den anderen im Baum herum, sondern sitzt wartend in der Aprikose. Erst wenn ich mich, die Kaffeetasse in der Hand, hingesetzt habe und stillhalte, kommt er. Vorsichtig pirscht er sich an die heruntergeworfenen Pfirsiche heran. Doch sie scheinen nicht sein Fall zu sein.

Wilder Mohn schlängelt sich aus einer Steinfuge vor dem Gartenhaus. Eine geschlossene Mohnknospe, ein kleiner roter Fleck. Eine dicke Hummel versucht, ihren Rüssel zwischen die noch eng gerollten Blätter zu pressen. Vergeblich.

Das Licht wird strahlender und die Grüntöne vielfältiger. Das Lindgrün des Pfirsichs, das lackierte Dunkel der Süßkirsche, das stumpfe, fast ins Türkis gehende der Thuja, das Oliv des Rhododendrons, das Limettengrün der Aprikose.

Die Schwalben beginnen zu segeln. Eine Hausschnecke kriecht über meinen Schuh. Ich trinke einen Schluck Kaffee und strecke die Beine aus. Wie reich bin ich doch!

»Sehr geehrte Fahrgäste! Bitte beachten Sie das Rauchverbot auf dem Bahnsteig. Vielen Dank!«

Ach, schön ist das, morgens um kurz vor fünf gleich mit »Sehr geehrter Fahrgast« angesprochen zu werden. Das hebt die Stimmung. Und da ich nicht ganz auf dem Bahnsteig wohne, muss ich das Rauchverbot nicht beachten, sondern kann nun ganz genüsslich in den mittlerweile gelborangen Himmel schauen und mir zum Morgenkaffee eine Zigarette anstecken. Vielen Dank.

Zwei Drosseln sammeln auf der Wiese ein Paket Regenwürmer ein. Die Ameisen sind auch schon wach, sie mühen sich neben meinem Stuhl mit einem runden grünen Käfer ab, dessen Panzer geheimnisvoll glänzt und der kein Le-

benszeichen mehr von sich gibt. Drei von ihnen versuchen, ihn zu schieben. Leider will jede in eine andere Richtung.

Der Himmel wird immer lichtoranger.

Eine S-Bahn fährt vorbei. Die Vögel lassen sich davon nicht beeindrucken. Ach, da ist ja mein Eichhörnchen. »Spät dran heute!«, rufe ich. Frieder schwingt sich elegant vom Haselstrauch zum Kirschbaum, saust den Stamm hinunter, springt in langen Sätzen über die Wiese, Richtung Pfirsichbaum. Lauter angepickte Pfirsiche liegen herum. Er könnte sich nun eigentlich von dort unten bedienen, ein bisschen aufräumen, aber natürlich springt er in den Baum, um eine neue, möglichst unversehrte Frucht anzunagen. Sie scheinen alle wie selbstverständlich davon auszugehen, dass ihnen nur das Beste zusteht. Und warum auch nicht?

Die Kaffeetasse halb voll, hält es mich nicht mehr auf dem Stuhl. Ich muss einen Rundgang machen, sehen, was es Neues gibt. Als ich aufstehe, fällt mein Blick auf die wilde Mohnblume: Unglaublich – sie ist aufgeblüht! Obwohl die Sonne noch gar nicht zu sehen ist! Ihre zarten Blütenblätter entknittern sich lautlos.

Ich schaue nach den Tomaten, betrachte eine Kürbisknospe und entdecke eine fliederfarbene Blüte an der Mainzer Fastnacht, einer echten Diva unter den Rosen. Ein würzig-frischer Duft steigt mir in die Nase.

Ein Spatz hüpft übers Möhrenbeet.

Irgendjemand muss es gut mit mir gemeint haben. Ich fühle mich beschenkt. Im Kräuterbeet zupfe ich mir ein paar Blätter Rauke, stecke sie in den Mund und die Schärfe weckt meine Zunge. Ich lege die Hände auf die Erde. Hier gehöre ich hin. Aus jeder Richtung ein anderer Duft: Lavendel, Pfefferminze, Salbei. Ich hocke mich hin, Erdling im Schlafanzug, duftgebadet. Auf dem Frauenmantel schwimmen Tropfen.

Die Spannung steigt. Die Vögel krakeelen immer lauter, gebannt sehe ich zum Horizont.

Jetzt! Die Sonne! Gleißendes Weißgold. Auftritt der Kö-

nigin. In ihrer ganzen Pracht schiebt sie den Wolkenvorhang beiseite, taucht Lavendel, Minze, Rauke, Rose und Frauenmantel in Gold, überstrahlt mein Häuschen, streut Diamanten ins Gras. Selbst die graue Dachkonstruktion über dem Bahnsteig wird mit Glanz übergossen und sieht für einen Moment wie ein Märchenschloss aus.

Der Tag beginnt. Die Mohnblume ist nun weit offen, alle Blütenblätter hat sie von sich gestreckt. Eine Assel krabbelt aus der Erde. Jubel in mir, Übermut. Womit habe ich so viel Herrlichkeit verdient? Ich halte der Sonne mein Gesicht hin und schließe die Augen.

»Sehr geehrte Fahrgäste! Bitte beachten Sie das Rauchverbot auf dem Bahnsteig. Vielen Dank!«

Man sollte sich viel öfter bedanken, denke ich.

»Danke!«, rufe ich der Sonne zu, die enorm schnell aufsteigt, jetzt ist sie schon fast ganz hervorgekommen hinter dem Horizont, es fehlt nur noch ein kleines Stück. Ihre Strahlen beginnen zu wärmen.

Die Schnecke hat den Rand meiner Schuhsohle erreicht. Ich muss stehenbleiben, damit sie unbeschadet auf den Boden kriechen kann. Das Eichhörnchen im Pfirsichbaum ist verschwunden. Die Nebelkrähe scheint satt zu sein, sie sitzt auf der Baumspitze und meditiert. Ich lege die Hand an den Stamm des Pfirsichbaums und bedanke mich für seine Großzügigkeit. Ich laufe zum Wasserhahn, spritze mir kaltes Wasser ins Gesicht, trinke ein paar Schlucke und bedanke mich. Laufe zur Wiese, verbeuge mich in alle vier Himmelrichtungen. Dann angle ich mir einen morgenfrischen, noch intakten Pfirsich vom Baum und beiße hinein.

Die Sonne ist schon hinter den Pappelkronen. Der Himmel hellblau.

Die ersten Kohlmeisen kommen zum Frühstück, hüpfen auf dem Tisch herum und gucken, ob sie noch ein paar Brotkrümel von gestern Abend finden.

Wenn die Tage reife Früchte sind, was will ich mehr vom Leben?

Eine Höhle bauen

»Du, das kann doch meine Höhle sein!«, ruft er.

Zwischen den im Kreis stehenden Thujas gibt es etwa einen Quadratmeter Raum. Gleich trägt er seine Siebensachen hinein, die Kinderschubkarre, das Buddelzeug, den Eimer, und richtet sich ein. Er ist vier und gern im Garten.

»Ich brauche aber einen Tisch«, sagt er. »Damit es eine richtige Höhle ist. Wollen wir den bauen?«

Ich frage ihn, wie sein Tisch denn aussehen soll. Er malt einen Strich und vier Beine. Wir gehen in den Schuppen und suchen Holzreste, die man für einen Tisch gebrauchen könnte, ein Stück Schalungsbrett, vier Kanthölzer. Er zeigt, wie groß die Tischplatte sein soll, ich ziehe einen Strich und hole die Säge.

»Die Säge macht aber Krach«, sage ich. Er bringt sich in der Höhle in Sicherheit und guckt von Weitem zu, bis der Krach aufhört. Jetzt haben wir eine Tischplatte.

»Wie hoch soll dein Tisch sein?«

Er zeigt es mit der Hand, ich halte ein Kantholz daran und ziehe einen Strich. Wir legen die Kanthölzer nebeneinander. Die anderen drei Striche zieht er.

»Jetzt gibt's wieder Krach«, sage ich. Er verschwindet in der Höhle.

Nach dem Zusammenschrauben stellt sich heraus, dass der Tisch wackelt. Wir suchen zwei Leisten, schrauben Querstreben an die Beine. Das Wackeln ist weg. Jetzt sieht das Ganze schon fast nach einem Tisch aus. Aber das Schalungsbrett ist zu rau, das gibt Splitter in die Finger. Ich hole Sandpapier und er schleift die Tischplatte glatt, bis ihm die Schweißperlen auf der Stirn stehen.

»Toll«, sagt er, »der Tisch.« Wir stellen ihn in die Höhle. Er holt sich eine Tasse Tee, geht in die Höhle, stellt die Tasse auf den Tisch, führt sie zum Mund, hält inne, stellt sie wieder ab und sagt: »Oma, ich brauche einen Stuhl.«

»So ein Stuhl ist schwer zu bauen«, sage ich. »Geht auch ein Hocker?«

»Klar.«

Er beschließt, dass der Hocker einen runden Sitz haben soll. Beim letzten Waldspaziergang haben wir eine Baumscheibe mitgenommen, das soll die Sitzfläche werden. Im Schuppen finden wir einen alten Besenstiel, sägen ihn in vier Teile, das werden die Beine. Als ich die Baumscheibe anbohre, reißt sie. Sie war noch nicht trocken genug.

»Das wird meine Torte!«, ruft er begeistert.

»Deine Torte?«

»Na, wenn ich Besuch bekomme.« Er trägt die Torte auf seinen Tisch.

Gut, dann muss es wohl doch ein viereckiger Hocker werden. Beim Brennholz findet er ein Stück Brett. »Ist das denn groß genug?«, frage ich. Er hält es sich an den Po und nickt.

Wir spitzen die vier Beine mit dem Abziehmesser an, bohren vier Löcher ins Brett und stecken die Beine so hinein, dass sie schräg nach außen stehen. Er schmirgelt die Sitzfläche ab.

»Ist dein Hocker fertig?«

Er betrachtet ihn. »Da muss noch ein Loch rein für meine Hand«, sagt er. »Damit ich ihn besser tragen kann.«

Ich hole die Stichsäge und säge in die Mitte der Sitzfläche ein kleines Loch. Fertig. Er trägt den Hocker in seine Höhle, stellt ihn vor den Tisch, setzt sich darauf und sagt: »Oma, da ist eine tote Wespe in meinem Tee. Oh – die arme Wespe … »

Ich kippe Tee samt Wespe auf den Kompost. Er holt sich neuen Tee, trägt die Tasse in seine Höhle, stellt sie auf den Tisch, setzt sich auf den Hocker und trinkt Tee.

»Cool«, sagt er. Er bleibt eine ganze Weile sitzen.

»Ist deine Höhle jetzt fertig?«, frage ich.

Sitzend guckt er sich um. Dann steht er auf, geht aus der Höhle heraus und guckt sie sich von draußen an. »Nein«, sagt er, »da fehlt noch ein Steuerrad.«

»Ein Steuerrad? Für eine Höhle?«

»Weil das ja auch eine Rakete ist, mit der ich auf den Mond fliegen kann.«

»Aha.«

Wir gucken im Schuppen nach, aber da ist kein Steuerrad. Im ganzen Garten findet sich kein Steuerrad. »Nehmen wir die Baumscheibe?«, schlage ich vor.

»Das ist doch die Torte! Und ganz rund ist die auch nicht. Ein Steuerrad muss ganz rund sein.«

Wir gehen los, ein Steuerrad suchen. In der Stadt liegt ja meistens alles herum, was man so braucht. Und wirklich, am Rand einer Baustelle finden wir eine Sperrholzscheibe, schön rund, sogar schon mit einem Loch in der Mitte, der Rest einer kleinen Kabeltrommel. Fröhlich trägt er sie in den Garten. Wir stecken die Scheibe auf ein waagerecht stehendes Astende der Thuja im Inneren der Höhle, pardon, Rakete. Auf eine Seite der Scheibe malt er mit schwarzem Stift eine Landkarte vom Mond. Auf die andere Seite soll ich Zahlen schreiben, ringsherum, wie auf einer Uhr.

Das Steuerrad hätten wir. Feierlich setzt er sich auf seinen Hocker, stützt die Ellenbogen auf den Tisch, betrachtet das Steuerrad und sagt, dass es schön geworden ist. Jetzt will er zum Mond fahren und ich soll mitkommen. Es ist schwierig, zu zweit in seiner Höhle Platz zu finden. Er sitzt auf dem Hocker, ich auf dem Tisch hinter ihm, den Fuß im Eimer, Äste im Haar und Thujagrün im Nacken. Er ergreift das Steuer mit beiden Händen, dreht es hin und her. Seine Rakete macht Geräusche und er beschreibt mir das Weltall, während wir fliegen. Öfter schaut er auf der Landkarte nach. »Jetzt sind wir gleich bei der Neun und dann kommt der Mond.« Mein rechtes Bein schläft ein. Wir landen auf dem Mond und staunen, dass es dort Blumen gibt.

Dann möchte ich gern wieder auf die Erde. Ich habe Hunger und möchte Mittag essen. Großzügig bringt er mich zur Erde zurück.

Er will natürlich in der Höhle essen.

Nach dem Essen machen wir einen Spaziergang. Dorthin, wo der alte Holzspielplatz abgerissen wird.

Heute liegen Zaunteile herum.

»Jetzt weiß ich, was an der Höhle noch fehlt«, ruft er, »eine Tür!« Er hat auch gleich ein passendes Stück Zaun gefunden. Fünf dicke Bretter auf zwei Querbalken. Ich kann es kaum anheben. Die Arbeiter borgen uns ihre Schubkarre, wir schieben das Stück Zaun in den Garten, dann setzt er sich in die Schubkarre und wir bringen sie zurück.

Der Zaun, der jetzt eine Tür ist, lässt sich leicht mit zwei Scharnieren am Höhleneingang befestigen.

Kaum ist die Tür angebaut, sagt er: »Wollen wir die bunt anmalen?«

Wir überlegen, welche Farben wir brauchen.

»Rot. Und Gelb,«, sagt er. »Und Orange. Und Blau. Und Grün. Und Lila.«

Wir gehen einkaufen. Ich lege rot, gelb und blau in den Korb. Er beschwert sich.

»Die anderen Farben mischen wir«, sage ich. »Wart's ab.«

Zum Glück ist Sommer. Mein Enkel hat sich nackig ausgezogen, hüpft durchs Gras und mischt Farben. Ich habe eine Badewanne mit Wasser daneben gestellt. Er malt und mischt und malt und mischt, drei Stunden lang. Zwischendurch fährt er zum Mond, springt in die Badewanne. Am Ende leuchten er und seine Tür wie Schmetterlinge. Endlich beschließt er, dass die Tür jetzt bunt genug ist.

»Na, dann ist deine Höhle ja jetzt fertig«, sage ich.

Er stellt sich vor sie und sieht sie an. »Etwas fehlt noch«, sagt er. »Wenn ich da reingehe, dann will ich mir das ja auch richtig gemütlich machen.«

»Meinst du ein Kissen?«, frage ich.

»Nein! Ein Haken! Für meine Jacke! Wenn ich mir das gemütlich machen will, ziehe ich doch meine Jacke aus!«

»Welche Jacke?«, lache ich. »Du hast ja gar nichts an!«

»Nachher. Im Winter!« Er schüttelt den Kopf über so viel Kurzsichtigkeit.

Ich schleppe die Kiste mit den Kleinteilen aus dem Schuppen herbei.

»Na«, ruft Renate über den Zaun, »Was spielt ihr denn da Schönes?«

Mein Enkel empört sich. »Wir spielen doch nicht! Wir arbeiten! Wir haben eine Höhle gebaut. Guck!«

Renate kann zwar durch die Thujas nicht allzu viel sehen, aber sie lobt ihn trotzdem.

Der Haken ist ein Stück abgebrochener Kleiderbügel, der sich hervorragend an eine der Thujen klemmen lässt. Er holt seine Winterjacke aus dem Haus und hängt sie auf. Dann geht er ein paarmal um die Höhle herum, betrachtet sie von allen Seiten, öffnet die Tür, geht hinein, macht die Tür zu, setzt sich auf den Hocker, guckt feierlich und sagt: »Oma, meine Höhle ist fertig.«

»Sie ist schön!«, sage ich.

»Sie ist supercool«, sagt er stolz. »Bestimmt kann man meine Höhle vom Mond aus sehen!«

»Ganz bestimmt.«

Jetzt haben wir einen Riesenhunger. Kein Wunder nach so viel Arbeit. Zum Abendbrot gibt es Bratkartoffeln mit Speck, ich esse in der Weinlaube, er in der Höhle.

Dann ist es Zeit, ihn nach Hause zu bringen. Wir fahren mit der S-Bahn. Uns gegenüber sitzt ein Paar, im hitzigen Gespräch. »Warum«, sagt die Frau, »machst du diesen Job denn immer noch, wenn er dir keinen Spaß macht?« Der Mann entgegnet: »Gott, bist du naiv! Wie kommst du darauf, dass Arbeit Spaß macht? Wer hat dir denn sowas erzählt? Arbeit ist eine Sache, Spaß eine andere!«

Als wir aussteigen, ist mein Enkel ganz in Gedanken versunken.

Plötzlich fragt er: »Oma, hast du gehört, was der Mann gesagt hat?«

»Ja, dass seine Arbeit ihm keinen Spaß macht.«

Wir gehen eine Weile schweigend nebeneinander her.

Dann sagt er: »So ein armer Mann, oder?«

Die Stunde der Drosseln

Mittags an einem Sommertag. Jede Pore, jede Zelle durchgewärmt. Das Licht ist mild, satt und überall. Es bringt die stehende Luft zum Flirren.

Im Thujaschatten, auf dem kleinen Tisch in der Enkelhöhle, hockt reglos ein Amselmännchen mit ausgebreiteten Flügeln. Die Flügelspitzen berühren die Tischplatte, der gelbe Schnabel ist leicht geöffnet. Als wäre es in Trance versunken.

Alles hält den Atem an.

Eigentlich wollte ich Stachelbeeren ernten. Doch ich bin trunken vor Wärme. Das Einzige, was ich tun kann, ist, eine Decke auf der Wiese auszubreiten und mich mitten darauf zu legen.

Am tiefblauen Himmel ziehen ein paar Schäfchenwolken vorüber. Die Zeit ist aufgehoben. Schwer hängen die Köpfe der Rosen. Als könnten sie ihren eigenen Duft nicht mehr halten. Der Phlox hat jede einzelne seiner blauvioletten Blüten an den Pyramidenrispen geöffnet und verströmt eine berauschende Süße. Samtrot leuchten die Trichter der Gladiole. Ich liege und spüre die Wärme der Erde am Rücken. Neben meinem rechten Ohr summt eine Biene. Alles ist Licht. Das ist die Stunde der Drosseln.

Es rollt heran. Zuerst sehr leise. Plätschernde Klangwellen. Sie kommen aus der Berberitze am Weg. Einem alten Strauch, dichtverzweigt und undurchdringlich wie die Dornenhecke um Dornröschens Schloss. Diesen Strauch lieben sie. Dort versammeln sie sich.

Ein Wispern und Flüstern. Unzählige Stimmchen, die durcheinander plappern. Als hätte jemand hundert aufgeregte Zwergenkinder gerade zu Bett gebracht und sie können natürlich nicht einschlafen, sind ja noch so angeregt vom Tag, haben sich so viel zu erzählen, sind so neugierig auf alles, plaudern, rücken zusammen, schwatzen, kuscheln sich aneinander, schnattern und quackeln sich in den Schlaf. Schnurren, leise, ganz leise, damit die Erwachsenen sie nicht hören. Trällern alle gleichzeitig, quinkelieren, als würden sie ihr ganzes Leben voreinander ausbreiten wollen, jetzt, in diesem Moment. Geben all ihre Lieblingsmärchen von sich, ergehen sich in Betrachtungen über die Süße einer Kirsche, den Reifegrad der Weintrauben, die besten Heidelbeerplätze und das diesjährige Pfirsicharoma. Tirilieren leicht, wie hingeworfen, lassen hören, was sie tagsüber erlebt haben, was es Schönes zu essen gab, was die große Schwester beim Frühstück gesagt hat und wie viele Tage es noch bis Weihnachten sind. Das Leben ist so bunt, singen sie, so wunderbar! Lass uns den Schnabel auftun und einen Gesang anstimmen von der Herrlichkeit eines milden Sommertages, der nur zum Ausruhen gemacht ist! Lasst es uns mühelos tun, lasst uns ein Instrument der Sonne sein!

Mir werden die Lider schwer. Das Gespinst der Stimmen schwebt über mir und webt mich ein. Klangfarben schmiegen sich an meine Haut, dringen durch die offenen Poren in meinen Körper. Breiten sich darin aus. Wirbelnde Resonanzen entstehen in meinem Bauch. Mein Körper wird immer schwerer. Ich werde nie mehr aufstehen.

Nun ist das Konzert überall. Sie zwitschern, trillern, pfeifen und tschilpen, werfen die Töne in die Luft, fangen sie wie geschickte Jongleure mit dem Schnabel wieder auf. Klänge, durch Sonnenstrahlen geflogen. Sie weben einen Schall-Teppich aus Zufriedenheit und Begeisterung, aus guter, lebendiger Müdigkeit und sonnigem Mittagslicht, in den man sich einfach fallen lassen kann.

Sommer! Könnte doch immer Sommer sein!

Die Klangwolke, die sich in immer größeren Dimensionen um die Berberitze herum ausbreitet, ebbt mal auf und mal ab, moduliert Takte und Tonhöhen, schwebt hoch und nieder. Sie umfängt die Äste des Kirschbaums, legt sich um den Phlox, die Rosen, die Gladiolen, umarmt die Wiese und mich. Ich werde immer weicher und weicher, werde selbst Teil der Wiese, aus meinem Herzen wachsen Grashalme, Sternmoos und Tausendschön, eine Ameise verirrt sich auf den kleinen weißen Blütenblättern, hält verzaubert inne und verharrt.

Die unendlich vielen Stimmchen sind zu einer einzigen großen Musik geworden, sie haben sich gefunden, in der Luft miteinander verknüpft und tanzen nun dort. Manchmal schimmert ein uralter Rhythmus hindurch, ein archaisches Trommeln oder der Wechselgesang von Wüstennomaden. Dann ist es eine Komposition aus tausenden kleinen Glücksäußerungen, gespielt auf erfundenen Musikinstrumenten, dann der klagende Gesang einer Harfe im Wind.

Das ist das Drosselkonzert. Sie beherrschen die Kunst der Hypnose von alters her. Je feiner sie ihre Töne verweben, je eifriger sie schmettern, umso regungsloser wird alles um sie.

Traumverlorene, warme Sonne. Die Drosseln sitzen, dösen und singen. Öffnen sich, lassen jeden einzelnen Sonnenstrahl in sich ein, er fällt durch ihre Körper, füllt sie aus und verlässt sie durch den geöffneten Schnabel als Ton.

Ja, in Klang verwandelte Sonnenstrahlen sind es, die aus den Drosselschnäbeln heraus in die Welt fliegen. Licht-Laute. Die jeder, der möchte, einatmen kann. Durch Ohren, Nase und Haut.

Sieglinde spinnt

Im Garten allein zu sein, ist unmöglich. Immer krabbelt irgendwo etwas herum, sowohl draußen, als auch im Haus, als auch über einen. Zum Glück habe ich keine Spinnenphobie. Ich finde es praktisch, dass die Spinnen mir Fliegen, Mücken und Obstfliegen im Haus wegfangen. Spinnen sind sehr nützliche Haustiere und mir durchaus sympathisch. Solange sie nicht dick, behaart, größer als eine Kirsche und der Meinung sind, nachts über mein Bett oder mein Gesicht kriechen zu müssen. Denn solche gibt es auch. Die fange ich dann ganz schnell mit Marmeladenglas und Untertasse ein und schmeiße sie raus.

Vor Kurzem entdeckte ich in meiner Gartenhausküche eine mittelgroße Spinne, die gerade dabei war, Fäden in einer schmalen Lücke zwischen Küchenschrank und Wand hin und her zu ziehen. Ich holte die Taschenlampe und beobachtete sie genauer. Sie war ziemlich schnell. Zuerst setzte sie einen stabilen Rahmen aus dicken Fäden. Als sie damit fertig war, spann sie dazwischen feinere Fäden hin und her. Das Ergebnis wurde beeindruckend symmetrisch, obwohl die Punkte, an denen sie das Netz verankert hatte, völlig unregelmäßig zueinander standen: die Konsolenkante des Schrankes, eine Ecke des Fensterbrettes, ein vergessener Nagel in der Wand und ein Stück Fliese, das bei den letzten Renovierungsversuchen zwischen Küchenschrank und Wand eingeklemmt worden war. Ihr Netz war raffiniert angebracht. Einerseits sah man es durch den Schatten des Schrankes kaum, andererseits hing es in der Nähe des Fensters, genau dort, wo immer besonders viele Insekten hingerieten, wenn sie sich versehentlich in die Küche verirrt hatten und den Ausgang suchten.

Die Spinne war nicht groß, inklusive der Beine etwa wie ein Cent-Stück, und sah ein wenig unförmig aus. Ihre dünnen schwarzen Beine trugen einen runden Leib, der weiß war und an eine Liebesperle erinnerte. Im Verhältnis zu den zarten Gliedern war dieser Körper ziemlich dick. Als Schönheit konnte man sie nicht gerade bezeichnen. Doch ihre geschickte Vorgehensweise faszinierte mich. Ich beobachtete sie, bis ihr Netz fertig war, zollte ihr meinen Respekt für dieses Meisterstück, und entschied, dass es mich an dieser Stelle überhaupt nicht stören würde.

Am nächsten Morgen schaute ich nach ihr. Sie saß regungslos in Meditation versunken, exakt in der Mitte ihres Netzes. Rechts von ihr hing etwas, ungefähr so groß wie sie selbst, eingesponnen in einen weißen Kokon. Man konnte den Eindruck gewinnen, als wäre die Spinne eben vom Einkaufen zurück und hätte ihre Einkaufsbeutel im Flur abgestellt. Bei näherer Betrachtung mit Lampe und Lupe stellte sich der Inhalt des Kokons als Assel heraus.

Ich lobte die Spinne. Obwohl ich nichts gegen Asseln habe und mir nicht erklären konnte, wie das arme Ding so weit nach oben hatte klettern können, um in ihr Netz zu geraten.

Am nächsten Tag fand ich eine weitere eingesponnene Assel und zwei Fliegen. Alle drei hatte die Spinne genau neben der ersten Assel deponiert. Die vier Kokons schimmerten seidenweiß im Taschenlampenstrahl. Mich wunderte, dass sie die Tiere anscheinend nur sammelte und nicht fraß. Ich konnte es mir nur so erklären, dass sie noch keinen Hunger hatte und sich schon einmal Vorräte anlegen wollte.

Am dritten Tag hing ein sehr viel größerer neuer Kokon neben den vier vorherigen, dessen Inhalt sich unschwer als Wespe erkennen ließ, was mich begeisterte. Im Dach über der Küche gibt es nämlich ein Wespennest, und manchmal verirrt sich eine Bewohnerin von dort ins Haus. Das ist besonders ungünstig, wenn ich Marmelade koche oder Saft mache. Bei solchen Gelegenheiten habe ich schon etliche Stiche abbekommen, weshalb ich mit den Wespen nicht sonderlich befreundet bin. Nun aber war ein Haustier bei mir eingezogen, das mich vor solchen Überfällen beschützen würde. Die Spinne wuchs mir geradezu ans Herz, ich rühmte ihre Fangkünste, hätte sie gern mit irgendetwas belohnt, und weil mir nichts einfiel, gab ich ihr wenigstens einen Namen. Am liebsten hätte ich sie Siegfried genannt, wegen ihres Mutes gegen ein so viel größeres, gefährliches Tier, aber da Spinnen für mich weiblich sind, taufte ich sie Sieglinde.

Warum sie ihre Beute allerdings immer nur sammelte und nicht fraß, blieb mir schleierhaft. Sie musste doch langsam mal Hunger bekommen.

Am Morgen darauf hatte sie sage und schreibe acht Kokons neben sich hängen. Allerdings musste ich irritiert feststellen, dass diese nicht mehr alle weiß waren. Die zuerst eingesponnene Assel und die beiden Fliegen schienen dicker geworden zu sein und die Kokons schimmerten graubraun. Ich sagte mir, dass die Umhüllungen, wenn die Spinne ihre Beute gefressen hätte, doch *kleiner* und nicht größer hätten werden müssen, zerbrach mir den Kopf, fand aber keine Erklärung,

Nachmittags kam mein Sohn zum Kaffee. Ich schwärmte von der Wespenfängerin Sieglinde, vom Nutzen der Spinnen im Allgemeinen, von gelungener Symbiose zwischen Mensch und Tier, erzählte von der rasanten Zunahme ihrer Vorräte und von den merkwürdigen Farb- und Volumenveränderungen.

»Warum sammelt sie so viel und frisst es nicht?«, meinte mein Sohn nachdenklich.

»Das hab ich mich ja auch schon gefragt«, entgegnete ich. »Für schlechte Zeiten wahrscheinlich.«

»Ja, vielleicht«, meint er. »Es könnte aber auch sein, dass sie Nachwuchs erwartet, oder?«

»Nachwuchs?! Mach keinen Quatsch ...«, rief ich. Mir wurde mulmig. Natürlich! Das war die einzige Erklärung. Sie hatte ihre Kinder längst bekommen, und wahrscheinlich saßen die gerade in den Beutekokons und fraßen sich satt und rund ... »Hast du eine Ahnung, wie viele Kinder Spinnen kriegen?«, fragte ich.

Mein Sohn wusste es auch nicht.

Wir gingen in die Küche, er nahm die Taschenlampe, drängte sich in die Fensterecke und schaute hinter den Schrank. »Ah – ja«, rief er. »Herzlichen Glückwunsch!«

»Bitte?«

»Um auf deine Frage von vorhin zurückzukommen – ich würde sagen, ein paar Hundert …«

Ich schob ihn hektisch weg, leuchtete in die Ecke und mir wurde ganz anders. Das gesamte Spinnennetz war übersät mit winzigen kleinen Krabblern, die mit einer Affengeschwindigkeit auf den dünnen Fäden hin und her rasten, als gälte es das Leben. Die Kokons waren verschwunden. Sieglinde aber saß stoisch wie eh und je genau in der Mitte des Netzes, einer Königin gleich, und besah gelassen das Treiben. So viel Ausgeglichenheit hätte sie wohl kaum aufgebracht, wenn sich derartig viele fremde Tiere auf ihrem Netz aufgehalten hätten. Womit klar war: Es waren ihre Kinder.

»Die müssen raus …«, murmelte ich und überlegte, wie man es anstellen konnte, so viele Tiere auf einmal einzufangen und aus dem Haus zu bringen. Mit dem Marmeladenglas war hier nichts mehr zu machen. Und bei der Vorstellung, ans Netz zu kommen und zu erleben, wie sie in alle Richtungen auseinanderstoben und sich in sämtlichen Ritzen meines Gartenhauses versteckten, bekam ich eine Gänsehaut.

»Wie war das mit der gelungenen Symbiose?«, grinste mein Sohn.

Aber dann erklärte er sich doch bereit, seinen Sinn fürs Praktische zu beweisen und die Großfamilie zu evakuieren. Er holte eine Müllschaufel und einen Müllsack.

Ich wartete lieber draußen.

Die Evakuierung gelang. Mein Sohn kippte den Sack neben dem Kompost aus. Wir hockten uns hin und sahen zu, wie sich zahlreiche schwarze Punkte rasch entfernten. Im hellen Sonnenlicht sahen sie nicht halb so unheimlich aus wie in der Küche.

»Und du bist sicher, dass du alle erwischt hast?«, fragte ich.

»Ganz sicher.«

»Auch Sieglinde?«

»Ziemlich sicher.«

Doch so sehr ich auch guckte, Sieglinde entdeckte ich nicht.

Das Credo der Nacktschnecke

Wir kamen von weit her. Wir reisten als doppelt blinde Passagiere, denn wir wussten selbst nicht, wie uns geschah. Wir kamen mit dem Flugzeug. Unser Versteck war ein Salatkopf. Nachdem wir uns von den Strapazen der Reise erholt hatten, stellten wir fest, dass eine gütige Macht unser Schicksal gelenkt haben musste. Hier gab es viel mehr Grün, viel mehr Nahrung, viel mehr Regen, viel mehr Feuchtigkeit und viel weniger Feinde. Kurz – wir waren im Paradies.

Wer noch nie zerschmettert am Rand seines kahlgefressenen Gemüsebeetes stand, weiß nicht, was Hass ist. Natürlich sind sie nicht mehr zu sehen. Sie haben ihre Gier nachts befriedigt. Nun, da die Sonne scheint, haben sie sich verkrochen. Von ihrem Besuch künden die Stielreste des Kohlrabis. Ich verabscheue Schnecken!

Glücklich, das Paradies gefunden zu haben, befolgten wir Gottes Weisung, waren fruchtbar und vermehrten uns. Das Leben hätte sehr schön sein können, wenn nicht ein Wesen aufgetaucht wäre, das uns mit einem nicht nachvollziehbaren Hass zu verfolgen begann. Wir hatten ihm nichts getan. Dennoch stellte es uns nach, wo es uns fand. Tötete uns, vernichtete unsere Brut. Es muss ein zutiefst unzufriedenes Wesen sein. Grausam, barbarisch, missgünstig. Letztlich bejammernswert.

Seit Monaten hatte ich die Kohlrabis gepäppelt. Im Februar immer fein einen Samen pro Torfquelltöpfchen gesät, sie auf das Fensterbrett gestellt, ihnen jeden Tag ein paar Tropfen Wasser gegeben. Diese Freude, als die ersten Spitzen sich zeigten! Die Keimblätter sich entfalteten! Ich hatte mit ihnen auf den Frühling gewartet, sie in die oder aus der Sonne gestellt, darauf geachtet, dass das Wasser nicht zu kalt war. Sie pikiert, umgetopft, gegossen, das Fensterbrett verbreitert, damit alle Töpfe darauf passten. Und schließlich das Treppenfenster mitbenutzt und eine daraus entstehende Auseinandersetzung mit den Nachbarn überstanden.

Wir wissen jetzt, dass das unzufriedene Wesen Mensch genannt wird. Er ist sehr verbreitet auf der Erde, uns an Kraft und Körpergröße überlegen und eingeschlechtlich.

Als die Kohlrabis im April kräftiger geworden waren, hatte ich sie mitsamt ihren Töpfen in den Garten getragen, achtend, dass ja keins der Babypflänzchen knickt. Sie ins Frühbeet gestellt, Folie darüber gezogen, die Ritzen mit Stroh gegen raue Winde verstopft. Täglich gelüftet, auf Sonne und Regen geachtet, auf das rechte Maß, und sie endlich – endlich im Mai auf den Acker gesetzt, mit einer gewissen Wehmut im Herzen, nicht unähnlich der, die man empfindet, wenn man sein Kind zum ersten Mal im Kindergarten abgibt. Da auch der Mai noch kalte Nächte hat, hatte ich Flies gespannt. Und erst vor drei Tagen entschieden, dass es nun vorbei ist mit allem Schutz. Dass nun kein Frost mehr droht, meine Lieblinge groß genug sind und kräftig genug verwurzelt in der Erde. Es war eine Lust, sie anzusehen. Mit ein bisschen Phantasie konnte ich sie mir schon als feines, leckeres Gemüse denken. Und nun das.

Angeblich soll der Mensch aus dem Paradies vertrieben worden sein. Doch wie sollte das angehen? Wie kann man aus etwas vertrieben werden, was offensichtlich vorhanden und frei zugänglich ist? Zugegeben, er ist ein etwas komple-

xeres Tier als wir. Er kann sich Sachen ausdenken, dass es einem die Fühler verknotet. Zum Beispiel: anthropologischer Dualismus. Aber ehrlich, wie viel Sinn macht eine Geschichte, die besagt, dass man in zwei Teile zerfällt und von Gott getrennt wird, nur weil man etwas isst? Diese Menschen verstehen offensichtlich nicht, dass alles göttlich ist, auch, oder besser gesagt, gerade das Essen!

Es ist schlimm einen Feind zu haben, den man nicht sieht. Schlimmer ist, dass es sich hier nicht nur um einen handelt. Vorige Nacht habe ich vierhundertsechsundzwanzig von ihnen eingesammelt. Mit Taschenlampe, Gartenhandschuh und Tüte bewaffnet. Ich kann mir eine schönere Nachtbeschäftigung vorstellen. Wofür sind diese Viecher überhaupt gut?

Ach, diese Menschen. Da schaffen sie sich ein Ego an, nur um dann darunter zu leiden. Sie fühlen sich fremd, haben Heimweh, sehnen sich nach dem Paradies, und dabei sind sie mittendrin! Sicher liegt es daran, dass sie zu wenig Blätter fressen. Vielleicht sind daher ihre Sinnesorgane so unterentwickelt. Das könnte es sein. Sie haben ja auch keine Fühler.

Diese Schnecken machen mich wahnsinnig! Ich möchte nur einmal durch meinen Garten gehen, ohne eine zu sehen! Ich halte das nicht mehr aus! Und das Schlimmste ist, dass ich mich jedes Mal miserabler fühle, egal, ob ich Bierfallen aufstelle oder Schneckenkorn streue.

Wer zu wenig Blätter frisst, kann ja nicht glücklich sein. Er kann nicht wissen, dass alles eins ist: Erde – Blätter – Wir – Gott. Eins kommt aus dem anderen. Wo soll da etwas getrennt sein? Gut – böse, was für absurde Kategorien! Hass – Liebe, die Menschen sind zu bedauern in ihrem Trennungswahn. Warum tun sie das? Wir kennen nur Pflanzen, die gut schmecken und solche, die uns nicht schmecken. Aber deswegen verachten wir letztere doch nicht oder behaupten, sie wären keine Pflanzen! Am besten schmeckt uns übrigens junger Kohlrabi. Diese dezente Süße! Dieses knackige Aroma, herb und lieblich zugleich. Und er wächst hier so üppig! Eine wahre Paradiesfrucht!

Sie führen sich auf wie im Paradies. Schön für sie. Kein Ego, kein Bewusstsein der eigenen Vergänglichkeit. Wunderbar. Sie sind zu beneiden. Ich könnte nur noch Borretsch anbauen. Den mögen sie nicht. Nein! Vielleicht lasse ich mir von diesen Schnecken noch vorschreiben, was ich zu pflanzen habe! Das wäre ja noch schöner!

Die Menschen sind radikal. Sie haben die Schlange für böse erklärt, weil sie Eva die Frucht gereicht hat. Und da die Schlange aus der Erde kam, haben sie gleich alles, was aus der Erde kam, für böse erklärt: alles Weibliche, alles Körperliche, alle Schwachheit, alle Lust. Sie wollen nur noch stark sein und aus Geist bestehen, um wieder mit Gott zusammen zu sein. Dabei ist doch die Erde selbst göttlich!

Ob sie sehr viel Angst vor uns haben, weil wir der Schlange so ähnlich sehen?

Moment mal – was, wenn die Schnecken recht hätten? Wenn das Paradies sich tatsächlich hier befände? Wenn Vertreibung und Trennung Illusion wären? Dann wäre alles eins. Gott in mir. Die Schnecke in mir. Ich in der Schnecke. Die Schnecke in Gott. Dann würde ich jedes Mal, wenn ich eine Schnecke töte, auch etwas in mir töten.

Ah! Wir haben es gesehen! Der Mensch frisst Blätter! Diese scharfen vom Nachbarbeet, die uns nicht schmecken. Ein Evolutionssprung?

Buddhistische Mönche harken ein Zen-Muster in den Sand. Ich sammle Schnecken. Jeden Abend und jeden Morgen nehme ich eine Tüte, ziehe mir Handschuhe an und beginne. Wenn alle (die ich gesehen habe), in der Tüte sind, mache ich einen Spaziergang. Ich trage sie samt ihrem interessanten Glaubensbekenntnis aus meinem Garten heraus, bringe sie in den nächsten Park und lasse sie frei. Es gibt durchaus sinnlose Rituale.

Übrigens: ich habe Kohlrabipflanzen gekauft und sie auf das ramponierte Beet gesetzt. Fünf sind noch da. Sie wachsen sogar.

Phlox – der Duft des Sommers

Wenn ich an den alten Garten meiner Eltern denke, sehe ich Phlox vor mir. Riesige blassblaue, weiße oder rosa Blütendolden, üppig wie Leuchtfeuer. Bunte Büsche, die sich rechts und links von mir auftürmen, und mich als Kind an Größe überragen. Und gleich habe ich diesen weichen, tiefsüßen, manchmal etwas herben Duft in der Nase, laufe den warmen Steinweg entlang, Sonne auf der Haut, umschwirrt von Bienen, Schmetterlingen und Hummeln.

Es war ein großzügiger, langgestreckter Garten, an dessen linker Seite sich ein Weg hinzog, von der Pforte bis zum Haus, das sich in der hinteren Ecke des Gartens befand. Und dieser ganze lange Weg war beidseitig von Phlox gesäumt. Meine Mutter, sonst eine bescheidene und sparsame Frau, muss einmal in ihrem Leben, nämlich bei der Anlage dieses Gartenweges, in den Zustand einer nie gekannten Verschwendungslust geraten sein. Es waren bestimmt mehr als zweihundert Büsche. Es dauerte, bis man beim Haus ankam. Hätte nur ein einziger Phlox dort gestanden, auch das wäre schon etwas gewesen. Höchstwahrscheinlich wäre ich jedes Mal an ihm stehengeblieben, hätte die zarten Blüten betrachtet, ihren Duft eingesogen und wäre in Verzückung geraten. Aber an jedem einzelnen Busch dieser Phloxallee konnte ich nicht stehen bleiben. Dann wäre ich nie am Ende des Gartens angekommen. Also ging ich und ging, durch eine von Süße gesättigte Luft, durch ein pastellenes Farbenmeer, immer weiter. Der Duft war manchmal so stark, dass es mir fast den Atem nahm. Er durchströmte mich bis ins Innerste, immer neue köstliche Wolken flogen heran, und irgendwann wurde ich von all den Wohlgerüchen völlig ausgefüllt, sie vermischten sich in der Mitte meines Körpers zu einem Rausch, ich wurde zu einem Schmetterling und schwebte trunken durch die Farben dahin. Am Haus angekommen, sackte ich auf die Holzbank und saß eine ganze Weile wie betäubt da.

Das Faszinierende an diesem Duft war, dass er sich ständig veränderte. Mal neigte er sich ins fliederartige, ein anderes Mal war er würzig wie Liebstöckel oder Curry, dann wieder intensiv wie Geißblatt am Abend, wie Rose oder Veilchen, je nach Wetter.

Phlox ist für mich bis heute der Inbegriff des Sommers. Solch einen Duft kann es nur geben, wenn die Sonne durch alle Poren der Blüten dringt. Und er kann nur von einer Pflanze ausgehen, die so groß ist und sich dermaßen blühend verschwendet.

Als ich zwölf Jahre alt war, musste unser Garten einem Neubaugebiet weichen. Ich hatte gerade begonnen, über den Phlox hinauszuwachsen. Schweren Herzens nahm ich Abschied vom Walnussbaum, vom Birnbaum und vom alten Gartenhaus. Doch um den Phlox trauerte ich am längsten. Er hatte dem Garten, dem Sommer und meiner Kindheit einen Geruch gegeben. Er hatte mich in etwas eingehüllt, was ich am ehesten als Heimat bezeichnen würde.

Als ich vor ein paar Jahren entdeckte, dass es weit mehr Phloxsorten gibt als den hohen, sommerblühenden Staudenphlox, dass man es tatsächlich schaffen kann, vom März an bis zum ersten Frost Phloxblüten im Garten zu haben, war das der Beginn einer Suchbewegung, die mich vermutlich in diesem Leben nicht mehr loslassen wird. Jedes Mal, wenn ich in einer Gärtnerei eine neue Sorte aufspüre, setzt meine Vernunft aus. Vermutlich geht es mir dann wie meiner Mutter damals. Es ist tatsächlich äußerst schwer, sich bei dieser Pflanze auf ein oder zwei Exemplare zu beschränken.

SPÄTSOMMER

Die Pfirsichkönige

Es gibt einen besonderen Baum in meinem Garten. Wenn ich im Sommer die erste Frucht von ihm pflücke, wenn sie goldgelb, samtig und schwer in meiner Hand liegt, steigt mit ihrem süßen Duft immer dieselbe Erinnerung in mir auf:

Sie kamen direkt auf mich zu. Die drei Könige aus dem Morgenland. Ich blieb wie festgewachsen stehen und starrte sie an. Trotz der Hitze steckten sie in langen, dunkelgrünen Jacken, die ihnen bis an die Knie reichten. Ihre wilden Haare waren schulterlang. Einer hatte sogar einen richtigen Bart. Und jeder eine grüne Papiertüte in der Hand. Es waren eindeutig Männer, trotz der langen Haare. Es waren genau solche Männer, vor denen meine Eltern mich dringend gewarnt hatten. Sie nannten sie Gammler.

Ich war sechs Jahre alt. Teergeruch wehte von der Straße herüber. Ein großer, gewaltiger Sommer glühte über der Stadt. Auf den Papiertüten in den Händen der Männer waren mit blauer Farbe eine Weinrebe, eine Gurke und ein Apfel aufgedruckt.

Ich stand wie angewurzelt, mit offenem Mund, fasziniert und ängstlich. Mein rechter Kniestrumpf war heruntergerutscht. Ich konnte mich nicht bücken, um ihn hochzuziehen. Noch nie hatte ich Gammler gesehen. Sie arbeiten nicht, hatte meine Mutter zu meinem Vater gesagt, das geht doch nun zu weit. Gut, dass es bei uns so etwas noch nicht gibt. Das ›noch‹ hatte gefährlich geklungen. Und sie lassen sich die Haare wachsen! Männer! Wo soll das hinführen?

Sie schlenderten den Bürgersteig entlang, redeten und lachten. Mein Blick verfing sich in ihren Augen, die ganz anders waren als die Augen, die ich kannte. Frei und klar. Augen ohne Angst. Die mussten von weit her kommen. So guckte hier keiner. Vielleicht wirklich aus dem Morgenland? Ob sie gefährlich waren? Der eine sah aus wie Jesus, auf dem Altar unserer Kirche, was es mir zusätzlich erschwerte, ihn für gefährlich zu halten. Der mit dem Bart hatte goldenes Haar. Mit Locken, wie eine Prinzessin.

Sie kamen immer näher. Ich wollte wegrennen, aber es ging nicht. Plötzlich standen sie vor mir.

»Na?«, sagte der, der wie Jesus aussah, »was schaust du denn so?« Und die Sonne, die von hinten kam, brachte seine Haare zum Leuchten.

Geh nicht mit fremden Männern mit, fiel mir ein.

Ich war gewillt, nicht mitzugehen.

Die Welt ging aus den Fugen. Männer mit langen Haaren. Vielleicht gab es auch Männer mit Busen und Frauen mit Bärten. Das machte mir Angst. Vielleicht sind es Waldgeister, dachte ich. Sie haben mich verzaubert, deshalb muss ich stehen bleiben.

Ich starrte sie an. Sie erinnerten mich an die Zeichnungen aus meinem Lieblingsbilderbuch ›Globi der Kinderfreund‹, in dem alles vor Farben überfloss. Ich hätte sie gern gefragt, warum sie so lange Haare haben und warum sie im Sommer Jacken tragen. Aber mein Mund ließ sich genauso wenig bewegen wie meine Beine. Außerdem gehörte es sich nicht, dass man als Kind Erwachsene etwas fragte. Ihre Jacken standen offen – auch etwas, was sich nicht gehörte – und darunter waren knallbunte Baumwollshirts zu sehen, mit Blumen darauf.

Da beugte sich der Mittlere zu mir herunter. Sein Haar hatte die Farbe reifer Kastanien.

Ich machte mich steif.

Er hielt mir seine grüne Papiertüte vor die Nase. »Möchtest du einen Pfirsich?«

Diesen Duft werde ich nie vergessen. Er kam aus der Tüte. Gleich dachte ich, dass es im Paradies von Adam und Eva so gerochen haben musste. Die pure, samtene Süße stieg mir in die Nase, kletterte von dort in meinen Kopf, dehnte sich und füllte ihn aus, bis nichts anderes mehr in ihm war.

»Nimm dir ruhig«, lachte der Mann.

Nimm keine Geschenke von Fremden, sagte etwas in mir.

Er sah freundlich aus. Sie sahen alle drei freundlich aus. Aber der Wolf war auch freundlich zu Rotkäppchen gewesen. Und die Schlange aus dem Paradies …

Wie von selbst hob sich mein Arm. Ich wusste nicht, wie das kam. Vorsichtig steckte ich die Hand in die Tüte, um gleich darauf schrecklich zurückzuzucken. Ich hatte ein warmes Fell berührt. Ich kannte keine Pfirsiche. Sie lachten.

»Was ist denn?«, fragte der, der mir die Tüte hingehalten hatte.

Und der Blonde sagte: »Du, die sind lecker.«

Der Dritte fragte mich, ob ich Geschwister hätte.

»Zwei«, sagte ich, und das, obwohl mir doch klar war, dass ich Fremden nichts über unsere Familie erzählen durfte. Schon gar nicht die Adresse. Ich nahm mir fest vor, die Adresse nicht zu verraten, was immer sie auch anstellen würden.

Die Tüte war immer noch vor meiner Nase. Der mit den Kastanienhaaren hatte sich hingehockt. Er nickte mir zu. Sah mich an.

Ich traute mich nicht.

Da griff er in die Tüte, lächelte geheimnisvoll und holte etwas heraus. Es war rund, gelb-orange und sah tatsächlich aus wie eines der kleinen zusammengerollten Kätzchen, die ich drei Tage vorher auf dem Hof meiner Freundin hatte ansehen dürfen. Ganz weich. Er legte es mir in die Hand. Groß und schwer lag es da und duftete noch stärker als vorher. Das Fell war tatsächlich warm und kitzelte meine Haut wie Samt. Ich konnte mir nicht vorstellen, dass man das essen konnte.

»Sie glaubt uns nicht«, sagte er zu den anderen Männern. Und zu mir gewandt: »Pass auf!«

Er langte noch einmal in die Tüte, holte noch so ein Ding hervor, führte es zum Mund, biss hinein und schloss genüsslich die Augen. Goldener Saft tropfte ihm aus den Mundwinkeln und von den Lippen herunter und landete zwischen uns auf den grauen Betonplatten des Bürgersteiges. Er trug Ledersandalen und ich konnte seine nackten Füße sehen.

Mit einem Mal hatte ich noch zwei Papiertüten unter der Nase.

»Für deine Geschwister«, sagte der mit dem Bart.

Ich war sprachlos. Verwirrt. Da waren diese Männer, die Sonne, der Duft, der Saft, die Ameisen, die sich schon auf die Saftspur zubewegten, das Wort Pfirsich, das ich mir merken wollte, es musste gut sein, süß, es war kein Tier, es war eine Frucht … In meinem Kopf drehte sich alles.

Ich nahm den Saum meines Pullis in die linke Hand, raffte ihn zusammen und hob ihn hoch. Nun hatte ich einen Beutel, in den ich die Geschenke der Könige hineinlegen konnte.

»Lass es dir schmecken!«, rief der mit den Locken.

Dann gingen sie weiter.

Als mir eine Ameise über den Fuß kroch, kam ich zu mir, und mir fiel ein, dass ich vergessen hatte, danke zu sagen. Ich drehte mich um. Die Männer waren verschwunden.

Da stand ich nun mit drei Pfirsichen in meinem Pulli, der sich unter dem Gewicht immer mehr nach unten ausbeulte.

Neben mir war ein Zirkusplakat. Ein weißes Pferd, aufrecht auf den Hinterbeinen stehend, vor ihm ein schwarzgekleideter Mann mit Peitsche. Mir fiel wieder ein, dass ich ja eigentlich hatte zum Zirkus gehen wollen, der am Tag vorher in unsere Stadt gekommen war. Ich wollte die Pferde ansehen.

Aber nun war die Zeit bestimmt vorbei. Jetzt hätte ich umkehren und den Weg nach Hause einschlagen müssen. Ich hätte jeder meiner Schwestern einen Pfirsich abgeben müssen. Doch das war unmöglich. Ich hatte viel zu viel falsch gemacht. Ich hätte erklären müssen, was mich geritten hatte, von Fremden Geschenke anzunehmen. Und Fremde waren sie gewesen. Ich bezweifelte, ob es etwas nützen würde, meiner Mutter zu versichern, dass es sich um Könige gehandelt hatte. Ich wäre ausgeschimpft worden.

Für all das ungehörige Betragen hätte ich vielleicht noch nicht einmal den Pfirsich, der für mich war, essen dürfen.

Und er war wirklich für mich. Sie hatten ihn mir geschenkt. Einfach so. Sie hatten mir nichts getan. Es war nichts Böses geschehen.

Ich wollte mit den Pfirsichen allein sein. Schlug den Weg in die kleine Seitenstraße hinter dem Laden ein, die zum Fluss führte. Bei der Brücke angekommen, kletterte ich vorsichtig das steile Ufer hinunter, die linke Hand immer fest am Pulli. Währenddessen versuchte ich mir einzureden, dass es ja auch sein könne, dass das Schlimme noch käme. Dass man sie zwar essen könne, diese Pfirsiche, dann aber Eselsohren oder etwas anderes Schrecklicheres bekommen würde. Vielleicht waren sie auch vergiftet wie der Apfel bei Schneewittchen. Und dann wollte ich meine gerechte Strafe lieber hier, an meinem Lieblingsort unter der Brücke, entgegennehmen als zu Hause. Außerdem würde ich so meine Schwestern vor einem ähnlichen Schicksal bewahren. Sollte dagegen nichts geschehen, wollte ich nur meinen Pfirsich in Ruhe essen und anschließend sofort nach Hause laufen und meinen Schwestern ihre geben.

Ich setzte mich. Erst legte ich die Pfirsiche neben mich ins Gras und streichelte sie. Durch die hängenden Zweige der Trauerweide funkelten die Wellen im Sonnenlicht. Ich suchte mir einen Pfirsich aus und hielt ihn fest. Der Fluss glitt träge dahin. Ich sog den Duft in mich ein. Das Schilf raschelte. Der Pfirsich lag in meiner Hand. Und plötzlich hatte ich hineingebissen.

Gut, dass ich saß. Sonst wäre ich umgekippt vor Seligkeit. Ich schmolz dahin. Saft tropfte, ich beugte mich nach vorn, schlürfte, schmatzte, schleckte, schluckte, gab wohlige Laute der Wonne von mir. Und biss mir an dem unerwarteten Kern fast einen Zahn aus.

Ich aß sie alle drei.

Wie hätte ich zu Hause die Anwesenheit zweier Pfirsiche erklären sollen?

Und die ganze Zeit hatte ich die offenen, klaren Augen der Könige vor mir, die mich mindestens genauso beeindruckt hatten wie diese neue Geschmackserfahrung.

Bis zum Ellenbogen klebte der Saft. Ich kam mir sehr sündig vor. Alle Gesetze hatte ich übertreten, selbst das des Teilenmüssens. Doch obwohl ich ein äußerst schlechtes Gewissen hatte, fühlte ich mich ziemlich wunderbar mit dem Blick dieser Augen und den drei süßen Früchten im Bauch.

Ich saß noch lange dort. Dachte über die Männer nach und was mir da widerfahren war. Betrachtete die eigenartig geriffelten Kerne. Umschloss sie mit der Faust. Leckte an ihren langen, fruchtigen Fasern herum. Sagte mir das Wort Pfirsich vor, um es nicht zu vergessen. Wartete.

Nichts geschah. Keine Eselsohren. Keine Vergiftungen.

Schließlich ging ich zum Fluss runter, um mich zu waschen.

Nun hatte ich noch die Kerne, die natürlich auch nicht mit nach Hause konnten, so groß wie sie waren. Sie hätten mich verraten.

Mit bloßen Händen grub ich drei Löcher, legte die Kerne hinein, schöpfte Wasser, begoss sie und bedeckte sie mit Erde. Die Stelle merkte ich mir genau.

Die Kindheit verging in Erwartung der Pfirsichbäume. Die nicht kamen.

Fünfundvierzig Jahre später jedoch kam auf wundersame Weise dieser Garten auf mich zu. Er fragte mich, ob ich mich seiner annehmen würde. Ich trat durch die Pforte, sah mich um, und das Erste, was ich erblickte, war ein Pfirsichbaum.

Und mein Herz war voll von Glück.

Achtzig Jahre, ein stolzes Alter für einen Baum.

Und obwohl er so alt ist, trägt er jeden Sommer die herrlichsten Früchte, deren Duft mich daran erinnert, dass es manchmal gut ist, Regeln zu brechen und mehr zu vertrauen, als man gelernt hat.

Hokkaidos – Himmelsstürmer

Es gibt kein vollkommeneres Orange als das des Hokkaidos: warm, leuchtend und satt. Vollendet in seiner kompakten Rundform, die nichts anderes sein kann als konzentrierter Sonnenschein. Ich bin überzeugt, dass dieses Orange einzig aus Lust geboren wird. Aus der Lust am Wachsen.

Meine erste Bekanntschaft mit diesem Gemüse machte ich, als ich einmal im Herbst bei Freunden zum Essen eingeladen war. Schon als ich die Wohnung betrat, hatte ich ein Geruchs-Déjà-vu. Es roch wie früher, wenn meine Mutter die Walnüsse am Ofen getrocknet hatte. Ein herzhaft-süßes Aroma warmer, reifer Nüsse, ähnlich dem gerösteter Maroni.

Die Gastgeber hatten eine riesige Kasserolle voller Kürbisstücke in den Ofen geschoben und sie dort mit einer guten Portion Butter, Zwiebeln, Salz und Pfeffer ausführlich der Hitze ausgesetzt. Rotem Gold gleich leuchteten die knusprigen Stücke in der Pfanne, ein wunderbarer Anblick, der einem das Wasser im Mund zusammenlaufen ließ.

Wir waren zu acht. Im Unterschied zu mir hatten alle vorher mitbekommen, dass es sich bei dem Treffen um einen Diskussionsabend zum Thema ›Bedingungsloses Grundeinkommen‹ handelte. Ich dagegen hatte es für eine Einladung zum Essen gehalten.

Die Hokkaidos waren grandios. Sie schmeckten wie eine Symphonie aus Kastanien, Steinpilzen und jungen Gartenmöhren und zerschmolzen auf der Zunge. Ich war berauscht von der neuen Geschmackserfahrung. Auf einen Schlag hatte ich mein Lieblingsgemüse entdeckt!

Die Diskussionsrunde zerfiel in zwei Lager. Eine Seite argumentierte, es sei genug für alle da und Grundeinkommen nur eine Frage der Verteilung. Jeder habe doch ein Recht auf Leben. Und wenn man zum Leben ein Einkommen braucht, muss also jeder ein Recht auf Einkommen haben.

Die andere Seite hielt dagegen, nichts auf der Welt wäre bedingungslos, schon gar nicht ein Einkommen, und wenn man das machte, ginge es bald nur noch nach dem Lustprinzip, niemand würde mehr arbeiten, und genau dann wäre eben nicht mehr genug da und alle würden Mangel leiden. »Bei politischen Entscheidungen«, sagte ein Vertreter dieser Fraktion, »geht es um die Frage des Gemeinwohls!«

Ich hörte gespannt zu, überlegte, ob das Lustprinzip wirklich so gefährlich sei und zur Abschaffung der Arbeitsmoral und des Essens führen würde und konzentrierte mich auf die Hokkaidos. Um ehrlich zu sein, hörte ich immer weniger zu, hatte schließlich nur noch Auge, Zunge und Zähne für dieses Essen und fragte mich, ob es wohl möglich sei, dieses zauberhafte Gemüse im Garten anzubauen.

In den folgenden Monaten kaufte ich diverse Hokkaidos, probierte Rezepte aus, schwelgte in kulinarischen Wonnen und sammelte fein säuberlich die in jeder Frucht reichlich vorhandenen Kerne. Auf Küchenkrepp ausgebreitet, trockneten sie auf dem Fensterbrett: Elfenbeinfarbene flache Tropfen, von einem glänzenden, hauchdünnen Häutchen umhüllt. Ich konnte es kaum erwarten, sie in die Erde zu bringen. Als die Eisheiligen vorüber waren, trug ich einen halben Eimer Kerne in den Garten. Fünfzig von ihnen verteilte ich im Boden, wobei ich das Gefühl hatte, mich über Gebühr zu beschränken. Aber ich wollte es nicht übertreiben.

Sie gingen alle auf. Begeistert begrüßte ich jedes Blättchen, jeden mit winzigen Härchen besetzten Stiel, jeden ebenfalls behaarten Blütenansatz, der sich anfühlte, als würde man über Samt streichen. Der Flaum schimmerte silberweiß in der Sonne und verzauberte meine Beete in ein Wunderland.

Dann wurde es wärmer. Und regnete. Und die Pflänzchen begannen, wie im Zeitraffer zu wachsen. Ihre Stiele wurden kräftiger, erst bleistiftdick, dann fingerdick, und krochen beeindruckend schnell über die Erde. Bereits im Juli war mein Garten nahe daran, in einem Meer riesiger Blätter, leuchtender Trichterblüten und gelber Kugeln zu versinken. Welch ein Temperament! Einerseits freute ich mich über meine Zuchterfolge, andererseits machte ich mir zunehmend Sorgen um die übrigen Pflanzen. Die Hokkaidos hatten Ranken gebildet und nutzten alles, was sich ihnen in den Weg stellte, als Kletterhilfe: Sie krochen über die Wiese, hangelten sich die Zäune hinauf, rankten in den Pfirsichbaum, hingen zwischen den Kirschen und umschlangen die Rosen.

Ihr Lustprinzip war ziemlich ertragreich. Blüte um Blüte erschien, duftete, leuchtete und schillerte, und die Hummeln feierten rauschende Feste. Hier war die pure Verschwendung und Üppigkeit am Werk. Von Mangel keine Rede. Auf die spöttischen Bemerkungen meiner Nachbarn entgegnete ich dann auch, dies wäre ein wissenschaftliches Experiment zur Frage des bedingungslosen Grundeinkommens.

Es hat etwas Beeindruckendes, diesen Pflanzen beim »Fliegen« zuzuschauen, vor allem, wenn man bedenkt, dass ihre Früchte durchaus bis zu zweieinhalb Kilogramm wiegen können! Angesichts dieses Wunders begriff ich eigentlich erst, was Wachsen tatsächlich bedeutet: pure Lebenslust. Die sich aufmacht Richtung Himmel, Richtung Sonne, und sich dabei von nichts und niemandem aufhalten lässt. Die nicht vorher fragt, ob es möglich ist, ob genug da ist, ob man vor irgendetwas Angst haben und vorsichtig sein sollte. Die einfach nur hinauf will und für dieses Ziel alles mobilisiert: Einfallsreichtum, Willensstärke, Großzügigkeit (auch im Annehmen von Hilfe). Ja, selbst die Schwerkraft wird ignoriert, wenn es sein muss. Ein besonders raffinierter Vertreter wuchs erst quer über das Haus, dann durch die Krone des Apfelbaums und schließlich in die hohe Akazie hinein, die hinter meinem Garten steht. Seine höchsten Früchte leuchteten in gut fünfzehn Meter Höhe und es war mir unmöglich, sie zu erreichen.

Mitte August begann die Ernte. Im September hörte ich auf zu zählen. Ich lagerte die goldenen Kugeln in der Küche, und jeder der vorbeikam, durfte sich bedienen. Ich aß kaum noch etwas anderes. Hokkaido als Gemüsepfanne, Hokkaido als Suppe, paniert, gedünstet, als Auflauf, Braten, Brotaufstrich, Marmelade, ja selbst als Fruchtleder eignete er sich, wenn man ihn mit Kräutern mischte und kräftig würzte. Hokkaido wurde mein Grundnahrungsmittel. Ich finde es spricht für ihn, dass er mir im März immer noch schmeckte.

Dennoch: Kohlrabi, Rote Bete und Kartoffeln sind mir auch lieb. Deshalb setze ich inzwischen pro Jahr nur noch sieben Hokkaidopflanzen, und zwar ausschließlich auf den einjährigen Kompost. Aus ausrangierten Holzleitern habe ich ein stabiles Klettergerüst Richtung Dach gebaut. Dort hinauf dürfen sie ungestört wuchern. Zum Ernten brauchte ich dann nur noch aufs Dach zu steigen. In einer guten Saison bringt das fünfzig bis sechzig Früchte, mit denen ich ohne Weiteres durch den Winter komme.

Wenn ich im Februar eins von diesen orangen Kraftpaketen in den Händen halte, lacht es mich an wie eine kleine Sonne und ich bekomme sofort gute Laune.

Die Kerne sammle ich übrigens immer noch. Ich kann nicht anders. Natürlich habe ich immer viel zu viele. Würde ich die alle wiederverwenden, könnte ich die halbe Stadt damit bepflanzen.

Warum auch nicht? Im nächsten Mai werde ich mir die Hosentaschen mit Kernen füllen und überall, wo ich vorbeikomme, welche in die Erde stecken. In öffentlichen Parks, in Häuserlücken, auf Spielplätzen, auf Brachland … Das gibt Hokkaidos für alle. Kostenlos und in Selbstbedienung. Das nützt auf jeden Fall dem Gemeinwohl. Und wäre dann mein Beitrag zum bedingungslosen Grundeinkommen.

Das Hohelied des Regenwurms

Gelobt sei der Regenwurm, der Meister der Burn-out-Vermeidung. Pflichtbewusste Menschen, die Gefahr laufen, sich stark unter Druck zu fühlen, tun gut daran, sich ein Beispiel an ihm zu nehmen. Denn mit Druck kann er umgehen.

Er zieht Blätter in den Boden, die das Fünfzigfache wiegen wie er selbst. Um sie festzuhalten, arbeitet er mit Unterdruck: Er stülpt die Haut um seine Mundöffnung so weit nach vorn, dass eine Saugglocke entsteht, und saugt sich am Blatt fest. Um mit der enormen Last rückwärts kriechen zu können, nutzt er seine Borsten, die ihm paarig aus der Haut stehen, als Widerhaken. Er stellt sie schräg nach vorn, verankert sich damit in der Erde und leiht sich deren Kraft.

Merke: Wer eine schier unmögliche Aufgabe zu stemmen hat, benötigt Borsten, halte sich an etwas Größerem als an sich selbst und arbeite mit Unterdruck.

Beim Bau unterirdischer Wohnröhren nutzt der Regenwurm seinen Kopf als Bohrer. Per Muskelkontraktion verjüngt er sein Vorderteil, bis dieses ganz dünn wird, presst es auf die Erde und überwindet den Bodenwiderstand mithilfe des Innendrucks seiner Körperflüssigkeit. Auf diese Weise schafft er es, trotz seiner eigenen Weichheit in den harten Boden einzudringen.

Merke: Der Kopf ist nicht nur zum Denken da. Nach dem Motto »Das weiche Wasser bricht den Stein« blicke man nach vorn, konzentriere sich auf das Wesentliche und arbeite punktgenau.

Sind Feinde hinter ihm her (Stare, Amseln, Krähen, Maulwürfe, Igel, Spitzmäuse, Erdkröten, Hundertfüßer, Ameisen, Füchse ...), flieht der Wurm. Packt der Feind ihn dennoch, schnürt er am hinteren Ende ein Stück seines Körpers ab, überlässt es dem Räuber und bringt seinen restlichen Körper in Sicherheit.

Merke: Wird der Stress zu groß, setze man Prioritäten, übe sich im Loslassen und achte auf Selbsterhaltung.

Der Regenwurm frisst sich fortwährend kreuz und quer durch die Bodenschichten seines Lebensbereiches, wobei er Erde und abgestorbene Pflanzenreste in sich aufnimmt. Sein Magen funktioniert ähnlich dem der Hühner. Die pflanzliche Nahrung wird durch mitgefressene kleine Steinchen gleichmäßig zerrieben und damit verdaulich.

Merke: Nicht alles selbst machen! Übersteigt das Arbeitspensum ein bekömmliches Maß, hole man sich Unterstützung und delegiere so viel wie möglich. Notfalls an Steine.

Regenwürmer atmen Sauerstoff über die Haut ein. Wenn ihre Wohnröhren bei Regen voll Wasser laufen, müssten sie deshalb eigentlich ersticken. Dies geschieht aber nicht. Stattdessen stellen sie in solch einem Fall ihren Stoffwechsel von Hautatmung auf Milchsäuregärung um, für die sie keinen Sauerstoff benötigen, und leben weiter.

Merke: Man achte auf sein Wohlbefinden. Man bleibe flexibel. Liebgewordene Gewohnheiten lege man spätestens ab, wenn sie die Gesundheit zu bedrohen beginnen.

Die Wintermonate verbringen Regenwürmer in vierzig bis achtzig Zentimeter Bodentiefe in einer Art Winterschlaf. Häufig finden sich unter wärmespeichernden Bodenstrukturen wie Baumstümpfen, Steinen oder Komposthaufen ganze Kolonien zusammengerollter Würmer, die sich gegenseitig wärmen und feucht halten.

Merke: Wer fleißig sein will, muss faul sein können. In Gemeinschaft macht faul sein mehr Spaß.

Durch bloßes Fress- und Ausscheidungsverhalten befördern Regenwürmer jährlich pro Hektar ein Gewicht von zirka fünftausend Kilogramm Erde an die Oberfläche. Sie holen ihre Nahrung aus tieferen Bodenschichten und setzen ihren Kot überirdisch in Form von geringelten Kotbällchen am Mündungsende ihrer Gänge ab. Die dadurch

entstehende Durchmischung und Belüftung der Bodenschichten und die Anreicherung des Bodens mit Humus ist
Voraussetzung jeden Pflanzenwachstums.

Merke: Man verbinde das Angenehme mit dem Nützlichen. Arbeit soll Freude machen.

Regenwürmer haben fünf paarig angeordnete Lateralher-
zen. Wird ein Wurm durchtrennt, kann – entgegen eines
sich hartnäckig haltenden Vorurteils – nur der Teil von ihm
weiterleben, der einerseits den Kopf trägt und andererseits
die zehn Herzen beinhaltet. Und das auch nur, wenn keines
der Herzen beschädigt wurde. Am hinteren Ende dieses
überlebenden Teils entwickelt sich dann ein neuer Darm-
ausgang, so dass der Wurm wieder vollständig ist.

Merke: Man schätze seine Regenerationsfähigkeiten rea-
listisch ein und achte auf die Unversehrtheit seines Herzens. Vor allem, wenn man nur eines besitzt.

Mitmachtage

Eigentlich stammt die Idee der Mitmachtage gar nicht von
mir. Ich habe sie von Tom Sawyer abgeguckt. Er soll den
Zaun streichen. Ihm ist klar, dass er diese Arbeit, die sich
seine Tante Polly als Strafe für ihn ausgedacht hat, nicht allein bewältigen kann und will. Er würde Wochen dafür
brauchen. Statt sich aber zu quälen, bietet er sie anderen als
etwas Begehrenswertes an.

Das Einzigartige an seiner Idee ist, dass sie gleich auf verschiedene Weise heilsam wirkt. Indem Tom die Arbeit als
Vergnügen definiert, hebelt er auf einen Schlag das Weltbild
seiner Tante aus und verwandelt die Bestrafung in eine Belohnung. Arbeit macht Spaß, sagt er, und wie sollte man mit
Spaß bestraft werden können? Außerdem nimmt er weder
die ihm auferlegte Einsamkeit noch die Demütigung an.

Beides löst er kurzerhand in und mit Gemeinschaft auf. Er wird vom Bettler zum König, indem er einen ganz neuen Blick auf die Dinge wirft. Und so schafft er es, dass der Zaun am Ende tatsächlich gestrichen ist.

Die Tatsache, dass er sich für die Hilfe, die ihm von den anderen Kindern zuteil wird, auch noch mit Glasmurmeln, Äpfeln, stumpfen Messern, toten Ratten und was für Jungen seines Alters sonst noch erstrebenswert ist, bezahlen lässt, setzt dem Ganzen die Krone auf.

Auch im Garten gibt es immer Zeiten, wo einem die Arbeit schlicht über den Kopf wächst. Um ein Klettergerüst für die Kürbisse zu bauen, braucht man nun mal vier Hände. Ich habe aber nur zwei. Beim Kompost umsetzen merke ich, dass meine Kraft begrenzt ist. Und zu Pflanz- und Aussaatzeiten bräuchte ich eigentlich Tage mit hundert Stunden, um alles zu bewältigen.

Da fiel mir eines Tages Tom Sawyer ein und die Idee der Mitmachtage tauchte auf. Sofort rügte ich mich. War das nicht ziemlich vermessen? Du kannst doch nicht um Hilfe bitten, sagte ich mir. Du kannst doch nicht Leute einladen, damit sie bei dir arbeiten. Das gehört sich nicht. Du hast dich für diesen Garten entschieden, also musst du auch allein damit fertig werden.

Aber der Gedanke ließ mich nicht mehr los. Und schließlich entschied ich mich, es auszuprobieren. Ich schrieb einen Brief an ein paar Freunde und lud sie zum Mitmachtag in den Garten ein. Als der Tag heran war, kaufte ich Wasser und Saft, kochte einen großen Topf Kartoffelsuppe und schrieb alle Arbeiten, die dringend erledigt werden mussten, auf kleine Karteikärtchen, die ich an die Wäscheleine hängte. Dann wartete ich.

Die Leute kamen tatsächlich. Wir waren zu sechst. Wer wollte, konnte sich ein Karteikärtchen aussuchen, die Arbeit tun und anschließend das Kärtchen zerreißen. Es war erstaunlich, wie leicht alles voranging. Im Nu waren das Klettergerüst gebaut, der Porree gepflanzt, der Kompost umgesetzt, das Loch für den Stachelbeerbusch gegraben und das Dach abgedichtet. Dreckig und zufrieden machten wir uns über die Kartoffelsuppe her und hatten sogar noch Zeit, den Nachmittag mit scrabblen zu verbringen. Am Ende war ich überrascht, wie viel Freude der Tag allen gemacht hatte. Die Leute hatten es überhaupt nicht als Zumutung, sondern eher als Bereicherung empfunden!

Inzwischen veranstalte ich pro Monat einen Mitmachtag.

Anfangs wunderten sich meine Gartennachbarn, was bei mir los ist. Ich klärte sie auf.

»Was für Ideen du immer hast!«, sagten sie.

»Die Idee stammt nicht von mir«, entgegnete ich.

»Und da kommen die Leute? Zum Arbeiten?«

Ja, sie kommen. Menschen, die sonst im Büro sitzen, haben offenbar manchmal Lust, sich einmal richtig die Hände schmutzig zu machen. Menschen, die keinen eigenen Garten haben, genießen es augenscheinlich, Kartoffeln zu legen, Möhren zu säen und Himbeeren zu pflanzen, besonders, wenn sie ein paar Monate später auch die Ernte mit einbringen und gemeinsam verzehren können. Für viele ist es das erste Mal, dass sie das Wachsen eines Selleries, einer Zucchini, einer Maispflanze oder einer Roten Bete von der Aussaat bis zur Ernte mitbekommen. Oder einen Regenwurm beobachten. Oder einen Engerling ausbuddeln und Marienkäferlarven oder Nashornkäfer aus der Nähe betrachten können. Oder eine Kohlmeise in einem unbeobachteten Moment ein Loch in ihren Wollpullover reißt, weil sie ausgerechnet diese Wollfäden zum Nestbau braucht. Menschen finden es wunderbar, einen ganzen Tag lang in Gemeinschaft tätig zu sein, anzupacken, Holz zu sägen, Wasser zu schleppen, gesunde Erde zu riechen, zusammen zu essen und abends einmal richtig kaputt zu sein.

Ja, die Mitmachtage glücken. Sie tun den Beteiligten und dem Garten gut. Und ich bin froh, dass ich mich getraut habe, um Hilfe zu bitten. Zwei Dinge allerdings habe ich von Tom Sawyer nicht übernommen. Statt rumzusitzen,

Äpfel zu essen und den anderen beim Wühlen zuzugucken, mache ich lieber mit. Und ich verzichte auf Glasmurmeln und tote Ratten als Bezahlung.

Fortschreitende Verwilderung

Eigentlich ist es unmöglich, sich für zwei verschiedene Daseinsformen zu entscheiden, die sich so grundsätzlich widersprechen wie das Wohnen in Wohnungen und das Leben im Grünen. Auch wenn ich im Winter, bedingt durch abgestelltes Wasser und ein zu Eis gefrorenes Gartenhaus, in die Wohnung ausweichen muss – meine Seele bleibt im Garten. Und wenn die Tulpen sich aus der Erde schieben, pfeife ich auf Wärme und Badewannenluxus. Die Gartenpforte öffnet sich, ich trete ein und alles kommt in Ordnung. Ich bin wieder vollständig. Das Leben packt mich, ich werde zum Erdling, und zwar so gründlich, dass ich mich mitunter auf dem Weg zum Einkauf plötzlich mit wilder Frisur, Erdhänden und Gummistiefeln an den Füßen wiederfinde. Bemerke ich Derartiges, kehre ich mit einem kleinen Schreck im Nacken um, verkleide mich und betrete erneut die Stadt, diesmal als zivilisierte Bürgerin.

Manchmal springt mich die Angst an, durch mein Gartenleben fortschreitend zu verwildern und die üblichen menschlichen Umgangsformen zu verlernen. Als ich kürzlich einer Freundin von meiner Lust beim Holzsägen erzählte, von der Freude, wenn der Brennholzberg immer größer wird, von dem harzigen Duft, und wie glücklich ich sei, dass ich einen Ofen im Haus habe, entgegnete sie: »Komisch, dass du von einem Haus sprichst. Ich sehe dich immer in einer Erdhöhle, wenn ich mir dein Leben im Garten vorstelle.«

Menschen, die in Erdhöhlen leben, sind anderen suspekt. Das habe ich erlebt. In der Kleinstadt meiner Kindheit tauchte ab und zu ein Wesen auf, das von allen nur »der wilde Mann« genannt wurde. Lange bevor ich ihn das erste Mal sah, wurde ich vor ihm gewarnt. In unregelmäßigen Abständen schepperte er auf seinem klapprigen Fahrrad über die Kopfsteinstraßen. Manchmal erspähte ich ihn von Weitem. Dann versteckte ich mich hinter einer Ecke und hatte am nächsten Tag etwas Gruseliges in der Schule zu erzählen.

Er sah immer gleich aus: Sommers war er mit nichts als einer grünen, knielangen Hose und Sandalen bekleidet, im Winter trug er einen zerschlissenen graugrünen Mantel über dieser Hose, der vorn zugeknöpft war. Sein verfilzter Bart reichte bis zur Brust und war wie seine Haare von einem schmutzigen Gelbgrau. Es ging das Gerücht, er hause im Wald. Man wusste nicht, was man von ihm halten sollte, also traute man ihm vorsichtshalber das Schlimmste zu. Die ihm nachgesagte Verrücktheit war noch das Harmloseste. Nur in einem Punkt waren sich alle einig: Eine Wohnung hatte er nicht. Kleinstädterphantasie kann grausige Wellen schlagen, wenn erst ein geeignetes Objekt gefunden ist. Rollte sein altersschwacher Drahtesel heran, rückten die erwachsenen Leute zu tuschelnden Grüppchen zusammen, und die Kinder rannten davon.

Er kam in unregelmäßigen Abständen und hatte immer dasselbe Ziel: einen kleinen Kolonialwarenladen, in dem er Mehl, Salz, Speck und Streichhölzer kaufte. Mit dieser Beute beladen verschwand er anschließend wieder Richtung Wald.

Einmal stand ich vor diesem Laden und betrachtete die im Schaufenster aufgestapelten Pralinenschachteln. Da kam er. Ich hätte mich gern hinter der nächsten Ecke versteckt, aber als ich ihn sah, war es dafür schon zu spät. Er hatte sein rostiges Fahrrad bereits an die Wand gelehnt und war eben im Begriff, die Ladentür zu öffnen. Ich aber stand vor dem Schaufenster, und um hinter die nächste Ecke zu kommen, hätte ich an ihm vorbei gemusst. Also verfiel ich kurzzeitig in eine Art Schreckstarre – wobei ich nicht ganz starr gewesen sein kann, weil ich mich deutlich an den Schauer erinnere, den ich dabei empfand, diese geheimnisumwobene Person so nah zu sehen. Erstaunt stellte ich fest, dass er beachtliche Armmuskeln hatte.

Er hatte schon den Türgriff in der Hand, da hielt er plötzlich inne, wandte den Kopf und sah mich an. Seine sehr dunklen Augen waren von faszinierender Klarheit. Sein Blick ging mir durch und durch, war wach und ruhig zugleich, und vor allem war ihm nicht auszuweichen. Je länger er mich anschaute, umso stiller wurde es in mir, und umso genauer schaute ich zurück. Ich entdeckte, dass dieser Mensch weder verrückt noch gefährlich war. Und dass er etwas Bemerkenswertes ausstrahlte. Etwas, das ich bis dahin nur den Hauptpersonen meiner diversen Indianerbücher zugeordnet hatte: einen friedlichen Stolz.

Ich weiß nicht, wie lange diese Augenbegegnung dauerte, aber ich schwöre: er wusste danach alles über mich. Kaum war er im Laden, lief ich fort, lief und lief, bis hinunter zum Fluss, doch ich wurde diese Augen nicht los. Obwohl er nichts zu mir gesagt, ja noch nicht einmal gelächelt hatte, hatte er mir einzig durch seinen Blick etwas zutiefst Beunruhigendes mitgeteilt: Dass man, was das eigene Leben betrifft, die Wahl hat. Dass man immer, alles und in jedem Moment selbst entscheidet.

Es ist erstaunlich, welche Folgen eine so kurze Begegnung haben kann. Wir waren Verbündete geworden, ich wusste das, und er auch. Ich war nicht vor ihm davongelaufen, (dass der Grund nicht Mut, sondern nur die fehlende Möglichkeit gewesen war, spielte dabei keine Rolle), und er hatte mir dafür eines seiner Geheimnisse geschenkt.

Nach diesem Erlebnis begann ich, mir das erste Mal ernsthaft Gedanken über meine Zukunft zu machen. Die Lebensentwürfe, die ich bisher kennengelernt hatte, kamen mir mit einem Mal ziemlich eng und langweilig vor. Da verharrten die Leute allein oder als Paar in immer derselben Wohnung, gingen morgens zur Arbeit und abends wieder zurück, klagten über die Zustände, änderten aber nichts an ihnen – was sollte daran erstrebenswert sein? Doch allein im Wald zu hausen, war auch nichts für mich. Ich entwarf verschiedene Alternativen. Am besten gefiel mir die Vorstellung, mit vielen anderen auf einer Wiese zu wohnen. Wenn ich mir das ausmalte, handelte es sich um eine ganz konkrete Wiese, nämlich die zwischen Schröders Hühnerstall und den Bootshäusern der Badeanstalt, eine große sumpfige Grasfläche, seitlich vom Fluss begrenzt, dahinter der See. Viele Bäume wuchsen auf ihr, wasserseitig alte, knorrige Weiden, auf denen es sich herrlich klettern ließ, ansonsten Pappeln, Ebereschen und ein uralter Apfelbaum. Es gab eine Menge Enten und Schwäne, und manchmal staksten Reiher und Kraniche am Ufer entlang. Im Winter war sie überschwemmt, dann liefen wir darauf Schlittschuh, immer zwischen Apfelbaum und Weiden hin und her, im Sommer war sie gelb von Butter- und Sumpfdotterblumen.

Genau dort siedelte ich all meine Freunde an, jeder hatte sein Zelt, mit genug Platz drum herum, Wasser holten wir aus dem Fluss, überall brannten Lagerfeuer, wir bauten Gemüse und Obst an, spielten zusammen, halfen uns gegenseitig und das Leben fand draußen statt.

Ja, ich hatte viele Indianerbücher gelesen. Doch ohne den wilden Mann hätte ich nicht so konsequent nach der mir gemäßen Lebensform gesucht. Heute denke ich, man legt seine grundsätzliche Richtung ziemlich früh fest. Vielleicht gibt es überhaupt nur zwei Richtungen: Angst oder Freiheit. Suche nach Sicherheit oder Mut zum Ausprobieren.

Ich muss oft an ihn denken, an seine dunklen Augen, wenn ich im Frühjahr in den Garten zurückkehre. Jedes Mal frage ich mich dann, wie ich es nur so lange in der Wohnung aushalten konnte. Wenn die Nachtigallen mich begrüßen, der Wind mir ins Gesicht pustet, der Regen meine Jacke durchnässt und meine Haare sich im Brombeergestrüpp verfangen, bin ich wieder richtig. Ich gehöre eben nach draußen. Wie er. Nur dort empfinde ich diese tiefe Zufriedenheit, für die ich auch gern bereit bin, ein bisschen zu verwildern.

Die größere Zeit

Eines der merkwürdigsten Phänomene im Garten ist die Veränderung der Zeit. Zum Beispiel ist es urplötzlich nachmittags um drei, obwohl ich gerade eben, um sieben Uhr, aufgestanden bin, meinen Morgenkaffee getrunken und nur mal kurz nach den Rosen geschaut habe.

Ich weiß, dass spätestens seit Einstein die lineare Zeit als Illusion angesehen wird. Aber es ist nochmal etwas anders, es zu erleben, als es zu wissen.

Das Gefühl, als hätte die Zeit einen Sprung gemacht, habe ich im Garten oft. Merkwürdigerweise entsteht es jedoch erst, wenn ich – meist meines knurrenden Magens wegen – auf die Uhr gucke. Wenn ich also, offenbar aus einer anderen Zeit kommend, in der Uhren-Zeit aufpralle. Dann erschrecke ich. Wo war ich während der Rosenpflege?

Ich war versunken in Blüten und Farben, erfreute mich an neuen Trieben, schnitt Verwelktes aus, wischte hier und da eine Laus von einer Knospe, schloss die Augen, hielt die Nase in eine Duftwolke oder verlor mich in der Betrachtung eines vollkommenen Blütenkranzes. Bis ich Hunger bekam.

Dieses Aufprallen in der Realität habe ich als Kind häufig erlebt.

Ich spiele auf dem Kirchenplatz. Hier ist es immer kühl, selbst im Sommer. Die alten Linden lassen kaum etwas Sonnenlicht durch. Am kältesten und geheimnisvollsten aber ist es direkt am Fuße der Kirche. Ihre moosbewachsenen Ziegel sind lebendig. Es sind Tiere, die man streicheln kann. Auf dem Feldsteinsockel kriechen blasse Flechten entlang. Da liegt ein Spatzenjunges, aus dem Nest gefallen. Neben ihm kriechen zwei seltsame Käfer herum, einer mit rotem und einer mit blauem Rücken. Da gibt es merkwürdige Erdlöcher. Und halb verwitterte kleine Holztüren an den Seiten der Kirche, knochige Baumwurzeln, die aus der Erde lugen wie seltsame Gnome, Glasscherben in allen Farben, violett, blutrot, königsblau, die aus den großen Fenstern fallen und die man sich vor die Augen halten kann. Und weiter oben eine alte Sonnenuhr ohne Zeiger … Dazu der modrige Geruch der Mauern, die ausgetretenen Treppen, Gänge, zugemauerte Türen, das Krähengeschrei aus den Linden … Ich träume in den Nischen der alten Mauern, die ihre Steine verlieren: ganze Ziegel, halbe Ziegel, kleine Ziegelstücke von einem herrlichen warmen Rot. Ich sammle sie ein und trage sie zu dem stillgelegten Eingang.

Dort unten, am Fuß der dreigeteilten Treppe, vor der zugemauerten Tür, ist mein Reich. Die baufälligen Stufen sind ausgebrochen und haben kleine Höhlen freigegeben, in denen ich meine Schätze verstecke. Oben über der mittleren Treppe liegt ein großer, flacher, schimmernder Stein. Er ist ganz glattpoliert. Auf ihm sortiere ich meine Fundstücke der Größe nach. Dann hole ich den runden Feldstein aus seinem Versteck, der so gut in der Hand liegt. Und dann geht es los. Ich fasse einen Ziegelbrocken mit der Linken, lege ihn auf den glatten Stein und schlage mit dem Feldstein zu. Der Ziegel splittert, ich schiebe die Splitter zusammen, schlage wieder zu, immer und immer wieder. Eine anstrengende, hochkonzentrierte Arbeit. Wie besessen klopfe ich, quetsche mir die Finger, gefährliche Splitter fliegen mir ins Gesicht. Ich bin eine Faust, ein Stein und zwei Augen. Ich klopfe und klopfe. Je kleiner die Ziegelstückchen werden, umso kleiner wird das zusammengeschobene Häufchen. Und genau darum geht es. Ich will sie zu Staub schlagen. Meine Arme zittern. Schweiß läuft mir die Stirn herunter. Aber irgendwann ist es so weit: Ich habe eine Hand voll feinen, roten Pulvers, das sich weich zwischen den Fingerspitzen zerreiben lässt. Das ist mein rotes Zaubermehl. Selbst erdacht und selbst hergestellt. Wenn ich es auf meiner Haut verteile, kann ich mich in alles verwandeln, was ich will. Feierlich beginne ich, mich einzureiben. Im Gesicht kratzt es ein bisschen. Mir ist heiß, ich bin erschöpft und glücklich. Schweiß läuft mir in die Augen. Ich reibe das Pulver auf meine nackten Beine, auf Arme, Hals und Gesicht. Ich färbe meinen Bauch. Meine Füße. Und je roter ich werde, umso mehr werde ich hinübergezogen in die andere Welt, in der es Feen, Hexen, Prinzen, Prinzessinnen, Indianer und Zauberer gibt. Ich bin meinem Ziel ganz nahe, stehe kurz davor, mich in einen verwunschenen Prinzen zu verwandeln, der die Krähensprache versteht, schon fühle ich den Hermelin auf den Schultern, schon steht alles vor mir, die ganze Geschichte, in der ich große Gefahren bestehen und mit Hilfe der Krähen die Riesen besiegen und die Prinzessin retten werde …

Da ruft meine Mutter mich zum Essen. Und als reiche es nicht, vom schillernden Helden in ein kleines Mädchen zurückkatapultiert zu werden, muss ich mir nun auch noch anhören, ich sei schmutzig und solle mich waschen …

Erwachsene verstehen nichts von Zauberpulver. Sie verstehen nichts von anderen Welten. Und nichts vom Zauber der Zeit. Denn ich war fort gewesen, weit, weit fort. Wie sollte ich nun so schnell wieder zurechtkommen, in den Zusammenhängen von Wasserhähnen, Essenszeiten und Sauberkeit? Ganz abgesehen von dem Schmerz, aus der schönen Umgebung herausgerissen und um den Lohn meiner Arbeit gebracht worden zu sein?

Aus der Zeit zu fallen, hat etwas mit Hingabe zu tun.

Kindern, die der Ewigkeit noch näher sind als wir, fällt diese Art der Hingabe leichter. Erwachsen geworden ist man tatsächlich oft so sehr mit dem Alltag beschäftigt, dass man die Zeit der Uhren für die wirkliche hält. Und vergisst, dass sie eingebettet ist in eine viel größere.

Seit ich den Garten habe, weiß ich das wieder. Wenn ich in ihn eintauche, kann ich mich vollständig vergessen. Dann werde ich leicht. Verliere jede Last. Beginne zu schweben. Versinke im Rosenkelch. Und falle. Doch genaugenommen falle ich in solchen Momenten gar nicht aus der Zeit heraus, sondern in sie hinein. In die größere, umfassendere Zeit, die mit den Uhren gar nichts mehr zu tun hat.

HERBST

Holundern

»Action!« ruft Birgit. »Die Röhre ist voll!«

Ich stürze in die Küche und wir beginnen. Sie drückt die Klemme auf, ich halte den Topf darunter. Dunkelroter Saft ergießt sich aus dem Schlauch wie eine Fontäne. Sofort verbreitet sich in der Küche ein süßer Duft, der mich an heiße Backpflaumen erinnert, nur strenger, mit dieser typischen, eisenhaltigen Note des Holunders. Er hüllt mich ein, steigt mir in die Nase, dringt durch alle Poren. Begeistert schaue ich zu, wie der Saft in den Topf sprudelt. Das ist immer der beste Moment nach solch einem Holundertag.

Nach einer Weile wird es recht unbequem, so auf dem Boden zu hocken und den Topf unter den Schlauch zu halten. Aber würde ich ihn abstellen, wäre der Abstand zwischen Topf und Schlauch zu groß, Saft würde herumspritzen und verlorengehen, das wäre schade um ihn.

Das beeindruckende Gerät vor mir ist ein älteres Entsaftermodell. Die untere, mit Wasser gefüllte Schale wird elektrisch beheizt, darüber liegt der Auffangbehälter für den Saft, aus dem der Ablaufschlauch herausführt. Und ganz oben ist das Sieb für die Beeren. Weil dieser Entsafter so riesig ist, haben wir ihn auf einen Schemel gestellt.

Konzentriert halte ich den Topf. Allzu lange wird es ja nicht mehr laufen, denke ich.

Birgit angelt sich einen Löffel vom Schrank und kostet. »Wunderbar!« Sie strahlt. »Das mit den Äpfeln war eine geniale Idee!«

Wir schauen gebannt auf die Quelle. Wie das sprudelt! Es gibt doch nichts Schöneres im Herbst als das Holundern. Schon das Pflücken macht solch einen Spaß! Stundenlang wandert man gemeinsam über Wiesen und Äcker, lässt sich den Herbstwind um die Ohren sausen, kann endlich mal in Ruhe miteinander erzählen, von Weitem leuchten einem die schwarzen Dolden an den knorrigen Büschen entgegen, man sammelt sich durch den Überfluss, ein seliger Ernterausch setzt ein, und jedes Mal ist es dasselbe: Den schönsten Busch mit den meisten und größten Beeren findet man garantiert immer, wenn alle Eimer bereits vollgepflückt sind. Doch wie durch ein Wunder tauchen dann aus den Tiefen der Rucksäcke plötzlich Tüten auf, die man noch füllen kann …

Da wir jedes Jahr Holunder ernten, haben wir Erfahrung mit unserer Gier. Das Pflücken ist so leicht und erfreulich, und am Ende hat man dann so viel, dass man die halbe Nacht mit Entsaften beschäftigt ist. Deshalb hatten wir diesmal ganz bewusst nur vier Eimer mitgenommen und weitere Behältnisse aus den Rucksäcken verbannt. Aber wie es der Zufall wollte, fand ich auf einem Feld einen weggeworfenen Plastikwäschekorb mit intakten Henkeln. Und auf dem Heimweg hatten wir einen wilden Apfelbaum entdeckt, mit so leckeren Früchten, dass Birgit nach Hause gelaufen war und neue Eimer samt einem Ziehwagen geholt hatte. Wir können einfach kein Obst umkommen lassen.

Der Topf wird mir zu schwer. Es ist unser größter. Zwanzig Liter. Jetzt ist er schon halb voll. Der Saft läuft unentwegt – es scheint gar kein Ende nehmen zu wollen.

»Du«, sage ich, »hoffentlich reicht der Topf!«

»Klar«, meint Birgit. »Aber 'ne Menge ist es schon. Hätt ich echt nicht gedacht.«

»Naja«, entgegne ich mit Blick auf die Apfeleimer und den noch gefüllten Wäschekorb, »ist ja auch wieder mal ziemlich viel geworden …«

»Dabei haben wir uns diesmal echt zurückgehalten!«, behauptet meine Freundin. »Was können wir dafür, dass dieser Apfelbaum dort stand?«

Den Entsafter haben wir uns geborgt. Vier Eimer Holunder und zwei Eimer Äpfel haben wir auf einen Schlag hineinbekommen. Die Beeren aus dem Korb und die restlichen Äpfel allerdings nicht mehr. Im Geiste schmecke ich schon die köstliche Holundersuppe mit Rührklößen. Es ist bereits dunkel. Das Beerenwaschen, Äpfelschneiden, alles hat ewig gedauert. Deshalb machen wir heute nur noch Saft und füllen ihn erst morgen in Flaschen. Für das Reinigen der Flaschen haben wir einfach keine Energie mehr.

Wir sehen kaum noch etwas, so viel Dampf ist in der Küche.

»Mach doch mal den Schlauch zu«, sage ich, »und gib mir den Hocker rüber. Ich kann den Topf nicht mehr halten.«

Da passiert es. Birgit dreht sich um, nimmt mit einer Hand ihre beschlagene Brille ab, da rutscht ihr die Schlauchklemme aus der anderen Hand und landet im hohen Bogen im Topf. Weg ist sie.

Ich gerate in Panik, der kochendheiße Saft sprudelt fröhlich weiter, Birgit, statt den Hocker zu holen, nimmt eine Kelle und versucht, die Klemme wieder aus dem Saft zu fischen, der Topf wird immer schwerer, der Saftpegel kommt dem Topfrand bedrohlich nahe, Birgit erwischt die Klemme nicht, ich schwitze, sehe nichts mehr, habe Dampf in den Augen … »Der Hocker …«, stöhne ich. »Schnell … Mir fallen die Arme ab!« Aber da hat sie die Klemme erwischt. »Gleich«, knurrt sie. »Ganz ruhig! Ich hab sie ja schon!« Stoisch schiebt sie die Klemme mit der Kelle Millimeter für Millimeter an der Innenwand des Topfes hoch. Zweimal verliert sie sie wieder und beginnt von Neuem. Meine Arme zittern. Beim dritten Mal klappt es. Die Klemme erscheint, Birgit greift danach – »Stopp!« brülle ich. »Stooopp!!« Schon schwappt der heiße Saft über den Rand, mir über die Finger, ich schreie, der Topf rutscht zu Boden, Saft läuft auf den Fußboden. »Es geht nicht!« schreit Birgit zurück. Beide versuchen wir fieberhaft, die Klemme wieder über den Schlauch zu schieben, der unbarmherzig immer mehr Saft ausgießt. Die Klemme funktioniert nicht mehr. Wir verbrennen uns die Finger. Saft rinnt über die gesprungenen Ziegel des Fußbodens, läuft in sämtliche Ritzen, färbt sie blutrot, versickert. Ich heule.

Birgit versucht, den Schlauch mit den Fingern zuzuhalten, was sie jedoch schnell wieder sein lässt. Es ist zum Verrücktwerden! Die Lache unter dem Entsafter breitet sich aus.

Plötzlich springen wir beide auf und beginnen nach Gefäßen zu suchen.

»Hier!« Birgit keucht mit einem riesigen grauen Bottich heran. Ich ziehe den vollen Topf zur Seite, Saft schwappt über den Rand, sie hievt den Bottich unter den Schlauch. Erleichtert atmen wir auf.

In diesem Moment blubbert und gluckst es im Schlauch, er zieht Blasen, spuckt abwechselnd ein bisschen Luft und ein paar Kleckse rot auf unsere Pullover und das war's. Wie zum Hohn fallen in unser Schweigen drei große Tropfen auf den Boden des Bottichs und bilden dort ein regelmäßiges Dreieck.

Wir starren auf die Tropfen.

»Oh …« flüstert Birgit.

Die Erde unter den Ziegeln muss durchtränkt sein. Sie dampft. Mit hängenden Armen stehen wir da. Dann ziehen wir uns ermattet zwei Stühle heran und sacken darauf nieder. Eine Weile sitzen wir schweigend da.

Birgit streicht über die Ziegel. »Der schöne Saft!« Ihre Finger sind rot.

»Wir haben ja noch den Wäschekorb«, sage ich.

»Hör bloß auf! Es ist wieder zu viel«, meint sie. »Aber wenn ich an Holundersuppe denke …« Sie lächelt. »Eigentlich kann man nie genug davon haben.«

»Stimmt«, gebe ich zu. »Trotzdem: Wir lernen das schon noch.«

»Was?«

»Weniger zu pflücken.«

Wenn ich um Mitternacht todmüde vor dem Entsafter sitze, bin ich immer davon überzeugt, dass wir es noch lernen. Wenn allerdings am nächsten Tag all die gefüllten Flaschen dastehen, bin ich mir nicht mehr so sicher.

Licht und Baum – eine Liebe

Welch ein bizarres Licht, das Ende September durch die lebenssatten Bäume fällt! Es scheint von unten, oder besser gesagt, von innen zu kommen. Die einzelnen Bäume beginnen leise zu leuchten und malen Bilder, kaleidoskopartige Muster, strahlend wie die Fenster alter Kirchen. Ihr müdes, dunkles Grün, ihr einverstandenes Braun oder Grau streckt sich diesem Licht entgegen und verwandelt sich – Widersinn des Sterbens – in jubelnde Farbigkeit: Gelb, Orange, Purpur, Violett, Lindgrün, Zinnober!

Solch ein Licht gibt es zu keiner anderen Zeit. Nur wenn der Sommer, der sich eigentlich schon verabschiedet, schon verausgabt hat, noch einmal einbricht. Wenn er für einen kurzen Moment zurückkommt, wie ein Gruß, als wolle er seine geliebte Erde ein letztes Mal übergießen.

Dieses Licht ist für die Bäume gemacht. Es kommt, um sie zu verzaubern. Es legt sich auf ihren Stamm. Es schillert durch ihre Äste. Es bricht durch das Spiel ihrer Blätter. Nicht mehr heiß und brennend, sondern mild und sanft. Und die Bäume, die ihr Jahreswerk vollbracht haben, werden noch einmal tief geweckt, gleich einer Liebe im Herbst des Lebens, die, mehr dankbar als fordernd, etwas zum Vorschein bringen kann, das lange verborgen war.

Doch diese frühherbstliche Lichtberührung verwandelt nicht nur die Bäume. Aus ihrem Glühen heraus beginnen diese nun ihrerseits, das Licht zu beschenken. Sie öffnen alle Poren ihrer Blätter, ihrer Äste, ihrer Rinde. Sie öffnen sich ganz und gar, lassen alles los. So dass das Licht, von einer tiefstehenden Sonne ausgesandt, vollständig in den Baum eintauchen kann. In jede Zelle, bis in sein Innerstes. Und dabei teilt es sich auf, wird immer feiner, es riecht, kostet und schmeckt den Baum, und am Ende kommt es reicher aus ihm hervor: weicher, milder, goldener.

Und nun wird klar: Die Bäume sind ebenso für das Licht

gemacht, wie das Licht für die Bäume. Es ist eine stille Liebe. Beide sind sie füreinander auf der Welt.

Was satt macht

Eigentlich müsste ich mehr einkaufen. Jedenfalls erklärte mir das kürzlich ein Kollege, den ich mit vollgepacktem Einkaufswagen vor dem Supermarkt traf. Er starrte entgeistert auf das Stück Butter in meiner Hand und meinte, nur wenn viel gekauft würde, stiege das Wirtschaftswachstum. Und nur dann gäbe es auch wieder mehr Arbeit, die Leute hätten mehr Geld und wären folglich zufriedener. Nur ein Stück Butter, sagte er, ist eindeutig zu wenig. Mit unserer Wirtschaft würde es irgendwann bergab gehen, wenn die Menschen nichts kauften.

Wenn ich Hunger habe, kaufe ich selten ein. Ich leiste mir lieber etwas aus dem Garten. Zum Beispiel Rote Bete. Ich gehe zu meinem kleinen Acker, ziehe drei Rüben aus der Erde, drehe die Wurzelspitzen und das Kraut ab und trage die Ernte ins Haus. Dort wasche ich sie und lege sie in den Schnellkochtopf. Durch ihre graue Haut schimmert es lila. Ich gieße eine Tasse Wasser darüber, werfe eine Zwiebel dazu und stelle den Topf auf den Herd.

Schon wenige Minuten später steigt mir ein würziger Duft in die Nase. Da ich Rote Bete lieber etwas fester mag, koche ich sie nicht so lange. Nach fünf Minuten sind sie genau richtig.

Das Wasser ist dunkelrot. Ich gieße es ab, die Kugeln trocknen schnell, und jetzt scheint durch ihre stumpfe Schale ein kräftiges Rot hindurch. Sie haben diesen süß-herben Geruch von Wurzelgemüse, den man auch bei Möhren, Pastinaken und Schwarzwurzeln findet. Nur dass es bei den Roten Beten noch ein ganz klein wenig erdiger riecht.

Ich trage den Topf nach draußen, setze mich an den Tisch, hole Salz und Butter und mache es mir gemütlich. Vor dem Essen mag ich die warmen Rüben gern berühren. Ich nehme eine aus dem Topf und halte sie in der Hand. Eine Gabel zwischen uns würde mich stören, schließlich haben wir eine persönliche Beziehung zueinander. Als ich sie im Frühling aussäte, war es kalt. Ich musste die Sämlinge in kühlen Nächten mit Hauben schützen, sie wässern, mulchen und umhegen. Irgendwann schien die Sonne wärmer, die Hauben wurden unnötig, die Rübchen wuchsen zu richtigen Pflanzen heran, ihre rot-grünen Blätter spreizten sich auf und unter ihnen erschienen kleine Verdickungen. Mit der Zeit rundeten sich diese und nahmen schließlich die ersehnte Form an. Ich habe mich oft an ihrem Anblick erfreut, oft ihre Zähigkeit bewundert, wenn die Sonne an heißen Tagen auf den Acker brannte oder der Regen herunter rauschte. Sie haben mich Geduld gelehrt. Und nun ist es soweit. Der Kreis schließt sich. Der Sommer ist zu Ende und ich habe drei Reihen herrlicher Roter Bete.

Die Kugel hat eine gute Größe, sie passt genau in meine Hand. Ich umschließe sie mit den Fingern. Warm ist sie. Ihre Schale fühlt sich ledern an, trocken, weich und ein wenig rau. Fast wie lebendige Haut. Eine schöne Pflanze. Das Grau der Schale hat sich beim Kochen in ein dunkles Ocker verwandelt, das durch das hindurchscheinende Rot an alte, verwitterte Ziegel erinnert. Ein Wesen mit Charakter. Ich werde andächtig. Es kommt mir vor, als würde nicht nur ich sie, sondern auch sie mich berühren. Am liebsten möchte ich sie ganz lange so halten. Doch ich habe Hunger. Vorsichtig berühre ich sie mit den Lippen. Sie riecht noch immer so erdig, aber auch ein bisschen metallisch. Nach Eisen. Nach dunkelrotem, süßem Eisen, wenn es das gäbe.

Wenn ich die dünne Schale, die sich leicht ablöst, mit den Fingern verschiebe, kommt ein glänzend tiefes Weinrot zum Vorschein. Am leichtesten lässt sich die Haut vom

Blattansatz zur Wurzelseite herunterziehen. Es macht Spaß, das mit den Fingern zu tun, auch wenn meine Hände dabei knallrot werden. Der Saft hat beim Kochen nichts von seiner Färbekraft verloren.

Die enthäutete Kugel bestreue ich mit Salz und streiche eine Messerspitze Butter darauf. Die gelbe Butter blitzt hell auf dem dunklen Untergrund, bevor sie zu schmelzen beginnt. Ich beiße hinein. Eine herzhafte Süße breitet sich auf meiner Zunge aus. Zuerst ähnelt sie einer Vereinigung aus Möhre und Kohlrabi, aber je länger ich kaue, umso mehr Geschmacksnuancen erscheinen. Sogar der Erdgeruch hält sein Versprechen. Das hat die Rote Bete allen anderen Gemüsen eindeutig voraus.

Diese Frucht muss ich einfach mit der Hand essen. Ich esse langsam. Streue Salz, streiche Butter, beiße ab. Bei jedem neuen Biss läuft mir der Saft übers Kinn. Vermutlich sehe ich wie ein Vampir aus.

Der Duft verlockt eine Wespe. Sie umschwirrt mich penetrant. Eine Kohlmeise setzt sich auf den Tischrand und schielt nach dem Butterteller. Ich pelle die zweite Rübe. Innen, wo die Frucht fester ist, leuchtet sie hellrot. Es gibt ein Muster dort, ein Mandala. Ich kenne es, weil ich die Rüben auch gern roh esse. Manchmal schneide ich sie durch, und dann sehe ich die rosa oder karminroten Ringe, die wie die Jahresringe eines Baumes um eine tiefviolette Mitte kreisen.

Ich kaue lange und lasse jedem Bissen genug Zeit, seinen Geschmack zu entfalten.

Die dritte esse ich aus purem Appetit.

Der Topf ist leer. Ich bin satt.

Eine Weile sitze ich noch da, mit diesem guten Geschmack im Mund. Warme Rote Bete, kühle Butter und Salz. Welch ein köstliches Essen. Ich bin zufrieden. Mein Geist ist zufrieden, meine roten Hände, meine Nase, meine Zunge, meine Lippen, mein Magen, mein ganzer Körper. Ich bin erfüllt. Weder nach Kaffee, noch nach Schokolade, noch sonst einer Nachspeise gelüstet es mich. Folglich brauche ich nun auch nichts einzukaufen. Warum auch. Zufriedener als zufrieden geht ja nicht.

Wohlig lege ich die Beine hoch. Wenn ich es recht bedenke, ist es ganz gut, dass ich jetzt nichts einkaufen muss. Wie ich aussehe, würde ich im nächsten Laden verhaftet werden. Genüsslich lecke ich mir den blutroten Saft von den Fingern und stelle fest, dass es tatsächlich stimmt: Mit meiner Lebensweise trage ich nicht zum Wachstum der Wirtschaft bei. Vielleicht bin ich als Gärtnerin einfach ungeeignet, das Wirtschaftswachstum zu befördern? Es muss mit der Zufriedenheit zusammenhängen. Ich lecke mir die Lippen und frage mich, was eigentlich passieren würde, wenn die Menschen schon vor dem Einkaufen zufrieden wären. Vielleicht würden sie dann nur noch das kaufen, was sie wirklich brauchen? Butter und Salz zum Beispiel. Vielleicht behielte mein Kollege recht, und mit der Wirtschaft würde es bergab gehen. Aber wer weiß, ob nicht auch etwas Wunderbares mit uns geschehen würde?

Die Symphonie der Blätter

Mystischer Oktobermorgen! Zur Unzeit erwacht, bin ich halbnächtig aus dem Haus getreten und stehe nun staunend im Dämmer. Zauberhaftes Zwielicht. Zwischenraum der Zeit, nicht mehr Nacht, noch nicht Tag. Ich kneife die Augen zusammen. Erkenne nur Schemen. Der Wind treibt mir feine Wassertropfen ins Gesicht.

Spielt die Dunkelheit meinen Ohren einen Streich? Schleichen Gnome durch den Garten? Ein Seufzen, Knistern und Wispern. Was ist das? Sehen kann ich nichts. Ich stelle die Ohren auf, einem Tier gleich, und lausche angestrengt. Die Geräusche sind mir fremd. Je mehr ich mich auf sie konzentriere, umso mehr höre ich mit dem ganzen

Körper. Kleine Schneckenfühler stülpen sich aus meiner Haut und tasten in der feuchten Kühle herum. Es riecht nach Erde. Nach Eisen. Und ein wenig nach Moder.

Mein Garten verwandelt sich in ein Bühnenbild, von allen Seiten gleichzeitig indirekt beleuchtet. Ein Licht, das gerade nicht zum Sehen reicht. Stehe ich in einem finsteren Wald? Alles ist unwirklich. Gespenstisch. Es knackt. Sind das Schritte?

Das leuchtende Gelb der Kirschblätter kriecht mir in die Augen. Farbfetzen im Nachtnebel. Da – jetzt höre ich es wieder! Ein Knistern. Ein Säuseln. Etwas schlurft. Sehr leise zwar, aber … Ein Fuchs vielleicht? Ein Igel? Nein, die Igel hörten sich anders an. Sie waren viel lauter.

Plötzlich fürchte ich mich. Fühle mich nackt und verlassen im Geflüster meines verzauberten Gartens. Möchte fliehen, zurück ins Sichere.

Aber die Neugier siegt.

Lampenbewaffnet folge ich vorsichtig der Knisterspur. Ich bin auf alles gefasst. Nun ist es ganz dicht! Stöhnen und leise Schritte. Ich halte den Atem an, bleibe stehen. Meine Augen durchbohren die Dämmerung, eine Bewegung suchend. Nichts. Mit klopfendem Herzen gehe ich noch dichter an das merkwürdige Geräusch heran. Da ist es, direkt vor mir. Ich schalte die Taschenlampe an.

Apfelblätter. Hart und knorrig wie Holz. Von einem schillernden, fast silbrigen Braun. Fallende Apfelblätter! Sie knistern, wenn sie den Baum loslassen, stöhnen, wenn sie fallen, und machen Schritte, wenn sie den Boden berühren.

Kann das wahr sein? Da fürchte ich mich vor Blattgeräuschen! Ich habe tatsächlich nicht gewusst, dass Apfelblätter solche Töne von sich geben! Fasziniert sehe ich mir dieses Schauspiel noch eine Weile an. Dann lösche ich die Lampe, um besser hören zu können.

Ob die anderen Bäume auch Stimmen haben?

Die Blätter des Pfirsichs sind stumm. Selbst wenn sie auf

den Steinen ankommen, geben sie keinen Laut von sich. Sie sind noch grün wenn sie fallen, und so weich, dass sie sich erst der Luft anschmiegen und dann dem Boden. Seidige Eleganz, weich wie der ganze Baum, biegsam wie seine dünnen Äste. Vielleicht rührt ihre Lautlosigkeit auch von ihrer Lanzettenform her? Kleinen, geheimnisvollen Kanus gleich gleiten sie durch den Nebel, drehen sich in wirbliger Luft, spielen miteinander im stillen Flug.

Die Aprikose dagegen hält ihre breiten, herzförmigen Blätter fest, bis sie gelb und trocken sind. Vielleicht als Knospenschutz für ihre märchenhaften Blüten? Die Blätter beginnen sich noch am Baum aufzulösen, werden brüchig und durchscheinend. Fallen sie, haben sie kaum noch Struktur, ein kurzer Sturz, ein Säuseln, und ihr Aufschlag ähnelt einem kleinen Seufzer.

Im Vergleich dazu sind die Kirschblätter geradezu Riesen. Mir scheint, als wären sie noch nie so groß gewesen, das ganze Jahr über nicht. Als wären sie im Welken noch einmal gewachsen. Nur wenige Tage hängen sie gelb am Baum, um ihn dann plötzlich alle auf einmal loszulassen. Dann geht ein Rauschen um, ein Brausen, als flöge eine Schar Krähen auf – aber bei der Landung ist nichts zu hören. Merkwürdig.

Und erst die Blätter des Haselstrauches! Eine wilde Bande mit eigenen Gesetzen. Wie Segelflieger stoßen sie sich mit einem leisen Schnalzen von den Ästen ab, und sobald sie frei sind breiten sie sich aus, werden größer und größer und legen sich gekonnt, gewaltigen Segelschiffen gleich, quer zum Wind. Der Haselstrauch steht vor dem Zaun, aber bis in die letzte Ecke liegt mein Garten voller Haselblätter. Wahre Kundschafter sind sie, und wie es sich für solche gehört, auch gut in Sachen Anpassung. Kaum liegen sie auf der Erde, machen sie sich platt und pressen sich an sie wie eine frisch geklebte Briefmarke. Für die Gärtnerin mit ihrem Rechen haben sie nur ein müdes Lächeln übrig.

Ein Kichern überall, leises Kinderlachen wie durch Watte … Haselblätter. Flieger, Segelschiffe, Briefmarken, Kundschafter, Kinder, Deckbetten. Große, runde Deckbetten mit Plisseemuster, die sich über die Beete breiten, auf Rosen, Margeriten, Astern, Meerrettich und Schnecken. Alles wird schön zugedeckt für den Winterschlaf. Es würde mich nicht wundern, im Frühjahr ein winziges träumendes Zwerglein zu finden, unter einem Haselnussblatt.

Ich stehe vor dem Haus, habe die Augen geschlossen und lausche der Blattsymphonie. Bin wieder ein bisschen mehr angekommen in meinem Garten. Nun weiß ich, wie Herbstblätter klingen. Vielleicht, wenn ich lang genug übe, kann ich irgendwann die Bäume am Geräusch unterscheiden?

Ein erster Sonnenstrahl huscht über mein Gesicht. Der Nebel hebt sich. Das mystische Frühmorgenlicht, gebrochen in tausenden Nebeltropfen, ist verschwunden. Jetzt kommt die Helligkeit wieder von oben, wie es sich gehört. Und alles beginnt, wie ein ganz normaler Herbsttag auszusehen. Der sogar schön werden könnte.

SPÄTHERBST

Ofenfreuden

Man glaubt nicht, was die Leute alles wegwerfen. Da stehen alte Stühle am Straßenrand, Holzbettgestelle, Kanthölzer, Regale, Schubladen, Dachlatten, Bretter … ich kann gar nicht so viel tragen, wie ich finde. Von jedem Hundespaziergang komme ich mit irgendeinem Stück Holz unter dem Arm zurück. Das stelle ich unters Dach zum Trocknen. Aus dem wilden Hinterland des Gartens schleppe ich noch junge Birken oder Pappeln heran, die dem Sturm oder dem Sägewahn der Männer vom Grünflächenamt zum Opfer gefallen sind. Oder meine Nachbarn rufen mich, wenn sie einen alten Pflaumenbaum abnehmen mussten, den sie nun loswerden wollen.

Meine Ecke mit den Holzvorräten wächst unaufhörlich. Ist genug getrocknet, greife ich entweder zur Axt oder zur Säge und mache Krach. Ein wunderbar harziger Duft zieht durch den Garten, von der ungewohnten Anstrengung läuft mir der Schweiß aus allen Poren und meine Zufriedenheit wächst proportional zum Brennholzberg. Ich stehe mit den Füßen im Sägemehl und mit dem Kopf in einer Wolke Staub und freue mich. Es gibt nichts Schöneres, als einen Berg Holzscheite vor sich liegen zu haben. Das muss etwas Archaisches sein. Dieses Wohlbehagen angesichts der Gewissheit, dass genug Holz da ist. Dass man immer ein Feuer entzünden kann, wenn einem kalt wird.

In der Weinlaube liegen ringsum drei große Metallspinde, die einerseits als Sitzbänke dienen, andererseits enorme Brennholzmengen fassen. Nach meiner schweißtreibenden Aktion staple ich die zersägten und zerhackten Scheite dort hinein. Welch ein Schatz. Dieses Holz wäre zweifellos auf dem Müll gelandet, wenn ich es nicht gefunden hätte. Und da es zum Glück nicht lackiert ist, kann ich es verwenden. Ich kann es noch einmal nutzen.

Wie froh bin ich, dass ich einen Ofen habe! Im Herbst

oder Frühjahr ist es mitunter empfindlich kalt in einem un-gedämmten Steinhaus. Aber das macht mir nun gar nichts mehr. Ich gehe einfach in die Weinlaube, klappe eine Sitz-fläche des Spinds auf, hole eine Kiepe Holz heraus, trage sie ins Haus und fange an zu heizen.

Mein Ofen – ein Allesbrenner aus den sechziger Jahren – möchte mit Sie angesprochen werden. Ungeduld ist bei ihm fehl am Platze. Erst muss ich ihn mit zerknülltem Zeitungs-papier füttern, dieses anzünden, ein Minifeuerchen entfa-chen, die obere Tür schließen, die untere öffnen, warten, dann mehr Knüllpapier hineinwerfen, wieder warten, und das so lange, bis der Schornstein warm ist. Anfangs, als ich den Ofen noch nicht so gut kannte, warf ich zu schnell Holz nach und erntete Schwaden blauen Qualms, die durch alle Ritzen drangen, das Zimmer binnen Kurzem undurchsichtig machten und mir die Luft zum Atmen nah-men. Wenn ich aber behutsam vorgehe, lässt er sich über-reden, richtig zu funktionieren. Nun darf ich Späne, zer-kleinerte Obstkisten und dünne Äste auf das Knüllpapier streuen. Wenn diese angebrannt sind, lege ich Stücke von Leisten oder Dachlatten darauf. Und schließlich, wenn al-les schön vor sich hin prasselt und zu einem Bett aus Glut geworden ist, folgen Scheite und dicke Kloben. Die Flam-men lecken gierig an ihnen herum, züngeln empor, erfassen und verwandeln sie. Es knackt. Es knallt. Es brennt. Man könnte sich fürchten, wenn man nicht wüsste, dass der Ofen das Feuer gut zusammenhält.

Draußen peitscht der Herbststurm ums Gartenhaus, aber drinnen beginnt sich nun eine wohlige Wärme auszu-breiten. Im Bauch des Ofens lodert es vor sich hin, die Flammen knistern und knacken hinter der dicken Eisentür, während glühend rotes Licht durch die Luftlöcher funkelt und zuckende Muster auf Fußboden und Wände malt.

Nun beginnt es zu duften. Nach Lagerfeuer, Rauch, Fe-rien und heißem Ofenrost. Ich staple Ziegelsteine auf die Ofenplatte, hole drei schöne Äpfel aus der Küche, lege sie in einen Topf und stelle den Topf auf die Ziegel. Bald kann ich meinen dicken Pullover ausziehen. Nicht lange, und die Äpfel fangen an zu singen. Süßer Bratapfelgeruch zieht durchs Zimmer und kitzelt meine Nase.

Holzwärme ist viel angenehmer als die von Kohlen. Sie ist milder, weniger aufdringlich und wärmt einen bis innen durch. Allerdings muss man auch ständig nachlegen. So können an einem kalten Abend schon mal drei bis vier Kiepen Holz draufgehen.

Wenn die Äpfel fertig sind, lasse ich sie mir schmecken. Anschließend stelle einen Topf mit Wasser auf den Ofen, um abends warmes Wasser zum Waschen zu haben.

Ich schaue in die Flammen.

Seit Urzeiten haben Menschen Feuer gemacht. Indem ich Holz finde, zu mir trage, zersäge, zerhacke, verheize, mich daran wärme und dann auch noch die Asche auf meinen Gemüsebeeten verteile, passiert nicht nur eine Menge mit dem Holz, sondern auch mit mir. Ich habe das Gefühl, mich in ein größeres Ganzes einzuordnen. In einen Kreislauf. Sitze ich am Feuer, erlebe ich Wachsen, Werden und Vergehen als etwas Sinnvolles, das über mich hinausgeht und mich einschließt, ich werde Teil eines Musters, das um mich und in mir ist.

Draußen stürmt es, der Wind peitscht ums Haus. Mir aber ist mollig warm, so wunderbar durch und durch warm, wie einem nur an einem bullernden Ofen werden kann. Als hätte ich selbst das Feuer im Bauch. Jetzt brauche ich frische Luft. Ich ziehe meinen Pullover wieder an, setze die Mütze auf und springe in den Garten. Wie mir der kalte Wind ins Gesicht pfeift! Aber ich lache nur. Wer sich einmal richtig durchgewärmt hat, kann es lange in der Kälte aushalten.

Die Entdeckung des Himmels

Wie verwüstet zeigt sich der Garten im November!

Abschied, Abschied, knarrt die Rinde des alten Kirschbaums. Glitschige Blätter, Schlieren, Fäulnis, Verwesung. Der Verfall ist nicht mehr aufzuhalten. Es tropft und trieft, als hätte jemand den Regner angestellt. Dabei regnet es ausnahmsweise gar nicht. Wir haben lediglich einen Nebel, der von einem mittleren Nieselregen kaum zu unterscheiden ist.

Die Wiese versinkt im Blättermatsch. Der Garten stirbt. Lautlos knicken die Stängel der Pfingstrosen, gelb, aschfahl. Die Astern haben es aufgegeben, ihre nassen Blüten selbst zu tragen. Sie haben sich in den Schlamm gelegt. Auf den Beeten hat sich eine dicke Schicht Kirschblätter angesammelt.

Alles wird schwer. Die Gravitation nimmt überhand. Selbst die Meerrettichblätter, sonst so stolz aufgerichtet und wie lackiert in der Sonne glänzend, liegen schlaff und zerfasert am Boden. Die Blätter der Gladiole sind von nassem Stroh nicht mehr zu unterscheiden.

Dieses stumme Sterben zum Winter hin. Es bricht mir das Herz. Die herannahende Jahreszeit scheint mir eine grausame, endlose Schrecklichkeit. Nicht mehr lange, und mein Garten wird ein braunes Elend sein, bevor der Frost ihn für Monate zur endgültigen Starre zwingt. Ich fürchte mich vor der Dunkelheit, vor den kurzen Tagen, vor der Kälte.

Meine Sehnsucht wandert durch den Garten. Sucht Farben. Der Buntspecht am Kirschbaum. Seit einer Woche kommt er täglich und hackt an der Rinde herum. Wie er leuchtet! Überhaupt, die Vögel! Fliegende Blumen! Rotkehlchen und Grünfinken sind wieder aufgetaucht, seit ich Futter streue. Auch die scheuen Blaumeisen, die Zarten, sie mag ich besonders. Von Spatzen und Kohlmeisen brauchen wir nicht zu reden, denen gehört ja eigentlich der Garten, und ich weiß es zu schätzen, dass sie mich hier dulden. Mit den Amseln bin ich übereingekommen, dass sie die Regenwürmer vom abgeernteten Kartoffelfeld holen dürfen, wenn sie mir dafür versprechen, meinen Esstisch nicht mehr als Toilette zu benutzen.

Die Vögel werden bleiben, das weiß ich. Sie werden mich über den Winter begleiten. Unter einer Voraussetzung: dass ich das Futterhaus immer gut fülle.

Bei den Pflanzen muss ich als Farbensucher schon genauer hinsehen.

Die Ringelblumen strahlen wie kleine Sonnen unter dem nackten Birnbaum. Ihr Orange leugnet den Abschied, es leugnet überhaupt die Tatsache von Jahreszeiten. Die Blätter der Taglilie sind zwar komplett verwelkt, dennoch hat sie zwei zitronengelbe Blüten hervorgebracht, die aussehen, als säßen schlafende Falter auf ihren Stängeln. Ein paar letzte duftlose Rosenblüten hängen schwer von Nässe an den gebeugten Stielen. Verwaschenes Rot. Der Knoblauch treibt vor der Zeit. Die rostfarbenen Astern, die wie Gefallene auf dem Schlachtfeld daliegen, blühen trotzdem weiter. Sogar eine verspätete Weinrebe mit lila Minitrauben hat sich noch aus dem Weinstock geschoben. Und dort, eine winzige Lobelienblüte! Selbst die Glockenblume hat direkt am abgebrochenen Stiel noch etwas Weißes angesetzt, das entfernt an eine Blüte erinnert.

Es gibt immer ein paar, die es nicht lassen können. Das sind die Protest-Pflanzen. Die nicht aufgeben wollen, die meinen, es sollte immer Sommer sein und Kraft und Schwung und Jugend, man sollte immer blühen können, die Farben hätten ein Recht, auf der Welt zu sein, auch im Winter.

Ich mag sie. Ich bin ihnen verwandt. Es ist die Angst vor dem Verlorengehen, die uns verbindet. Die Angst vor dem Verschwinden, wenn die Kraft nachlässt. Ihr Protest und ihre Farbversuche rühren mich. Doch wenn ich ehrlich bin:

wirkliches Blühen sieht anders aus. Es nützt alles nichts. Der Winter kommt.

Als könne ich ihn dennoch abwenden, kaufe ich rucksackweise Krokuszwiebeln und verteile sie unter der Wiese. Nun liegen sie in der Erde und sind nicht einmal zu sehen.

Um den Pfirsichbaum herum habe ich die meisten eingegraben. Er ist längst kahl. Als einer der ersten hat er sich seiner Blätter entledigt. Nun ist seine eigenartige Krone zum Vorschein gekommen, deren unharmonische Form wohl daher rührt, dass er auf einer Schutthalde steht. Die stärkeren Äste sind überlang, machen plötzlich Wendungen um neunzig Grad oder mehr, wachsen nach unten, nach oben ... Ganz anders die geschwungenen Äste der Feige. Überlange Arme, im Gebet gen Himmel gehoben. Ein riesiger Kandelaber. Ihre kirschgroßen Früchte wirken wie vergessener Weihnachtsbaumschmuck.

Birne, Kirsche, Haselstrauch ... alle Bäume sind kahl. Spät sind die Blätter abgefallen. Nach alter Bauernweisheit soll das einen strengen Winter geben.

Für einen Moment lichtet sich der Nebel. Tropfen glänzen auf Grashalmen.

Je weniger Blätter da sind, umso durchsichtiger wird mein Garten. Himmel bricht in ihn ein. Wahrhaftig, war je der Himmel so anwesend wie gerade jetzt? Er ist überall. Im Sommer schien die Welt nur aus Begrenzungen zu bestehen. Blätter, wohin man sah, Grün, das alles verdeckte, Efeu an Zäunen und Mauern, Kletterranken, ständig stieß das Auge irgendwo an. Und jetzt? Himmel. In seiner ganzen Länge, Breite und Tiefe. Ich lege den Kopf in den Nacken. Schaue.

Sofort springt mich Unruhe an. Ich kann doch nicht hier herumstehen. Es ist unbedingt Zeit, die Wasseruhr auszubauen und frostsicher zu lagern ... Doch je länger ich stehe, umso ruhiger werde ich. Die Wasseruhr kann ich auch morgen noch ausbauen. Diese Dimension von Leere! Diese Weite.

Hier unten zerbreche ich mir den Kopf über das Nacktschneckenproblem, die undichte Dachrinne und tausend Dinge, die erledigt werden müssen. Wenn sich meine Augen an den Himmel verlieren, ist das alles weg. Man kann die Wasseruhr auch übermorgen ausbauen.

Er ist da. Er ist groß. Und leer. Und seine Ausmaße lassen gar nicht erst das Gefühl aufkommen, dass ein Irrtum vorliegen könnte. Der Himmel übernimmt die Herrschaft. Obwohl jetzt die angeblich dunkle Jahreszeit beginnt, wird es immer heller und lichter. Und irgendwann wird der Schnee kommen, der das Licht noch vervielfacht.

Mein Atem wird langsamer. Mein Blut fließt ruhiger. Mein Blick legt sich auf einen Wolkenrest. Ruht sich aus. Lässt sich fortwehen. Man könnte Angst bekommen angesichts dieser Endlosigkeit dort oben. Aber merkwürdigerweise tritt genau das Gegenteil ein. Über meine Augen wandert eine andere Dimension in meinen Körper und breitet sich langsam darin aus. Ich möchte immer so stehen. Immer so stehen und gucken.

Warum muss ich mich eigentlich ständig anstrengen? Wer hat ein solches Gesetz erlassen? Plötzlich erschließt sich mir eines meiner Gedichte neu:

Der in alle Himmel schaut, kann sein, was er will.
Der sein kann, was er will, geht nicht verloren.
Der nicht verloren geht, ist frei von Angst.
Der frei von Angst ist, hat das ganze Leben.

Da stehe ich, in meiner Winzigkeit. Ein Wolkenrand leuchtet violett. Von irgendwo muss ihn ein Sonnenstrahl getroffen haben. Der November ist eine gute Zeit, in den Himmel zu schauen. Eine gute Zeit, die Angst loszulassen.

Vorräte

Kennen Sie Fruchtleder?

Der November und der Dezember sind wie geschaffen dafür. Wenn es draußen immer grauer und kälter wird, gehe ich in die Küche, zünde mir eine Kerze an, hole den Kochtopf hervor und schneide Äpfel, von denen mir mein alter Apfelbaum Gott sei Dank genug geschenkt hat. Es müssen saure und schön kräftige Äpfel sein. Der Aufwand lohnt eigentlich nur, wenn man bei fünf Kilo aufwärts anfängt.

Ich schnipple sie in winzige Stücke, fülle diese in meinen größten Kochtopf, und dann kommen reichlich Ingwer, Koriander, Zimt, eine halbe Flasche Holundersaft und ein wenig Zucker dazu. Für den günstigen Fall, dass es mir gelungen ist, im Herbst Marmelade aus Schlehen und Ebereschen zu kochen, nehme ich diese statt Zucker.

Das Ganze wird langsam auf kleinster Flamme zu einem herrlichen Mus geköchelt. Das darf ruhig ein paar Stunden dauern. Meine Wohnung duftet bis in den letzten Winkel wie ein Märchen aus tausendundeiner Nacht.

Wenn es musiger nicht mehr geht, püriere ich alles, streiche die Masse auf die Bleche meines Dörrgerätes und überlasse sie dessen Wärme.

Was dabei herauskommt, ist ein ungefähr auf ein Zehntel des vorigen Volumens zusammengeschrumpftes Rechteck, nennt sich Apfel-Ingwer-Brot oder – im Falle von Schlehe und Eberesche – Rotes Winterbrot, und ist die schönste Gaumenfreude, die ich kenne. Es hat die Konsistenz weichen Leders, die Leuchtkraft farbiger Kirchenfenster und schmeckt ungefähr wie der geschmorte Saft, der sich bei der Bratapfelherstellung am Topfrand absetzt und fest wird: eine Symphonie aus Sonne, Äpfeln, Feuer und Zeit.

Apropos Kirchenfenster: Man kann das Leder natürlich auch aus anderen Früchten herstellen. Meine Palette umfasst mittlerweile Quittegelb, Holunderschwarz, Erd- oder

Himbeerrot, Birnengold, Pflaumenviolett und alle möglichen Kombinationen wie Erdbeer-Mandel, Mango-Banane, Heidelbeer-Banane, Himbeer-Kokos oder Ananas-Birne. Der Fantasie sind keine Grenzen gesetzt, das Experimentieren macht Spaß und hat schon ganz außergewöhnliche Geschmackserlebnisse hervorgebracht. Der Favorit meines Enkels sind getrocknete Bananenscheiben. Dafür lässt er sogar Schokolade liegen.

Dörren ist eine der ältesten Arten, etwas haltbar zu machen. Das Prinzip ist so einfach wie genial: Konzentration. Alles Überflüssige, in diesem Fall Wasser, wird verdunstet. Übrig bleibt die reine Essenz. Praktischerweise ist die dann auch noch leicht und klein. Und hält, solange sie nicht mit Wasser in Berührung kommt, unbegrenzt.

Hauptmerkmal dieser Vorgehensweise ist, dass sie dauert. Zeitdruck und Dörren vertragen sich nicht. Vielleicht ist das der Grund, warum das Dörren meine liebste Entspannungsmethode ist, die so gut in die ruhigen Wochen des Jahresendes passt. Vielleicht aber verbindet mich diese alte Praxis auch mit den Menschen der Frühzeit, die noch keine Uhren und keinen Stress kannten.

Es ist tatsächlich nicht allein der Geschmack, der das Fruchtleder so köstlich macht. Die Geruhsamkeit während der Herstellung scheint in ihm ebenso aufgehoben wie die von den Früchten während des Sommers gespeicherte Sonne. Und so hat man denn auch, sobald man sich ein Stück davon auf die Zunge legt, das Gefühl, im Urlaub zu sein und auf einer Sommerwiese zu liegen.

Wenn das Fruchtleder fertig ist, schneide ich es in Streifen, wickle diese in Butterbrotpapier, stecke die entstandenen Päckchen in doppelt verschließbare Plastiktüten und lagere sie schließlich in Blechdosen oben auf meinem Bücherschrank. Diese gründliche Verpackung dient offiziell der trockenen Lagerung. Darüber hinaus ist sie aber auch ein Versuch, die kostbaren Streifen vor Naschkatzen in Form von Enkeln, Freunden oder mir selbst zu schützen.

Manchmal wünsche ich mir, ich könnte alle schönen Erfahrungen meines Lebens auf dieselbe einfache Art zu einer haltbaren Essenz verarbeiten und in inneren Blechdosen sammeln. Ich würde diese Dosen schön beschriften, mit »Tante Hedis Zitronencreme«, »Roter Zauberstaub«, »Omas Sanduhr«, »Jans Augen«, »Geburtstag mit Andreas an der Ostsee« oder »Der Knoblauchgarten in Thüringen« … Und an Tagen, an denen mir die Welt komplett düster erscheint, würde ich zu dem Regal mit den Blechdosen gehen, mir eine aussuchen, den Deckel aufklappen und meine Nase hineinstecken: »Oh, wie das duftet!« Und ich wüsste gleich wieder, dass ich es gut gehabt habe im Leben, dass ich unendlich reich bin, weil ich schon so viel Schönes erfahren durfte. Und die Düsternis eines traurigen Tages würde sich in Nichts auflösen.

Dass übrigens mein armes Dörrgerät den ganzen November und Dezember über in Betrieb ist, kommt daher, dass Fruchtleder zu meinen beliebtesten Weihnachtsgeschenken gehört. Wenn ich jedem aus meinem Freundes- und Familienkreis eine Packung schenken möchte, muss ich mindestens drei Kilo davon herstellen. Das Problem ist, dass ich es selbst so schrecklich gern esse. Kaum ist das erste Leder fertig, kann ich mir nicht verkneifen, davon zu kosten. Leider hält mich auch die raffinierteste Butterbrotpapier-, Plastik- und Dosenumhüllung nicht davon ab. Und habe ich erst einmal angefangen, ist es um mich geschehen. Und um das Fruchtleder auch.

Dann bleibt mir nichts anderes übrig, als in die Küche zu gehen, mir eine Kerze anzuzünden, den großen Kochtopf hervorzuholen und mich wieder einmal ans Äpfel schneiden zu machen.

WINTER

Das große Ausruhen

Dezember. Seit Tagen klirrender Frost. Das Thermometer zeigt minus elf Grad. Und natürlich hat mich jetzt auch noch eine Erkältung gepackt. Ich kann kaum noch atmen, der Kopf dröhnt, ich fühle mich elend. Drei Tage habe ich schon im Bett gelegen. Meine Unzufriedenheit über die erzwungene Pause wächst. Am Morgen des vierten Tages fällt mir schlagartig das Vogelhaus ein. Es muss längst leer sein! Ich muss unbedingt in den Garten! Schließlich habe ich nun einmal mit dem Füttern angefangen und den Vögeln ein Versprechen gegeben.

Also raffe ich mich auf. Es ist ein frostig-nebliger Wintermorgen. Der Weg durch den hohen Schnee fällt mir schwer. Ich komme an, betrete den Garten – und bleibe geblendet stehen.

Die Äste sind keine Äste mehr, sondern bizarre Sterngebilde. Die Bäume keine schwarzen Scherenschnitte, sondern glitzernde Skulpturen. Der Nebel hat sich auf jeden noch so kleinen Ast gelegt, ist dort gefroren und zu Raureif geworden. Alles ist weiß. Erde, Himmel, Bäume, Büsche. Reines Weiß. Mein sonst etwas verlotterter Garten strahlt plötzlich Erhabenheit aus. Jeder Stängel hat Eisdornen. Die Aprikose, die Azalee, der Pfirsich, alles hat sich in einen Rosengarten verwandelt! Die letzten roten Blätter der Heidelbeere tragen Häkelspitzen. Selbst die Apfelknospen sind mit Brillanten bedeckt. Die Hagebutten: gezuckerte Erdbeerbonbons. Die Stängel des wilden Weins: filigrane Stäbe aus Eis. Die Samenhüllen des Hibiskus: Schneetürme, schwerelos, den Gesetzen der Physik widersprechend. Der Ginster: Eisfontänen. Die Blüten der Astern: kleine Primaballerinen, im Tanz erstarrt. Selbst die Wäscheleine ist keine Wäscheleine mehr, sie ist zu einer aus tausenden Kristallen geknüpften Geburtstagsgirlande für Elfen geworden.

Auf dem Bahnsteig spielt jemand leise Mundharmonika. Die dünnen Töne schweben herab, verwandeln sich in hauchfeine Diamanten, setzen sich auf die Blütenstände der Glockenblumen, auf Gartenstühle, Vogelhaus, Wäscheklammern, alles verändert seine Gestalt, wird feinste Handwerkskunst, ziseliertes Gespinst, eingestäubt in Stille.

Wie eine stolze Königin hält die Natur inne. Sie braucht dazu keine Krankheit. Sie atmet den Rhythmus von Kraft und Pause, wissend, dass Krokus, Tulpe und Narzisse nur blühen können, wenn sie genug Frost bekommen.

Die leeren Hibiskuskapseln zelebrieren das Nichtstun. Stehen aufrecht in ihrer Leichtigkeit und Zwecklosigkeit. Die Samenstände der Glockenblume ergehen sich in Muße. Eine Feier der Lautlosigkeit und Erholung. Die Kirschbäume haben sich in Spitzenkleider gehüllt. Sieh uns an, flüstern sie, das ist unsere weiße Seite, das Gegenteil von uns. Das sind wir auch. Das ist die Abwesenheit der Farben. Der Winterschlaf. Das große Ausruhen. Nur wenn wir beides sind, sind wir vollständig. Und wenn wir vollständig sind, sind wir schön.

Ich bin entzückt. Mein Ärger ist weggeblasen. Wie gut, dass ich heute hier her gegangen bin! Ja, denke ich, ich habe Winterschlaf gehalten in den letzten drei Tagen. Schwach, unleidlich, leer. Das bin ich auch. Ich habe brach gelegen. Still gehalten. Die Pause zelebriert. Nicht ganz so königlich wie der Garten, aber immerhin. Und ich weiß: Nachher werde ich wieder ins Bett gehen. Aber anders als vorher. Ich darf das jetzt.

Ein bisschen stehe ich noch im Schnee und schaue.

Eine Kohlmeise hüpft auf meinen Schuh. Oh, das Futter. Deshalb bin ich ja hier. Ich hole die beiden Eimer aus dem Gartenhaus, einen mit Sonnenblumenkernen und einen mit Meisenknödeln.

Unter dem Futterhaus sitzt ein Amselweibchen. Sie bleibt sitzen, als ich herantrete, dick aufgeplustert, in einer Schneekuhle. Als wäre ich gar nicht da.

Wirklich ist alles leergeputzt, nicht ein einziges Korn ist mehr im Häuschen.

Die Meise wird ungeduldig. Sie landet auf einem Aprikosenzweig über mir. Eiskristalle fallen mir ins Haar. Ich fülle Körner nach. Sie beobachtet mich. Ich frage sie, wie sie es schafft, bei minus elf Grad zu überleben. Aber statt einer Antwort fliegt sie ins Futterhaus und schlägt sich den Bauch voll.

Die Schneekönigin

Sie tanzt aus der Reihe. Sie macht es anders als die anderen. Hat eine Blume nicht zu blühen, wenn es warm ist? Sie hat sich ausgerechnet die kälteste Zeit des Jahres dazu ausgesucht, wenn alle anderen sich in den Schoß der Erde zurückgezogen haben: die Christrose.

Oft beginnt sie schon im Dezember, ihre Pracht zu entfalten. Kaum hat sich ihr Blütenkranz geöffnet, fällt Schnee und deckt ihn zu. Doch schmilzt der Schnee, stehen die prächtigen großen Blüten neu und makellos da, unbeeindruckt von den zurückliegenden Frostwochen. Sie sehen aus, als wären sie eben erst aufgegangen: weiß, am Rand rot überhaucht. Ebenmäßig angeordnet, umschließen sie einen Strahlenkranz zitronengelber Staubgefäße. Zwischen den glänzend dunkelgrünen Fingerblättern kommt ihr Weiß wunderbar zur Geltung.

Dass diese Blume von einem besonderen Nimbus umgeben ist, zeigt die Menge ihrer Namen: Offiziell heißt sie Helleborus Niger (wörtlich: »tödliche Speise«), wird aber auch als Christrose, Schneerose, Weihnachtsrose, Schneebleamal, Winterrose, Lenzrose, Krätzenblum, Brandwurzel, Feuerwurzel, Frangenkraut, Gillwurz, Märzenkaibl oder Schwarze Nieswurz bezeichnet. Ihr Verhalten hat ja tatsächlich etwas Unwirkliches, Geheimnisvolles an sich. Als käme sie aus einer anderen Welt. Wie eine Schneekönigin leuchtet sie aus dem gefrorenen Boden hervor. Und als reiche es nicht, dass sie zur Unzeit blüht: Auch sind ihre Blüten in Wirklichkeit gar keine! Es sind die Kelchblätter, die das Aussehen von Blüten angenommen haben. Die eigentlichen Blütenblätter sind zu gelbgrünen, tütenförmigen Honigblättern verwandelt, die besonders viel Nektar absondern.

Was soll man von solch einer Pflanze halten? Warum verhält sie sich so ungewöhnlich?

Das als abweichend Empfundene, Abgerückte, Verrückte, hat die Gemüter schon immer bewegt. Sowohl von Menschen, die sich nicht an die Regeln halten, als auch von einer Blume, die im Winter statt im Sommer blüht, geht Verunsicherung aus. Was man zu wissen glaubt, wird in Frage gestellt, woran man sich hält, wird erschüttert. Und so distanziert man sich, versichert sich seines eigenen In-Ordnung-Seins, gibt dem Unnormalen einen Namen, eine Diagnose, erklärt es zur Krankheit und damit zu etwas, was fehlerhaft ist.

Vielleicht wurde die Christrose aufgrund ihres merkwürdigen Benehmens lange zur Behandlung von »Verrücktheit« eingesetzt: Man zerrieb ihre giftige schwarze Wurzel zu Niespulver, welches helfen sollte, das Falsche aus dem Kranken heraus zu niesen.

Aber was ist das eigentlich: »verrückt«?

Dass die Christrose im Winter blüht, scheint zwar merkwürdig. Doch es ist sinnvoll. Sie ernährt die Jahresfrühaufsteher unter den Schmetterlingen, Bienen, Hummeln und Faltern, die sonst in der Kälte nichts zu fressen finden und verhungern würden. Der besonders süße Nektar dieser Blume rettet ihnen ihr Leben.

Könnte es sein, dass auch (ver)störende Menschen, die aus der Reihe tanzen und nicht den üblichen Vorstellungen entsprechen, eine Art Nektar bereit halten, damit etwas

Wertvolles in ihren Mitmenschen überlebt? Vielleicht bergen ja gerade unsere Schwächen und Verrücktheiten einen besonderen Sinn.

Ich bin froh, dass in meinem Garten die Christrose blüht. Ich muss ja nicht gleich ihre Wurzeln schnupfen. Mir genügt es, sie anzusehen. Ein wenig hilft mir das schon, das Verrückte in mir selbst und in anderen ein wenig liebevoller zu betrachten.

Der weiße Garten

Im Januar steht die Zeit still. Es schneit ununterbrochen. Das Gehen auf den gefrorenen, gestreuten und wieder überschneiten Bürgersteigen ist mühsam bis halsbrecherisch. An den Straßenrändern türmen sich schmutzige Schneeberge, ausgediente Tannenbäume und Silvesterknaller.

Ich brauche einen Lichtblick! Ein Stück Frühlingshoffnung zum Anfassen! Bilder von Winterlingen, die ihre gelben Kugeln durch die Schneedecke schieben, tauchen vor meinem inneren Auge auf. Schneeglöckchenbüschel, deren zierliche Köpfchen zwischen Lanzettenblättern nicken. Und sofort ist da ein großes, freudiges Vielleicht. Vielleicht ist ja im Garten schon etwas zu sehen! Vielleicht gibt es dort schon Farben! Vielleicht findet sich dort der Beweis, dass es nicht mehr lange dauert!

Schon als ich den Hauptweg betrete, bin ich entzückt. Hier ist alles anders. Keine grauen Berge, kein Stadtmüll. Eine erhabene Reinheit strahlt mir entgegen. Ein Schnee-Weiß im wahrsten Sinne des Wortes. Nur ein paar Vogelspuren, seltsame Kompositionen auf unsichtbaren Notenlinien, durchziehen die alles verhüllende, makellose Decke.

Neugierig öffne ich meine Gartenpforte. Eine Mondlandschaft liegt vor mir. Der Schnee ist überall. Jede noch so kleine Unebenheit hat er zugedeckt. Alles Eckige rund gemacht, alle Kanten verwischt, alle harten Übergänge vertuscht. Jeder Zaunpfahl hat ein kleines rundes Kopfkissen auf, jeder Samenstand ein Häubchen. Geheimnisvolle Erhebungen, Hügel und Türmchen sind über den ganzen Garten verteilt. Die vertrockneten Stängel der niedrigen Stauden sind verschwunden, ihre Horste sind zu Anhöhen geworden. Diese Wölbung dort muss der Enzian sein. Und der Buckel auf dem Hochbeet beherbergt wohl den Wasabi, den ich im Herbst unter einer Schicht Blätter verschwinden ließ. Der breitflächige Berg mit leichter Einbuchtung in der Mitte – das kann nur die Christrose sein. Und der gebogene Höhenzug links vom Weg? Es dauert eine Weile, bis ich mich erinnere, dass dort die Kapartenglockenblume ein längliches Polster gebildet hatte.

Ich stapfe den Weg entlang. Meine Schuhe versinken im Schnee. Mini-Gebirge glitzern mich an. Unberührte Ebenen dazwischen, über denen ein stiller Zauber liegt. Hier und da ragt eine eisige Schönheit aus der Schneedecke hervor. Ein Sonnenhut. Eine Königskerze, vom Frost zum Kunstwerk umgestaltet.

Absurd, bei diesem hohen Schnee schon Frühlingsboten entdecken zu wollen. Irgendwo dort unten schlafen sie. Die Elfenkrokusse um die Kirschbäume herum. Unter ihrem Berg schläft die Christrose, die auch in diesem Winter – wie in jedem Jahr – wieder wenige Tage vor Beginn des Schneefalls ihre Blüten geöffnet hatte. Irgendwo dort unten schlafen Winterlinge und Schneeglöckchen, Märzenbecher, Narzissen und Tulpen.

Ich gehe noch ein paar Schritte. Dabei komme ich mir wie eine Frevlerin vor, weil ich die Makellosigkeit zerstöre. Schließlich bleibe ich stehen. Auf jedem Querast der Bäume liegt noch einmal so viel Schnee, wie der Ast dick ist. Diese Schwarz-Weiß-Gebilde in Doppelausführung erzeugen eine Seh-Irritation mit erheblicher Tiefenwirkung. Der in den echten Baum verwobene zweite Baum in Weiß, das Negativ seines Schattens, wirkt durch seine Leuchtkraft fast realer als der wirkliche Baum.

Der Schnee ist ein großartiger Künstler.

Auf der Wiese hat er den Buddelkasten in einen beeindruckenden weißen Krater verwandelt. Ein ebenmäßiges, wunderschönes Muster in der Mitte, sanfte Wellen, mandalagleich. Oder dort, die Rosen, wie sie mit blassrosa vertrockneten Blüten an den Beeträndern hervorstehen, in der Bewegung eingefroren, verzauberte Prinzessinnen, die auf den Kuss warten … Und der Rhododendron hängt schwer schneebeladen voller dicker Knospen nach unten, mit zu Stangen eingerollten Blättern … Da fällt mein Blick auf die verschneite Kirschbaumwiese und ich stutze. Was ist denn das für ein knallroter Knubbel dort rechts neben der Bank? Eine verirrte Silvesterrakete? Direkt oben auf dem Schnee liegt das leuchtende Ding, ein wenig kleiner als ein Tischtennisball. Die pure Provokation im alles umfassenden Weiß. Es reizt mich, hinzugehen und nachzusehen, aber ich will die Wiese nicht betreten, zu leicht könnte ich die Krokusspitzen unter dem Schnee abbrechen.

Angestrengt starre ich auf dieses Etwas, das so gar nicht ins Bild passt. Warum liegt es so weit oben? Es müsste doch längst eingeschneit sein!

Da fällt es mir ein. Natürlich! Er wieder! Dort steht doch Alex, mein Gartenzwerg. Er ist natürlich komplett im Schnee versunken und das rote Ding ist die Spitze seiner Mütze!

Ich muss lachen. Da habe ich meine Januarfarbe. Zwergenrot.

Das Nichts aushalten

Ich möchte so gern mit allen Monaten befreundet sein. Das gelingt mir auch fast. Nur dieser eine, der Februar, treibt mich jedes Mal beinahe zur Verzweiflung.

Wird es im November kalt, ist das immerhin noch etwas Neues. Da bin ich erschöpft von der Gartenarbeit, freue mich aufs Ausruhen, habe hier und da noch etwas zu tun – den Feigenbaum einpacken, die Regentonnen ausleeren, die Rosen abdecken – bin damit beschäftigt, vom Garten Abschied zu nehmen und mit der merkwürdigen Umstellung auf die Wohnung zurechtzukommen.

Im Dezember zeichnet der Schnee Begeisterung auf die Gesichter. Der Garten schläft endgültig, die Arbeit ist vorbei. Ich genieße die warme Wohnung, schreibe Briefe, freue mich über schöne Begegnungen, und außerdem erfordern Fruchtleder, Adventswochen und Weihnachten Aufmerksamkeit und Zeit genug.

Im Januar wird es zäh. Alle Jacken scheinen zu dünn zu sein. Doch ich kann immer noch etwas für die Freude finden. Ich bestaune die weiße Welt, baue am Garteneingang einen Schneemann, gestalte den neuen Kalender und lasse mich tragen vom Gefühl des jungfräulichen Jahres, in dem alles möglich scheint.

Aber im Februar geht es nicht mehr. Es ist definitiv vorbei. Es reicht. Ich habe die Kälte satt. Sie soll verschwinden. Es soll endlich wärmer und grüner werden!

Da habe ich mich nun so lange geduldet. Stillgehalten. Gewartet. Doch trotz Wintersonnenwende wird und wird es nicht heller, die Tage sind gefühlt immer noch genauso kurz, das Frieren dauert an, der Februar hört nicht auf. Meine inneren Licht- und Wärmespeicher sind verbraucht. Mein Körper will Wärme. Sofort.

Aber nichts tut sich. Februar eben. Es geht weder vor noch zurück. Grau herrscht vor. Der Zauber des Schnees ist dahin. Entweder ist er zu schmutzigen, spröden Klumpen verpappt, oder hart wie Eis, oder – wie in diesem Jahr – gar nicht mehr da. Was schlimmer ist, nun droht sowohl den vorwitzigen Spitzen von Schneeglöckchen und Krokus, die sich von einem kurzen Sonnenstrahl haben täuschen lassen, als auch den immergrünen Gehölzen der gefährliche Kahlfrost.

Ich schaue aus dem Fenster. Schneeregen prasselt gegen die Scheibe. Das Thermometer zeigt knapp unter null Grad. Die dürren Zweige der Birke werden vom Sturm hin und her gefetzt. Über den Himmel peitschen graue Wolkenberge.

Seit zehn Tagen sitze ich in den Startlöchern. Ich brauche das richtige Wetter. Ich will meinen Pfirsichbaum spritzen. Anfang des Monats gab es ein paar Plusgrade, das hat der Baum wohl falsch verstanden und seine Blätter unter der Rinde ein Stück wachsen lassen. Nun sind schon die sogenannten Mäuseohren zu sehen, die typisch dicken Blattknospen kurz vor dem Erscheinen der Blätter. Und jeder Gärtner weiß, dass es spätestens dann allerhöchste Zeit wird, diese gegen den gefürchteten Moniliapilz zu schützen, dessen Zerstörungswerk genau in dem Moment einsetzt, wenn die Knospen sich öffnen. Da mein alter Pfirsichbaum schon seit Jahren krank ist, darf ich diese Prozedur auf keinen Fall versäumen!

Also warte ich. Die Baumspritze steht im Gartenhaus bereit, die Leiter ebenfalls, Milch und Rapsöl sind gekauft und in den Garten getragen. Jetzt fehlt lediglich das richtige Wetter. Windstill muss es sein, trocken muss es sein, Plusgrade muss es haben, und das alles möglichst am Abend. Davon brauche ich bitte drei Tage im Abstand von einer Woche, denn der Baum muss dreimal gespritzt werden. Es ist doch wirklich nicht zu viel verlangt von einem Monat, der achtundzwanzig Tage hat, drei solche Tage hervorzubringen!

Aber es ist verhext. Ist es windstill, regnet es stur vor sich hin. Regnet es nicht, stürmt es, dass das Haus wackelt. Regnet und stürmt es nicht, schneit es. Und sind tatsächlich einmal weder Wind noch Regen noch Schnee in Sicht, dann ist es so kalt, dass einem die Milch-Öl-Emulsion in der Spritzdüse festfrieren würde.

Ruh dich einfach ein bisschen aus, sage ich mir, lehn dich zurück, leg die Beine hoch, bald wird dazu keine Zeit mehr sein, wenn es erst los geht im Garten.

Ausruhen! Ich habe mich genug ausgeruht! Ich ertrage dieses sinnlose Herumsitzen nicht mehr! Entschlossen ziehe ich meine dickste Jacke an (die ich schon nicht mehr sehen kann, weil ich sie seit Oktober trage) und gehe zum Garten.

Das Schloss der Pforte ist eingefroren. Es lässt sich nicht aufschließen. Ich bleibe vor dem Zaun stehen und gucke zum Pfirsichbaum hoch. Seine Mäuseohren sind noch dicker geworden! Eisiger Wind fährt mir in die Knochen. Was fällt dem Pfirsichbaum ein, bei solchen Temperaturen seine Blätter zu schieben? Und nun entdecke ich zu meinem Entsetzen auf den Beeten am Zaun auch noch winzige Spitzen. Sogar die Taglilie treibt schon! Und die Tulpen! Das ist doch viel zu früh! Sie werden alle erfrieren. Keine einzige Blüte wird im März auftauchen. Wo ist denn bloß der Schnee? Er muss doch jetzt auf den Pflanzen liegen und sie wärmen. Schließlich ist Winter!

Frustriert kehre ich um. Da ist mein Garten dabei, vor die Hunde zu gehen, und ich kann nichts dagegen tun. Und das alles wegen des Februars. Dieses Aushalten. Diese Sehnsucht. Dieses Wollen und nicht Können. Ich hasse solche Zeiten! Das Alte ist vorbei, das Neue noch nicht da, und man hängt machtlos in einem Vakuum herum. Keine noch so große Anstrengung bringt einen auch nur den kleinsten Schritt weiter. Wozu soll das gut sein?

Auf dem Heimweg kaufe ich Enteisungsspray für das Schloss. Schade, dass es kein Enteisungsspray für den Februar gibt.

Wieder zu Hause, mache ich mir einen Tee und sehe aus dem Fenster. Jetzt schneit es. Trotzdem hockt in der Birke gegenüber eine Amsel und singt aus Leibeskräften. Ich betrachte sie. Da fällt mir ein, dass in den letzten fünfzig Jahren doch immer Frühling geworden ist. Dass immer Blumen blühten im März. Egal, wie verrückt sich der Februar gebärdete. Und dass jeder Februar schließlich immer irgendwann vorbei war.

Die Amsel weiß das. Schon wie sie dasitzt! Ein einziger Optimismus. Bestimmt singt sie vom Frühling.

Getröstet setze mich in meinen gemütlichen Korbstuhl, lege die Beine hoch, lausche der Amsel und übe das Warten.

Statt eines Nachworts:
Vom Leben ohne Garten

Ja, man kann ohne Garten leben. Wenn ich auch das Glück hatte, als Kind im Grünen aufzuwachsen, danach folgten viele gartenlose Jahre. Heute kann ich sagen, dass ich diese im Wesentlichen mithilfe zweier Strategien überstanden habe.

Eine war, sich einen Balkon anzuschaffen. Ein Balkon ist fast so etwas wie ein Garten. Nur kleiner. Er bietet außerdem einige bescheidene Vorteile: Man muss nicht so weit gehen, um draußen zu sein, es gibt weniger Schnecken (außer, man wohnt parterre) und meist sind die Beete in rückenfreundlicher Brüstungshöhe, was einem das Bücken und die Kreuzschmerzen erspart. Und: Auf einem Balkon muss man durchaus nicht auf eigenes Obst und Gemüse verzichten. In meinen besten Balkonzeiten hatte ich dort: Erdbeeren, Tomaten, Feldsalat, Rucola, Kürbisse, Schnittlauch, Petersilie, Majoran, Thymian, Kartoffeln im Eimer (man füllt den Eimer zu einem Drittel mit Erde, steckt die Kartoffel hinein und gibt, sobald Blätter wachsen, immer neue Erde nach, bis der Eimer voll ist) und sogar einen Apfelbaum im Kübel. Zugegeben einen kleinen, der es nie über einen einzigen Apfel pro Jahr brachte, aber dieser war mein ganzer Stolz.

Vor allem aber ist der Balkon ein Blumenraum. Es gibt wahre Paradiesbalkone, die vor Blütenpracht fast zu platzen scheinen und nicht nur den Balkongärtner selbst, sondern auch viele Passanten glücklich machen. Und wenn man sich nicht ausschließlich auf Geranien beschränkt, sondern einen Teil der einheimischer Blumen- und Kräutervielfalt in seinen Kästen ansiedelt, kommen auch Hummeln, Bienen, Falter und Vögel zu Besuch.

Ein Nachteil dagegen sind die nicht vorhandenen Regenwürmer, so dass man mit der Erde mehr Sorgen hat. Doch auch auf einem Balkon kann man mulchen oder einen kleinen Kompost anlegen, in den man aber erst einmal ein paar Regenwürmer von außen ansiedeln muss. Der entscheidende Nachteil allerdings ist mit nichts schönzureden: Ein Balkon ist räumlich sehr begrenzt.

Geradezu grenzenlos dagegen ist die zweite Strategie. Dafür erfordert sie aber auch ein gerüttelt Maß an Grünbegeisterung und unendlicher Geduld, die völlige Abwesenheit von Besitzdenken und eine derart hohe Frustrationstoleranz, dass man schon fast von Unerschütterlichkeit sprechen muss. Diese zweite Strategie besteht darin, seine Umgebung zu begrünen.

Es ist eigentlich ganz einfach. Hier und da gibt es Lücken zwischen den Steinen, Risse im Asphalt oder unbebaute Brachflächen. Wenn man an solchen Stellen ein paar Samen fallen lässt, ist das fast unsichtbar. Bleibt es aber nicht. Ist die Erde feucht und halbwegs nahrhaft, werden die Samen das tun, wofür sie auf der Welt sind.

In den letzten dreißig Jahren habe ich die Hinterhöfe von acht verschiedenen Mietshäusern begrünt, in denen ich wohnte. Zwischen Häuserfronten, alten Müllhäusern, Brandmauern, Zäunen und Bauruinen pflanzte, säte und buddelte ich. Morgens vor der Arbeit ging ich hinunter, in jeder Hand eine Wasserflasche, tränkte meine Zöglinge, räumte Flaschenscherben, Coladosen und Plastiktüten weg, hackte, zupfte hier und da eine Quecke zwischen Lavendel oder Thymian heraus, einen Pappelkeim, eine junge Brennnessel, entdeckte ein neues Blatt, eine Blüte, und innerhalb kürzester Zeit war mir ein Gute-Laune-Vorrat für den Tag zugewachsen. Einmal rettete ich in einem Blumenladen drei halbtote Rhabarberpflanzen vor dem sicheren Trockentod. Sie bekamen einen schönen Platz am Zaun und ich hatte jahrelang eine gute Ernte von ihnen.

Es gab nur ein Problem. Wie aus dem Nichts tauchten in unregelmäßigen Abständen Menschen mit Maschinen auf, um dem Hinterhof wieder sein ursprüngliches nichtssagendes Aussehen zurückzugeben. Manchmal bekam ich das rechtzeitig mit, stürzte nach unten und versuche sie davon abzuhalten, alles abzumähen und rauszureißen. Manchmal war ich aber auch nicht zu Hause. Wenn ich dann wiederkam, brach es mir jedes Mal fast das Herz. Die Tulpe, die erst am Vortag nach wochenlangem Zögern ihre kleine rote Blüte geöffnet hatte: abgebrochen. Ihre schönen Blätter zerfetzt. Die kleine Zucchinipflanze, aus selbstgetrockneten Samen gezogen: ausgerissen. Zerknickt. Zertreten. Die Erdbeerblätter: abgemäht. Der Phlox bis zur Unkenntlichkeit verstümmelt.

Jedes Mal hatte ich mir aufgrund solcher Rückschläge vorgenommen, damit aufzuhören. Ich war überzeugt, dieses Gemetzel nicht mehr ertragen zu können. Doch das einzige, was mich darüber hinwegtröstete, waren neue Pflanzen. Also machte ich weiter.

Erst viel später stieß ich auf die sogenannte Gartenguerilla-Bewegung und stellte erfreut fest, dass sie genau so vorgeht. Nur in größerem Ausmaß. Sie beschränkt sich nicht auf Hinterhöfe, sie nimmt gleich die ganze Stadt. Guerillagärtner begrünen städtische Ödnis auf eigene Faust: öffentliche Plätze, Bauminseln, vernachlässigte Grünstreifen, Risse in Gehwegen und Betonflächen, verwaiste Kübel und Brachland. Jede Schmuddelecke, für die sich scheinbar niemand interessiert, wird als Potential für freies Gärtnern, lebendige Farbtupfer und sprießende Triebe genutzt.

Vor über dreißig Jahren entdeckte eine junge Frau im Stadtteil Bowery-Houston/New York zufällig, wie auf dem Müllplatz Tomatenpflanzen wuchsen, die aus weggeworfenen Tomaten gekeimt waren. Sie war davon so begeistert, dass sie begann, gemeinsam mit Freunden Samen auszusäen, wo immer ihnen ein Platz dafür geeignet erschien. Aus diesen Aktionen entstand die »guerilla gardening«-Bewegung, die heute Anhänger in vielen Großstädten der Welt hat. Ihr Anliegen ist es, das Stadtbild zu verändern. Mit Blumen, Wildkräutern oder Gemüse setzen sie Beton und inhumaner Stadtplanung etwas entgegen, gewinnen Flächen zurück und machen sie für Mensch, Tier und Pflanze wieder nutz- und genießbar.

Dabei gehen sie methodischer vor als ich bei meinen Hinterhofaktionen. Zum Beispiel streuen sie die Samen nicht einfach auf den Boden und setzen sie damit dem Appetit der Vögel aus. Sie basteln stattdessen Samenbomben. Das sind Kügelchen aus rotem Ton, Komposterde, Samen und Wasser. Man lässt sie etwas antrocknen und verteilt sie dann. Mit ihnen kann man besonders gut schwer erreichbare Orte bestücken. Über Zäune geworfen oder in Ritzen gelegt fangen sie bald nach dem nächsten Regen an zu sprießen. Eine andere nette Methode sind schon erwähnten Moosgraffitis. Lebendige, grüne Schriftzüge, die auf Wänden und Mauern wachsen, wenn man ein bisschen nachhilft.

Da die Guerillas Erfolg haben wollen, nutzen sie gern robuste Pflanzen und achten darauf, sie dorthin zu setzen, wo sie möglichst gute Wachstumschancen haben. Es wäre ja auch kaum machbar, in heißen Sommern eine rundherum begrünte Stadt einmal täglich mit der Gießkanne abzulaufen. So sind zum Beispiel Efeu, Buxbaum, Bunter Gundermann und Pfennigkraut besonders zäh; Lavendel, Schleifenblume, Fetthenne und roter Storchschnabel vertragen Trockenheit; Schleierkraut, Rote Spornblume, Mannstreu und Aster zusätzlich viel Sonne. Schatten dagegen lieben: Funkie, Farn, Wald-Segge und das Moosgraffiti. Und in feuchten Böden gedeiht der Sumpf-Storchschnabel. Besonders gern verbreiten die Gartenpiraten allerdings auffallende, große, bunte Pflanzen (Kürbis, Ringelblume, Sonnenblume, Mais, Tagetes, Lichtnelke); solche, die mehrjährig und winterhart sind (Bergenie, Schneeglöckchen, Schneerose, Zwergiris, Narzisse, Krokus) oder solche, die sich gut selbst vermehren und auch gleich noch den Vögeln Futter bieten (Herbst-Segge).

Ob man nun Hinterhöfe begrünt oder sich der Garten-Guerilla anschließt – das wilde Gärtnern ist einfach eine wunderbare Sache. Man verändert nicht nur seine urbane Umgebung. Die Gesichter meiner Nachbarn hellten sich angenehm auf beim Anblick von Vergissmeinnicht, Narzissen und Veilchen auf dem Hof. Besonders Ältere blieben oft stehen, fachsimpelten mit mir über Blumen oder schmunzelten einfach vor sich hin. Die Stimmung im Haus wurde persönlicher und entspannter. Vor allem aber veränderte das rebellische Gärtnern mich selbst. Wenn ich aus dem Fenster die blühenden Tulpen sah, war ich glücklich. Regen nahm ich viel gelassener. Er war nun Wasser für meine Pflanzen. Schien die Sonne, freute ich mich, dass sie Licht bekamen. Ich schulte Mut und Courage, wenn es um die Abwehr fremder Heckenscheren und Rasenmäher ging. Ich nahm meine Umgebung viel intensiver wahr und fühlte mich, je mehr ich pflanzte, umso mehr beheimatet.

Gut zu wissen, dass es auf der ganzen Welt Gleichgesinnte gibt, die sich darin einig sind, dass die Erde allen gehört und wir Menschen grüne Räume brauchen.

Dies bedenkend, möchte ich meine anfängliche Bemerkung zurücknehmen. Und gebe zu: Man kann eben doch nicht ohne Garten leben.

Danke

Ein Buch wächst ähnlich wie eine Pflanze. Außer seiner Lust am Wachsen benötigt es dazu einen guten Raum der Unterstützung, die Sonne der Geduld, den Regen (oder die Gießkanne) des Wohlwollens, die Hacke der Arbeit, den Bindedraht der Ermutigung und die Schere der Kritik.

All dies wurde mir beim Schreiben und diesem Buch während seiner Entwicklung entgegengebracht. Und dafür möchte ich mich ganz herzlich bedanken bei:

meiner Lektorin Evamaria Bohle, meinen Schreib-Kolleginnen und -Kollegen Andrea Lauer, Ilka Haederle, Helge Bewernitz, Martina-Marie Liertz, Ingrid Kaech, Manfred Richter, Walter Flegel und Rolf Böhme. Außerdem danke ich Maria Barth, Erika Sternberg, Renate Stahn und Karin Kaleta für ihre Unterstützung.

Doris Bewernitz

Wo die Seele aufblüht